U1004619

GAOXIAO JUNSHIXUE JIAOCHENG

高校军事学教程

台启权◎主　编
尚玉海 姜家生 陈　勇◎副主编

安徽师范大学出版社
ANHUI NORMAL UNIVERSITY PRESS
·芜湖·

图书在版编目(CIP)数据

高校军事学教程/台启权主编.—芜湖:安徽师范大学出版社,2011.8(2024.1重印)

ISBN 978-7-81141-341-0

Ⅰ.①高… Ⅱ.①台… Ⅲ.①军事理论—高等学校—教材 Ⅳ.①E0

中国版本图书馆CIP数据核字（2011）第153623

高校军事学教程

台启权 主编

责任编辑:胡志恒
装帧设计:张 玲
责任印制:桑国磊
出版发行:安徽师范大学出版社
安徽省芜湖市北京东路1号安徽师范大学赭山校区 邮政编码:241002
网 址:http://www.ahnupress.com/
发 行 部:0553-3883578 5910327 5910310(传真) E-mail:asdcbsfxb@126.com
印 刷:江苏凤凰数码印务有限公司
版 次:2011年8月第1版
印 次:2024年1月第20次印刷
规 格:787 mm × 1092 mm 1/16
印 张:17
字 数:372千字
书 号:ISBN 978-7-81141-341-0
定 价:39.80元

凡发现图书有质量问题,请与我社联系(联系电话:0553-5910315)

前　言

军事课程是普通高等学校本、专科学生的必修课程。2007年1月，教育部和解放军总参谋部、总政治部颁发了新修订的《普通高等学校军事课教学大纲》。为适应新大纲的要求，进一步提高军事课教学质量，我们紧密结合安徽省国防教育实际，充分吸收省内多所高校一线军事课程教师教学实践经验，集思广益、几易书稿，共同编写了本教材。

为了更好地体现大纲的精神，增强教学内容的时代性，我们根据大纲的要求，体现近年世界军事形势和我国国防、军队建设的新发展，严格把握课程目标，吸收学术研究的新成果，采用最新观点和资料，设置了“知识链接”栏目，努力做到图文并茂，将时代性、知识性和趣味性融为一体，使之成为能适应教学要求、适合大学生学习军事知识的教科书。

本教材由安徽师范大学台启权任主编，安徽工业大学尚玉海、安徽农业大学姜家生、安徽师范大学陈勇任副主编，六安职业技术学院安利等参加了编写等方面的工作。在本教材的编写过程中，我们参考、吸收和引用了有关专家、学者的研究成果，在此一并表示感谢。

本教材疏漏和不当之处，诚望读者批评斧正，以便进一步修改和完善。

编　者

2011年5月

重印前言

本教材自2011年出版以来,得到了使用者的普遍肯定和好评。为全面反映国防军事领域的新变化及新成果,本次修订根据《中央军委关于深化国防和军队改革的意见》及国防和军队改革最新进展,及时调整相关内容。本次修订教材还对当前军事领域相关研究成果和前沿知识进行了系统、全面的梳理,并将主要成果融入了教材内容之中。此外,还更新了教材中的一些图片和知识链接,增强了本书的时代性和时效性。

本次修订,我们依据教育部、总参谋部、总政治部2007年颁发的《普通高等学校军事课教学大纲》,在总结过去编写教材经验的基础上,征求了省内多所高校长期从事军事课教学的一线教师和专家学者的意见。本教材在编写和修订过程中,吸收了一些专家的研究成果并参考了其他精品教材,在此一并表示诚挚感谢!

编　者

2016年5月

重印说明

2019年1月，教育部、中央军委国防动员部联合制订了《普通高等学校军事课教学大纲》(以下简称《大纲》)。《大纲》在课程定位上，强调"军事课是普通高等学校学生的必修课程。军事课要以习近平强军思想和习近平总书记关于教育的重要论述为遵循，全面贯彻党的教育方针、新时代军事战略方针和总体国家安全观，围绕立德树人根本任务和强军目标根本要求，着眼培育和践行社会主义核心价值观，以提升学生国防意识和军事素养为重点，为实施军民融合发展战略和国防后备力量建设服务。"

《大纲》明确军事课程要求，军事课由《军事理论》《军事技能》两部分组成。在课程内容上设置了"必讲(必训)"内容和"选讲(选训)"内容。课程内容在延续2006版大纲基本架构的基础上，对相关内容进行了修订，集中反映了近年来我国在普通高等学校军事课教学改革、发展和认识方面的新进展。

这次修订，在保持教材总体框架稳定的基础上，按照《大纲》的规定和要求，重点对"必讲(必训)"内容进行修订，使其能更好地满足新时代军事课教学的要求。修订后，教材仍保持原书十章的结构。前五章为军事理论部分，包括中国国防、国家安全、军事思想、现代战争、信息化装备。后五章为军事技能训练部分，除条令条例教育与训练这一部分作了相应修改外，其他章节内容保持不变。

在教材的修订过程中，我们参阅并吸收了大量研究文献和有关专家、学者的研究成果，参考了近两年新出版的部分精品教材，在此我们对这些文献的作者和教材的编写者表示衷心的感谢！由于水平有限，教材中难免有错误和不周之处，恳请广大读者批评指正，以利于今后的修订和完善。

编　者

2021年7月

目　录

第一章　中国国防

国无防不立，民无兵不安。国防兴衰，武备强弱，维系着国家的安全、民族的尊严、社会的发展和人民的幸福。肩负中华民族振兴使命的当代大学生，应责无旁贷地重视国防、了解国防，记取我国国防兴衰的经验教训，增强国防观念，自觉投身到国防建设中来。

第一节　国防概述

一、国防的含义

国防是国家的重要职能之一，是随着国家的建立而产生的。什么是国家呢？中国古代诸侯称国，大夫称家。《孟子·离娄上》中说："人有恒言，皆曰天下国家。天下之本在国，国之本在家。"后用"国家"为国之通称。现代国家概念包括四个基本要素，即：①领土，是指国家主权管辖下的区域，包括领陆、领水和领空。②居民，是指固定住在某一地方的人。③政府，是指国家权力的执行机关，即国家行政机关，是对内进行管辖、对外进行交往的机关。④主权，是指一个国家在其领域内拥有的最高权力。根据这种权力，国家按照自己的意志决定对内对外政策，独立自主地处理内部和外部事务。国防作为国家的防务，其根本职能就是保卫国家的领土完整、保卫国民的生存安全、保卫国家的主权独立。《中华人民共和国国防法》（以下简称《国防法》）第二条对国防作出明确界定：国家为防备和抵抗侵略，制止武装颠覆和分裂，保卫国家主权、统一、领土完整、安全和发展利益所进行的军事活动，以及与军事有关的政治、经济、外交、科技、教育等方面的活动。这个界定，科学地概括了我国国防的内涵，可以从主体、对象、目的和手段等四个方面来认识和把握。

（一）国防的主体

国防的主体是国家。国防是国家的事业，是国家的固有职能。任何国家，从诞生之日起，就要固国强边，防备和抵御各种外来侵略，保障国家安全，维系国家的生存和发展。从国家的本质看，国家是阶级专政的工具，是统治阶级利益与意志的体现，实现这种利益与意志，必须通过国家权力。国防就是要维护国家的这种权力，同时，也只有依靠国家的这种权力才能使国防得以运转，只有国家，才能领导和组织国防事业。从国防的本义上看，国防是国家的防务，是全民族的防务，与国家的各个部门、各种组织以及全体公民都息息相关。加强国防建设,进行国防斗争,必须依靠国家各个方面的综合力量。因此,在理解国防概念时,首先要明确国家是国防的主体,国防行为就是国家行为,应当受到国家法律的特殊保护。

(二)国防的对象

国防的对象是指国防所要防备、抵抗和制止的行为。根据《国防法》的界定,我国国防的对象是"侵略""武装颠覆和分裂"。

1. 国防要防备和抵抗的是"侵略"

《国防法》对国防对象的这一法律界定,既有国际法理依据,又符合国防的现实需要,与国家面临的威胁相一致,不仅表述合理恰当,而且意义深远重大。联合国1974年专门通过了《关于侵略定义的决议》,列出了7种侵略行为,凡属于决议所指的侵略,均属于运用国防力量防备和抵抗的对象。现实当中,确实存在着武装侵略和非武装侵略,如果以法律的形式规定国防只是防备和抵抗"武装侵略",在今后的国防建设和斗争中,就会束缚自己的手脚。当今世界的现实是,主权国家对主权国家的非武装侵略及其反侵略大多要以武力为后盾,而且有些非武装侵略,是非国防手段不能抵御的。因此,国防要防备和抵抗的是"侵略",而不仅仅是"武装侵略"。

2. 国防应把"武装颠覆和分裂"作为制止的对象

所谓颠覆是指推翻现政府的一种叛逆行为,包括武装暴力颠覆和非武装暴力颠覆两种形式。反颠覆是国家的大事,它不完全属于国防的范畴,但与国防又密切相关,需要进行具体的分析。一般情况下,对于非武装颠覆,由国家公安、安全部门调查和处理,不需要动用国防力量。武装叛乱、武装暴乱等武装颠覆活动以及分裂活动,对国家主权、统一、领土完整、安全和发展利益,对我国的社会主义制度都构成了严重威胁,必须运用国防力量加以制止。

(三)国防的目的

国防的目的是国防行为的目标和结果。我国国防的目的是保卫国家主权、统一、领土完整、安全和发展利益,是总结了长期以来国防建设和斗争经验的结果。以下五个方面的目的之间也是互相联系的。

1. 捍卫国家主权

国家和主权不可分割,主权是国家存在的根本标志。如果一个国家的主权被剥夺,其他的一切,包括国家的独立、领土完整、传统的生活方式、基本的政治制度、社会准则和国家荣誉、尊严等,都无从谈起了。因此,捍卫国家主权,始终是国防中第一位的、根本的目的和任务。

2. 维护国家统一

国家的统一是指国家由一个中央政府对领土内一切居民和事务行使完整的管辖权,不允许另立政府或分割国家的管辖权。从国际法的角度来说,保卫国家统一、反对分裂,历来是一个国家的内部事务,绝不允许外国干涉,这是一个原则性问题。因此,保卫国家的统一历来是国防的重要任务。当外国敌对势力插手我国内政,破坏我国的民族团结,危及国家的统一和完整时,国防力量必须予以坚决打击,发挥其维护国家统一和稳定的职能作用。

3. 保卫国家领土完整

领土是国家存在和发展的自然物质前提,是构成国家的基本要素之一。国家主权与国家领土相存相依,领土既是国家行使其主权的空间,也是国家主权行使的对象,没有领土,主权就失去了存在空间和行使对象。国家的领土被侵占,主权必遭侵犯。国防捍卫国家主权,必然要保卫国家领土的完整。

4. 保障国家安全

国家要正常地生存和发展,必须有一个安全的内外环境。一个国家如果没有和平、稳定的状态,不仅难以建设和发展,而且生存也会受到威胁。因此,保持安全稳定的局势,也是国防的主要目的之一。

5. 维护国家发展利益

国家发展利益通常是指国家为推动经济社会发展、实现国家利益而追求的主要"好处、权利或受益点"。海洋权益,太空、电磁、网络空间等安全利益,海外利益等支撑国家可持续发展发展。我国的发展利益与大国国际地位、国家安全具有同等重要的意义,对促进世界和平与发展具有重要价值。国家利益拓展到哪里,安全保障就必须跟进到哪里。

(四)国防的手段

国防的手段是指为达到国防目的而采取的方法和措施。根据《中华人民共和国国防法》的规定,我国国防的手段包括军事活动以及与军事有关的政治、经济、外交、科技、教育等方面的活动。

1. 军事活动

国防的主要手段是军事手段。军事手段是最具有威慑作用的手段,可以对各种可能的外来侵犯进行有效的阻止或遏制;军事手段是唯一能够有效对付武装侵略的手段,它可以用军事力量所拥有的巨大的即时打击能力迫使敌方中止侵略行动,以至放弃侵略企图;军事手段是解决国家之间矛盾冲突的最后手段,当国家之间主权、利益的矛盾积累达到极限时,就只有通过最高的斗争形式——武装冲突或战争去进行彻底解决。同时,军事手段还能够作为各种非军事手段的强有力后盾,可以强化各种非军事手段的国防功能。

2. 与军事有关的其他活动

军事活动是国防的主要手段,但不是唯一的手段,它不能离开与军事有关的其他活动而孤立地发挥作用。在现代国防中,经济的强大、科技的发展,起着越来越重要的作用。因此,各国都在注重综合运用与军事有关的其他手段来达到国防的目的。把与军事有关的政治、经济、外交、科技、教育等方面的活动,作为国防的手段确定下来,体现了我国国防的整体性、全民性,这是我国国防建设和国防斗争的优良传统。它进一步表明,我国的国防观是大国防观。巩固国防,抵抗侵略,必须依靠全民,必须大力动员并充分发挥全社会的力量。

二、现代国防的基本类型和特征

（一）现代国防的基本类型

国家的社会制度和国家政策决定国防的性质。国家的社会制度不同，制定的国防政策，追求的国防目的也不相同，国防类型也有所不同。目前世界上的国防类型主要有扩张型、自卫型、联盟型和中立型四种。

扩张型国防是以国家安全和防务需要为幌子，侵犯他国主权和领土、干涉他国内政，赤裸裸地对他国进行侵略、颠覆和渗透。自卫型国防主要依靠本国的国防力量抵抗侵略和制止颠覆，维护国家的安全和尊严；广泛争取国际上的同情和支持，从而达到维护本国安全及周边地区和世界的和平与稳定。联盟型国防是以联盟的形式借助他国的力量进行防卫，以弥补自身力量的不足，这种类型的国防也有侵略扩张型和防御自卫型两种。有的联盟形式是以一个大国为主导地位，其余国家为从属地位；有的联盟形式是各国处于平等地位的伙伴关系，共同协商防卫大计。中立型国防奉行和平、中立和自主的国防政策，在世界事务中实行中立态度，制定总体防御战略和实行寓兵于民的防御体系。

我国是社会主义国家，属于自卫型国防，其宗旨是反对侵略战争，维护世界和平，保卫国家的安全与发展。在国防力量的运用上，坚持自卫立场，实行积极防御的战略方针。

（二）现代国防的特征

现代国防是对传统国防的继承和发展，是一种全新的国防理念和国防实践活动。其基本特征主要表现在以下几个方面：

1. 现代国防是综合国力的体现

现代国防的主体是军事力量，但还包括与其相适应的政治、经济、科技、外交、文化等非军事力量。现代国防不仅依赖于国家的实力，而且还依赖于国家的潜力，以及将潜力转化为实力的能力。如国土面积、自然资源、生产能力、人力资源、科技和文化水平、通信状况、国家政策、管理能力、国际关系和地位等。在战时，如何充分利用一切资源和条件，并尽快有效地将其转化为战争能力，是一个国家综合国力强弱的重要体现。

2. 现代国防是多种斗争手段的角逐

由于对国家安全的威胁来自诸多方面，除了兵戎相见的“硬对抗”外，还有各种“软伤害”式的威胁，如意识形态、文明冲突和信息攻击等。因此，单纯的军事行为，已不能满足安全防卫的需要。现代国防斗争，不仅可以使用军事手段在战场上进行武力对抗，而且也可以通过政治对话、外交谈判、经济封锁、心理施压和军备控制等非战争手段在更广阔的空间进行激烈的较量；既依靠国家的国防实力，也依靠国家的国防潜力。在某一时期、某一方面，可以根据情况的不同选择使用某一种手段，并以其他手段相配合，但决不能固守一种方式。

3. 现代国防具有多层次的目标体系

由于各国的国家利益不同，所制定的战略也各不相同，再加上各国军事实力和综合国力的差异，就使得现代国防呈现出多层次的目标体系。从范围上，可分为自卫目标、区域目标和全球目标。自卫目标着眼维护国家主权和领土完整；区域目标着眼地区的稳定，为本国的发展创造一个良好的周边环境；全球目标着眼维护世界和平、稳定和消除战争危险，或者出于保护本国利益的和出于称霸世界的企图，进行侵略扩张，将自己的意志强加给别国。从内涵上，也可以分为不同的层次目标：在国家面临严重的战争威胁时，国防的首要目标是解决存亡的问题；在安全形势缓和、没有大规模外敌入侵风险的情况下，国防要致力于保障国家的安全和发展利益，同时要积极营造良好的安全环境。

4. 现代国防建设更注重系统协调

现代国防建设是一个以科技为龙头，以经济为骨干，通过整体性的战略运筹谋求综合国防效益的有机系统。现代国防斗争更重视整个系统的威力，而不是某些单元的优势和作用。因此，世界各国普遍着眼于从宏观上来调整军队、准军事组织和后备役部队的比重，军队内部各军兵种的比重，以及规划在发展武器装备、改进军事体制、强化军事训练、完善战场建设等方面如何更有利于协调行动，发挥系统整体效能。

三、我国国防简史及其启示

中国的国防具有悠久的历史，早在公元前21世纪，伴随着奴隶制国家夏王朝的建立，作为抵御外来入侵和讨伐他国的工具——国防雏形便产生了。中华民族沧桑五千年的荣耀和屈辱、昌盛和衰败，给我们留下了丰富多彩的国防遗产，积累了极其宝贵的历史经验。

（一）中国古代国防

中国古代国防始于公元前21世纪夏王朝的建立，止于公元1840年鸦片战争爆发。我国古代国防历经数千年，随着各朝代的盛衰更替和社会的发展不断发展。

1. 中国古代兵制建设

兵制，即军事制度，也称军制，是国家或政治集团组织、管理、维持、储备和发展军事力量的制度。我国古代的兵制建设主要包括武装力量体制、军事领导体制和兵役制度等方面的内容。兵制建设是我国古代国防的一个重要方面。

早在夏初，帝王已控制了军事大权，已有对参战人员编组和奖惩的规定。商和西周，帝王是最高军事统帅，军事领导职务由贵族大臣和方国首领担任，士卒主要由奴隶主和平民充当，奴隶一般只随军服杂役。

春秋时期，随着奴隶制的解体，各诸侯国开始实行兵制变革，废除奴隶不能充当甲士的限制，实行武官任免制度，开始出现郡县征兵制。战国时期，封建制度开始确立，社会处于大动荡、大变革、大发展中。争霸、兼并、统一战争激烈，用兵数量增多；步兵、骑兵、水师逐渐分离为独立兵种；军制上，打破了世袭兵制，出现了募兵制和郡县征兵制；剥夺私属武装，集中军权，统一军队，文武分职；凭玺印、虎符任将发兵；建立按军功晋爵升赏制度；战争指挥复杂、要求高，将帅专职化；学术上的百家争鸣等促进了中国古代兵学的发展。

自秦统一中国到清末，历代封建王朝根据各自的需要和条件，在专制主义中央集权制度的基础上，加强帝王的军权。从中央到地方建立便于帝王控制的统帅指挥系统；常备军按任务或武器编组，成为武装力量的主体，区分为中央军、地方军和边防军，以步兵或骑兵为主要兵种，明朝开始出现专门装备火器的部队，建立武库、粮储和运输制度，主要武器装备和军需物品由国家监制和供给；采用征兵制、募兵制、世兵制等，军队以农民为主要成分。封建时代兵制的许多内容通过法律形式颁布，如唐朝的《卫禁律》《捕亡律》《擅兴律》《军防令》等，对军队的组织编制、番上宿卫、屯田戍边、兵役军赋、军队调发、军需补给、驻站通道、兵器制造和配发、厩库管理等都作了具体的规定。

2. 中国古代的边、海防建设

边防、海防是国防建设的重要内容。中国古代的边防建设，主要是修筑防御工程和实行实边固边政策。著名的万里长城，是中国古代构筑的以长城城墙为主体，与其他工程设施相结合的连续线式防御工程体系。长城据险筑墙、关堡相连、烽堠相望、敌台林立、层层布防，在中国战国时期各诸侯国之间、秦统一之后国内民族之间的战争中，发挥过重要的防御作用。此外，我国少数民族在东北也修筑了称为“边堡线”的长城。

图1–1 雁门关关城

雁门关，位于山西省忻州市代县北，为长城上的重要关隘，地势险要，被誉为“中华第一关”。与宁武关、偏头关合称“外三关”。

西汉文、景时，为防御匈奴的一再侵犯，积极推行实边屯边的政策。一是置军戍边。在边关要地配置边防军，包括边境上的郡国兵和屯田兵，依靠边郡太守和都尉率兵防堵匈奴的进攻。二是输粟实边。依百姓输粟多少,赐给一定的爵位,或赦免罪过,并令入粟者将粟运至长城沿线,待边境一带粮食充足后,再运至内地郡、县收藏。三是徙民治边。在边境要害之处,组织徙民建立城邑,由有才能、习风俗、知民心者充任首领,平时组织徙民训练,战时则率徙民抗击敌人。到了汉武帝驱逐匈奴之后,在西北边境地区大量增设新郡,并实行大规模的军事屯田,使数十万边兵有警则战,无事则耕,戍卒无饥馁之忧,国家无转运之劳。屯戍军队与大量移民共同守边,且耕且守,较之"徙民实边"更为扎实有效。

中国古代的海防建设是从明代开始的。为防止倭寇的偷袭、骚扰,明王朝一是下令禁海,二是在沿海的主要地段陆续修建了以卫城、所城为骨干,堡、寨、墩、烽堠和障碍物相结合的防御工程体系,有效地抗击了倭寇的侵扰。

3. 中国古代的国防思想

中国古代在长期的国防实践发展中形成了丰富完备的国防思想。春秋战国时期,由于各诸侯国之间连年征战,国防观念迅速得到强化。虽然当时的诸子百家在政治和哲学主张方面各放异彩,但在国防方面却大体一致,形成了诸如"足食足兵""以正治国、以奇用兵""富国强兵""文武相济""不战而屈人之兵"等思想,表明春秋战国时期对武备和国防的重视,而且国防思想已经上升到理论的高度,全面奠定了古代军事思想的基础,标志着我国古代军事思想在这个时期已经基本形成。

从秦汉到隋唐近1 300年间,中国古代国防政策和国防理论得到了进一步的丰富和发展,初步形成古代军事学术体系。古代战略思想趋于成熟,战略防御思想得到进一步完善。

宋朝至清朝前期,是中国封建地主阶级没落的时期,但军事上却已进入冷、热兵器并用时代,在国防政策和国防理论上也有相当的发展,武学开始纳入国家教育体系。明清两朝将武举推向更深层次,甚至出现文人谈兵、武人弄文的局面,大量军事著作面世,军事思想研究不断发展。

从总体上来说,我国古代国防理论主要有:"以民为体""居安思危"的国防指导思想,"富国强兵""寓兵于农"的国防建设思想,"爱国教战""崇尚武德"的国防教育思想,"不战而胜""安国全军"的国防斗争策略等。在这些思想和策略的指导下,华夏大地消除了无数次外敌入侵带来的战祸,为中华民族的繁衍生息和社会的发展提供了基本的生存条件,甚至出现过"中国既安,四夷自服"的辉煌。

(二)中国近代国防

我国近代的国防是孱弱、衰败和屈辱的。从1840年鸦片战争爆发到1949年新中国的成立,在这一百余年间,腐败的统治阶级面对外国的入侵,奉行消极防御的国防政策,顽固守旧,软弱无力,致使有国无防。中国近代的国防历史,是一部中华民族惨遭欺凌的历史,也是中国人民奋起反抗、寻求民族独立与解放的历史。

1. 列强的入侵与民族的抗争

1840年鸦片战争以前,我国是一个主权独立的封建国家,虽然社会生产力的发展落后于当时的欧美各主要资本主义国家,但国防上还是巩固的。从鸦片战争爆发以后70余年间,随着中国当时统治阶级的腐败衰落,中国国防每况愈下,中华民族屡遭外敌的侵略和欺侮。

1840年,英帝国主义以清王朝禁烟为由,悍然对中国发动了第一次鸦片战争。1842年,战败的清政府被迫签订了我国历史上第一个丧权辱国的不平等条约——中英《南京条约》。中国的领土和主权遭到破坏,开始沦为半殖民地半封建社会。

1856年至1860年,英国不满足于已获得的利益,联合法国,分别以"亚罗号事件""马神甫事件"为借口,对中国发动了第二次鸦片战争。战败的清王朝被迫与英国签订了中英《天津条约》,与法国签订了中法《北京条约》。此时的沙皇俄国也趁火打劫,强迫清政府签订了中俄《瑷珲条约》。中国的领土主权进一步遭到破坏,半殖民地程度加深。

19世纪80年代初,法国殖民主义者在完全占领越南后,开始觊觎我国西南地区。1884年至1885年中法交战。爱国将领冯子材率领清军奋勇杀敌,取得了镇南关大捷。但是腐败的清政府却一味苟且偷安,认为法国船坚炮利,强大无敌,中国即使一时而胜,难保终久不败,不如趁胜而和。因此,签订了丧权辱国的《中法新约》,将广西和云南两省的部分权益出卖给了法国,使中国不败而败,法国不胜而胜。

1894年日本以清朝出兵朝鲜为由发动了甲午战争,北洋水师全军覆没。第二年,清政府被迫与日本签订了《马关条约》,台湾和澎湖列岛被日本占领,中国被进一步肢解,半殖民地程度加深,民族危机加剧。

1900年,英、美、德、法、俄、日、意、奥八国以保护在华侨民的"利益"为借口,组成联军发动了侵华战争。战败的清政府被迫与八国签订了《辛丑条约》。这个条约从政治、经济、军事各方面都扩大和加深了帝国主义对中国的统治。并表明清政府已完全成为帝国主义统治中国的工具,中国从此完全沦为半殖民地半封建社会。

1911年爆发的辛亥革命,虽然推翻了清朝的统治,废除了封建专制制度,建立了"中华民国",但并没有改变中国任人宰割的局面。帝国主义依然在中国大地上横行无忌,他们为维护其在华利益,纷纷扶植自己的代理人,造成军阀混战不休。直、皖、奉三大派系军阀先后窃取中央政权,贿选国会议员和总统,出卖国家和民族利益。"二十一条"的签订和"巴黎和会"上中国外交的失败,充分暴露出北洋政府的腐败无能,使中国面临被帝国主义进一步瓜分的命运,激起了中华民族同仇敌忾、共御外侮的决心和勇气。

以五四运动为标志,中国反帝反封建的资产阶级民主革命发展到新阶段。1921年7月,中国共产党的成立,把中国人民的救亡图存斗争推向新的阶段。1931年9月18日,日本发动了"九一八事变"。面对日本帝国主义的野蛮侵略,南京国民政府却奉行"攘外必先安内"的方针,实行不抵抗政策,出卖民族利益,使东北大片国土沦丧,从而使日本获得了丰富的战争资源,助长了它的侵略野心。1937年7月7日,日本制造"卢沟桥事变",进一步扩大了对中国的侵略,中华民族到了生死存亡的紧要关头。中国共产党高举团结抗日的旗帜,与国民党再次合作,组成最广泛的抗日民族统一战线,领导全国各族人民进行了艰苦卓绝的抗战,终于取得了我国近代史上一百多年来的第一次抗击外敌侵略的完全胜利。

相关链接

中国人民抗日战争胜利纪念日

1931年9月18日，日本侵略者策动“九一八事变”，进而侵占中国东北。1937年7月7日，日本侵略者炮轰宛平县城、进攻卢沟桥，发动全面侵华战争。中国人民毅然奋起，英勇抵抗。

在中国共产党倡导建立的抗日民族统一战线的旗帜下，以国共合作为基础，全国各族人民包括港澳台同胞、海外侨胞同日本侵略者进行了历时十四年的艰苦卓绝的斗争。

中国人民抗日战争，是中国人民抵抗日本帝国主义侵略的正义战争，是世界反法西斯战争的重要组成部分，是近代以来中国反抗外敌入侵第一次取得完全胜利的民族解放战争。

中国人民抗日战争的胜利，成为中华民族由衰败走向振兴的重大转折点，为实现民族独立和人民解放、建立新中国奠定了重要基础，为世界各国人民夺取反法西斯战争的胜利、争取世界和平的伟大事业作出了巨大贡献。

1945年9月2日上午9时(东京时间)，同盟国联合受降典礼在停泊于东京湾的美国军舰“密苏里”号上隆重举行。日本政府全权代表和大本营全权代表分别在投降书上签字，美国、中国、英国、苏联、法国和荷兰、澳大利亚、加拿大、新西兰的全权代表(中国代表为国民政府军事委员会军令部部长徐永昌将军)在日本投降书上签字确认，接受日本投降，投降书即刻宣告生效。至此，中国人民抗日战争胜利结束，宣告日本帝国主义彻底失败，世界反法西斯战争取得了完全胜利。

中华人民共和国成立后，1949年12月23日，中央人民政府政务院即公布了《全国年节及纪念日放假办法》，规定了“八一五抗战胜利纪念日”。1951年8月13日，中央人民政府政务院发布通告，将抗战胜利纪念日改定为9月3日。1999年9月18日，国务院对《全国年节及纪念日放假办法》进行修订，延续了9月3日为抗战胜利纪念日的规定。

2014年2月27日，十二届全国人大常委会第七次会议经表决通过了全国人大常委会关于确定中国人民抗日战争胜利纪念日的决定，确定每年9月3日为中国人民抗日战争胜利纪念日。

(资料来源：中国新闻网)

2. 中国近代国防建设及国防观念的变革

(1)国防体制和武装力量变革

近代以前，清朝的常备军由八旗兵和绿营兵两部分组成。清入关初期，以前者为主，后者为辅；后来，八旗兵日趋腐败，绿营成为作战主力。到了近代，无论八旗还是绿营都已腐败不堪，毫无战斗力，鸦片战争的失败很好地证明了这一点。太平天国运动爆发后，清朝原有的武装力量基本被农民起义军扫荡殆尽，在镇压农民起义中起家的以湘军、淮军为代表的勇营地方武装逐步取代八旗和绿营的地位，成为清朝的常备军。与此相应，清朝的军制也发生了一场变革，由勇营制取代八旗和绿营军制。

近代中国的屈辱是从海防开始的，在洋务派的大力倡议下，清政府创建了中国的近代新式海军，组建了北洋、南洋及福建三大水师。甲午战败后，清朝又全面仿效西欧的兵役制度，开始编练新式陆军即通称的新军并筹建了一批军事学堂。新军制在兵役制度上废除了世兵制和募兵制，开始实行常备军和后备军制度。

(2)初步建立了近代国防工业

西方列强的“船坚炮利”和西式武器的强大威力，终于使清王朝意识到加强近代国防工业建设的必要性和重要性。于是，在洋务派的大力推动下，清政府开始引进近代军事技术，建立近代的军事工业，后来，为了解决经费问题，又兴办了一些民用工商业。清政府兴办国防工业的目的主要有两个：镇压人民的起义和为筹办海军做准备。当时国防工业的产品主要是枪、炮、军火和轮船。规模较大、设备较好、产品较优的军工企业主要有江南制造局、福州船政局、金陵机器局、天津机器局和湖北枪炮厂。它们基本反映了中国近代军事工业的创建过程和发展水平。

图1-2　金陵机器制造局大门新貌

位于南京市秦淮区中华门外的金陵机器制造局，是南京第一座近代机械化工厂，也是当时中国四大兵工厂之一，素有“中国民族军事工业摇篮”之称。

(3)近代国防观念的变革

鸦片战争后局势的发展改变了晚清政府固有的重陆轻海的防务思想，实行了海防塞防并重的防卫思想。由于西方列强最早是从海上侵略中国的，所以在鸦片战争以后相当长的时期内，清政府一直都把国防的重点放在海岸，认为威胁主要来自英法等国从海上入侵，只有林则徐提出“终为中国患者，其俄罗斯乎”。随着俄罗斯在中国北部的趁火打劫、英国在中国西部的蠢蠢欲动、法国在中国南部的步步紧逼和中法战争的爆发以及日本在中国东面的虎视眈眈，清政府终于意识到其国防危机是全方位的。于是，清政府改变过去的关塞之防为全面的国防，海陆并举。魏源在对西方坚船利炮进行深入研究后，提出了“师夷长技以制夷”的国防建设新观点，倡导学习西方制造舰船、武器的先进技术和养兵练兵之法，并提出了中国近代的海权思想。李鸿章提出了发展近代工商业为军队建设提供财力的观点。

(三)中国现代国防

1949年10月1日,中华人民共和国成立。中国历史翻开了新的一页,中华民族从独立自主走向全面强大,国防也随之出现了崭新的面貌,成为国家富强、民族振兴的重要标志和根本保证。70多年来,我国国防和军队建设大体经历了五个阶段。

1.恢复初创阶段

这一阶段(1949年10月到1953年)是国家处在外御帝国主义侵略、内治战争创伤和恢复经济时期。国防活动主要体现在三个方面:一是解放了除台湾和少数几个沿海岛屿外中国全部领土,稳定边防,加强海防,肃清了大陆上国民党的残余武装,平息了匪患,为医治战争创伤、恢复国民经济奠定了和平安宁局面。二是取得了抗美援朝战争的胜利,维护了亚洲和世界和平,巩固了新生的人民政权,打破了美帝国主义不可战胜的神话,极大地增强了中国人民的民族自信心和自豪感。三是建立了一支初具规模的海军、空军和兵种部队,开始从单一陆军向诸军兵种全面建设过渡,并为即将全面展开的国防和军队建设奠定了基础。

2.全面建设阶段

这一阶段(1954年到1977年)是我国国防全面建设、突飞猛进的时期。1953年12月召开的全国军事系统党的高级干部会议是军队和国防建设的一个重要里程碑。这次会议明确提出了"建设世界上优良的现代化革命军队"的总方针,提出用5到10年左右时间,逐步达到武器装备现代化、编制体制合理化、干部培养标准化、军事制度和军事训练正规化。国防活动主要有以下几点:一是制定了"积极防御"的战略方针和"两弹一星"的国防发展战略,全面构建中国国防现代化体系。1955年1月,中共中央、毛泽东作出发展原子能事业、研制原子弹的决策。毛泽东说:"在今天的世界上,我们要不受人家欺负,就不能没有这个东西。"二是国防科研和国防工业有了较大的发展,常规武器基本上实现了国产化。特别是"两弹一星"事业的突破,极大地提高了我国的国际地位和防御战争的能力。三是为了保卫国家安全和领土主权,进行自卫反击作战。取得了中印边界自卫反击战、珍宝岛自卫反击战和西沙群岛自卫反击战的胜利。

相关链接

两弹一星

"两弹一星"最初是指原子弹、洲际导弹和人造卫星。"两弹"中的一弹是原子弹,后来演变为原子弹和氢弹的合称,合称核弹;另一弹是指洲际导弹;"一星"则是人造地球卫星。1960年11月5日,中国仿制的第一枚近程导弹发射成功,1964年10月16日15时我国第一颗原子弹爆炸成功,使中国成为第五个有原子弹的国家,1967年6月17日上午8时我国第一颗氢弹空爆试验成功,1970年4月24日21时我国第一颗人造卫星发射成功,使中国成为第五个发射人造卫星的国家。中国的"两弹一星"是20世纪下半页中华民族创建的辉煌伟业。

3. 战略转变阶段

这一阶段（1978年到1989年）是我国国防和军队建设进入战略转变调整的新时期。党的十一届三中全会作出了把党和国家工作中心转移到经济建设上来、实行改革开放的历史性决策，开启了我国改革开放和社会主义现代化建设新时期，国防和军队建设迎来了一个崭新的阶段。主要的国防活动有：一是提出“必须把我军建设成为一支强大的现代化、正规化的革命军队”的总目标，为新时期军队建设指明了方向。二是提出军队建设指导思想实行战略性转变，即把军队工作从立足于“早打、大打、打核战争”的临战准备状态真正转入和平时期建设轨道上来，充分利用大仗打不起来的这段和平时期，在服从国家经济建设大局的前提下，抓紧时间，有计划、有步骤地加强以现代化为中心的国防与军队建设，增强我军在现代条件下的作战能力。三是坚定不移地走中国特色精兵之路，对军队进行大规模的精简整编。1985年下半年至1987年初，举世瞩目的百万大裁军基本完成。四是人民解放军在保卫国家领土主权斗争中出色地履行了职责。1979年二三月间，我边防部队实施对越边境自卫反击作战。1988年3月，我海军舰船对窜到我南沙群岛赤瓜礁海区进行挑衅的越南海军舰船进行还击。

4. 跨越发展阶段

这一阶段（1990年到2012年）是我国国防和军队实现历史性跨越发展的时期。20世纪90年代初，世界格局发生了根本性的变化，世界新军事变革风起云涌，党中央和中央军委提出“政治合格、军事过硬、作风优良、纪律严明、保障有力”的新时期军队建设总要求，着眼于打得赢、不变质，对军队建设和军事斗争准备作出一系列战略规划和部署，推进中国特色军事变革。一是根据国家安全形势发展变化对积极防御军事战略方针的内容进行了调整。1993年1月，中央军委扩大会议制定了新时期积极防御的军事战略方针，提出把军事斗争准备的基点放在打赢现代技术特别是高技术条件下的局部战争上，赋予了积极防御的军事战略方针以新的内容。2004年，充实完善了新时期军事战略方针，把军事斗争准备基点进一步调整为打赢信息化条件下的局部战争上。二是为推进中国特色军事变革，走中国特色精兵之路，对军队编制体制进行了调整精简。1997年9月党的十五大宣布，中国将在3年内再裁减军队员额50万。2003年9月，中国再次宣布裁减军队员额20万。三是加快国防科技和武器装备发展。在航空、航天、船舶、兵器、军用电子、工程物理等方面取得了具有世界先进水平的成果，在微电子、信息、传感、通信技术等方面取得重大进展。大力发展以军事信息系统为支撑的现代化武器装备，以第二代为主体、第三代为骨干的武器装备体系基本建成，为战斗力转型奠定了坚实的物质基础。

5. 强军兴军阶段

这一阶段（2012年11月党的十八大召开至今）是全面推进国防和军队现代化建设时期。党的十八大以来，以习近平同志为核心的党中央着眼实现“两个一百年”奋斗目标、实现中华民族伟大复兴中国梦，立足国家安全和发展战略全局，紧紧围绕“建设一支听党指挥、能打胜仗、作风优良的人民军队”的党在新时代的强军目标，提出一系列重大方针原则，作出一系列重大决策部署，推进一系列重大工作，开创了强军兴军新征程，引领国防和军队建设进入新时代。一是贯彻新时代政治建军方略。2014年10月，新世纪第一次全军政治工作会议在福建省上杭县古田镇召开。习近平在会上发表重要讲话，强调革命的政治工作是革命军队的生命线，明确提出了军队政治工作的时代主题，即紧紧围绕实现中华民族伟大复兴的中国梦，为实现党在新形势下的强军目标提供坚强的政治保证。二是不断丰富和完善积极防御战略思想内涵，与时俱进加强军事战略指导。2014年，中央军委制定新形势下军事战略方针。这一方针坚持实行积极防御，整体运筹备战与止战、维权与维稳、威慑与实战、战争行动与和平时期军事力量运用，将军事斗争准备基点放在打赢信息化局部战争上，以海上方向军事斗争为战略重心，增强了战略指导的积极性和主动性。三是全面实施改革强军战略，国防和军队改革取得历史性突破，形成“军委管总、战区主战、军种主建”新格局。

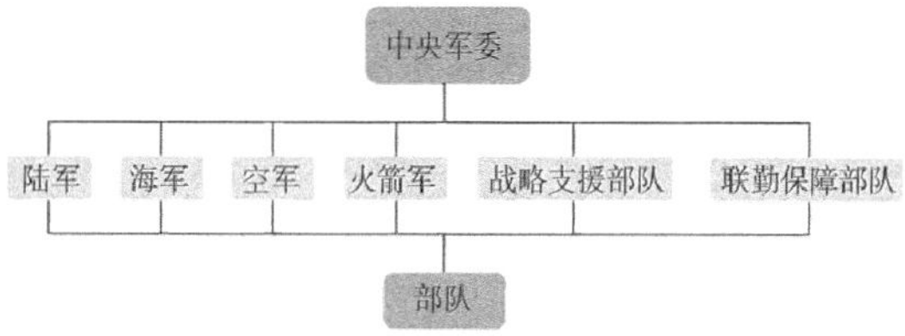

图1-3　军队领导管理体系架构图

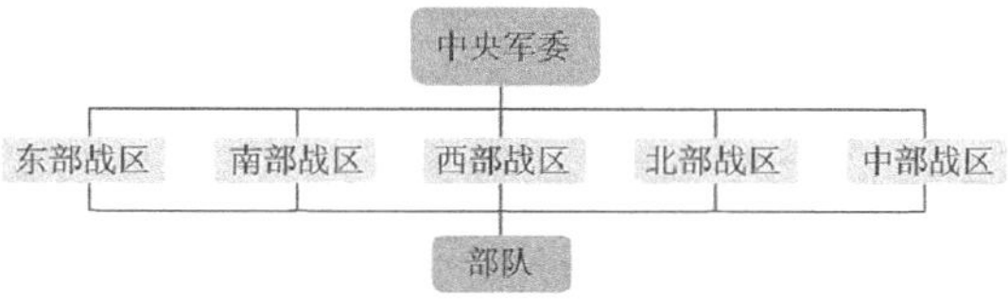

图1-4　军队作战指挥体系架构图

（四）国防历史的启示

在中华民族数千年的悠久历史中，国防建设与国运的兴衰有着密切的关系，国防历史蕴藏着丰富而又宝贵的经验教训，给予我们许多有益的思考与启迪。

1. 经济发展是建设国防的物质基础

国防的强大有赖于经济的发展。早在春秋时期齐国的政治家管仲就提出过“富国强兵”的思想。历代统治者无不把发展经济作为巩固国防、争夺霸权的重要措施。与此相反，各朝代的衰败、灭亡，几乎毫无例外是由于王朝后期政治腐败、经济落后，结果动摇了国防的根基，使得政权易手。过去的战争是这样，现代与未来的战争仍然如此，表面上是双方军事对抗，其实质是经济与科技也就是综合国力的实际较量。所以，国防的强大基于国家经济和科技的发展，富国才能强兵。只有把经济建设和科学技术搞上去，才能有足够的经费供养武装力量，给军队以先进的武器装备，保证部队的训练和执行任务，一旦战争爆发，就能以雄厚的经济实力应付战争，直至取得胜利。

因此,积极发展经济,实现国家的富强,是全国人民根本利益之所在,也是建设强大国防的必由之路和根本举措。

2. 政治昌明是国防巩固的根本

政治与国防紧密相关,国家政策的正确与否,国家的政治是否开明,制度是否进步,直接关系到国防能否巩固。我国古代凡是兴盛的时期和朝代都十分注意修明政治,实行比较开明的治国之策。秦原为西陲小国,自商鞅变法以来,修政治、明法度、发展生产、国力日渐强大,为统一六国奠定了基础;唐建立之初,百废待兴,正是由于制定并实施了一系列行之有效的政治制度,使国家很快从隋末的战争废墟中恢复过来,形成了国力昌盛、空前统一的大唐帝国。反之,凡是衰弱的时期和朝代,都是政治腐败、国防空虚。国防的兴衰、王朝的更替、近代中国的百年国耻,都深刻地告诉我们,政治的昌明是国防巩固的基础,是国家得以长治久安的根本保证。

3. 国家的统一和民族的团结是国防强大的关键

我国国防史给予我们的另外一个重要启示,就是在面临外敌入侵、国家危亡的关头,只有国家统一、民族团结、共同抵抗,才能筑起一道坚强的国防长城,取得反侵略战争的胜利。清王朝晚期,在西方列强的进攻面前,不仅不敢进行反侵略战争,不依靠、不支持人民群众进行战争,反而认为“患不在外而在内”“防民甚于防火”,对人民群众自发组织的反侵略斗争,实行镇压的方针,最终造成屡战屡败,割地赔款,逐步沦为半殖民地半封建社会。抗日战争时期,在中国共产党的倡导和组织下,建立了抗日民族统一战线,团结一切抗日力量,共同抗击侵略,最终取得了抗日战争的伟大胜利。历史证明,国家的统一、民族的团结、全国军民一致共同抵抗侵略的精神和意志,才是国防真正的钢铁长城,是让一切侵略者望而生畏的真正铜墙铁壁,是民族自强的根本、国防力量的源泉。

4. 国防意识是国防赖以确立的精神根基

国防意识是一种重要的精神力量,是制止战争、威慑敌人的重要因素。公民国防意识的强弱关系到国家的强弱、民族的兴衰。正如孙中山先生所说:“所谓固国家不以山溪之险,威天下不以兵革之利,其道何在? 精神为也。”先驱者在告诉我们,一个国家的国防巩固与否不应只以“山溪之险,兵革之利”来衡量,还应看其国民的国防意识和精神状态如何。和平环境的客观存在容易使人忘却忧患,沉湎于和平景象之中,滋生和平麻痹的思想,从而埋下了沦亡的祸根。“天下虽安,忘战必危”,历史的教训告诫我们,时刻保持忧患意识,真正构筑起心中的长城,国防才能巩固和发展。

第二节 国防法规

国防法规,是由国家制定、认可并以国家强制力保证其实施的,用于调整国防和武装力量建设领域各种社会关系的法律规范的总称。国防法规是国防政策的法律体现,是指导国防活动的行为准则,是国家法律体系的重要组成部分。

一、国防法规概述

（一）国防法规的产生和发展

国防法规是随着国家和战争的出现而产生的。我国古代典籍中有“师出于律”“刑始于兵”的记载，表明国防法规产生于战争实践。由于国防活动的主要形式是军事斗争，所以国防法规也可以叫作军事法规。

在奴隶社会，军事法规的主要形式是临战前统治者发布的誓命文诰，如《尚书》中就有《甘誓》《汤誓》《牧誓》《大诰》《费誓》等篇章。这些既是战争动员令，也是最初的军事法规。进入封建社会，军事法规的形式发生了明显改变。这时已经有了稳定的成文法，不再是临时性的军事誓言了。而且，军事法规的调整范围不断拓展，军事立法、司法以及监督制度也逐步建立起来。近代，中国跟随世界军事变革的历史潮流，借鉴西方法治思想，军事法制建设也有所进步。1933年6月，民国政府颁布了我国历史上第一部兵役法，规定实行征兵制，并建立了预备役制度。中华人民共和国成立后，我们国家很重视国防法规建设，很快颁布了《中华人民共和国兵役法》《民兵组织条例》以及军队的各种条令条例。特别是改革开放以来，国家加大了国防立法的力度，制定了一系列国防法规，初步形成了具有中国特色的国防法规体系。

（二）国防法规的特性

国防法规也是国家法律的组成部分，是由国家制定或认可的、由国家强制力保证其实施的行为规范，它具有法律的一般特性：鲜明的阶级性、高度的权威性、严格的强制性、普遍的适用性和相对的稳定性。国防法规还有着区别于其他法规的具体特性。

1. 调整对象的军事性

国防法规就是专门用来调整国防和武装力量建设领域的各种社会关系的。这些带有军事性的社会关系是国防法规特有的调整对象，是其他任何法律规范所不能代替的，这是国防法规特性的一个基本表现。这里需要强调的是，国防和武装力量建设领域的社会关系不仅包括武装力量内部的社会关系，还包括武装力量与外部的社会关系。国防不是军防，不只是军队的事。国防是国家行为，是整个国家的事，是全民族的事。无论是行政部门、经济部门，科技、文化、教育等部门，还是社会各阶层人士都与国防有密切的关系。因此，调整对象的军事性决不意味着国防法规只管军队，不管地方。一切社会团体和个人都必须按照国防法规的要求，履行自己的国防义务。

2. 公开程度的有限性

一般的法律是不存在保密问题的，但国防法规有些不同，公开程度是有限的。大部分国防法规，特别是一些基本的、主要的国防法规是公开的，如《中华人民共和国国防法》《中华人民共和国兵役法》《中华人民共和国军事设施保护法》等。但有一少部分国防法规，特别是关于军队的作战、训练、编制、装备和战备工作等方面的法规，只限一定范围的人员了解，如各种《战斗条令》《军事训练条例》《战备工作条例》等，都规定了保密等级。所以说，国防法规的公开性是有限的。为了加强法制，对能公开的国防法规要尽量公开，以便大家了解和遵守。为了国家安全，该保密的国防法规也要严格保密，以免国家利益受到损害。

3. 司法适用的优先性

国防法规优先适用，是指在解决与国防利益、军事利益有关的法律问题时，如果国防法规和其他法规都有相关的规定，这时要以国防法规的规定作为司法依据，以国防法规作为评判是非的标准和采取行动的准则，其他法规要服从国防法规。同时要注意，优先适用不是指先后顺序，而是一种排他性的单项选择。在解决与国防利益、军事利益有关的法律问题时，只有国防法规起作用，其他法规不起作用。“特别法优先于普通法”是国际公认的法律适用原则。国防法规属于特别法，因而在司法活动中实行“军法优先”。

4. 处罚措施的严厉性

国防法规所保护的国防利益，是关系国家安危的重大利益，因而对危害国防利益的犯罪实行比较严厉的处罚。如《刑法》规定，一般抢劫罪通常处三年以上十年以下有期徒刑；而冒充军警人员抢劫的，抢劫军用物资的，处十年以上有期徒刑、无期徒刑或者死刑。同一类型的犯罪，战争时期的处罚要更严厉一些。《中华人民共和国兵役法》规定，应征公民拒绝、逃避征集服现役，拒不改正的，不得录用为公务员或者参照《中华人民共和国公务员法》管理的工作人员，不得招录、聘用为国有企业和事业单位工作人员，两年内不准出境或者升学复学，纳入履行国防义务严重失信主体名单实施联合惩戒。

（三）国防法规体系

国防法规体系是由各种国防法律规范依照一定的原则和要求组成的有机统一体，是国家法律体系的组成部分。

国防法规以宪法为基础，由各类法律规范所组成，范围广泛，内容丰富。根据《中国军事百科全书·军事法》（第二版）所作的分类，中国国防法规体系大致可分为国防基本法类、国防组织法类、兵役法类、军事管理法类、军事刑法类、军事诉讼法类、国防经济法类、国防科技工业法类、国防动员法类、国防教育法类、军人权益保护法类、军事设施保护法类、特别行政区驻军法类、对外军事关系法类、武装冲突法类等15个类别，这15个类别的法规，构成了我国国防法规的横向体系。

我国的国防立法活动，依据国防法规的不同层次，分属不同的国家立法机关、行政机关、军事机关制定和颁布。按照立法权限，我国国防法规体系，在宪法之下分为三个层次，从而形成了国防法规的纵向关系。

全国人民代表大会及其常务委员会制定的调整国防和武装力量建设的法律与法律问题的决定，是我国国防法规的第一层次。根据我国国防立法的实践，凡属基本军事法律，均需经过全国人大或其常务委员会讨论制定。如《中华人民共和国国防法》《中华人民共和国兵役法》《中华人民共和国军事设施保护法》等。

国务院单独或与中央军委共同制定的国防行政法规，中央军委制定的军事法规，是我国国防法规的第二层次。国务院和中央军委制定的国防军事法规，在中国国防法规体系中占有重要地位。这些法规以宪法和法律的有关规定为依据制定，通常以条令、条例、决定、规定的形式发布。如《征兵工作条例》《民兵工作条例》《军人抚恤优待条例》等。

国防军事行政规章和有关国防建设的地方性法规、规章是我国国防法规的第三层次。国防军事行政规章包括国务院有关部门单独或与中央军委有关部门共同制定的军事行政规章，中央军委各部门制定的军事规章，各军兵种、各战区、中国人民武装警察部队制定的军事规章。各省、自治区、直辖市人大和政府制定的有关国防建设的地方性国防法规、规章，以国防法律和国防行政法规为依据，其内容是本地区国防建设的制度和行为规范，主要限于兵员征集、军人优抚及退伍安置、国防教育、军事设施保护等方面。

二、我国主要国防法规简介

我国的国防法律制度涉及面广，内容非常丰富，是一个十分庞大的法律制度体系，为了便于教学，这里主要介绍几个与公民密切相关的国防法规。

（一）《中华人民共和国国防法》

国防法是根据宪法制定的综合性的调整和规范国防与武装力量建设的基本法。它在国防法规体系中占有统帅地位并起着核心作用。《中华人民共和国国防法》（以下简称为《国防法》）于1997年3月14日由第八届全国人民代表大会第五次会议通过。

2020年12月26日，十三届全国人大常委会第二十四次会议表决通过了新修订的《国防法》，自2021年1月1日起施行。修订后的《国防法》分为总则，国家机构的国防职权，武装力量，边防、海防、空防和其他重大安全领域防卫，国防科研生产和军事采购，国防经费和国防资产，国防教育，国防动员和战争状态，公民、组织的国防义务和权利，军人的义务和权益，对外军事关系，附则。共12章73条。

《国防法》在总则中明确了国防活动的指导思想。《国防法》第四条规定："国防活动坚持以马克思列宁主义、毛泽东思想、邓小平理论、"三个代表"重要思想、科学发展观、习近平新时代中国特色社会主义思想为指导，贯彻习近平强军思想，坚持总体国家安全观，贯彻新时代军事战略方针，建设与我国国际地位相称、与国家安全和发展利益相适应的巩固国防和强大武装力量。"这一规定将习近平新时代中国特色社会主义思想确立为国防活动的指导思想，以国防基本法的形式固化下来，立起了新时代国防活动的根本遵循和行动指南。这一规定还将总体国家安全观上升到国防基本法律的高度加以规范，彰显军事安全对其他安全的保障功能，并作为新时代国防活动指导思想的重要组成部分。

《国防法》明确了国防活动的基本原则。国防活动的基本原则，是国家在一定历史时期指导国防建设和国防斗争的行为准则。《国防法》对国防活动的基本原则做出具体规定。这些原则主要包括：一是强调国家对国防活动实行统一的领导，武装力量受中国共产党领导。《国防法》第五条规定“国家对国防活动实行统一的领导”，第二十一条明确“中华人民共和国的武装力量受中国共产党领导”。二是确认了防御性国防政策。《国防法》第六条明确规定：“中华人民共和国奉行防御性国防政策，独立自主、自力更生地建设和巩固国防，实行积极防御，坚持全民国防。”它以法律形式明示了我国奉行防御性的国防政策，把长期以来党和国家的政策主张和实践做法经过法定程序上升为国家意志，使其更加具有普遍性、规范性和强制性。也向全世界宣告了我国国防建设的目的仅限于自身防卫和正当需要，有利于展示我国爱好和平、坚持和平发展道路的国际形象。三是坚持全民国防。《国防法》在总则中规定了“坚持全民国防”的原则，明确“一切国家机关和武装力量、各政党和各人民团体、企业事业组织、社会组织和其他组织，都应当支持和依法参与国防建设，履行国防职责，完成国防任务”。四是坚持经济建设和国防建设协调、平衡、兼容发展。强调国家依法开展国防活动，加快国防和军队现代化，实现富国和强军相统一。

《国防法》规定了国家机构的国防职权。国防是国家的职能之一，对国防的领导与管理，是国家机构实现国家职能的重要表现。《国防法》第二章对国家机构的国防职权作出了规定。在该章中明确了“中央军事委员会实行主席负责制”。军委主席负责制是党章和宪法规定的重大军事制度，关系我军最高领导权和指挥权，在党领导军队的一整套制度体系中处于最高层次、居于统领地位。新修订的《国防法》着眼贯彻落实党章和宪法规定，在国家机构的国防职权中专门规定了军委主席负责制的内容，强化军委主席负责制的法治保障。

《国防法》以专章规范了我国武装力量。指明了我国武装力量的性质和任务，规定了武装力量的组成，规定我国武装力量必须遵守宪法和法律，武装力量的规模应当与保卫国家主权、安全、发展利益的需要相适应。

《国防法》对国防教育和学生军训做了明确规定。国防教育是建设和巩固国防的基础。国防法明确了国防教育的目的任务是，使全体公民增强国防观念、强化忧患意识、掌握国防知识、提高国防技能、发扬爱国主义精神，依法履行国防义务。《国防法》明确了国防教育应贯彻的方针和实行的原则，要求“公职人员应当积极参加国防教育，提升国防素养，发挥在全民国防教育中的模范带头作用”。为从源头上抓好青少年国防教育，使青少年树牢国防意识，《国防法》规定：“学校的国防教育是全民国防教育的基础。各级各类学校应当设置适当的国防教育课程，或者在有关课程中增加国防教育的内容。普通高等学校和高中阶段学校应当按照规定组织学生军事训练。”

(二)《中华人民共和国兵役法》

兵役法是根据宪法规定公民服兵役的法律制度。兵役法是国家的基本军事法律，其制定和实施，对于建立和完善国家的兵役制度，保证公民依法服兵役，保障军队兵员补充和储备，建设巩固国防和强大军队，具有重要意义。

2021年8月20日，十三届全国人大常委会第三十次会议表决通过新修订的《中华人民共和国兵役法》(以下简称《兵役法》)，自2021年10月1日起施行。新修订的《兵役法》，坚持以习近平新时代中国特色社会主义思想为指导，全面贯彻习近平强军思想，贯彻新时代军事战略方针，着眼与国家经济社会发展相协调、与国防和军队建设相适应，遵循服务国防需要、聚焦备战打仗、彰显服役光荣、体现权利和义务一致的原则，聚焦吸引入役、激励在役、保障退役，对兵役政策制度进行了创新设计和调整完善。新修订的《兵役法》共11章65条。

1.兵役制度

兵役制度是国家关于公民参加武装组织或在武装组织之外承担军事任务、接受军事训练的制度，是国家的一项重要军事制度。《兵役法》第三条规定："中华人民共和国实行以志愿兵役为主体的志愿兵役与义务兵役相结合的兵役制度。"这一规定，突出志愿兵役制的主体地位。这是我国兵役制度的一次重大调整，必将对国防和军队建设带来划时代的影响。

相关链接

兵役制度的演变

我国兵役法的历史悠久。在先秦时期的《周礼》和秦朝《傅律》《军爵律》中，就有关于军人从征、替役和优恤的条款。唐《永徽律》、明《大明律》、清《大清律》中，都有关于兵役的条文。1933年6月南京国民政府颁布了我国历史上第一部《兵役法》，开始实行征兵制。

在新民主主义革命时期，中国共产党领导的人民军队一直实行志愿兵役制。1955年7月30日，第一届全国人民代表大会第二次会议通过了我国历史上第一部社会主义类型的《兵役法》，开始实行义务兵役制。1978年3月7日，第五届全国人民代表大会常务委员会第一次会议批准了《关于兵役制问题的决定》，将义务兵役制改为义务兵与志愿兵相结合的制度。1984年5月31日，新的《兵役法》在第六届全国人民代表大会第二次会议上通过，规定我国实行以义务兵役制为主体的义务兵和志愿兵相结合、民兵与预备役相结合的兵役制度。1998年12月29日，第九届全国人民代表大会常务委员会第六次会议对《兵役法》作了修正，调整了兵役制度，规定我国实行义务兵与志愿兵相结合、民兵与预备役相结合的兵役制度。2021年8月20日，第十三届全国人民代表大会常务委员会第三十次会议通过修订后的《兵役法》，规定实行以志愿兵役为主体的志愿兵役与义务兵役相结合的兵役制度。（资料来源：中国军网）

2.兵役登记

兵役登记，是指按照法律规定有服役义务的男性公民，按照法律规定进行登记报名。《兵役法》第十四条规定："国家实行兵役登记制度。兵役登记包括初次兵役登记和预备役登记。"根据《兵役法》的相关规定，每年十二月三十一日以前年满十八周岁的男性公民，都应当按照兵役机关的安排在当年进行初次兵役登记。初次兵役登记可以采取网络登记的方式进行，也可以到兵役登记站（点）现场登记。进行兵役登记，应当如实填写个人信息。经过初次兵役登记的未服现役的公民，符合预备役条件的，县、自治县、不设区的市、市辖区人民政府兵役机关可以根据需要，对其进行预备役登记。《兵役法》还对拒绝、逃避兵役登记的行为作了处罚规定。

3.兵员的平时征集

征集应征公民到部队服役，是国防和军队建设的一项基础性工程。《兵役法》第二十条规定：“年满十八周岁的男性公民，应当被征集服现役；当年未被征集的，在二十二周岁以前仍可以被征集服现役。普通高等学校毕业生的征集年龄可以放宽至二十四周岁，研究生的征集年龄可以放宽至二十六周岁。”这一规定，明确了我国兵员的平时征集对象。适龄青年应当积极报名应征入伍，履行公民义务，到绿色军营锤炼自己，建功军营。《兵役法》对征集女性公民服现役作了相应规定。

4.公民履行兵役义务的形式

保卫祖国、抵抗侵略是中华人民共和国每一个公民的神圣职责。《兵役法》第五条规定：“中华人民共和国公民，不分民族、种族、职业、家庭出身、宗教信仰和教育程度，都有义务依照本法的规定服兵役。”我国兵役分为现役和预备役。

服现役是公民履行兵役义务的主要形式。服现役又分为义务兵服现役、志愿兵服现役和军官服现役三类。义务兵服现役的期限为二年。义务兵服现役期满，根据军队需要和本人自愿，经批准可以选改为军士；服现役期间表现特别优秀的，经批准可以提前选改为军士。根据军队需要，可以直接从非军事部门具有专业技能的公民中招收军士。军士实行分级服现役制度。《兵役法》规定，现役军官从下列人员中选拔、招收：(一)军队院校毕业学员；(二)普通高等学校应届毕业生；(三)表现优秀的现役士兵；(四)军队需要的专业技术人员和其他人员。战时根据需要，可以从现役士兵、军队院校学员、征召的预备役军官和其他人员中直接任命军官。

服预备役是公民履行兵役义务的另一重要形式。预备役也称“后备役”，公民在军队外所服的兵役，是国家储备后备兵员以随时进行兵员补充的重要方式。分军官预备役和士兵预备役。经过预备役登记的退出现役的士兵，由部队会同兵役机关根据军队需要，遴选确定服士兵预备役；经过考核，适合担任预备役军官职务的，服军官预备役。经过预备役登记的公民，符合士兵预备役条件的，由部队会同兵役机关根据军队需要，遴选确定服士兵预备役。依照《兵役法》相关规定经过预备役登记的退出现役的军官、经过预备役登记的公民，符合军官预备役条件的，由部队会同兵役机关根据军队需要，遴选确定服军官预备役。预备役军官包括下列人员：①确定服军官预备役的退出现役的军官；②确定服军官预备役的退出现役的士兵；③确定服军官预备役的专业技术人员和其他人员。

此外，《兵役法》还以设立专章的形式，规定了军队院校从青年学生中招收的学员、战时兵员动员、服役待遇和抚恤优待、退役军人的安置、法律责任等与兵役相关的内容。

(三)《中华人民共和国国防教育法》

《中华人民共和国国防教育法》(以下简称《国防教育法》)由中华人民共和国第九届全国人民代表大会常务委员会第二十一次会议于2001年4月28日通过，并于同日公布施行。共计6章38条。《国防教育法》的公布实施，对于普及和加强国防教育，增强公民国防观念，激发人民群众的爱国热情，促进国防建设和社会主义精神文明建设，具有十分重要的意义。

国防教育是建设和巩固国防的基础，是增强民族凝聚力、提高全民素质的重要途径。实施国防教育，必须制定、贯彻正确的方针和原则。《国防教育法》依据《国防法》的规定，重申了我国开展国防教育的 方针和原则。《国防教育法》第四条规定：“ 国防教育贯彻全民参与、长期坚持、讲求实效的方针，实行经常教育与集中教育相结合、普及教育与重点教育相结合、理论教育与行为教育相结合的原则，针对不同对象确定相应的教育内容分类组织实施。”

《国防教育法》规定中华人民共和国公民都有接受国防教育的权利和义务。国务院领导全国的国防教育工作。中央军事委员会协同国务院开展全民国防教育。2001年8月31日，九届全国人大常委会第二十三次会议决定设立全民国防教育日，确定每年9月的第三个星期六为全民国防教育日。这是中国第一个以法律形式明确规定国防教育的主题节日。

《国防教育法》对学校国防教育做出了具体规定。指出学校的国防教育是全民国防教育的基础，是实施素质教育的重要内容。对小学、初中、高中、大学的国防教育提出了不同层次的要求。高等学校、高级中学和相当于高级中学的学校应当将课堂教学与军事训练相结合，对学生进行国防教育；高等学校应当设置适当的国防教育课程。

图1-5　全民国防教育标志

我国自2010年1月1日起正式启用全民国防教育标志。全民国防教育标志以长城、烽火台、盾牌三个要素构成“国防”的概念，外围用橄榄枝烘托、装饰，红五星高居正上方代表祖国无上的尊严与荣耀，“GFJY”为国防教育汉语拼音缩写。标志简明、庄重、美观，较好体现了国防教育这一主题。

（四）《中华人民共和国国防动员法》

2010年2月26日，第十一届全国人民代表大会常务委员会第十三次会议通过了《中华人民共和国国防动员法》（以下简称《国防动员法》）。共14章72条。该法于同年7月1日正式实施。这部法律的出台，对依法加强中国国防动员建设，增强国防潜力，进而维护国家安全和发展具有重要意义。

《国防动员法》分别对国防动员的组织领导机构及其职权，国防动员计划、实施预案与潜力统计调查，与国防密切相关的建设项目和重要产品，预备役人员的储备与征召，战略物资储备与调用，军品科研、生产与维修保障等方面作出了明确规定。

《国防动员法》规定，国务院、中央军事委员会共同领导全国的国防动员工作。国家国防动员委员会在国务院、中央军事委员会的领导下负责组织、指导、协调全国的国防动员工作。

根据《国防动员法》的规定，国家的主权、统一、领土完整和安全遭受威胁时，全国人民代表大会常务委员会依照宪法和有关法律的规定，决定全国总动员或者局部动员。国家主席根据全国人民代表大会常务委员会的决定，发布动员令。

《国防动员法》还规定，除一些特殊情形外，十八周岁至六十周岁的男性公民和十八周岁至五十五周岁的女性公民，应当担负国防勤务。国家机关、社会团体、企业事业单位和基层群众性自治组织，应当组织所属人员学习和掌握必要的国防知识与技能。

三、公民的国防权利和义务

公民的国防权利是指宪法和法律赋予公民在国防活动中享有的权力和利益。国家从法律和物资上保障公民享有这种权利的可能性。公民的国防义务，是由宪法和法律规定的公民在国防方面应当履行的责任。这种责任是根据国家和人民的根本利益确定的，并由国家运用法律的强制力来保证它的实现。每一个公民都享有相应的国防权利，也必须履行相应的国防义务。

（一）公民的国防权利

根据《国防法》的规定，我国公民享有三个方面的国防权利：

1. 对国防建设提出建议的权利

《国防法》第五十七条规定："公民和组织有对国防建设提出建议的权利。"所谓建议权，就是公民有权对国防建设的指导思想、方针原则、规章制度、措施方法等提出改进意见。此项权利是公民依宪法相应地对国家事务的建议权在国防建设方面的体现。

2. 对危害国防利益的行为进行制止或者检举的权利

《国防法》第五十七条规定："公民和组织有对危害国防利益的行为进行制止或者检举的权利。"所谓制止权，就是公民有权采取一定的方式方法使危害国防利益的行为停止下来，从而维护国防利益。所谓检举权，就是在危害国防利益的行为发生以后，公民有权检举揭发。这一规定，是宪法关于公民有维护国家安全、荣誉和利益的义务以及公民检举权在国防方面的体现。

3. 获得补偿的权利

《国防法》第五十八条规定："公民和组织因国防建设和军事活动在经济上受到直

接损失的，可以依照国家有关规定取得补偿。”公民享有受到公平待遇的普遍性权利，当公民因国防建设和军事活动而在经济上受到直接损失时，有权依照国家有关规定请求补偿。这项权利体现了中国一切为了人民利益的社会主义本质，既保护了公民的经济权利，又有利于调动公民依法参加国防建设和军事活动的积极性。

（二）公民的国防义务

《国防法》第七条规定：“中华人民共和国公民应当依法履行国防义务。”我国宪法和法律赋予公民的国防义务主要有以下五项：

1.依法服兵役

兵役义务是公民最重要的一项国防义务。它要求公民根据宪法和法律规定，在军队中服役或在军队之外承担有关军事方面的责任。《宪法》第五十五条明确规定：“保卫祖国、抵抗侵略是中华人民共和国每一个公民的神圣职责。依照法律服兵役和参加民兵组织是中华人民共和国公民的光荣义务。”《兵役法》对公民履行兵役义务作出了具体规定。每个公民都应自觉履行兵役义务，为神圣的国防事业做出自己应有的贡献。

相关链接

习近平总书记给南开大学8名新入伍大学生的回信

阿斯哈尔·努尔太等同学：

你们好！我看了来信，得知你们怀揣着从军报国的理想，暂别校园、投身军营，你们的这种志向和激情，让我感到很欣慰。

自古以来，我国文人志士多有投笔从戎的家国情怀。抗战时期，许多南开学子就主动奔赴沙场，用鲜血和生命诠释了爱国、奉献的精神内涵。如今，你们响应祖国召唤参军入伍，把爱国之心化为报国之行，为广大有志青年树立了新的榜样。

希望你们珍惜身穿戎装的机会，把热血挥洒在实现强军梦的伟大实践之中，在军队这个大舞台上施展才华，在军营这个大熔炉里淬炼成钢，书写绚烂、无悔的青春篇章。

习近平

2017年9月23日

（资料来源：《人民日报》2017年9月26日01版）

2.接受国防教育

《国防法》第五十五条规定：“公民应当接受国防教育。”《国防教育法》第五条进一步强调：“中华人民共和国公民都有接受国防教育的权利和义务。”国防教育是建设和巩固国防的基础，是增强民族凝聚力和提高全民素质的重要途径，普及和加强国防教育是全社会的共同责任，自觉接受国防教育是公民应尽的义务。

3.保护国防设施

国防设施包括军事设施、人民防空工程、国防交通工程设施和其他用于国防目的的设施。国防设施是国防的物质屏障。在战时，它是打击敌人、抵抗侵略的重要依托;在平时,它具有制约敌对力量的威慑作用。因此,保护国防设施,确保其效能的实现,是巩固国防、维护国家安全利益的具体体现。《国防法》第五十五条规定:“公民和组织应当保护国防设施,不得破坏、危害国防设施。”《中华人民共和国军事设施保护法》明确规定:“中华人民共和国的所有组织和公民都有保护军事设施的义务。”公民应当自觉遵守各类国防设施的保护规定。

4. 遵守保密规定

《国防法》第五十五规定:“公民和组织应当遵守保密规定,不得泄露国防方面的国家秘密,不得非法持有国防方面的秘密文件、资料和其他秘密物品。”国防方面的国家秘密,主要是军事机密,不仅关系着平时政权的巩固,社会的稳定,而且关系着未来战争的胜败,领土的得失,影响着整个国家的生存、安全与发展。因此,保守国防方面的国家秘密,是公民的一项重要的国防义务。公民在履行这些义务时,必须牢固树立保密意识,在管理秘密载体、通信和办公自动化、新闻出版、对外活动等方面,严格遵守保密规定。公民发现国家军事秘密已经泄露或者可能泄露时,应立即采取补救措施并及时报告有关机关、单位;有关机关、单位接到报告后,应当立即做出处理。对于泄露国防秘密,危害国防安全与利益者,应当承担相应的法律后果,该追究刑事责任的要追究刑事责任,该给予行政处分的要给予行政处分。

5. 支持国防建设

我国的国防是全民国防,公民应当积极参与和支持国防建设。《国防法》第五十六条规定:“公民和组织应当支持国防建设,为武装力量的军事训练、战备勤务、防卫作战等活动提供便利条件或者其他协助。”公民履行支持国防建设和协助国防活动的义务时,应正确认识国防活动的意义,明确国防的战略地位和作用,不断提高履行国防义务的自觉性;正确处理国家安全利益与个人利益的关系,当两者发生矛盾时,要从国家安全大局出发,个人利益服从国家安全利益;在工作和生活中为武装力量提供力所能及的帮助,只要武装力量建设或作战需要,公民就应根据自己的能力和条件,自觉提供便利条件和协助。

第三节　国防建设

国防建设指的是为国家安全利益需要,提高国防能力而进行的各方面的建设,包括精神和物质两个方面的建设,是国家建设的重要组成部分。国防建设的内容主要包括:武装力量建设,战场建设,边防、海防、空防和人防建设,战略物资的储备,国防动员,国防工业建设和国防科学技术研究,国防教育,发展国防体育事业,建立、健全国防法规体系,进行军事理论研究,发展军事科学,以及与国防相关的铁路、公路、水运、民航、邮电、能源、水利、造林、气象、卫生、航天等方面的建设,重点是武装力量建设。

一、国防领导体制

国防领导体制，是国家谋划、决策、指挥、协调国防建设和军事斗争的组织体系，包括国防领导机构的设置、职权划分、相互关系及相关制度等。我国国防领导体制是国家体制的重要组成部分。根据宪法、国防法和有关法律，我国建立和完善了国防领导体制，对国防活动实行高度集中统一的领导。

（一）中共中央的国防领导职权

中国共产党作为执政党，是领导中国社会主义事业的核心力量。中共中央在国家生活包括国防事务中发挥决定性的领导作用。有关战争、国防和军队建设的重大问题，都是由中共中央、中央军委、中央政治局及其常务委员会做出决策，并通过必要的法定程序，作为党和国家的统一决策贯彻执行。

（二）全国人民代表大会及常务委员会的国防职权

全国人民代表大会是最高国家权力机关，在国防方面的职权是：依照宪法规定，决定战争和和平的问题，并行使宪法规定的国防方面的其他职权。其他职权主要有：制定有关国防方面的基本法律；选举中央军事委员会主席，根据中央军事委员会主席的提名，决定中央军事委员会其他组成人员，并有权罢免以上人员；审查和批准包括国防建设计划在内的国民经济、社会发展计划和计划执行情况的报告；审查和批准包括国防经费预算在内的国家预算和预算执行情况的报告等。

全国人民代表大会常务委员会是全国人民代表大会的常设机关，在国防方面的职权是：依照宪法规定，决定战争状态的宣布，决定全国总动员或者局部动员，并行使宪法规定的国防方面的其他职权。

（三）国家主席在国防方面的职权

中华人民共和国主席根据全国人民代表大会的决定和全国人民代表大会常务委员会的决定，宣布战争状态，发布动员令，并行使宪法规定的国防方面的其他职权。

（四）国务院在国防方面的职权

国务院领导和管理国防建设事业，行使下列职权：编制国防建设的有关发展规划和计划；制定国防建设方面的有关政策和行政法规；领导和管理国防科研生产；管理国防经费和国防资产；领导和管理国民经济动员工作和人民防空、国防交通等方面的建设和组织实施工作；领导和管理拥军优属工作和退役军人保障工作；与中央军事委员会共同领导民兵的建设，征兵工作，边防、海防、空防和其他重大安全领域防卫的管理工作；法律规定的与国防建设事业有关的其他职权。

（五）中央军事委员会在国防方面的职权

中央军事委员会领导全国武装力量，行使下列职权：统一指挥全国武装力量；决定军事战略和武装力量的作战方针；领导和管理中国人民解放军、中国人民武装警察部队的建设，制定规划、计划并组织实施；向全国人民代表大会或者全国人民代表大会常务委员会提出议案；根据宪法和法律，制定军事法规，发布决定和命令；决定中国人民解放军、中国人民武装警察部队的体制和编制，规定中央军事委员会机关部门、战区、军兵种和中国人民武装警察部队等单位的任务和职责；依照法律、军事法规的规定，任免、培训、考核和奖惩武装力量成员；决定武装力量的武器装备体制，制定武器装备发展规划、计划，协同国务院领导和管理国防科研生产；会同国务院管理国防经费和国防资产；领导和管理人民武装动员、预备役工作；组织开展国际军事交流与合作；法律规定的其他职权。

二、国防和军队建设的成就

新中国成立前夕，毛泽东在中国人民政治协商会议的讲话中郑重地强调："我们的国防将获得巩固，不允许任何帝国主义者再来侵略我们的国土。在英勇的经过了考验的人民解放军的基础上，我们的人民武装力量必须保存和发展起来。我们将不但有一个强大的陆军，而且有一个强大的空军和一个强大的海军。"如今，中华人民共和国已走过70多年历程，国防和军队建设发生了翻天覆地的变化，取得了举世瞩目的成就。

（一）人民解放军已经发展成为诸军兵种合成的强大军队

新中国成立时，人民解放军只是单一陆军，空军和海军建设刚刚起步。陆军也基本上是步兵，炮兵和装甲兵部队极为有限，军队武器装备基本上是在抗日战争和全国解放战争中缴获的日军和国民党军队的武器装备，性能落后，型号繁杂，威力弱小。新中国成立初期，人民解放军在这样的基础上迅速发展起来，建立了海军、空军等军种和陆军的炮兵、装甲兵、工程兵、铁道兵等技术兵种部队，并都形成了作战能力。1966年组建了第二炮兵。此后，随着军事技术发展，又相继组建了电子对抗部队和陆军航空兵部队。2015年12月，组建陆军领导机构，成立火箭军和战略支援部队。70多年来，人民解放军全面履行保卫祖国、保卫人民和平劳动的根本职能，胜利完成了保卫国防作战任务，严密守卫边防、海疆，依法履行香港、澳门防务职责，震慑、打击危害国家安全和统一的各种分裂、破坏活动，为国家繁荣发展提供了可靠的安全保障；参加抢险救灾，保护人民生命财产，支援国家建设，有力地支持了国家经济社会发展；参加国际维和、反恐、公海护航活动，为维护世界和平发挥了重要作用。经过多次精简整编和70多年的现代化建设，人民解放军已经规模适度，结构明显优化，现代化水平和作战能力大为提高，形成了陆军、海军、空军、火箭军、战略支援部队和联勤保障部队等诸军兵种合成的强大人民军队。

（二）建立了门类齐全、综合配套的国防科技工业体系

新中国成立时，国防工业的基础也极为薄弱。20世纪50年代苏联援助中国156个建设项目中，有41个是国防工业建设项目，到50年代末，中国就建成了包括兵器工业、航空工业、船舶工业、电子工业等一大批军工骨干企业，初步形成了自己的国防工业体系，先后仿制飞机、坦克成功。其间，决策研制导弹、原子弹，制定了《国防科学技术研究工作（1958—1967年）规划纲要》。1964年10月至1970年4月，第一颗原子弹爆

炸、首次导弹核武器发射、第一颗氢弹爆炸和第一颗人造地球卫星发射先后试验成功。改革开放后，制定了“863”计划，军队信息化建设在指挥自动化建设基础上，已由分领域建设为主转为跨领域综合集成为主的全面建设，军事综合信息网已开通，一体化联合作战指挥控制系统建设取得进展。地地洲际导弹试验、潜地导弹发射成功，导弹核潜艇建成下水，通信卫星、实用通信广播卫星、气象卫星先后发射成功。从1992年9月中国载人航天工程正式批准实施，到2022年6月神舟十四号载人飞船直冲云霄，中国载人航天工程已走过近30载漫漫征程，中国载人航天事业即将迎来空间站建成时刻,完成几代航天人的梦想。自2007年10月我国发射“嫦娥”一号探月卫星以来，先后发射了五颗探月卫星，完成了探月工程三期任务，并为载人登月和深空探测奠定一定的人才、技术和物质基础。2012年9月25日，中国首艘航母“辽宁舰”交付中国人民解放军海军，2019年12月17日，我国第一艘国产航母“山东舰”正式入列服役。2022年6月17日，我国第三艘航空母舰——“中国人民解放军海军福建舰”正式下水命名，中国自此进入航母三“舰”客时代。2020年7月，北斗三号全球卫星导航系统建成并正式开通。可以说，当今中国国防科技事业已经走在世界的前列。

图1-6　中国“两弹一星”功勋奖章

“两弹一星”的研制成功，是中华民族为之自豪的伟大成就。为了在新形势下大力弘扬研制“两弹一星”的革命精神和优良传统，1999年，党中央、国务院、中央军委决定，对当年为研制“两弹一星”做出突出贡献的23位科技专家予以表彰，并授予于敏、王大珩、王希季、朱光亚、孙家栋、任新民、吴自良、陈芳允、陈能宽、杨嘉墀、周光召、钱学森、屠守锷、黄纬禄、程开甲、彭桓武“两弹一星”功勋奖章，追授王淦昌、邓稼先、赵九章、姚桐斌、钱骥、钱三强、郭永怀“两弹一星”功勋奖章。这23位科技专家，是人民共和国的功臣，是老一辈科技工作者的杰出代表，是新一代科技工作者的光辉榜样。

（三）国防后备力量建设取得长足发展

我国历来十分重视国防后备力量建设。1985年，党中央、国务院、中央军委提出了“精干的常备军和强大的后备力量相结合，是建设现代化国防的必由之路”的基本指导方针，国防后备力量建设呈现出良好的局面。一是完善了国防动员体制。国家组建了国防动员委员会，在国务院和中央军委领导下，主管全国的国防动员工作，按照“平战结合、军民结合、寓兵于民”的方针，协调国防动员工作中经济与军事、军队与政府、人力与物力之间的关系，从而将人民武装、国民经济、人民防空、国防交通等方面的动员准备纳入国家总体发展规划和计划。2016年1月，中央军委新设立了国防动员部。组建军委国防动员部，履行组织指导国防动员和后备力量建设职能，领导管理省军区，有利于从战略层面加强对国防动员和后备力量建设的组织领导，是构建中国特色国防动员体系的一个重要举措。二是制定了国防动员法规。2010年2月26日，第十一届全国人民代表大会常务委员会第十三次会议，通过了《中华人民共和国国防动员法》，于2010年7月1日施行。《中华人民共和国国防动员法》的颁布实施，对依法加强国防动员建设，增强国防潜力，对于提升综合国力，维护国家安全和发展，具有十分重要的意义。三是实行民兵和预备役相结合的制度，初步形成了中国特色国防后备力量体系。重点加强基干民兵队伍和预备役部队建设，强化训练，更新武器装备，使我国后备兵员的整体素质较过去有了明显的提高。四是加强了国防教育，有效地增强了全民的国防观念，普及了国防知识，推动了国防建设。从1985年开始，我国有组织有计划地在部分高等院校和高级中学开展学生军训工作试点。2001年4月28日，《中华人民共和国国防教育法》正式公布实施，使国防教育逐步走上经常化、多样化、规范化轨道。

（四）军事人才队伍建设不断加强

新中国成立初期，全军即逐渐建立了正规的各级各类军事指挥院校和专业技术院校，培养军事指挥和专业技术干部。20世纪90年代，我国建立了依托普通高等院校教育培养军队干部制度。2003年9月，中央军委正式颁发了《实施军队人才战略工程规划》。《实施军队人才战略工程规划》着眼建设信息化军队、打赢信息化战争的需要，对我军未来一二十年人才建设应达到的数量规模、知识结构、复合素质等提出了相应的目标要求，并紧紧围绕建设高素质的指挥军官队伍、参谋队伍、科学家队伍、技术专家队伍和士官队伍，突出培养人才、提高素质这个核心，按照各支队伍的特点进行了分类设计，并提出了具体的对策和措施。今天，人民解放军各级领导班子文化程度均在大专程度以上，硕士、博士学位的领导干部所占比例越来越大，五支队伍建设已初具规模。

三、国防政策

国防政策，是国家在一定时期所制定的关于国防建设和斗争的基本行动准则，是国家政策的组成部分。根据国务院新闻办公室2019年7月24日发表的《新时代的中国国防》白皮书，中国的社会主义国家性质，走和平发展道路的战略抉择，独立自主的和平外交政策，“和为贵”的中华文化传统，决定了中国始终不渝奉行防御性国防政策。

（一）坚决捍卫国家主权、安全、发展利益

这是新时代中国国防的根本目标。

慑止和抵抗侵略，保卫国家政治安全、人民安全和社会稳定，反对和遏制"台独"，打击"藏独""东突"等分裂势力，保卫国家主权、统一、领土完整和安全。维护国家海洋权益，维护国家在太空、电磁、网络空间等安全利益，维护国家海外利益，支撑国家可持续发展。

中国坚定维护国家主权和领土完整。南海诸岛、钓鱼岛及其附属岛屿是中国固有领土。中国在南海岛礁进行基础设施建设，部署必要的防御性力量，在东海钓鱼岛海域进行巡航，是依法行使国家主权。中国致力于同直接有关的当事国在尊重历史事实和国际法的基础上，通过谈判协商解决有关争议。中国坚持同地区国家一道维护和平稳定，坚定维护各国依据国际法所享有的航行和飞越自由，维护海上通道安全。

解决台湾问题，实现国家完全统一，是中华民族的根本利益，是实现中华民族伟大复兴的必然要求。中国坚持"和平统一、一国两制"方针，推动两岸关系和平发展，推进中国和平统一进程，坚决反对一切分裂中国的图谋和行径，坚决反对任何外国势力干涉。中国必须统一，也必然统一。中国有坚定决心和强大能力维护国家主权和领土完整，决不允许任何人、任何组织、任何政党、在任何时候、以任何形式、把任何一块中国领土从中国分裂出去。我们不承诺放弃使用武力，保留采取一切必要措施的选项，针对的是外部势力干涉和极少数"台独"分裂分子及其分裂活动，绝非针对台湾同胞。如果有人要把台湾从中国分裂出去，中国军队将不惜一切代价，坚决予以挫败，捍卫国家统一。

（二）坚持永不称霸、永不扩张、永不谋求势力范围

这是新时代中国国防的鲜明特征。

国虽大，好战必亡。中华民族历来爱好和平。近代以来，中国人民饱受侵略和战乱之苦，深感和平之珍贵、发展之迫切，决不会把自己经受过的悲惨遭遇强加于人。新中国成立70多年来，中国没有主动挑起过任何一场战争和冲突。改革开放以来，中国致力于促进世界和平，主动裁减军队员额400余万。中国由积贫积弱发展成为世界第二大经济体，靠的不是别人的施舍，更不是军事扩张和殖民掠夺，而是人民勤劳、维护和平。中国既通过维护世界和平为自身发展创造有利条件，又通过自身发展促进世界和平，真诚希望所有国家都选择和平发展道路，共同防范冲突和战争。

中国坚持在和平共处五项原则基础上发展同各国的友好合作，尊重各国人民自主选择发展道路的权利，主张通过平等对话和谈判协商解决国际争端，反对干涉别国内政，反对恃强凌弱，反对把自己的意志强加于人。中国坚持结伴不结盟，不参加任何军事集团，反对侵略扩张，反对动辄使用武力或以武力相威胁。中国的国防建设和发展，始终着眼于满足自身安全的正当需要，始终是世界和平力量的增长。历史已经并将继续证明，中国决不走追逐霸权、“国强必霸”的老路。无论将来发展到哪一步，中国都不会威胁谁，都不会谋求建立势力范围。

（三）贯彻落实新时代军事战略方针

这是新时代中国国防的战略指导。

新时代军事战略方针，坚持防御、自卫、后发制人原则，实行积极防御，坚持“人不犯我、我不犯人，人若犯我、我必犯人”，强调遏制战争与打赢战争相统一，强调战略上防御与战役战斗上进攻相统一。

贯彻落实新时代军事战略方针，服从服务党和国家战略全局，落实总体国家安全观，强化忧患意识、危机意识、打仗意识，积极适应战略竞争新格局、国家安全新需求、现代战争新形态，有效履行新时代军队使命任务。根据国家面临的安全威胁，扎实做好军事斗争准备，全面提高新时代备战打仗能力，构建立足防御、多域统筹、均衡稳定的新时代军事战略布局。坚持全民国防，创新人民战争的战略战术和内容方法，充分发挥人民战争整体威力。

中国始终奉行在任何时候和任何情况下都不首先使用核武器、无条件不对无核武器国家和无核武器区使用或威胁使用核武器的核政策，主张最终全面禁止和彻底销毁核武器，不会与任何国家进行核军备竞赛，始终把自身核力量维持在国家安全需要的最低水平。中国坚持自卫防御核战略，目的是遏制他国对中国使用或威胁使用核武器，确保国家战略安全。

（四）坚持走中国特色强军之路

这是新时代中国国防的发展路径。

建设同国际地位相称、同国家安全和发展利益相适应的巩固国防和强大军队，是中国社会主义现代化建设的战略任务，是坚持走和平发展道路的安全保障，是总结历史经验的必然选择。

新时代中国国防和军队建设，深入贯彻习近平强军思想，深入贯彻习近平军事战略思想，坚持政治建军、改革强军、科技兴军、依法治军，聚焦能打仗、打胜仗，推动机械化信息化融合发展，加快军事智能化发展，构建中国特色现代军事力量体系，完善和发展中国特色社会主义军事制度，不断提高履行新时代使命任务的能力。

新时代中国国防和军队建设的战略目标是，到2020年基本实现机械化，信息化建设取得重大进展，战略能力有大的提升。同国家现代化进程相一致，全面推进军事理论现代化、军队组织形态现代化、军事人员现代化、武器装备现代化，力争到2035年基本实现国防和军队现代化，到21世纪中叶把人民军队全面建成世界一流军队。

（五）服务构建人类命运共同体

这是新时代中国国防的世界意义。

中国人民的梦想与世界人民的梦想息息相通。一个和平稳定繁荣的中国，是世界的机遇和福祉。一支强大的中国军队，是维护世界和平稳定、服务构建人类命运共同体的坚定力量。

中国军队坚持共同、综合、合作、可持续的安全观，秉持正确义利观，积极参与全球安全治理体系改革，深化双边和多边安全合作，促进不同安全机制间协调包容、互补合作，营造平等互信、公平正义、共建共享的安全格局。

中国军队坚持履行国际责任和义务，始终高举合作共赢的旗帜，在力所能及的范围内向国际社会提供更多公共安全产品，积极参加国际维和、海上护航、人道主义救援等行动，加强国际军控和防扩散合作，建设性参与热点问题的政治解决，共同维护国际通道安全，合力应对恐怖主义、网络安全、重大自然灾害等全球性挑战，积极为构建人类命运共同体贡献力量。

四、国防战略

国防战略，国家综合运用政治、经济、军事、文化和外交等各种力量，指导国防力量建设与运用，保障国家安全和利益的方略。20世纪80年代由中国学者首先提出，是"军事战略"这一概念延伸和发展的必然结果。有些西方国家使用的"国家安全战略""国防政策""防务政策"等概念，与国防战略的概念近似。它是国家战略体系的组成部分，是国家战略在国家防务问题上的具体体现，受国家战略制约和指导。通常由最高国防决策机构制定。

国防战略的要旨，是从国家根本利益出发，综合运用政治、军事、外交、经济、科学技术、文化以及其他可能使用的手段，遏制和抵御外来侵略，确保领土和主权不受侵犯。国防战略不仅重视运用实战手段打赢战争，尤其重视运用威慑手段制止战争，维护和平。制定国防战略应站在国家全局的高度，从实际出发，科学预测国际形势的发展趋势，着重分析对国家安全构成威胁和挑战的各种因素，正确估量国内条件，寻求在一定历史时期内制止侵略、维护安全的对策，指导国防力量的建设和运用。

相关链接

积极防御战略方针

积极防御战略思想是中国共产党军事战略思想的基本点。在长期革命战争实践中，人民军队形成了一整套积极防御战略思想，坚持战略上防御与战役战斗上进攻的统一，坚持防御、自卫、后发制人的原则，坚持"人不犯我，我不犯人；人若犯我，我必犯人"。

中华人民共和国成立后，中央军委确立积极防御军事战略方针，并根据国家安全形势发展变化对积极防御军事战略方针的内容进行了多次调整。1993年，制定新时期军事战略方针，以打赢现代技术特别是高技术条件下局部战争为军事斗争准备基点。2004年，充实完善新时期军事战略方针，把军事斗争准备基点进一步调整为打赢信息化条件下的局部战争。

中国社会主义性质和国家根本利益，走和平发展道路的客观要求，决定中国必须毫不动摇坚持积极防御战略思想，同时不断丰富和发展这一思想的内涵。根据国家安全和发展战略，适应新的历史时期形势任务要求，坚持实行积极防御军事战略方针，与时俱进加强军事战略指导，进一步拓宽战略视野、更新战略思维、前移指导重心，整体运筹备战与止战、维权与维稳、威慑与实战、战争行动与和平时期军事力量运用，注重深远经略，塑造有利态势，综合管控危机，坚决遏制和打赢战争。

实行新形势下积极防御军事战略方针，调整军事斗争准备基点。根据战争形态演变和国家安全形势，将军事斗争准备基点放在打赢信息化局部战争上，突出海上军事斗争和军事斗争准备，有效控制重大危机，妥善应对连锁反应，坚决捍卫国家领土主权、统一和安全。实行新形势下积极防御军事战略方针，创新基本作战思想。根据各个方向安全威胁和军队能力建设实际，坚持灵活机动、自主作战的原则，你打你的、我打我的，运用诸军兵种一体化作战力量，实施信息主导、精打要害、联合制胜的体系作战。

实行新形势下积极防御军事战略方针，优化军事战略布局。根据中国地缘战略环境、面临安全威胁和军队战略任务，构建全局统筹、分区负责，相互策应、互为一体的战略部署和军事布势；应对太空、网络空间等新型安全领域威胁，维护共同安全；加强海外利益攸关区国际安全合作，维护海外利益安全。

（资料来源：中华人民共和国国务院新闻办公室：中国的军事战略，新华社2015年5月26日。）

第四节　武装力量

武装力量是国家或政治集团所拥有的各种武装组织的总称。一般以军队为主体，由军队和其他正规的、非正规的武装组织组成。其最高统帅，通常是由国家或政治集团的最高领导人担任。

一、中国武装力量的构成

中国共产党在领导中国人民进行的长期革命战争中，建立了适应人民战争需要的“三结合”武装力量体制。中华人民共和国成立后，在继承和发扬革命战争年代传统的基础上，根据形势的变化不断加以调整，逐步确立了中国人民解放军、中国人民武装警察部队和民兵相结合的武装力量体制。《国防法》第二十二条明确规定：“中华人民共和国的武装力量，由中国人民解放军、中国人民武装警察部队和民兵组成。”

（一）中国人民解放军

中国人民解放军是中国共产党缔造和领导的人民军队，由现役部队和预备役部队组成。自1927年8月1日诞生以来，经历了中国工农红军、八路军和新四军、中国人民解放军等几个发展阶段，由小到大，由弱到强，打败了国内外的反动势力和外国侵略者，为建立人民政权立下了不朽的功勋。中华人民共和国成立后，又经过了抗美援朝战争、边境自卫反击作战的考验，捍卫了国家主权和领土完整，并在革命化、现代化、正规化建设中得到了很大的发展，成为人民民主专政的坚强柱石、保卫社会主义祖国的钢铁长城、建设社会主义的重要力量。

中国人民解放军现役部队是中华人民共和国武装力量的主体，是国家的常备军，主要担负防卫作战任务，必要时可以依照法律协助维护社会秩序。现役部队由陆军、海军、空军、火箭军、战略支援部队和联勤保障部队组成。

中国人民解放军预备役部队，是中国人民解放军的重要组成部分，是建设祖国保卫祖国的一支重要力量，组建于1983年。预备役部队以现役军人为骨干，以预备役军官、士兵为基础，按规定的体制编制组成的部队。预备役部队实行统一编制，师(旅)、团授予番号、军旗，执行解放军的条令、条例，列入解放军序列。预备役部队平时按照规定进行训练，必要时可以依照法律规定协助维护社会秩序，战时根据国家发布的动员令转为现役部队。自2020年7月1日零时起，预备役部队全面纳入军队领导指挥体系，由现行军地双重领导调整为党中央、中央军委集中统一领导。

(二)中国人民武装警察部队

中国人民武装警察部队是中华人民共和国武装力量的重要组成部分，是担负国家赋予的国家内部安全保卫任务的部队。武警部队肩负维护国家安全和社会稳定、保障人民安居乐业的神圣使命，主要承担执勤、处突、反恐怖、抢险救援、防卫作战等任务。

1949年8月，武警部队的前身中国人民公安中央纵队在北京成立。1982年6月，中共中央决定将中国人民解放军担负内卫执勤任务的部队同义务兵役制的武装、边防、消防警察统一组建为“中国人民武装警察部队”。作为国家武装力量的组成部分，受中共中央、国务院、中央军委统一领导。此后，水电、交通、黄金、森林部队列入武警部队。

2018年1月1日起，武警部队由党中央、中央军委集中统一领导，实行中央军委—武警部队—部队领导指挥体制。武警部队归中央军委建制，不再列国务院序列。

2018年3月，根据中共中央印发的《深化党和国家机构改革方案》，将列武警部队序列、国务院部门领导管理的现役力量全部退出武警，将国家海洋局领导管理的海警队伍转隶武警部队，将武警部队担负民事属性任务的黄金、森林、水电部队整体移交国家相关职能部门并改编为非现役专业队伍，同时撤收武警部队海关执勤兵力，彻底理顺武警部队领导管理和指挥使用关系。

(三)中国民兵

民兵是中国共产党领导的不脱离生产的群众武装组织，是中华人民共和国武装力量的组成部分，是中国人民解放军的助手和后备力量。民兵担负参加社会主义现代化建设、执行战备勤务、参加防卫作战、协助维护社会秩序和参加抢险救灾等任务。

中国民兵初建于第一次国内革命战争时期。革命战争年代，民兵为民族的解放、为赶走日本侵略者、为新中国的建立作出了巨大的贡献。中华人民共和国成立后，中国民兵在建设祖国、保卫祖国中发挥了重大作用。

中国民兵是国家的国防后备力量，不仅拥有步兵分队，还组建有炮兵、通信、防化、侦察、工程兵分队，以及海军、空军的一些专业技术分队，能随时遂行作战任务。按照相关法律的规定，凡年满18岁至35岁符合服兵役条件的男性公民，除征集服现役者外，编入民兵组织服预备役。民兵分为基干民兵和普通民兵。28岁以下退出现役的士兵和经过军事训练的人员，以及选定参加军事训练的人员，编为基干民兵。其余男性公民，编为普通民兵。根据需要，也可吸收女性公民参加基干民兵。农村的乡镇、行政村，城市街道和具有一定规模的企业事业单位，是民兵的基本组建单位。

二、中国武装力量的性质、宗旨和使命

《国防法》第二十条规定："中华人民共和国的武装力量属于人民，它的任务是巩固国防，抵抗侵略，保卫祖国，保卫人民的和平劳动，参加国家建设事业，全心全意为人民服务。"这一规定以宪法为依据，准确地表述了我国武装力量性质、宗旨和任务。

（一）中国武装力量的性质

中华人民共和国是工人阶级领导的、以工农联盟为基础的人民民主专政的社会主义国家。国家的性质决定了我国武装力量的无产阶级性质。

1. 社会主义国家的武装力量

马克思主义军事理论认为，武装力量是国家机器的重要组成部分，是执行国家意志、保持国家性质、巩固国家政权的工具。武装力量作为国家机器的柱石发挥着巩固人民民主专政、服务国家的职能。中华人民共和国成立70多年来，我国武装力量已多次粉碎了外来侵略和武装颠覆，为维护国家安全，保障国家发展，经受了血与火的考验。我国武装力量不仅拥有核武器，而且具有很高的政治觉悟、灵活机动的战略战术和顽强的战斗作风，是抗击国外敌对势力军事威慑的中坚力量。我国武装力量是实现社会稳定的强力保障，同时也是社会主义国家的建设者。

2. 人民的武装力量

我国的武装力量属于人民，是其无产阶级性质的根本体现。武装力量来自人民，服务人民。全心全意为人民服务，是我国武装力量的性质使然。我国武装力量只有坚持"为人民服务"，才能赢得人民群众的全力支持。在革命战争年代，由于我军自觉履行为人民服务的宗旨，因而赢得了人民群众的衷心拥护和爱戴。人民群众积极参军参战，为我军的发展壮大提供了源源不断的兵员，也为我军作战提供了大量人力、物力支援。我国武装力量是人民的武装，必须始终保持其与人民的鱼水关系。

3. 中国共产党绝对领导下的武装力量

这是由中国共产党的性质和中国武装力量的无产阶级性质决定的，是由中国革命的历史形成的。中国共产党在领导中国人民革命战争的过程中，坚持毛泽东关于人民军队、人民战争的思想，逐步建立和发展了具有中国特色的人民武装力量体制。中国共产党领导这支武装，从小到大，由弱到强，经过20多年的革命战争，在全国人民

的支持下，夺取了全国政权。没有党的领导，没有党领导的这支人民武装，就没有中国革命的胜利。新的历史条件下，我国武装力量要保持自己的阶级性、国家性和人民性，要履行自己的职责，就必须置于中国共产党的绝对领导之下。

（二）中国武装力量的宗旨

全心全意为人民服务，是中国人民解放军的宗旨，也是中国武装力量的宗旨。中国人民解放军建军的宗旨，是建军的根本目的，是全军行动的最高准则。它要求参加人民解放军的全体人员，都以广大人民的利益、全民族的利益为出发点和归宿，始终为人民的解放而奋斗。除此之外，不得有自己的特殊利益，也不得为任何少数人或狭隘集团的私利服务；始终同人民群众保持最密切的联系，同甘共苦，生死相依，一刻也不脱离群众，更不得凌驾于群众之上，成为压迫、剥削、奴役人民群众的工具。

中国人民解放军的宗旨，是这支军队诞生时便确立下来的。1927年8月1日，南昌起义时即宣告中外，要为中国工农大众而战。同年9月，毛泽东领导的湘赣边界秋收起义，首次打出了“工农革命军”的旗帜。1929年6月，中国工农红军第四军颁发布告，宣告红军以帮助工人、农民及一切被压迫阶级得到解放为宗旨。1945年4月，毛泽东指出，中国人民解放军的唯一宗旨，就是“紧紧地和中国人民站在一起，全心全意地为中国人民服务”。在解放战争时期和社会主义建设时期，中国共产党多次申明和强调人民解放军的全心全意为人民服务的宗旨。

全心全意为人民服务的宗旨，是由中国人民解放军的阶级性质和历史使命决定的。军队从属于一定的阶级，为一定的阶级利益服务，人民解放军是由中国共产党缔造和领导的新型人民军队，是执行革命政治任务的武装集团。无产阶级的历史任务，就是这支军队的历史任务；中国共产党全心全意为人民服务的宗旨自然也是这支军队的宗旨。人民解放军的成员大都来自工农，同人民群众血肉相连，有着共同的利益和奋斗目标，也决定了这支军队能够彻底实现全心全意为人民服务的宗旨。

（三）新时代军队使命任务

进入新时代，中国军队依据国家安全和发展战略要求，坚决履行党和人民赋予的使命任务，为巩固中国共产党领导和社会主义制度提供战略支撑，为捍卫国家主权、统一、领土完整提供战略支撑，为维护国家海外利益提供战略支撑，为促进世界和平与发展提供战略支撑。

1. 维护国家领土主权和海洋权益

中国拥有2.2万多千米陆地边界、1.8万多千米大陆海岸线，是世界上邻国最多、陆地边界最长、海上安全环境十分复杂的国家之一，维护领土主权、海洋权益和国家统一的任务艰巨繁重。

中国军队严密防范各类蚕食、渗透、破坏和袭扰活动，维护边防安全稳定。组织东海、南海、黄海等重要海区和岛礁警戒防卫，掌握周边海上态势，组织海上联合维权执法，妥善处置海空情况，坚决应对海上安全威胁和侵权挑衅行为。组织空防和对空侦察预警，监视国家领空及周边地区空中动态，组织空中警巡、战斗起飞，有效处置各种空中安全威胁和突发情况，维护空中秩序，维护空防安全。着眼捍卫国家统一，加强以海上方向为重点的军事斗争准备，组织舰机“绕岛巡航”，对“台独”分裂势力发出严正警告。

2.保持常备不懈的战备状态

军队保持战备状态，是有效应对安全威胁、履行使命任务的重要保证。中央军委和战区联合作战指挥机构严格落实战备值班制度，常态组织战备检查、战备拉动，保持随时能战状态，不断提高联合作战指挥能力，稳妥高效指挥处置各类突发情况，有效遂行各种急难险重任务。

解放军和武警部队强化战备观念，严格战备制度，加强战备值班执勤，扎实开展战备演练，建立正规战备秩序，保持良好战备状态，有效遂行战备(战斗)值班、巡逻执勤等任务。

3.开展实战化军事训练

军事训练是和平时期军队的基本实践活动。中国军队坚持把军事训练摆在重要位置，牢固树立战斗力这个唯一的根本的标准，完善军事训练法规和标准体系，建立健全训练监察体系，组织全军应急应战军事训练监察，落实练兵备战工作责任制，开展群众性练兵比武活动，不断提高实战化训练水平。

4.维护重大安全领域利益

核力量是维护国家主权和安全的战略基石。中国军队严格核武器及相关设施安全管理，保持适度戒备状态，提高战略威慑能力，确保国家战略安全，维护国际战略稳定。

太空是国际战略竞争制高点，太空安全是国家建设和社会发展的战略保障。着眼和平利用太空，中国积极参与国际太空合作，加快发展相应的技术和力量，统筹管理天基信息资源，跟踪掌握太空态势，保卫太空资产安全，提高安全进出、开放利用太空能力。

网络空间是国家安全和经济社会发展的关键领域。网络安全是全球性挑战，也是中国面临的严峻安全威胁。中国军队加快网络空间力量建设，大力发展网络安全防御手段，建设与中国国际地位相称、与网络强国相适应的网络空间防护力量，筑牢国家网络边防，及时发现和抵御网络入侵，保障信息网络安全，坚决捍卫国家网络主权、信息安全和社会稳定。

5.遂行反恐维稳

中国坚决反对一切形式的恐怖主义、极端主义。中国武装力量依法参加维护社会秩序行动，防范和打击暴力恐怖活动，维护国家政治安全和社会大局稳定，保障人民群众安居乐业。

武警部队执行重要目标守卫警戒、现场警卫、要道设卡和城市武装巡逻等任务，协同国家机关依法参加执法行动，打击违法犯罪团伙和恐怖主义活动，积极参与社会面防控，着力防范和处置各类危害国家政治安全、社会秩序的隐患，为“平安中国”建设作出重要贡献。

解放军依法协助地方政府维护社会稳定,参加重大安保行动及处置其他各类突发事件,主要承担防范恐怖活动、核生化检测、医疗救援、运输保障、排除水域安全隐患、保卫重大活动举办地和周边地区空中安全等任务。

6.维护海外利益

海外利益是中国国家利益的重要组成部分。有效维护海外中国公民、组织和机构的安全和正当权益,是中国军队担负的任务。

中国军队积极推动国际安全和军事合作,完善海外利益保护机制。着眼弥补海外行动和保障能力差距,发展远洋力量,建设海外补给点,增强遂行多样化军事任务能力。实施海上护航,维护海上战略通道安全,遂行海外撤侨、海上维权等行动。

7.参加抢险救灾

参加国家建设事业、保卫人民和平劳动,是宪法赋予中国武装力量的使命任务。依据《军队参加抢险救灾条例》,中国武装力量主要担负解救、转移或者疏散受困人员,保护重要目标安全,抢救、运送重要物资,参加道路(桥梁、隧道)抢修、海上搜救、核生化救援、疫情控制、医疗救护等专业抢险,排除或者控制其他危重险情、灾情,协助地方人民政府开展灾后重建工作等任务。

三、中国人民解放军军兵种体制

军兵种体制是指军队按军种、兵种构成的组织体系。中国人民解放军由陆军、海军、空军、火箭军、战略支援部队和联勤保障部队构成。

(一)陆军

陆军对维护国家主权、安全、发展利益具有不可替代的作用。包括机动作战部队、边海防部队、警卫警备部队等,下辖5个战区陆军、新疆军区、西藏军区等。中国陆军主要由步兵、炮兵、装甲兵、工程兵、通信兵、防化兵、陆军航空兵、电子对抗部队以及汽车兵、测绘兵、气象兵等专业部队组成。其中,炮兵、装甲兵和新型作战力量等兵种在陆军中发挥着重要作用。东部、南部、西部、北部和中部五大战区直接领导所属陆军部队。

1.步兵

步兵是目前人数最多的陆军兵种,一般都是徒步或乘装甲等输送作战,步兵分为山地步兵、装甲车步兵等。作战的情况下,步兵起到很大的作用,不管是歼灭敌人,还是最后歼灭敌人、夺取阵地都是步兵完成。

2.炮兵

炮兵是以各种压制火炮、反坦克火炮、反坦克导弹和战役战术导弹为基本装备,遂行地面火力突击任务的兵种,由地面炮兵、高射炮兵和战术导弹部(分)队组成。炮兵是陆军的重要组成部分和主要火力突击力量,具有强大的火力、较远的射程、良好的精度和较高的机动能力,能集中、突然、连续地对地面和水面目标实施火力突击。

主要用于支援、掩护步兵和装甲兵的战斗行动，并与其他兵种、军种协同作战，也可独立进行火力战斗。

3.装甲兵

装甲兵是以坦克及其他装甲战车、保障车辆为基本装备，遂行地面突击任务的兵种，由坦克兵、装甲步兵、炮兵等部(分)队及其他勤务保障分队组成。装甲兵具有较强的火力，较好的通行能力，快速的机动能力和一定的夜战能力及良好的装甲防护能力等特点。中国人民解放军陆军装甲兵自1945年12月成立第一支坦克部队，1950年9月成立装甲兵领导机关以来，由小到大，从弱到强，已由初创时单一的坦克兵发展为以坦克兵为主体，包括炮兵、机械化步兵、导弹兵、防空兵、防化兵、侦察兵、通信兵、工兵等兵种合成的装甲机械化部队，具有强大突击力和战斗力的高技术兵种。

4.陆军航空兵

陆军航空兵是以直升机、无人机为主要装备的陆军前沿性主战兵种，具有强大火力、超越突击能力以及精确打击能力，是陆军实施非线式、非接触、全纵深机动作战的骨干力量。陆军航空兵具有较强的攻击火力、广泛的机动能力和快速的反应能力，且隐蔽性好，不受地形的影响，具有超低空、“贴地”飞行的本领，能在地形复杂的条件下，远离机场遂行多种作战任务，能快速地从各个方位将兵力集中于主要作战方向，令敌人防不胜防。

5.防空兵

防空兵配备有高射炮、地空导弹武器系统等，日常从事对空作战任务，主要是防护军队上空安全，拦截攻击敌方战机和导弹，也可以摧毁敌方各种军事补给、直升机等，起到空中机动和地面支援的效果。

6.防化兵

防化兵主要任务是：实施不间断的核观测、化学观察；对人员、服装、武器装备、食物、用水等进行沾染检查和洗消；使用喷火、纵火武器直接消灭敌人；对染毒道路和重要地域进行消毒；施放烟幕，掩护部队的作战行动和遮蔽后方目标；组织实施化学侦察、辐射侦察(并兼负非专业性生物侦察)、沾染检查和剂量监督；组织指导部队和人民群众对核、生、化武器和燃烧武器的防护。

7.电子对抗兵

电子对抗兵主要是从事或者对抗各种电子战斗，主要使用电子网络设备或电子器材与敌军进行电磁斗争的兵种，比如破坏地方的导弹控制系统、屏蔽电子信号、干扰各种武器控制系统等。电子对抗兵需要很强的专业技能。

(二)海军

海军在国家安全和发展全局中具有十分重要的地位。包括潜艇部队、水面舰艇部队、航空兵、陆战队、岸防部队等，下辖东部战区海军(东海舰队)、南部战区海军(南海舰队)、北部战区海军(北海舰队)，海军陆战队等。战区海军下辖基地、潜艇支队、水面舰艇支队、航空兵旅等部队。

图1-7 中国人民解放军海军诞生地

1949年4月23日，华东军区海军领导机构在白马庙乡成立，张爱萍任司令员兼政委，人民海军从此诞生。1989年3月，中央军委批准确定1949年4月23日为人民海军成立日。

1.水面舰艇部队

水面舰艇部队以水面舰艇为基本装备，在水面遂行作战任务的海军兵种。可攻击敌方海上和沿岸及其一定纵深内的目标，参加争夺制海权的斗争，进行海上封锁、反封锁作战，参加登陆、抗登陆作战，保护或破坏海上交通线等。按舰种区分：有驱逐舰、护卫舰、登陆舰、鱼雷艇等作战部队，以及侦察船、补给船等勤务船部队。

2.潜艇部队

潜艇部队是以潜艇为基本装备，主要在水下遂行作战任务的海军兵种。海军潜艇部队装备战略导弹核潜艇、攻击核潜艇和常规动力潜艇，编有潜艇基地、潜艇支队。潜艇主要使用鱼雷、水雷、导弹等武器，具有隐蔽性好、突击力强、续航力和自给力大等特点。可攻击敌方大、中型舰船和潜艇，突袭陆上战略目标，袭击和封锁港口、基地，破坏海上交通线以及进行侦查、反潜、布雷、巡逻和运送人员、物资等。潜艇部队是海军重要的突击力量，战略导弹核潜艇是国家重要的核反击力量。

3.海军航空兵

海军航空兵的主要任务是消灭敌舰船，破坏敌基地，掩护、支援水面舰艇和潜艇部队的战斗行动，保障海军基地的安全，以及进行侦察、巡逻、反潜、布雷、通信、引导、救生等。航空兵部队主要装备固定翼飞机和直升机两大类，是海战区夺取和保持制空权的重要力量。固定翼飞机分为歼击机、歼击轰炸机、电子干扰机、水上飞机、侦察机、反潜机、巡逻机、运输机等；直升机分为攻击直升机、搜救直升机、侦察直升机、反潜直升机、运输直升机等。

4.岸防部队

海军岸防部队，是以岸炮和岸舰导弹为基本装备，部署在沿海重要地段，主要遂行海岸防御作战任务的海军兵种。包括海岸导弹部队和海岸炮兵部队。可突袭敌方舰船，保卫基地、港口和沿海重要地段，扼守海峡、水道，掩护近岸交通线和己方舰船，支援岸导和要塞守备部队作战等。岸防部队主要由岸舰导弹兵、高射炮兵、海岸炮兵等组成，编有岸导团、高炮团等。

5.海军陆战队

海军陆战队是中国人民解放军海军的一个兵种，它是一支诸兵种合成的能实施快速登陆和担负海岸、海岛防御、寒区作战、沙漠作战、丛林作战或支援任务的两栖作战部队，是应付局部战争和军事冲突的拳头。中国海军陆战队自1953年组建陆战第1团，1980年5月成立陆战第1旅以来，目前已发展成由两栖侦察兵、陆战步兵、装甲兵、炮兵、导弹兵、空降兵、防化兵、通信兵、工程兵等诸兵种合成的能快速反应的两栖作战力量。

(三)空军

空军在国家安全和军事战略全局中具有举足轻重的地位和作用。包括航空兵、空降兵、地面防空兵、雷达兵、电子对抗部队、信息通信部队等，下辖5个战区空军、1个空降兵军等。战区空军下辖基地、航空兵旅(师)、地空导弹兵旅(师)、雷达兵旅等部队。

1.航空兵

航空兵是中国空军的主体组成部分，按担负的任务和装备飞机的种类，分为歼击航空兵、强击航空兵、轰炸航空兵、运输航空兵、侦察航空兵以及预警、加油、电子战、搜救等各种专业航空兵部队。航空兵是夺取制空权、空中进攻、战略投送和国土防空的主战力量。武器装备以第三代主战飞机为骨干，具有高位瞰制、全域机动、快速反应、猛烈突击的兵种特质和全天候、大纵深、超视距、精确打击作战能力。随着预警机、指通机、轰炸机和空中加油机等装备的列装，空军航空兵远程机动、持续作战和信息化体系作战能力大幅提高。近年来，歼-20、歼-31、运-20等国产新锐战机的研制成功入役，正为中国空军打造空天一体、攻防兼备的空中力量。

2.地面防空兵

空军地面防空兵由高射炮兵和地空导弹兵构成，组建以来久经战火洗礼，战功卓著。地面防空兵是装备弹炮结合武器系统，遂行防空作战任务的部队。地面防空兵一般由火力分队、指挥分队、技术保障分队和其他勤务分队编成，能在昼、夜间和复杂气象条件下，抗击从低空到高空、从低速到高速飞行的飞机和各型空地导弹。目前，空军地面防空兵已经形成远中近程、高中低空相结合的火力配系，信息化条件下防空反导能力大幅提升，构筑捍卫国家空天安全的蓝天盾牌。

3.空降兵

空降兵作为一支担负特殊作战任务的多兵种合成部队，具备快速机动、远程直达、纵深打击和以空制地的作战能力，是联合作战力量体系中的一把“尖刀”。空降兵是以伞降或机降方式投入地面作战的兵种。中国空降兵是空军的主要兵种之一，是我军的一支空中战略打击力量。

4. 雷达兵

雷达兵是国家空防预警系统的中坚，在全国范围内构建以地面雷达为主体、空天预警手段为支撑的电磁天网。形成了全域全频、多维空间、多类目标预警探测能力，忠诚守护着祖国空防安全的第一道防线，是守卫祖国蓝天的"千里眼"。

（四）火箭军

火箭军是中国人民解放军新的军种，于2015年12月31日正式成立。火箭军是中国战略威慑的核心力量，是中国大国地位的战略支撑，是维护国家安全的重要基石。火箭军的前身是第二炮兵，组建于1966年7月1日。火箭军在维护国家主权、安全中具有至关重要的地位和作用。包括核导弹部队、常规导弹部队、保障部队等，下辖导弹基地等。

1. 核导弹部

核导弹部队是一支具有一定规模和实战能力的主要核威慑和战略核反击力量，它由近程、中程、远程和洲际导弹部队、工程部队、作战保障、装备技术保障和后勤保障部队组成。战略核导弹是衡量一个国家战略核力量和军事科学技术综合发展能力的主要标志之一。

2. 常规导弹部队

常规战役战术导弹部队是装备常规战役战术导弹武器系统，遂行常规导弹突击任务的部队，由近程、中近程常规导弹部队，工程部队，作战保障、装备技术保障和后勤保障部队组成。其主要任务是突击敌战役战术指挥中心、战役纵深内的导弹阵地、空军与海军基地等。具有中远程打击能力、快速机动能力和应急反应能力强等特点。

（五）战略支援部队

战略支援部队是维护国家安全的新型作战力量，是新质作战能力的重要增长点。包括战场环境保障、信息通信保障、信息安全防护、新技术试验等保障力量。2015年12月31日，中国人民解放军战略支援部队正式组建。按照体系融合、军民融合的战略要求，推进关键领域跨越发展，推进新型作战力量加速发展、一体发展，努力建设一支强大的现代化战略支援部队。

（六）联勤保障部队

联勤保障部队是实施联勤保障和战略战役支援保障的主体力量，是中国特色现代军事力量体系的重要组成部分。包括仓储、卫勤、运输投送、输油管线、工程建设管理、储备资产管理、采购等力量，下辖5个联勤保障中心，以及解放军总医院、解放军疾病预防控制中心等。联勤保障部队不从属任何军种，但又对各军种都提供了保障，也就是说，中国军队各军种的通用物资和通用勤务都主要由联勤保障部队负责。按照联合作战、联合训练、联合保障的要求，加快融入联合作战体系，提高一体化联合保障能力，努力建设一支强大的现代化联勤保障部队。

第五节　国防动员

国防动员亦称战争动员，是指国家或政治集团由平时状态转入战时状态，统一调动人力、物力、财力为战争服务所采取的措施。国防动员在现代战争中的作用越来越突出，已经成为国家安全与发展的重要因素，成为将战争潜力转化为实力的关键环节，成为一个国家准备和支持战争的独立领域，成为全社会共同参与的统一行动。

图1-8　国防动员标志

国防动员标志是国防动员事业的象征，以五角星、和平鸽、长城烽火台、橄榄枝和文字为主要元素，通过抽象概括，将五角星与和平鸽组合为一个有机整体。五角星象征着国家无上的尊严与荣耀，同时也是国防事业的代表元素，寓意国防动员是国家行为，是国防现代化建设的重要组成部分。长城烽火台象征着国家安全，寓意国防动员是巩固强大国防、维护国家安全的战略工程。和平鸽与橄榄枝象征着和平，寓意我国加强国防动员建设的根本目的是维护国家的和平与安宁。标志上下方分别缀以汉字“国防动员”和英文“NATIONAL DEFENSE MOBILIZATION”（国防动员英译）。国防动员标志自2013年2月1日启用。（图片资料来源：中国政府网）

一、国防动员的意义

国防动员属于战略问题，直接影响到战争的进程和结局，关系到国家的安危。无论是古代战争，还是现代战争，无论是全面战争，还是局部战争，无论是常规战争，还是非常规战争，都离不开动员。

（一）国防动员是增强国防实力的一项重要措施

国防实力是指国家防御外来侵略的力量，是国家军事、政治、经济、科学技术等力量的总和。在和平时期，国家把国防动员纳入经济建设和社会发展的总体规划，贯彻“军民结合、平战结合”的方针，以增强战争潜力。同时通过动员准备，激发全国人民的强烈的爱国热情和牢固的国防观念，从而确保国家政局稳定、经济发展、科技进步，综合国力迅速增强。

再者，如果平时注重动员，牢固树立国防观念，一旦战争爆发，通过战时动员，即能迅速地把战争潜力转变为战争实力。例如，就武装力量建设而言，为了对付敌人的突然袭击和入侵，保持一定数量的常备军是必要的，然而，要在平时保持一支满足战争需要的庞大军队，任何国家，即使是经济发达国家也都无法做到，这是因为巨额的军费开支必然加重国家的经济负担，影响国民经济的发展，同时也影响部队武器装备的研制和更新。因此，要解决“平时养兵少、战时用兵多”的矛盾。采用常备军和后备力量相结合的原则，平时保持精干的常备军作为战时动员扩建部队的骨干力量，同时积极训练、储备后备力量，以便战时根据需要组编参战。这样既可以加速国民经济的发展，又可以从根本上增强国防实力。

（二）国防动员是增强国防威慑力的一种有效手段

一个国家的国防威慑力，不仅取决于常备军的数量和质量，而且还取决于军队后备量和其他动员潜力，取决于常备军与后备力量动员准备的有机结合，以及动员机制的完善程度和运行效率。平时充分做好战时动员的准备工作，建立强大的后备力量和健全的动员体制，可以使敌人望而生畏，不敢轻举妄动，贸然发动进攻，以达到“不战而屈人之兵”的战略目的。特别是处于防御地位、反对侵略的国家，应该采取积极的对策，以充分有效的动员，显示应付战争的能力和拼死抵抗的决心，迫使敌人延缓或放弃侵略战争。

（三）国防动员是夺取战争主动权的一个可靠保障

决定战争胜负的因素是多方面的，其中后备力量的强弱、兵员质量的优劣以及战时动员准备和实施的好坏，是一个重要的因素。

随着现代科学技术的飞速发展及其在军事领域的广泛应用，现代战争的速决性更加突出明显，发动战争的一方往往先发制人，迫使对方在无戒备或准备不充分的情况下仓促应战，从而取得速战速决的效果。第二次世界大战以来，突然袭击、不宣而战，已成为首先发动战争一方的惯用手法。处于防御地位的国家，如果战时动员工作的准备和实施得不好，在战争初期往往处于被动地位，甚至来不及实施动员和完成战略展开，其武装力量和经济命脉就可能已陷于瘫痪。

历史表明，在现代战争中，谁能保持强大的后备力量，并能以最快的速度动员起来投入战争，谁就能取得战争的主动权。

二、国防动员的内容与要求

（一）国防动员的内容

国防动员涉及广泛的领域和多种动员对象。从大的领域看，涉及政治、经济、科技、文化、思想、外交和军事等方方面面，主要包括：武装力量动员、国民经济动员、交通战备动员、人民防空动员和政治动员等。

1. 武装力量动员

武装力量动员是指国家将军队及其他武装组织由平时体制转为战时体制所采取的措施。通常包括解放军现役部队、武装警察部队、预备役部队、民兵和预备役人员以及相应的武器装备和物资等动员。它是战争动员的核心,对战争的进程和结局,特别是对战争初期军队的迅速扩编和战略展开,掩护国家转入战时体制,争取战略主动,具有重要意义。

武装力量动员的具体措施是:

①扩编现役部队。临战前使军队迅速转入战时状态,现役军人一律停止转业和退伍,外出人员立即归队;迅速组建、扩建新的作战部队和保障部队,实施战略展开。

②补充现役部队,使之达到齐装满员,随时处于临战状态。

③预备役部队转为服现役。预备役部队是指区别于现役部队的一种武装组织,主要由少数现役军人为骨干,以预备役军官和士兵为基础进行编组。需要时一声令下,预备役部队即可以整师、整团地转为现役部队。

④将地方部队升级为野战部队。地方部队是执行地区性军事任务的部队,包括武装警察、生产部队在内。平时主要担负内卫、守护、维护社会治安、生产建设等任务。在需要时,地方部队可迅速升级为野战部队,开赴战区,投入战斗。在我国,地方部队升级为野战部队,民兵升级为地方部队,源源不断,已成为一种独特的、完整的兵员动员体系。

⑤动员和组织民兵参军参战。

⑥征用急需物资。主要是运输工具和工程机械、医疗器械、修理设备等,以满足军队扩编的需要。

⑦健全动员机构,加强组织领导。随着战争的发展,要进行持续动员,以保证军队不断补充和扩大,直至战争结束。

2. 国民经济动员

国民经济动员是指国家将经济部门、经济活动和相应的体制从平时状态转入战时状态所采取的措施。国民经济动员是战争动员的基础,目的是充分调动国家的经济能力,保障战争的需要,通常包括工业、农业、交通运输,财政金融、邮电通信、医疗卫生力量等方面的动员。

国民经济动员的具体措施是:

①改组国民经济各部门,集中管理和使用战争潜力。

②调整国民经济比例,重新分配人力、物力、财力,统筹安排军需和民用。

③调整经济建设布局,搬迁、疏散重要工厂和战略物资。

④改组工业结构和产品结构,实施工业转产,扩大军工生产。

⑤调整科研和军工试验部门的任务,加速研制新式武器装备。

⑥调集交通运输、邮电通信、医疗卫生以及财贸、商业等各行各业的力量,为战争服务。

⑦加强能源生产和资源管理；改组农业，提高农业产量，加强粮食生产和储备，保障粮食供给；加强经济资源的开发利用，保障战争的需要。

3. 科学技术动员

科学技术动员是指战时由国家统一组织、调整科学研究部门，组织专家和工程技术人员从事战争所需要的科学技术的开发研究所采取的措施，是战争动员的重要组成部分。

科学技术动员的任务是：开发应用新兴科学技术，利用科研设施和成果，研制先进的武器设备，为军队培养、输送专业技术人才，使军队在战争中保持科学技术和武器装备方面的优势。

战时，科学技术动员通常根据国家发布的动员令组织实施，具体措施是：

①按照科学技术动员计划，有组织、有步骤地将全国科技力量转入战时轨道，强化国家对科技领域人力、物力、财力的投入，将科学技术转化为军事实力和战斗力；

②充分运用先进的科技成果和各种先进的科技手段，迅速改进和更新现有武器装备，使军队的武器和技术装备在整个战争进程中保持领先地位；

③加速为军队输送各类专业技术人才，保证战时扩编需要，保持参战人员与武器装备的有机结合，使之发挥最大效能；

④及时总结战争的经验教训，分析敌我双方的战时态势，针对战争的发展趋向，研究提出新的对策，开拓新的研究领域，充分发挥科学技术在战争中的作用。

4. 人民防空动员

人民防空动员是指国家战时发动和组织人民群众防备敌人空袭所采取的措施，也可简称为“人防动员”，有的国家称为“民防动员”。其主要任务是：依据国家有关法律、法令动员社会力量进行防空设施建设，组建防空专业队伍，普及防空知识教育，组织隐蔽疏散，配合防空作战，消除空袭后果，以保护居民、经济设施及其他重要目标的安全，减少国家及人民群众生命财产的损失，保存战争潜力。

随着现代科学技术的飞速发展，各种新式空袭兵器不断出现，空袭与反空袭已成为现代战争的主要作战形式，在现代战争中占有极为重要的地位。

5. 国防交通动员

国防交通动员是指在全国或部分地区调集交通力量，全力保障战争需要的紧急行动。国防交通动员通常是在国家动员领导机构的统一领导下，由国防交通主管机构组织，协同政府、军队有关部门共同实施。

国防交通动员准备包括：在平时制定完备的国防交通动员的法规和计划、健全国防交通机构和机制，建立国防交通保障队伍，储备必要的国防交通物资和器材等。

国防交通动员的主要任务是：根据战争规模和作战需要，有计划地将平时国防交通领导机构迅速按方案扩编为战时交通运输指挥机构，政府交通运输部门随即转入战时体制；根据作战保障需要，动员、征用社会运输力量，必要时对交通运输系统实行不同范围、不同形式的军事化管理；动员、组织各交通保障队伍和交通保障物资器材迅速到位，遂行运输、抢修、防护任务；根据统帅部的规定，做好对弃守地区的交通遮断准备，保障及时遮断。

6. 政治动员

政治动员是指国家从政治上、组织上、思想上发动人民和军队参加战争所采取的措施。旨在激发全体军民的爱国热情，动员军队英勇作战。动员人民踊跃参军参战，努力增加生产、厉行节约，全力支援战争。政治动员可分为国内的政治动员和国际的政治动员。

(1)国内政治动员

平时，由政府、军队与社会团体等对全国各族人民进行国防教育，增强国防观念。战时，运用各种宣传教育手段，鼓舞人民斗志，增强胜利信心；鼓励参军参战、拥军优属，参加战时勤务工作；动员人民增加生产、厉行节约，积蓄财力、物力支援前线，为夺取战争胜利贡献一切。

(2)国际政治动员

由国家通过各种外交活动和对外宣传，揭露敌人的阴谋和罪行，团结盟友、瓦解敌人，争取国际支援。

未来战争，无论战争形式、规模和武器装备怎样变化，都改变不了战争是政治的继续、决定战争胜负的是人，而不是物，因此，政治动员在整个国防动员体系当中仍占有重要的战略地位。世界许多国家，都特别重视政治动员，在平时就对人民群众和军队加强国防教育和爱国主义教育，培育公民的爱国主义精神，增强公民的国防观念，为战时实施政治动员奠定一个良好的基础。

(二)国防动员的要求

现代国防斗争复杂多样，尖锐激烈，对动员工作提出了更高的要求。

1. 速度要快

现代高技术局部战争越来越体现出其突发性、短促性、速决性的特点，从发现战争征兆到实施动员的时间十分短暂，可供动员利用的时间越来越短。第一次世界大战中，各参战国军队完成动员的时间为5~21天；第二次世界大战中，各主要参战军队完成首批动员的时间为2~9天。1973年的第四次中东战争中，以色列在战争爆发后15分钟就通过电台向全国发布动员令，1小时后征用了大批民用汽车投入军事运输，48小时内动员了30万人开赴前线。

由此可见，战争动员所能利用的时间不断缩短，动员的速度比以往要求更高，即使在战争爆发之前进行动员，其时间也是极其有限的。因此，只有快速完成动员任务，才能获得战争的先机，取得战争的主动权。从另一方面来说，高速度的战争动员可在一定时期内弥补兵员数量上的不足，改变作战力量的对比关系，夺取战场主动权。反之，基础再雄厚、力量再强大，也将受到压制、分割而难以发挥作用。

2. 数量要多

所谓数量多，就是动员的兵员和物资要有足够的数量，首先要保障战争初期的需要，同时还要保持持续的动员能力，以保障战争中后期的需要。纵观近期世界所发生的局部战争，尽管规模有限，然而体现出的一个突出特点是物力、财力消耗增加。海湾战争仅打了43天，美军及多国部队却消耗了611亿美元，平均每天消耗11．2亿美元。从海湾危机到海湾战争，美国动用了3 132艘大型舰船昼夜不停地往返于战区至美国本土和欧亚等地运送作战物资，出动11万架次军队和民航飞机向海湾运送武器装备、弹药给养，甚至动用了美国在世界各军事基地的战略储备。

综上分析，在现代高技术战争中，作战物资处于高强度、高速度的消耗状态，这就要求提高持续动员能力，并且在平时就必须打好动员的基础。

3. 质量要高

现代战争，由于高技术武器装备的大量使用，而使一线直接参战的士兵和指挥人员减少，而后方技术保障、设备维修人员成倍增加，这必然导致军队中专业技术兵员比例不断上升。据有关资料记载，第一次世界大战时军队的技术种类仅有20多种，第二次世界大战时发展到160多种。现在世界一些发达国家军队中的专业技术种类已达到几千种。

由此可见，现代战争对专业技术兵的需求量越来越大，例如，在海湾战争中，美军征召的后备役人员，大都是专业技术兵。英军在海湾战争中动员的1 500名后备役人员，全部是专业技术兵。战争的现代化程度越高，参战的军兵种越多，专业技术兵比例就越大，对动员的整体质量要求就越高，质量重于数量，已成为高技术局部战争动员的基本要求。

4. 范围要广

局部战争的实践证明，在高技术条件下，无论是进行小规模的局部战争，还是进行中等规模的局部战争，动员的范围非常广泛。例如，海湾战争中，美国在陆、海、空三军都征召了后备役人员，动员的范围几乎涉及全国各个方面。除兵员动员外，还动员征用了大批民船、车辆和大型民用运输机以及作战和生活物资达数万种。伊拉克为对付以美国为首的多国部队，同样也进行了全国性总动员，动员的范围涉及政治、经济、外交、民防等各个方面。

可见，现代局部战争规模虽有所不同，但动员中却要涉及整个国家的各个方面、各个领域、各种力量，其内容和范围十分广泛，组织工作也极其复杂。任何一个方面发生变化，都会对其他方面带来直接或间接的影响。因此，动员工作必须全面筹划，整体协调，从多方面做好准备，才能适应现代战争中对动员的需要。

5. 隐蔽安全

现代侦察情报手段先进，远程兵器打击精度高，破坏力大。战争初期，敌人必将依仗其先进的技术装备，采取各种手段，破坏和阻止对方的动员及战争准备。因此，在组织实施动员时，特别是兵力的集结与机动、军用物资的储备与运输，都应当力求隐蔽安全。在平时，要根据战时可能出现的情况进行必要的演练，以适应战时复杂情况下实施的快速动员。

三、国防动员的实施

(一)国防动员领导体制

1. 国务院和中央军委共同领导国防动员工作

由于国防动员涉及军地两个方面,因此,需要政府和军队共同协调、相互配合。国防动员体制应当体现“平战结合、军民结合、寓兵于民”的方针。国务院有关部门要在经济建设中考虑国防需求,增加国防功能;军队有关部门负责提出年度的和中长时期内的军事需求计划,提供落实军事需求的有关技术支持和军事标准。考虑到国防动员的这些内在要求,《国防动员法》规定,国务院、中央军事委员会共同领导全国的国防动员工作,制定国防动员工作的方针、政策和法规,向全国人民代表大会常务委员会提出实施全国总动员或者局部动员的议案,根据全国人民代表大会常务委员会的决定和国家主席发布的动员令,组织国防动员的实施。

2. 国防动员委员会

国防动员委员会是国务院和中央军委的议事协调机构,在党中央、国务院、中央军委领导下负责全国国防动员工作。军区和省(自治区、直辖市)、地区、县(市、区)人民政府,设立相应的国防动员委员会,负责主管本区域的动员工作。县级以上各级国防动员委员会,设有综合办公室、国防教育办公室、人民武装动员办公室、经济动员办公室、人民防空办公室、交通战备办公室,负责承办相关国防动员工作。国家国防动员委员会的主要职责是:贯彻党中央、国务院、中央军事委员会有关国防动员工作的方针、政策和指示;组织拟订国防动员工作的法律、法规和措施;组织编制国防动员规划、计划;检查监督国防动员法律法规的实施和国防动员计划的执行;协调军事、经济、社会等方面的重大国防动员工作;组织领导全国的人民武装动员、国民经济动员、人民防空和国防交通工作;行使党中央、国务院、中央军事委员会赋予的国防方面的其他职权。

(二)国防动员实施的时机

准确、及时地把握国防动员的时机,就能掌握战争主动权;反之,则可能处于被动挨打的境地。过早动员会打乱自己的计划,影响国民经济正常发展,还可能成为敌人的借口;过迟动员,军事上被动,并将造成损失。

因此,要依据国际战略环境、敌国战争准备的变化,以及兵员动员工作的特点来确定兵员动员的时机。如应急动员,在战争即将爆发之前,风云变幻莫测,要迅速判断,抓住时机实施动员;临战动员,交战双方已经打响,态势高度紧张,必须全力以赴搞好人力、物力的动员;战争中、后期动员,要纵观全局,掌握节奏,保持后劲。

为尽可能地掌握战争的主动权,在准确把握国防动员时机时,应注意以下几点:

一是加强预测。内容包括:国际战略环境;敌国军事战略思想发展趋势、军事实力、经济能力、武器装备技术水平;本国的军事实力、后备兵员和快速动员状况以及可能得到的援助。

二是加强战略侦察，做到知己知彼。除了动用现代化手段实行军事情报侦察外，还要通过政治、外交、经济、文化等多种渠道，广泛搜集资料，进行分析判断。

三是综合分析、果断决策。必须审时度势，从猎取情报、分析情报到动员令的下达，都要快速决断、及时反应。

（三）动员实施的程序

动员实施的程序是指按时间先后和流程次序，对兵员动员的实施过程所安排的工作步骤。通常包括以下四个程序：

1. 发布动员令

动员令是宣布全国或部分地区、某些部门转入战时状态的命令。动员令的发布关系着战争的胜负和国家的前途命运，各国大都由最高权力机关或国家元首、政府首脑发布。

我国根据法律规定，由全国人民代表大会及其人大常委会决定，以国家主席名义发布。发布动员令分为公开发布和秘密发布两种。公开发布一般是战争在即或战争已经爆发的情况下施行，可运用一切宣传工具和通信手段，不受任何保密限制。这样传递速度快，能在短期内家喻户晓，迅速转入战时状态。秘密发布要有严格的保密限制，通常只下达给政府有关部门和军事机构、预备役部队、军工厂和需要转产的民用工厂。秘密发布动员令通常适用于在战争已不可避免但尚未爆发的情况。动员令的主要内容包括：敌情，动员实施方式和任务，后备兵员集结、输送和补充，完成时限等。

2. 调整和加强动员机构

和平时期的动员机构，无论是人力还是权限都难以适应战时需要。因此，一旦战争爆发，必须及时调整和加强。

（1）要加强动员机构的力量

各行政区的动员机构要吸收与动员有关的工、商、贸、交通、燃料、公安、司法等部门的领导参加，形成一个科学合理，动员效率高效的机构。

（2）要赋予较高的指挥职权

动员事关国家安危，责任重大，如果权力有限、指挥无力、处处受制，就难以完成繁重的动员任务，最终而影响战争的顺利进行。因此，各级战争动员机构都应由职务较高且精明强干的人来领导，并赋予较高的职权。各行政区的动员机构，必须由党政主要负责人担任领导；各部门、各行业的动员机构，必须由部门、行业的主要负责人担任领导。

（3）要调整扩大动员机构

可在其中建立“指挥决策系统”“组织计划系统”“协调系统”“政治工作系统”“后勤保障系统”等。

3. 修订战时动员计划

战时情况千变万化，计划的修订是完全必要的。战时计划修订由国家各级动员机构负责实施，吸收有关部门参加。

修订的基本原则是:以平时制定的计划为基础,以国家发布的动员令和最高统帅部的战略战役计划为依据,以满足部队动员需要为目标。

对修订工作的要求是:通盘谋划,抓住重点;内容全面,条文具体;注重效益,具有弹性。

4. 落实动员计划

动员令发布之后,负有动员任务的地区、部门和行业,应根据修订的动员计划,迅速转入战时体制。武装力量、国民经济、科教文化等部门和社会生活,都以保障战争胜利为轴心迅速进行调整。

武装力量要迅速转入战时状态。满编部队应迅速集结到指定地域,补充武器装备;有作战任务的部队,要迅速开赴前线。简编部队应迅速补充,满员齐装。预备役部队应根据情况,迅速集结、换装、发放武器装备,实施交接,转隶关系,明确任务,并抓紧时间进行整训。民兵应做好应征准备,同时启封民兵武器,成建制地组织起来并进行必要的训练。另外,视情况准备成立新的部(分)队。

地方政府各部门要根据上级下达的动员任务,积极实施动员计划。经济部门要迅速动员民用工厂转产,生产前线急需的武器弹药、服装和食品等;科研机关要抽出人力、物力,研制、开发新型武器装备;教育部门要组织地方有关的大专院校为军队培养和输送人才;宣传文化系统要搞好政治动员,加强爱国主义、革命英雄主义和参军参战的宣传教育;民政部门做好优抚工作;外贸部门应积极争取外国的军事、经济援助,并通过各种途径广交朋友,打击敌人。

总之,各行各业都要动员起来,落实战争动员计划,有组织、有计划地转入战时体制,为战争服务。

第二章　国家安全

国家安全关系到国家存亡、民族兴衰，没有国家安全就没有和平稳定的发展环境。科学认识国家安全理论的基本问题，正确认识和分析我国面临的安全环境、安全挑战及机遇，了解世界主要国家军事力量及战略动向，增强国家安全意识和忧患意识，以总体国家安全观为指导，坚定不移地走中国特色国家安全道路，才能有效维护我国的国家安全，为中华民族伟大复兴提供坚实的安全保障。

第一节　国家安全概述

国家安全是安邦定国的重要基石，维护国家安全是全国各族人民根本利益所在。实现中华民族伟大复兴的中国梦，保证人民安居乐业，国家安全是头等大事。

一、国家安全的内涵

国家安全是国家的基本利益，是一个国家处于没有危险的客观状态，也就是国家既没有外部的威胁和侵害，也没有内部的混乱和疾患的客观状态。2015年7月1日，第十二届全国人民代表大会常务委员会第十五次会议审议通过《中华人民共和国国家安全法》，该法第二条从法律上给国家安全下了基本的定义：国家安全是指"国家政权、主权、统一和领土完整、人民福祉、经济社会可持续发展和国家其他重大利益相对处于没有危险和不受内外威胁的状态，以及保障持续安全状态的能力"。

对国家安全的内涵的认识，需要把握以下几个方面。第一，国家安全是国家没有外部的威胁与侵害的客观状态。所谓外部的威胁与侵害，大致可分为外部自然界的威胁和侵害与外部社会的威胁和侵害两大类，但由于国家安全是一种社会现象，国家的外部威胁和侵害也就主要是指处于一国之外的其他社会存在对本国造成的威胁和侵害。第二，国家安全是国家没有内部的混乱与疾患的客观状态。危及国家生存的力量不仅来源于一个国家的外部，而且还时常来源于一个国家的内部。国内的混乱、动乱、骚乱、暴乱，以及其他各种形式的疾患，都会直接危害到国家生存，造成国家的不安全。因此国家安全必然包括没有内部混乱和疾患的要求，仅仅是没有外部的威胁和侵害，国家并不一定就会安全。第三，只有在同时没有内外两方面的危害的条件下，国家才安全，因此，只有这两个方面的统一，才是国家安全的特有属性。

二、维护国家安全工作的原则

安全是生存和发展的重要前提和基础,保证国家安全是治国理政的基本目标之一。走中国特色的国家安全道路,必须遵循一定的基本精神和一般意义的要求。

(一)坚持党对国家安全工作的领导

维护国家安全,是中国特色社会主义建设事业顺利推进的重要保障,也是实现国家长治久安和中华民族伟大复兴的重要基础。必须毫不动摇坚持中国共产党对国家安全工作的绝对领导,这是维护国家安全的必然要求,发挥党总揽全局、统筹协调作用的重要体现。

国家安全事务具有高度敏感、复杂的性质,既需要运筹帷幄也需要令行禁止,必须通过集中统一、高效权威的领导体制实现对国家安全事务的领导。我国建立国家安全领导体制遵循了这一规律。党的十八届三中全会决定设立中央国家安全委员会,完善国家安全体制和国家安全战略,确保国家安全。中央国家安全委员会作为中共中央关于国家安全工作的决策和议事协调机构,向中央政治局、中央政治局常务委员会负责,统筹协调涉及国家安全的重大事项和重要工作。主要职责是制定和实施国家安全战略,推进国家安全法治建设,制定国家安全工作方针政策,研究解决国家安全工作中的重大问题。

(二)坚持统筹发展和安全两件大事

坚持统筹发展和安全两件大事,这是治国理政的一个重大原则,也是推进国家安全工作的必然要求。安全和发展是一体之两翼、驱动之双轮。发展是安全的基础,建立在发展基础上的安全才更可靠、更可持续。要从国情出发,坚持发展是解决中国一切问题的关键,坚持在改革发展中促进国家安全,增强发展的全面性、协调性、可持续性,从源头上预防和减少安全问题的产生。安全是发展的保障,一个国家选择什么样的国家安全战略,决定了这个国家生存、发展与兴盛之路。实施发展和安全并重的国家安全战略,既要善于运用发展成果夯实国家安全的实力基础,又要善于塑造有利于经济社会发展的安全环境,做到坚持发展不停步、维护安全不懈怠。

(三)坚持人民安全、政治安全、国家利益至上有机统一

人民安全是国家安全的宗旨,做好国家安全工作,根本的任务就是全方位保障人民安全,维护人民根本利益,保障人民当家作主各项权利,保障人民生命财产安全和其他合法权益,为人民创造良好生存发展条件和安定生产生活环境。政治安全是国家安全的根本,政治安全事关党和国家的生死存亡,事关中国特色社会主义发展全局,事关党和国家长治久安。以政治安全为根本,就是要坚持党的领导和中国特色社会主义制度不动摇,把制度安全、政权安全放在首位,为国家安全提供根本政治保证。国家利益反映的是国家作为整体的需求,具有至高无上的特点。坚决捍卫国家利益是国家安全工作的根本使命和最高目标。坚持国家利益至上,就是要把国家利益作为制定国家安全战略的出发点,牢固树立捍卫国家利益的机遇意识,强化捍卫国家利益的底线思维，创新捍卫国家利益的方式方法，更坚决更有效地维护好国家利益尤其是核心利益。只有坚持人民安全、政治安全、国家利益至上的有机统一，才能实现人民安居乐业、党的长期执政、国家长治久安。

（四）坚持维护和塑造国家安全

这是新时代国家安全的基本定位。塑造是更高层次更具前瞻性的维护。当前我国正处于中华民族伟大复兴的关键阶段，也处于从发展中大国迈向社会主义现代化强国的关键时期。新时代国家安全，既要解决好大国发展进程中面临的安全共性问题，更要处理好中华民族伟大复兴关键阶段面临的特殊安全问题。要立足国际秩序大变局来把握规律，立足防范风险大前提来谋划思路，立足我国发展历史机遇期大背景来统筹工作，做到国家利益延伸到哪里、安全保障就跟进到哪里，为国家发展创造良好外部安全环境。

（五）坚持共同安全

当今世界，各国人民命运与共、唇齿相依，实现持久和平和共同繁荣已成为国际社会的共同利益。随着全球化的深入发展，国与国之间利益交织，彼此关切，形成深层次的相互依赖。任何国家的发展都需要依赖世界各地生产要素的整合，在国际危机面前难以独善其身。任何国家都不可能脱离世界而实现自身安全，也不可能将自身安全建立在其他国家不安全的基础上。同时，日益凸显的地区性和全球性的安全问题已成为对人类社会共同价值和利益的威胁。改革开放四十年多来，我国成为经济全球化的受益者，也是重要推动者。我国需要良好的安全环境来保护发展成果，也需要其他国家和地区保持稳定。

相关链接

公民、组织维护国家安全的义务和权利

第七十七条　公民和组织应当履行下列维护国家安全的义务：

（一）遵守宪法、法律法规关于国家安全的有关规定；

（二）及时报告危害国家安全活动的线索；

（三）如实提供所知悉的涉及危害国家安全活动的证据；

（四）为国家安全工作提供便利条件或者其他协助；

（五）向国家安全机关、公安机关和有关军事机关提供必要的支持和协助；

（六）保守所知悉的国家秘密；

（七）法律、行政法规规定的其他义务。任何个人和组织不得有危害国家安全的行为，不得向危害国家安全的个人或者组织提供任何资助或者协助。

第七十八条 机关、人民团体、企业事业组织和其他社会组织应当对本单位的人员进行维护国家安全的教育，动员、组织本单位的人员防范、制止危害国家安全的行为。

第七十九条 企业事业组织根据国家安全工作的要求，应当配合有关部门采取相关安全措施。

第八十条 公民和组织支持、协助国家安全工作的行为受法律保护。因支持、协助国家安全工作,本人或者其近亲属的人身安全面临危险的,可以向公安机关、国家安全机关请求予以保护。公安机关、国家安全机关应当会同有关部门依法采取保护措施。

第八十一条 公民和组织因支持、协助国家安全工作导致财产损失的,按照国家有关规定给予补偿;造成人身伤害或者死亡的,按照国家有关规定给予抚恤优待。

第八十二条 公民和组织对国家安全工作有向国家机关提出批评建议的权利,对国家机关及其工作人员在国家安全工作中的违法失职行为有提出申诉、控告和检举的权利。

第八十三条 在国家安全工作中,需要采取限制公民权利和自由的特别措施时,应当依法进行,并以维护国家安全的实际需要为限度。

节选自《中华人民共和国国家安全法》

三、坚持总体国家安全观

党的十九大将坚持总体国家安全观纳入新时代坚持和发展中国特色社会主义基本方略,并写入党章。党的十九大报告指出,坚持总体国家安全观,必须坚持国家利益至上,以人民安全为宗旨,以政治安全为根本,统筹外部安全和内部安全、国土安全和国民安全、传统安全和非传统安全、自身安全和共同安全,完善国家安全制度体系,加强国家安全能力建设,坚决维护国家主权、安全、发展利益。

(一)总体国家安全观的核心要义

2014年4月15日,习近平总书记主持召开中央国家安全委员会第一次会议并发表重要讲话,首次提出总体国家安全观。他强调:“要准确把握国家安全形势变化新特点新趋势,坚持总体国家安全观,走出一条中国特色国家安全道路。”总体国家安全观是一个内容丰富、开放包容、不断发展的思想体系,其核心要义可以归结为五大要素和五对关系。

1. 总体国家安全观的五大要素

五大要素,就是以人民安全为宗旨,以政治安全为根本,以经济安全为基础,以军事、文化、社会安全为保障,以促进国际安全为依托。以人民安全为宗旨,就是要坚持以民为本、以人为本,坚持国家安全一切为了人民、一切依靠人民,真正夯实国家安全的群众基础。以政治安全为根本,就是要坚持党的领导和中国特色社会主义制度不动摇,把制度安全、政权安全放在首要位置,为国家安全提供根本政治保证。以经济安全为基础,就是要确保国家经济发展不受影响,促进经济持续稳定健康发展,提高国家经济实力,为国家安全提供坚实物质基础。以军事、文化、社会安全为保障,就是要准确把握不同安全领域的特点规律,研究解决新情况新问题,建立完善强基固本、保障安全的各项对策措施,为维护国家安全提供硬实力和软实力保障。以促进国际安全为依托,就是要始终不渝走和平发展道路,在注重维护本国安全利益的同时,注重维护共同安全，推动建设持久和平、共同繁荣的和谐世界。上述五大要素，清晰反映了国家安全的内在逻辑关系。

2. 总体国家安全观的五对关系

五对关系，就是既重视外部安全，又重视内部安全，强调外部安全与内部安全彼此联系，相互影响；既重视国土安全，又重视国民安全，强调国土安全与国民安全存在有机的统一；既重视传统安全，又重视非传统安全，强调传统安全威胁与非传统安全威胁相互影响，并在一定条件下可能相互转化；既重视发展问题，又重视安全问题，强调发展和安全是一体之两面，只以其中一项为目标，两个目标均不可能实现；既重视自身安全，又重视共同安全，强调全球化和相互依赖使得中国和世界的安全已密不可分。也就是说，国家安全是一个不可分割的安全体系，每一要素虽各有侧重，但是都必然、必须与其他要素相互联系、相互影响。上述五对关系，准确反映了辩证、全面、系统的国家安全理念，是对传统安全理念的超越。

五大要素和五对关系是理解总体国家安全观的关键所在。这就要求我们必须全面地、准确地理解总体国家安全观的丰富内涵，辩证地看待国家安全外延的创新发展，从全局和战略的高度审视国家安全问题，统筹好不同领域、不同性质的安全工作，形成维护国家安全的强大合力。

（二）总体国家安全观的构成

2014年4月15日，在中央国家安全委员会第一次会议上，习近平总书记重点论述了11个领域的安全，包括政治安全、国土安全、军事安全、经济安全、文化安全、社会安全、科技安全、信息安全、生态安全、资源安全、核安全。

随着社会发展，总体国家安全观涉及的领域不断拓展。《国家安全法》第三十三条规定："国家依法采取必要措施，保护海外中国公民、组织和机构的安全和正当权益，保护国家的海外利益不受威胁和侵害。"在11个领域安全的基础上，增加了外层空间、国际海底区域、极地等新型领域安全和海外利益安全。2020年2月14日，习近平在中央全面深化改革委员会第十二次会议上提出："要从保护人民健康、保障国家安全、维护国家长治久安的高度，把生物安全纳入国家安全体系。"

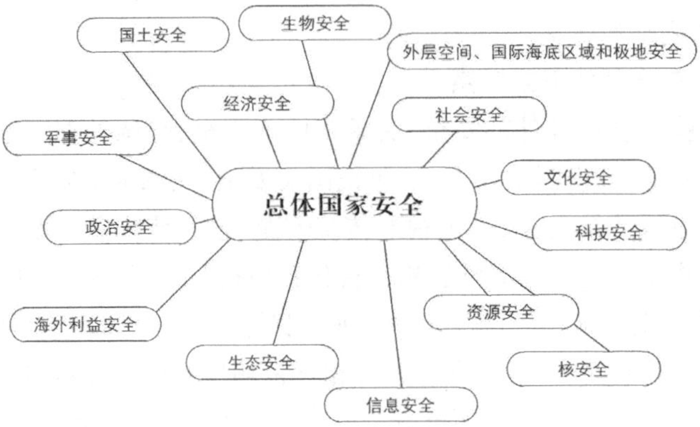

图2-1　总体国家安全观念的构成

(三)总体国家安全观的地位和作用

总体国家安全观的提出,充分体现了我们党对国家安全基本规律的把握,是对国家安全理论的重大创新,是新时代指导国家安全理论创新和国家安全实践的强大思想武器。

1. 总体国家安全观是国家安全的理论指南

新时代国家安全,既要解决好国家发展进程中面临的安全共性问题,又要处理好中华民族伟大复兴进入关键阶段面临的特殊安全问题。总体国家安全观提出了一系列新思想、新观点、新论断,继承和发展了我们党的国家安全观,开拓了中国化马克思主义安全观的新境界,是马克思主义安全观中国化的最新成果,是系统、开放的中国国家安全理论体系,是为中国和平发展提供最大限度安全支撑的重要战略思想,是国家治理的价值引领,是保障实现中华民族伟大复兴中国梦的新理念。在新时代维护中国国家安全,必须以总体国家安全观为理论指南。

2. 总体国家安全观是维护国家安全的行动指南

总体国家安全观科学运筹国家安全的总体布局,蕴含着富有中国特色的国家安全价值理念、工作思路和机制路径,是做好国家安全工作的总纲,对走出一条中国特色的国家安全道路具有重要的指导意义。总体国家安全观不仅对当前中国国家安全具有重要指导意义,而且对未来中国国家安全具有指导意义。不仅对国家安全工作具有指导意义,而且对经济社会发展具有指导意义。在新时代维护中国国家安全,必须以总体国家安全观为行动指南。

第二节　国际战略形势

国际战略形势,是判断国家安全所处的国际战略环境,分析国家安全形势,制定国家安全战略与进行国家安全战略指导的重要依据。

一、国际战略形势现状与发展趋势

当今时代，大国关系、国际秩序、地区安全、全球治理都正经历深刻调整，世界战略格局深度演变，全球经济、科技、军事竞争态势正在发生历史性变化。在世界多极化不可逆转、经济全球化深入发展、科技革命加速推进的世界大势之下，中国的前途命运同世界的前途命运日益紧密地联系在一起。

（一）国际战略形势的现状

当前，国际战略形势总体稳定，但不稳定性、不确定性因素也十分突出，大国战略竞争加剧，各种争端与摩擦此起彼伏、相互交织。乌克兰危机、中东乱局、美欧民粹主义、逆全球化、贸易摩擦等一系列具有全局性和战略性影响的重大事件，对国际战略形势产生重大冲击。

1. 和平与发展仍然是时代主题，但世界面临诸多不确定性因素的冲击

党的十九大报告指出，世界正处于大发展大变革大调整时期，和平与发展仍然是时代主题。世界多极化、经济全球化、社会信息化、文化多样化深入发展，全球治理体系和国际秩序变革加速推进，各国相互联系和依存日益加深，国际力量对比更趋平衡，和平发展大势不可逆转。同时，世界面临的不稳定性不确定性突出，世界经济增长动能不足，贫富分化日益严重，地区热点问题此起彼伏，恐怖主义、网络安全、重大传染性疾病、气候变化等非传统安全威胁持续蔓延，人类面临许多共同挑战。

强权政治和冷战思维仍然是威胁世界和平与稳定的重要根源。世界强国为实现所谓“绝对安全”，以强大军事实力为支撑，对其他国家频繁实施或威胁实施军事干涉；为实现经济利益最大化，逆全球化潮流而动，试图重塑国际经贸规则；打着“民主”“人权”旗号，向发展中国家输出民主模式、推动“颜色革命”，企图颠覆对方政权。

保护主义、民粹主义、民族主义相互叠加，冲突和对抗氛围加剧。强调本国利益、忽视共同利益；强调竞争、忽视合作；追求短期利益、排斥长期政策，世界和平面临诸多不确定因素。

国际恐怖主义势力从中东向全球范围外溢，对世界安全和稳定形成严重威胁。乌克兰危机、叙利亚内战和巴以冲突等热点问题导致的局部地区动荡等，对和平与发展造成严重冲击。

2. 国际力量对比加速调整，“一超多强”格局短期难以出现大的变化

当前国际体系加速转型，突出表现为国际力量对比显著变化，即西方传统大国影响力下降和非西方新兴大国力量上升。

新兴市场国家和发展中大国群体性崛起，其经济和政治地位提升，其群体性影响力号召力不断增强，使得世界力量中心更趋多元。以美国为代表的世界强国整体实力和影响力相对下降，特别是受国内政治斗争、中东乱局、恐怖主义威胁等因素制约，在全球事务中的主导地位明显下降。西方势力内部面临激烈的政治博弈和复杂难解的社会治理难题，主导世界的能力总体呈下降趋势。非国家行为体大量涌现并日益

成为国际舞台上的重要力量。国际和地区性组织成为全球治理体系中的重要力量，大型跨国公司的国际影响不断扩展，各类非政府组织积极参与国际事务和社会交往，成为政府扩展影响的重要渠道。

尽管如此，世界力量格局也难以在短时期内发生颠覆性转变，美国“一超”地位短期内难以改变。今后一个时期，东西方的力量对比态势将继续发生变化，但这种升降兴衰、转移更替将是个长期过程。

相关链接

国际战略格局

国际战略格局是指国际社会中国际战略力量之间在一定历史时期内相互联系、相互作用形成的具有全球性的、相对稳定的力量对比结构及基本态势。它又分为国际政治格局、国际经济格局和国际军事格局，国际战略格局是这几种格局的综合，也称“国际格局”。

国际战略格局作为国际斗争的直接产物和国际战略运用的必然结果，其构成要素是国际战略力量。国际战略力量是指在国际关系中能够独立地发挥作用，并对国际形势及国际战略的运用和发展具有重大影响的国家或国家集团。当今，国际社会公认的国际战略力量是美国、俄罗斯、中国、日本及欧盟。

在当今国际舞台上，国家与国家之间的关系，最本质的是国与国之间的力量对比关系。因此，国际战略格局本质上是一种国际战略力量的对比关系。国际战略格局的形成、发展和变化的基础在于各国政治、经济、军事力量等的相互对比的结果。尤其是大国实力、地位的变化，以及由此而派生的影响力对比是国际战略格局变化的直接动因。因此，在考察各种战略力量时，不仅要考察它们本身的所具有的实力地位，而且要考察它们在国际事务中发挥的实际作用和影响力，从而形成正确的战略判断。

3.地缘政治思维回归，大国之间竞争与博弈加剧

历史上，地缘政治思维曾主导了近半个世纪的冷战。冷战结束后，西方大国地缘政治思维不仅没有减弱，而且有不断强化趋势。

美国越来越强调从地缘政治角度来思考问题。2019年6月1日，在美国颁布的《印太战略报告》中，明确把中国和俄罗斯作为主要战略对手。在欧洲，美国推动北约实施多轮东扩，不断挤压俄罗斯战略空间。俄罗斯则凭借自身军事优势在格鲁吉亚、乌克兰、叙利亚问题上与美国持续角力。

在亚太，美国不断强化对华战略竞争。美国推进“印太战略”，试图构建“亚洲版北约”，在更大范围内对冲中国崛起，拓宽美国的战略回旋空间，使美国更自如地充当“离岸平衡手”。

大国竞争加速从传统领域向新兴领域扩展。太空、网络、深海、极地成为大国战略竞争的新领域和争夺战略制高点的新平台。

4.现有国际体系遭受严重冲击，秩序之争成为当今国际斗争焦点

第二次世界大战后的国际制度和规则是在美国等西方国家的主导下建立起来

的。依靠这套体系，西方国家特别是美国享受着制度上的红利。但现在美国认为，当前的国际制度和规则在很大程度上妨碍了美国的利益拓展。在美国看来，在现有体系秩序之下，新兴国家有选择地利用规则获取经济利益而逃避了责任，成为国际经济体系的获益者；而美国作为领导者，其付出的成本和收益是极不匹配的。

近年来，美国退出巴黎气候协定、伊核协议、人权理事会等一系列协议和组织，试图打破旧有秩序，建立新的游戏规则。美国提出改变现有制度、体系，并非要放弃领导地位，而是要使现有秩序碎片化，重构对美国有利的制度规则。这样，美国不仅可以继续依靠制度获利，而且可以使美国逐步从国际责任中退出，从而能够以较低的成本、对美国有利的方式维持其霸权地位。

在新旧秩序的转换过程中，新兴国家和其他发展中国家力量不断壮大，也希望改变以往西方大国主导国际秩序的局面，建立更加公平、更能反映发展中国家诉求的国际政治经济秩序。秩序之争的核心是规则之争，而规则之争的背后则是主导权之争。

（二）国际战略形势发展演变的可能趋势

当前，在世界格局、国际观念、国家间博弈模式深度调整的大背景下，国际社会可能会发生颠覆我们传统认知的重大变化。

1.美国等西方国家建立排他性的新的国际体系

历史上美国通过建立排他性体系遏制对手早已有之。冷战初期，美国纠集整个西方世界对当时的苏联进行全面封锁，迫使斯大林不得不于1952年提出两个平行市场的理论并付诸实践，后又联合东欧国家成立了对应于欧共体的“经互会”。

当前，西方国家与新兴国家之间，特别是中美之间在各领域的相互依赖程度使得美国建立排他性体系受到极大制约。但随着双方博弈对抗不断加剧，形成这种国际体系的现实危险性依然存在。尤其是近几年来，美国在“政治上孤立、经济上遏制”中国，采取了许多实质性措施。在科技方面，美国设立科技“柏林墙”，把对中国的技术管制从军用技术和军民两用技术扩展到新型技术和基础性技术。

自2018年以来，西方发达国家先后制定新法律或修订原有法律，收紧本国对外资安全的审查机制。美国对华政策中的意识形态因素也在显著增加。因此，联合国秘书长古特雷斯提醒国际社会：警惕世界出现大分裂。美国根深蒂固的冷战思维和霸权观念，正在推动这一危险趋势深入发展。对于中国来说，应当未雨绸缪，做好准备，理性应对。

2.军备竞赛升级使世界回到冷战时的危险状态

美苏冷战时期，双方军备竞赛的白热化曾数次令世界走向核战争的边缘。正是基于对这一危险的理性认识，双方于1972年和1987年相继签署了《反导条约》《中导条约》，这对缓解双方紧张对峙形势、避免核战争发挥了积极作用。

当前，在大国竞争加剧的背景下，军备竞赛的阴影又重新回归国际舞台。2019年，美国正式退出《中导条约》，这是美国自2002年退出《反导条约》以来的又一重大战略举动。它意味着美国在发展进攻性战略武器方面已经挣脱了所有束缚。俄罗斯则与美国针锋相对。2019年2月5日，俄国防部长绍伊古命令研发海基“口径”发射系统的陆基版本以及陆基高超音速中程和中短程导弹，相关研制工作将在2022前完成。普京要求国防部重点关注“匕首”空射超音速弹道导弹、“别列斯韦特”激光武器、“先锋”高超音速滑翔系统、“萨尔马特”重型导弹、“波塞冬”无人潜航器等武器进展。

当前，无论从经济实力和国家发展目标看，俄罗斯并无同美国重启军备竞赛的意愿，但美国一旦在欧洲部署中程导弹，将对俄罗斯构成重大战略威胁，这是俄罗斯对美国作出强硬反应的重要原因。美国重启军备竞赛并非仅仅针对俄罗斯。兰德公司2016年就提出，美国可沿日本到南海再到波斯湾一线部署陆基弹道导弹，迫使中国耗费巨资建造导弹防御系统。

在中国实力不断上升的背景下，通过军备竞赛消耗中国、迟滞中国的崛起，也是美国国家战略的重要组成部分。当前大国和地区性的军备竞赛初露端倪，未来朝着什么方向发展，既考验大国政治家的智慧，也考验全人类的理性。

3. 贸易保护主义、民粹主义、极端民族主义的蔓延侵蚀战后国际体系和观念

第二次世界大战后，一系列利于维护国际社会繁荣稳定的政治经济规则建立起来，通过相应制度安排解决国际矛盾问题，逐渐成为各国共识。冷战结束后，国际制度进一步完善，国际观念进一步发展进步，以民主、平等、协商、合作为核心的新型国际关系理念已经深入人心。

近年来，贸易保护主义、民粹主义、极端民族主义的盛行为人类发展进步的进程投下了阴影。民粹主义等逆潮流而动的观念背后，凸显的是贫富阶层的分化、本地人和外来移民的冲突，反映的是各国特别是西方世界深层次的社会矛盾。

这些观念体现在内外政策上，具体表现为：政治层面趋向保守主义，经济层面趋向贸易保护主义，社会层面趋向本土主义。由此带来的结果是，很多国家都在构建自己的“利益孤岛”，都在采取所有可能的手段捍卫和扩大自身利益。在现实中，我们可以看到，美国向几乎所有主要经济体同时挥舞起贸易大棒，许多欧洲国家采取了极为严厉的限制移民政策。在这一背景下，包容与合作的氛围在削弱，冲突和对抗的氛围在上升，既有国际体系和国际观念正在面临严重冲击。

二、世界主要国家军事力量及战略动向

当前，国际战略格局正在发生深刻调整，世界范围内安全威胁日益复杂化、多元化。世界主要国家都在加速推进军事革命，深入调整军事战略，力求在军事竞争中占据主动地位。

（一）美国军事力量及战略动向

美国是世界第一军事强国，拥有现今世界上总体实力最为强大的军队。美国军事力量及其战略动向，对世界军事形势和国际战略形势具有巨大影响。

1. 美国的军事力量

美国是当今世界首屈一指的超级军事强国，也是唯一具有全球军事行动能力的

国家。武装力量由现役部队、后备役部队和军内文职人员三部分组成。现役部队包括陆军、空军、海军、海军陆战队、太空军以及海岸警卫队等六大军种。其中海岸警卫队日常归国土安全部管理，战时归海军管辖，承担作战任务。后备役部队按组织系统分国民警卫队和联邦后备队两部分。国民警卫队隶属于各州，含陆军国民警卫队和空军国民警卫队。联邦后备队只受联邦政府指挥，含陆军后备队、海军后备队、空军后备队和陆战队后备队。文职人员是美国联邦政府雇员的一部分，本国雇佣的称直接雇员，由驻在国政府雇佣的称间接雇员。公开资料显示，美军现役部队总兵力约为143万人，各类后备役部队约为87万人，文职人员约为72万人。

美军在全球设有六大战区司令部，分别是北方司令部、印度洋–太平洋司令部、中央司令部、欧洲司令部、南方司令部和非洲司令部，分别负责全球几大区域的事务。另外还有按照功能划分设立的5个司令部——网络司令部、特种作战司令部、战略司令部、运输司令部和太空司令部。

在国防体制上，美国总统兼任武装部队总司令，掌握最高指挥权。美国总统集中控制进攻性战略武器和核武器的使用权。美国军事指挥系统由国家安全委员会、国防部及参谋长联席会议组成。国家安全委员会是最高防务决策机构，由总统领导，成员有副总统、国务卿、财政部长、国防部长和总统国家安全事务助理，参谋长联席会议主席作为军事顾问、中央情报局局长作为情报顾问列席。国防部是总统指挥全军的办事机构，负责防务政策、计划的制定和实施，以及全国国防事务管理，并通过参谋长联席会议对全军实施作战指挥。它由国防部本部系统、军事部系统和作战指挥系统三部分组成。参谋长联席会议既是总统、国防部长、国家安全委员会的军事咨询机构，也是总统和国防部长向联合司令部和特种司令部发布作战命令的军事指挥机关。

2.美国的战略动向

2017年以来，特朗普政府陆续发布了新版《国家安全战略报告》《国防战略报告》《核态势评估报告》等文件，基于“美国优先”“让美国再次伟大”等理念，其军事战略体系的针对性、攻击性甚至冒险性日益凸显，对世界军事安全特别是我国的国家安全带来了更多的不确定性。

(1)将中国视为主要战略竞争对手

2017年底，特朗普在其《国家安全战略报告》发布演讲中毫不隐讳地指出，除恐怖主义外，中、俄、朝、伊四国为当前美国面临的主要威胁，将中、俄认定为“对手国家”。美新版《国家安全战略报告》文本中也明确将中国定位为“战略上的竞争对手”。2021年新年伊始，美国政府再次向中国发起挑衅。1月1日，美国国会审议通过包含多项涉华条款的“2021财年国防授权法案”。该法案提出制定“全政府对华战略”和实施“太平洋威慑倡议”以应对中国军力发展，支持继续向台湾售武，在涉港、涉疆问题上坚持既有干涉立场。此外，特朗普在离任前还迅速签署“2021财年综合拨款法案”，要求美政府常态化对台军售，进一步支持台湾参加国际组织等。

(2)继续强化同盟体系牵制遏制中国

面对中国近年来的全面迅速崛起，特朗普的精明现实政治风格和美国传统的实用主义促使对华战略从接触与融合向竞争与遏制发生质变。2017年11月，特朗普提出“印太”战略，将“亚太再平衡”战略触角向南亚延伸，意指“寻求一个自由而开放的印太地区”，强化与印度深层合作，支持其利用领土争议问题纷扰中国。加深与蒙古国的军事交流，提升其作为蒙古国“第三邻国”的地缘优势。美军计划将60%以上的海空力量调配部署至亚太前沿，继续在南海开展“航行自由行动”，深化美韩、美日同盟关系，强力推动“萨德”入韩，利用朝核问题进一步挤压中国战略选择空间。

美国利用中国台湾地区作为制衡中国大陆的重要棋子。2020年3月26日，特朗普签署由参众两院先前通过的“2019台北法案”，粗暴干涉中国内政；8月9日，美国卫生与公共服务部长阿扎率团“访问”台湾地区，这是六年来美国内阁官员首次“访问”台湾地区；9月17日，美国国务院副国务卿克拉奇“访台”，创下了美国高级官员连续“访台”的纪录。军事上，美国频频派侦察机在台海上空巡查，美舰多次穿越台湾海峡，并加大对台军售力度。特朗普任期内美国对台军售达到11次，是美国历届政府售台武器次数最多的一届，其中仅2020年就对台军售6次。美国的这一系列举措，充分表明其借助中国周边势力主动在亚太地区挑起事端，打乱中国发展进程的意图已经付诸行动。

(3)加大新兴领域能力建设

美国在21世纪以来的四次军事战略调整中，都十分强调维持在太空、网络、电磁等新兴领域的优势。特朗普政府在新版《国防战略报告》中指出，“空中、陆地、海洋、太空与网络空间等每个领域都存在竞争”，明确除继续保持美国传统的军事优势外，还十分重视全球公共空间对形成军事核心能力的影响。美军强调“三位一体”核力量现代化建设，更新核武库，发展战术核武器，降低使用门槛，计划在未来10年将投入1 890亿美元用于战略核投送系统和武器，90亿美元用于战术核投送系统和武器。2017年4月，美军将“联合跨部门太空作战中心”改名为“国家太空防御中心”，工作重点从试验转向作战，强调要提升太空和网络空间作战能力，设立独立“天军”。美国防部优先在网络防御、基础设施运营方面投资，并将其不断整合到各种军事行动中，加强在深海、极地和太空的主权宣示和利益争夺。美国在新领域的一系列拓展举措，昭示了其加紧抢占新领域制高点，巩固其军事技术绝对领先地位的决心异常坚定。

(4)塑造多能新型军队的战略计划加速落实。在军队建设上力图重建美国大幅领先的军事优势，加大军事投入力度，扩大武装力量规模，提高军队的质量水平。特朗普执政后，于2017年1月27日签发了“重建美国武装部队”的总统指令，强调“不允许别国的军事力量超过我们”，停止了奥巴马政府的裁军计划，着力重建军备，建立具有决定性优势的联合部队，以求打造一支更为强大的美军。美国还着力加强军事联盟，吸引新的合作伙伴，发展致命、敏捷、有弹性的力量态势，强化动态力量运用；改革国防部组织结构和管理程序，创新整合业务，摆脱过时的管理行为和结构，提高绩效。

特朗普上台以来，为增加美军士兵员额，提高军人工资，增加海军作战舰艇数，大幅增加弹道导弹防御投资，连年增加军费投入。2018年美军军费约为7 160亿美元，2019年军费增至7 320亿美元，2020年美国军费达到7 780亿美元，几乎占世界军费总额的40%。一系列举措旨在全面提升军力，使美军能够在全球多维条件下拥有区域介入、行动自由和兵力投送能力，确保美国的绝对优势。

（二）俄罗斯军事力量及战略动向

俄罗斯是仅次于美国的世界第二军事强国，拥有庞大且先进的核武器库，武器研发能力突出，实战经验丰富，能够在东欧、中东、远东地区发挥重大战略影响力。

1.俄罗斯的军事力量

俄罗斯联邦武装力量由管理机关、军团、兵团、部队、军事院校以及后勤部门组成。在组织编制结构上分为陆军、海军、空天军3个军种和战略火箭兵、空降兵2个独立兵种。其中空天军于2015年8月1日，在原空军、空天防御部队和军事航天部队的基础上组建。未编入武装力量的其他军队包括内卫部队，联邦安全总局、联邦警卫总局所属部队，民防部队等。俄罗斯武装力量总人数约190万人，其中现役兵力约101万。

俄军共有四大军区，即西部军区、南部军区、中部军区、东部军区，并与此相适应地设有四大联合战略司令部。四大联合战略司令部对辖区内的各军兵种部队行使指挥权，具有联合指挥职能。另外，俄罗斯北方舰队自2021年1月1日起正式升级为独立军事行政单位，即“第五军区”，与俄罗斯西部、南部、中部和东部军区平级。

在国防体制上，俄罗斯联邦总统是国家元首和武装力量的最高统帅，俄联邦会议负责审核国防预算和与国防有关的法律，联邦政府负责落实国防保障措施，国防部是俄武装力量领导机关，总参谋部是武装力量指挥机关。

2.俄罗斯的战略动向

俄罗斯认为，国家当前面临的外部战略压力持续加大，美国和北约仍是俄首要外部威胁，除北约东扩，美国部署反导系统和推行太空军事化外，俄还面临美加紧构建“全球快速打击系统”、信息攻击与舆论煽动，以及跨境极端恐怖主义活动等多样化威胁。

（1）应对威胁态度更加坚决

冷战结束后，俄罗斯一直受美国及北约的战略挤压。无论是北约东扩，还是推进在欧洲的军事部署；无论是海空抵近侦察、联合军演，还是一再退约毁约，都是西方国家首先挑事，俄罗斯往往只是被动应对和反制。美国现总统拜登更直言不讳将俄罗斯视为“最主要敌人”。面对西方的战略遏制，俄罗斯在某些领域开始由被动反制转向主动出击，维护自身安全的态度也更加坚决。在俄国防部扩大部务会上，普京强硬指出，俄将对西方国家在靠近俄边境部署的中短程导弹作出迅速反应，“在迫不得已的情况下，在极短时间内采取一切反击措施”，“无论是对威胁到我们的相应系统的部署地，还是对其指挥所”。实际上，为了应对《新削减战略武器条约》可能失效带来的核危机及安全压力，俄罗斯早有预判并采取积极的应对措施。普京于2020年6月2日批准了《俄联邦在核威慑领域国家政策基础》，确立了新的核威慑政策。普京还强调，俄罗斯不得不用新型武器回应新威胁，将在美国制造出高超音速武器之前拥有对付其威胁的必要军事装备。

（2）武器装备现代化继续提速

2020年12月9日，俄军进行“三位一体”战略核力量进攻性导弹连续发射演习，验证了俄核武器系统的可靠性及其各种导弹的有效性。普京指出，截至2020年12月中旬，现代武器在俄军队中占比已超过70%，在俄核威慑力量中占比已达86%。俄军队以及“三位一体”核力量已达到可以保障本国安全的水平。他要求，俄核威慑力量中现代武器占比应于2021年达到88.3%，俄军队现代武器占比应于2024年达到75.9%。受制于总体经济形势，俄国防预算近年来增加有限，但加快武器装备现代化一直是俄军追求的重要目标。根据俄制订的有关装备发展计划文件，俄未来几年将在关键性军事技术研究和新一代作战装备方面投入巨资。此外，俄军武器装备更新有望进一步提速。普京强调，战斗训练过程中俄军必须更积极地掌握具有人工智能要素的武器装备，包括机器人系统、无人机、自动化指挥系统。综合有关信息，俄空天军将在2025年前接装22架最新型苏-57战斗机，俄军在役苏-57的数量到2028年前将增加到76架。

（3）强化西部、南部及北极地区的力量配置

针对北约在俄西部和南部方向的兵力部署，以及相关国家在北极地区的军事政策，俄罗斯对上述地区的兵力部署进行了调整。2016年，俄在西部军区组建3个陆军师、在中部军区组建1个陆军师。在南部方向，针对美在地中海频繁开展的演习，俄罗斯重点加强了俄乌边境和克里米亚地区的军事部署，扩充克里米亚和黑海舰队的力量编成，以应对突发事态。在北极方向，自2014年组建北极联合战略司令部后，俄投巨资加强军事基础设施建设。目前，共编有3个北极摩步旅、1个空防集团军。同时，为应对亚太地区可能爆发的危机，俄还增强了东部军区和太平洋舰队的兵力。

（三）日本军事力量及战略动向

日本是一个高度发达的资本主义国家，也是当今世界第三大经济体。日本是美国在亚太地区的重要盟国，也是该地区的主要国家。其自卫队虽然名义上不是“国防军”，但拥有强大的综合军事实力。日本自卫队力量及其战略动向，对国际和地区形势及我国国家安全有重大影响。

1. 日本的军事力量

日本现役自卫队由陆上自卫队、海上自卫队、航空自卫队组成。目前，日本自卫队编制总人数约24.7万人，其中陆上自卫队约15.2万人，海上自卫队约4.5万人，航空自卫队约4.7万人，共同部队1200余人，统合幕僚监部（联合参谋本部）、情报本部人员共2千余人。除现役自卫队外，日本还有约5.6万人的预备役力量。

随着日本经济实力的迅速增强，日本自卫队建设得到长足发展，在“质重于量”和

“海空优先”的建队方针指导下，自卫队已发展成为一支装备精良、训练有素、作战能力较强的武装力量。在美国2018年公布的世界各国最新军事力量排名中，日本排在第九位。与英国军队相比，除了在核武器、远程轰炸机、核动力潜艇等少数领域外，日本的军事实力已相当或超过了英国。

日本自卫队的最高统帅是首相，最高军事决策机构是内阁会议。“安全保障会议”是内阁在军事上的最高审议机构。日本防卫省是日本政府掌管国防的行政机关，相当于其他国家的国防部。

2. 日本的战略动向

近年来，随着美国战略重心东移，“亚太再平衡”和“印太”战略的实施，美国对日本的战略借重明显上升。同时，日本国内政治日益右倾化，也促使民族主义和右翼思潮迅速抬头，对华采取敌视强硬路线，极力渲染“中国威胁”，积极开展修改和平宪法、解禁集体自卫权、建设正规国防军等各种努力。2018年12月，安倍晋三内阁发布了新版《防卫计划大纲》和与之配套的《中期防卫力量整备计划（2019—2023年度）》，标志着日本军事战略开始了新一轮的调整。

（1）日本调整军事安全政策，谋求突破“战后体制”

战后初期日本由于受到雅尔塔体系和战败国身份的限制，选择了低姿态的“专守防卫”的防御型防卫政策。但随着日本经济实力复苏和美日联盟的强化，国内政治保守化倾向驱动着日本不断膨胀对外扩张的欲望。日本政府开始不断尝试突破《和平宪法》的约束，试图恢复到所谓的“正常国家”地位。近年来，日本不断调整军事安全政策，增加投入，谋求突破“战后体制”，军事外向性增强。2014年7月，日本内阁会议通过了解禁集体自卫权的议案，规定“日本或与日本关系紧密的国家遭到攻击时，日本可以采取措施予以反击”。2015年9月日本国会众议院又强行通过了一系列新安保法案，规定日本可随时根据需要向海外派兵并向其他国家军队提供支援。规定了日本解禁集体自卫权之后的相关事宜。这意味着日本对二战后和平道路和战后秩序的彻底放弃，是日本防卫政策的一个重大战略转折点。2018年12月，日本内阁决议通过了新版《防卫计划大纲》及《2019—2023年度中期防卫力量整备计划》。与过去相比，“新大纲”和“新中期防”具有更为浓重的外向性、进攻性和突破性，不仅严重偏离了和平宪法规定的和平主义发展路线，也远远超出了战后日本历届政府坚守的“专守防卫”政策。

（2）不断加大军费投入，提升自卫队的作战能力

为应对所谓“中国、朝鲜日益增长的军事实力”，加大投入研发新型战机与导弹，加强与美军协同联动，日本2021年度军费（防卫费用）预算连续9年增长，连续7年创下历史新高。日本内阁会议在2020年12月21日正式决定的2021年度政府预算案中，军费预算达到5.3422万亿日元（约3400亿人民币）。日本防卫省与三菱重工签订“下一代战斗机”项目研发合同，计划首架原型机2024年开始生产，2035年使用该型战机取代现役约90架的F-2战斗机。2020年7月9日，美国批准向日本出售105架F-35

战机和相关装备及服务，此次采购合同中的42架F-35B战机可与日本“准航母”搭配使用，将使日本海上作战能力进一步提升。10月1日，日本航空自卫队新一代电子侦察机RC-2正式服役，用于替换YS-11EB。12月18日，日本内阁会议通过导弹防御相关文件，将建造两艘“宙斯盾”舰，并延长现有的“12式”地对舰导弹飞行距离。

（3）提升“跨域联合作战”能力

日本认为，伴随军事技术发展和战争形态变化，未来作战空间将由陆、海、空传统物理空间向太空、网络、电磁等新领域拓展，因此，要有机融合陆、海、空、天、网、电等所有领域的力量，提升跨域协同作战能力，通过实施多域联合作战，弥补单个领域作战劣势，综合确保日本安全。为此，日本将组建太空专门部队、网络防卫部队、电子战力量、海上运输部队等新型作战力量，提升太空情报侦测、网络攻防、电磁干扰等新型作战能力，并将与美国加强新领域合作，开展相关联合演练。日本强调，太空、网络等新域作战力量是支撑“多域联合作战”的关键，加快了发展步伐。2020年4月18日，日本首支“太空作战队”在东京都府中基地成立。6月，日本“宇宙开发战略本部”推出新版《宇宙基本计划》，明确提出未来将强力推进“准天顶”卫星系统、X频段军事卫星通信网等项目建设，内容涵盖安全保障、情报收集、导弹监视、宇航员登月等诸多项目。加快推进新版《网络安全战略》落实，明确开始通过“夺旗赛”的形式从全国范围内招募网络安全人才。2020年底，日本政府正式批准了新财年防卫预算案。其中前言部分明确提出，要推进太空、空间、电磁空间等新作战域能力与传统作战域能力的融合，从而发挥“1+1＞2”作战效果。

（4）注重发挥日美同盟的作用

长期以来，日本一直把日美同盟作为军事战略的重要支柱之一，在安全上依靠美国。2015年4月正式公布的新版《日美防卫合作指针》，不仅对日美军事合作大幅扩容和提速，还扩大了日本军事行动范围和内涵，实现了日本防卫政策上的重大突破。日本新首相菅义伟就任后，继承安倍执政时期的安全政策，注重强化日美同盟。2020年9月20日晚，菅义伟与特朗普举行电话会谈，强调“日美同盟是维护太平洋地区和平稳定的基础”。10月26日，菅义伟在首次施政演讲中强调日美同盟是日本“外交和安保的基轴”。此外，日本还积极通过日美联合军演加深作战融合。据日本媒体报道，2021年5月11日至17日，日本自卫队将与美军和法军在九州举行联合军演。报道称，演习的主要内容为登陆和作战演练。日本的军事演习，主要是在国内和周边地区进行的，其目的在于推进军事改革、强化军事合作、与美国一起对抗中国。

（四）印度军事力量及战略动向

印度是南亚次大陆最大的国家，是世界第二人口大国，也是金砖国家成员之一。印度强大的军事力量及其战略动向，对南亚及中国周边安全有重大影响。

1.印度的军事力量

印军前身为英国殖民主义者的雇佣军，1947年印巴分治后始建分立的三军，1978年创建独立的海岸警卫队。印度的武装力量由正规军、准军事部队和后备力量组成。

现役部队分陆、海、空三个军种，兵力为127万，居世界第四位。其中陆军110万，海军5.3万，空军11.7万。另有50多万预备役军人和100多万准军事部队。印度陆军，分东、南、西、北和中央五大军区，拥有中程导弹，已具备核能力。印度海军，分为西、东二支舰队和南部科钦训练基地。印度空军，分成西、西南、东、南和中央五个军区。印度海岸警卫队分西岸、东岸、安达曼和尼科巴三个大队。另外，印度设有核战略司令部，该司令部创建于2003年1月4日。

印度总统是名义上的武装力量统帅，内阁为最高军事决策机构。国防部负责部队的指挥、管理和协调。各军种司令部负责拟定、实施作战计划，指挥作战行动。印度陆、海、空三军平时无统一的作战指挥机构，由内阁总理通过内阁秘书处协同国防部对三军实行统一领导；战时通常授权主要军种参谋长实施统一指挥。

2. 印度的战略动向

印度在独立之初就确立了以“主宰南亚、控制印度洋、做一个有声有色的世界大国”为主要内容的国家战略总目标。围绕着这一国家战略总目标，在自独立至今半个多世纪里，印度军事战略从初步确立，经过不断调整，已经形成为一个比较完善的军事战略体系。莫迪上台以来，聚焦“全球领导大国”的战略目标，对内大力发展经济，夯实执政之基，同时积极调整军事战略，加快推进军事改革，旨在打造一支结构合理、攻守兼备、慑战并举的现代化军队，有效应对各种威胁和打赢“两线战争”。在国防和军队建设上，印度着眼建设“军事大国”和“地区强国”，加快国防自主建设，加强战场设施建设，推进军队现代化。

（1）提升军费，升级军备和加快军事改革

印度在2020年公布的军费预算约为652亿美元，高居世界第三。印度军队的武器装备多为老旧装备。为了升级军备，印度近年来不断增加的军费除了用于培育本土军工产业外，主要是用于加大对外军购。近年来印度已经成为全球最大的军购订单大国之一，整个2020年，印度进行了多次紧急军备采购。2020年6月30日，《今日印度》网站报道称，印度空军将于7月27日获得法制阵风战机，另外，印度还与俄罗斯达成了一份紧急采购合同，清单上有数十项武器装备，包括武器弹药等，采购总额超过10亿美元。印度还向美国紧急追加采购大批“神剑”精确制导炮弹，从以色列紧急接收一批防空导弹，还花费大批资金购买“苍鹭”无人机，以及“长钉”反坦克导弹等。印度努力推进国防自主建设，加快国防工业自主创新，不断提高装备本土化率。印度在增加军费提升军备的同时，印度政府近年来持续致力于军队改革，建立新的决策机制，精简机构裁汰冗员，提高三军协调能力，还计划建立针对巴基斯坦和中国的联合战区。

（2）加强边境地区的军事部署

目前，印度与中国在中印边境的西、中、东段都存在领土争议，争议领土面积达12万多平方千米。为取得战场优势，印度不断加强对我作战兵力部署，向中印边境地区增派大量兵力。在中印边境西段地区，印军在该地区组建了第14军，加强了空军战斗机和直升机分队的部署,积极进行战场建设,不断加强边境控制。在中印边境中段地区,对驻军进行改编,组建轻型、实用、高效的作战部队。在中印边境东段地区,印度陆军根据《2012—2027年长期一体化远景规划》建立并部署一支完全成熟的"山地打击军"。为应对所谓的中国"导弹威胁",印度还加强了在边境地区的巡航导弹部署。此外,印度还计划将中印边境地区警察部队纳入自己管辖范围,以更好地进行边境管理,应对敌方在边境地区的"侵略活动"。印度还大力加强边境国防设施建设。同时,印度加快通往前沿地区铁路建设速度,国防部全程参与铁路的设计工作,使铁路建设服从于兵力投送需要。此外,印度计划在边境地区修建多个机场和场站。

(3)加大对印度洋的控制力度

印度宣称从阿拉伯海到南海的广阔海域都是印度的利益范围,并积极推进以称雄印度洋为核心目标的海洋战略,制定了全面控制印度洋的"东进、西出、南下"战略,即向东把活动范围与影响延伸到南中国海乃至西太平洋;向西穿过红海与苏伊士运河,影响扩大到地中海;向南扩展到印度洋最南端,甚至绕过好望角到达大西洋。为实现上述战略目标,印度在海军装备建设上提出了"三步走"发展战略:一是建立亚洲最大航母舰队;二是加强海基核力量建设,以弥补"三位一体"核打击力量的短板;三是打造具备远洋作战能力的"蓝水海军"。在提高装备水平的同时,印度还高度重视海军基地建设,在其东部海岸、东南部群岛和南部岛屿上新建了海军基地。在西南方向,印度继在马达加斯加岛建立雷达监听站后,又租借了毛里求斯共和国的阿加莱加群岛,并在上述群岛建设海军基地和机场,以扼守莫桑比克海峡等战略通道。

(4)积极响应美国印太战略,联合遏制中国

印度自2014年正式提出"东向政策"以来,莫迪政府的关注范围已经从东盟扩展到西太平洋和东印度洋地区,"东向政策"向"印太战略"延伸,不断渲染中国的军事威胁,加强与美国、日本、澳大利亚的战略关系,致力于建设一个"自由、开放、繁荣和包容"的印度洋,以提升印度在亚太地缘角逐中的制衡力度,应对中国在该地区日益上升的影响力。印度强调中巴经济走廊对印度领土主权构成威胁,强调维持南海和平稳定的重要性和印度洋的重要性,莫迪政府将2007年确立的"自由使用海洋"为主题的海上军事战略调整为以"确保安全的海洋"为主题的海洋安全战略,强调要继续推进"东进"战略,提升与东盟在"印太"框架下的合作,继续加大对非洲的投入,提升对非洲印度洋沿岸国家的影响力,试图以政治、经济、军事、外交等多种手段积极介入国际和地区事务,既遏制中国的"一带一路"建设和海洋强国建设,又应对所谓的中国威胁,在安全上"围堵"中国。

第三节　国家安全形势

国家安全形势,是一定时期内对国家安全产生影响的各种客观情况和条件的总和。维护国家安全,筹划国家安全战略,首先必须对国家安全形势作出客观、全面的

分析和判断，以此明确国家安全面临的主要机遇、风险和挑战，预测国家安全形势的发展趋势，为国家安全战略决策提供科学依据。

一、我国地缘战略环境概况

中国国土陆海兼备，背靠欧亚大陆，面向太平洋，不但地处东亚的中心，而且也是亚洲的地理中心，具有显著重要的地缘位置和优越的地理通达性。广袤的疆域，奠定中国成为大国基础的同时，也造就了复杂的周边环境；漫长的边界，给中国对外交往提供便利的同时，也给国家安全带来了风险和挑战。我国特殊的地缘环境，对我国的安全形势、安全观念、防务政策和军事战略有着深远的影响。

（一）邻国众多，大国集中

中国是世界上陆海邻国最多的国家。在陆地上，我国与朝鲜、俄罗斯、蒙古、哈萨克斯坦、吉尔吉斯斯坦、塔吉克斯坦、阿富汗、巴基斯坦、印度、尼泊尔、不丹、缅甸、老挝和越南等14个国家接壤。在海上，我国与韩国、日本、菲律宾、马来西亚、文莱、印度尼西亚等6个国家隔海相望。

中国周边地区也是世界上大国最集中的地区。世界主要战略力量除了欧盟外，美国、日本、俄罗斯、印度，都在中国周边。俄罗斯、日本和印度是中国的海陆强邻，它们在军事和经济方面均拥有较强的实力或潜力，且在过去一个多世纪里先后与中国发生过战争或武装冲突。从地缘政治的角度看，美国也是中国的邻国，因为它在中国周边有强大的力量存在和重大的战略影响。此外，宣称拥有核武器的8个国家中，有4个在中国周边，即印度、巴基斯坦、朝鲜、俄罗斯。一个国家邻国多少和强弱对其安全的影响是截然不同的，邻国多其现实和潜在安全隐患就多，强邻多其面临的现实与潜在的安全挑战就大。

（二）疆域辽阔，边界漫长

中国拥有大约960万平方千米的陆地国土，陆地边界长达2.2万多千米。历史上，西方殖民者以中国周边邻国为跳板对华进行侵略和渗透。中华人民共和国成立后，苏联、印度、越南等国先后侵犯过我国领土，并因此发生过边界冲突。目前，除与印度、不丹尚未签订边界条约外，我国已与12个陆地邻国划定并勘定约2万千米边界，解决了绝大部分定界问题。

中国拥有大约300万平方千米的海洋国土，大陆海岸线长达1.8万多千米。中国有500平方米以上的岛屿6 500多个，岛屿岸线1.4万多千米。中国在海上与8个国家的大陆架或200海里的专属经济区相连。但由于中国与海上邻国之间没有400海里以上的海洋空间，因此，各自宣布的专属经济区不可避免地出现重叠，也就导致了在海上与邻国间的争议较多和海洋权益容易遭到侵犯的情况出现。

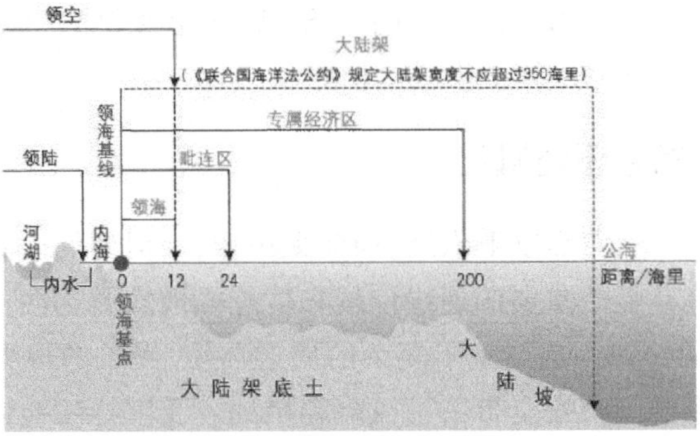

图2–2　我国主张管辖的海域空间结构示意图

(三)地缘战略位置重要,大国利益交汇

中国位于亚洲的中心位置,邻接东北亚、东南亚、南亚、中亚四大次区域。东北亚、东南亚、南亚均位于欧亚大陆边缘地带,扼控海上交通要道,是陆权与海权势力竞逐的前沿;中亚是欧亚大陆心脏地带,且油气资源丰富,四周分别与俄罗斯、中国和南亚、西亚相连。周边地带汇聚着诸多重要海域与战略通道,像处于东南亚中心的南中国海常年海运量仅次于欧洲地中海,居世界第二,每年往返船舶超过4万艘,全球一半以上的大型油轮及商船和2/3的液化天然气运输须途经该水域。而马六甲海峡更是连接太平洋和印度洋的海上交通咽喉,扼控两洋航线的枢纽,是亚太各国经贸发展"生命阀"。由于拥有重要的战略位置和战略资源,中国周边地区自近代以来一直是大国利益的交汇区和大国力量的角逐场。

(四)社会文化多样性突出,地缘关系复杂

我国周边国家的社会文化多样性突出。从政治上看,国体和政体的多样性在周边各国体现无余,周边既有资本主义性质的国家,也有社会主义性质的国家,既有共和制、总统制、议会制的国家,也有君主制的国家。从经济上看,在中国的周边,既有世界经济大国日本,也有新兴工业化国家,如韩国、马来西亚等,也有在世界最贫穷国家榜上有名的缅甸、老挝、柬埔寨、孟加拉国、蒙古等国。中国周边地区如此巨大的经济发展差距,给地区经济合作和安全合作带来相当大的困难。佛教、基督教、伊斯兰教、印度教等具有世界性或区域性影响的宗教在中国周边地区不同程度地传播和发展,且逐渐与不同的民族实体相结合,形成了足以改变世俗政治与地区秩序的巨大社会能量。可以说,中国面临着复杂严峻的地缘环境。

二、新形势下国家安全面临的风险挑战

在新的形势下,中国继续保持政治安定、民族团结、社会稳定的良好局面,综合国力、国际影响力、抵御风险能力明显增强,仍处于发展的重要战略机遇期,同时也面临多元复杂的安全威胁和挑战。

(一)美国强化亚太军事同盟,给亚太安全增添复杂因素

美国是当今世界唯一的超级大国,它的战略目标就是努力维持和强化自己的"一

超”地位，防止出现一个或多个挑战美国超级大国和领导地位的世界强国或地区强国。中国作为一个正在迅速崛起、有着巨大发展潜力的大国，不可避免地要成为美国遏制、敌视的对象。美国在不放松对中国在经济、政治、文化方面遏制的同时，积极构建以美国为首，印度、日本和澳大利亚作为主要参与国的印度洋–太平洋地区安全架构，增强中国周边地区军事力量存在，加强对能源、战略要地和海陆通道的渗透控制，极力平衡中国的地缘影响力。

美国依托“三线岛链，南北两锚”，在军事方面调整了其在亚太地区的军事战略部署，强化了美国与日、韩、澳等盟国的军事同盟关系，提升关岛美军的军备水平和战略威慑能力，形成日本和关岛两大地区兵力投送中心，增强了其在东北亚、东南亚、中亚、南亚地区的军事存在。另外，美国在朝鲜核问题上对朝鲜“谈压并举”；在韩国部署“萨德”系统，严重破坏地区战略平衡，严重损害地区国家战略安全利益；在日本，美国明确钓鱼岛适用于《美日安保条约》，增加牵制我抓手；在台湾问题上，对台军售不断，出台“与台湾交往法案”，与台方加强联系；在阿富汗“撤而不离”，强化在中亚地区的军事存在；诱拉缅甸、蒙古等我周边国家，挤压我战略空间。

（二）与周边一些国家存在着领土和海洋权益的争议

我国与一些邻国的边界及海洋权益划分的争议情况复杂，解决起来难度很大，这些争议始终是威胁中国边境和领海安全的不稳定因素，比较突出的有以下几个热点问题：

1. 中印边界争端至今悬而未决

中印边界全长约2 000千米，分为东、中、西三段。中印两国存在大片领土争端，争议面积共达12.55万平方千米。东段争议面积约9万平方千米，现被印度控制；中段争议面积约2 000平方千米，除个别地区外，均为印方控制；西段争议面积约3.35万平方千米，除巴里加斯地区约450平方千米被印军侵占外，其余在中方控制之下。1962年两国因边界争端爆发过一场边界战争。

中国与印度从20世纪80年代开始进行边界问题谈判。1993年和1996年分别签署了维护中印两国边境安全与稳定的相关协议。2005年，中印双方达成了“解决中印边界问题政治指导原则”，迈出了解决边界问题的第一步。近年来，中印两国在边境地区发生了一些对峙事件。2017年6月18日，印度边防人员在中印边界锡金段越过边界线进入中方境内，阻挠中国边防部队在洞朗地区的正常活动，引发了“中印洞朗对峙事件”。2020年6月15日，印军非法越线、率先挑衅、暴力攻击中方前出交涉人员，蓄意制造了加勒万河谷冲突，造成双方人员伤亡。

2. 中国南海海洋权益之争

南海总面积约360万平方千米。南海诸岛包括东沙、西沙、中沙和南沙四大群岛。其中南沙群岛处于越南金兰湾和菲律宾苏比克湾两大海军基地之间，扼太平洋至印度洋海上交通要冲，为东亚通往南亚、中东、非洲、欧洲必经的国际重要航道，是中国对外开放的重要通道和南疆安全的重要屏障。

南沙群岛是中国人最早发现和最早经管的。早在汉朝,中国人就开始在南海航行,先后发现了南海诸岛。两千多年来,南海一直在中国的管辖之下。中华人民共和国成立后,即使怀有敌意的国家政府和组织,也都承认南沙群岛属于中国。但是自发现南海蕴藏丰富的油气资源后,周边国家开始窥视这一海域。20世纪70年代始,越南、菲律宾、马来西亚等国相继出兵侵占了南沙群岛部分岛礁,引发南海争端。目前,我国南沙群岛已经形成了岛屿被侵占、海域被分割、资源被掠夺的严峻局面。

值得注意的是,作为西太平洋的一个重要海域,南海以其独特的战略位置和丰富的海洋资源,吸引着各方触角纷纷向这里延伸,成为一个利益矛盾的交汇点。美、日、印等域外国家因一己之私介入南海事务,给南海局势的发展平添复杂因素,损害了地区和平稳定,也损害了中国主权、安全和海洋权益。

3.东海大陆架和钓鱼岛的争议

东海位于中国、日本、韩国三国之间,东西宽150~420海里,南北长660海里,总面积约77万平方千米。东海海底有2/3左右的面积是我国大陆向海洋方向自然延伸的大陆架,宽阔而平坦。它与黄海大陆架连成一片,构成世界上最宽阔的陆架区之一,最宽处达640多千米。依据《联合国海洋法公约》有关规定,东海海底的地形和地貌结构决定了中国大陆领土的大陆架自然延伸至冲绳海槽,该海槽是中国大陆自然延伸的陆架和日本琉球群岛的岛架之间的天然分界线。因此,中方主张应按大陆架自然延伸的原则,以冲绳海槽中心线为界,划分中国与日本在东海大陆架边界。但是日本方面却主张按东海的中心线平分划界。这样,中日间便产生了20多万平方千米的争议区。

中日在东海还存在着钓鱼岛归属问题之争。钓鱼岛群岛位于台湾岛东北约120海里处,由钓鱼岛、黄尾屿、赤尾屿、南小岛、北小岛及一些礁石组成。其中最大的岛屿钓鱼岛海拔360余米,面积约3.64平方千米。钓鱼岛及其附属岛屿自古以来就是中国的固有领土,中国对此拥有充分的历史和法律依据。但是,日本方面无视大量历史事实,竟声称钓鱼岛为日本的"固有领土"。1970年,美国把琉球群岛的管辖权交给日本,同时把钓鱼岛"送"给日本,日本遂派出军队赴钓鱼岛巡逻。1972年中日建交,中国政府提出把钓鱼岛等岛屿的归属问题挂起来,留待将来条件成熟时再解决,当时双方就这一点达成了协议。但是,事后日方却采取放任态度,批准日本一些右翼团体在岛上建立航标灯,甚至出动舰艇进入钓鱼岛海域驱赶中国渔民。2012年9月10日,日本政府还演出了一出所谓"钓鱼岛国有化"的闹剧,企图造成钓鱼岛是日本领土的"既成事实"。同一天,中国政府发表声明,公布了钓鱼岛及其附属岛屿的领海基线。同年9月25日,国务院新闻办公室发表《钓鱼岛是中国的固有领土》白皮书。白皮书全面阐释了钓鱼岛是中国固有领土、日本窃取钓鱼岛、美日对钓鱼岛私相授受非法无效、日本主张钓鱼岛主权毫无依据、中国为维护钓鱼岛主权进行坚决斗争等内容。

相关链接

中国划设东海防空识别区

2013年11月23日，中华人民共和国国防部发布公告，宣布划设东海防空识别区，这一举措体现了中国政府和军队捍卫国家领土领空主权和安全的坚定决心和坚强意志。

防空识别区是濒海国家为防范可能面临的空中威胁，在领空外划设的空域范围，用于及时识别、监视、管制和处置进入该空域的航空器，留出预警时间，保卫空防安全。从20世纪50年代起，美国、加拿大等20多个国家划设了防空识别区。中国政府按照国际通行做法，划设东海防空识别区，目的是捍卫国家主权和领土、领空安全，维护空中飞行秩序。这是中国有效行使自卫权的必要措施，不针对任何特定国家和目标，不影响有关空域的飞越自由。

同日，国防部发布东海防空识别区航空器识别规则，要求位于东海防空识别区飞行的航空器，必须提供飞行计划识别、无线电识别、应答机识别、标志识别四种识别方式，并服从东海防空识别区管理机构，即中国国防部或授权单位的指令。对不配合识别或者拒不服从指令的航空器，中国武装力量将采取防御性紧急处置措施。

（资料来源：红网时刻，2021-11-23.略有改动）

（三）反分裂斗争形势更加严峻

台湾是我国第一大岛，位于我国东南海域，西隔台湾海峡与福建省相望，东临太平洋，是我国东南的海上屏障，战略地位十分重要。台湾问题事关国家主权和领土完整、国家现代化进程和民族复兴大业，我们决不允许任何势力以任何借口进行分裂祖国的活动。

长期以来，台湾问题对我国对外关系造成严重的制约，使我国在国际舞台上发挥作用受到重大影响。特别是蔡英文上台后，罔顾历史潮流和道义责任，拒不承认“九二共识”，公然叫嚣“台独”，使两岸关系降至近年来的冰点。在“台独”势力多年操弄和蛊惑下，部分台湾民众对两岸关系的前景仍有疑虑，对大陆仍然抱有一定戒备和恐惧心理。

军事上，台湾当局“以武拒统”的军事准备不断加强，军事战略已由过去的“攻防一体”改为“防卫固守，重层吓阻”。台湾军队加快了整军备战的步伐，大幅调整部队编成结构，全面提高三军联合作战能力，公然宣示军事力量存在，甚至宣称美国会向其松绑出售核潜艇技术。

台湾问题一直是以美国为首的西方反华势力干涉中国内政、对中国施加压力的战略性筹码。一直以来，美国在台湾问题上采取“模糊”战略，妄图“以台制华”。美国坚持中美三个“联合公报”，同时又制定所谓的《与台湾关系法》；明确表示不支持“台独”，但又反对大陆对台湾动武。美国这一系列矛盾的做法，本质上是希望两岸“和而不统、维持现状”。

(四)周边地区处于矛盾多发期,周边安全环境中的风险隐患增多

由于多方面的原因,中国周边地区的历史遗留问题大都没有得到妥善解决,在国家战略格局调整重组和国际战略形势发生重大变化的背景下,新旧矛盾相互交织,热点频发,争议不断。

1.朝鲜半岛局势扑朔迷离

近代以来,东北亚久历战火,军事力量猬集,汇集了主要大国的利益和矛盾。目前,区内兵力高达300余万,居世界热点之首,其形势走向牵动亚洲战略格局,一旦局势发生重大突变,就可能对地区乃至世界和平构成严重威胁。近两年来,虽然韩朝双方关系回暖,朝韩、朝美领导人实现历史性会晤,朝鲜核危机有所缓和,但围绕朝鲜就"无核化"采取实际行动、"终战宣言"谈判等,各方分歧犹存,未来仍将激烈讨价还价,甚至不能排除未来半岛局势出现反复的可能。

2.印巴冲突高位震荡

印巴双方围绕克什米尔归属问题多年来一直纷争不断,双方部队武装交火时有发生。据统计,仅在2018年,就有500多人在印巴冲突中丧生,包括军警、平民和反叛武装成员。就在2019年2月,两国还曾"大打出手",双方甚至将地面冲突升级至空中战场,一度走到大规模军事冲突边缘。巴基斯坦是中国在南亚地区的重要战略伙伴,"中巴经济走廊"是"一带一路"倡议的重要组成部分。印巴冲突不断,直接威胁我西部边境地区安全,影响"中巴经济走廊"建设顺利推进。

3.缅北冲突战火时燃

缅北地区民族地方武装不仅是影响缅甸政治稳定和国家统一的重大问题,也是影响中缅两国关系的重要因素。近年来,缅甸中央政府与缅北少数民族地方武装之间的和解取得了一定的进展,但是双方之间的武装冲突仍然时有复燃,甚至发生双方交火误伤我边民事件。尤其是近年来,美不断加大对缅北地区渗透力度的动向值得我高度警惕。

4.中亚地区安全形势隐患仍存

中亚一些国家的政治、社会局势仍然缺乏必要的稳定性,受民族矛盾、宗教纷争以及能源、地缘政治等因素的影响,在地区范围内仍然存在安全隐患。区域外势力的干涉与博弈更加剧了这一地区安全形势的复杂化。目前,这种事态已经对中国与相关国家的经贸与安全合作构成了较为严峻的挑战。另外,在美军撤离阿富汗、"伊斯兰国"势力外溢的背景下,中亚地区恐怖主义、分裂主义、极端主义活动日益猖獗,我国周边恐怖主义势力存在反弹的可能,防止"三股势力"渗透破坏、维护西部边境地区安全稳定的压力上升。

三、新型领域的国家安全

外层空间、国际海底区域和极地地区等新型领域,不专属于世界上任何一个国家。近年来,这些新型领域对于国家安全的重要性,已经越来越成为世界各国的共识。世界各国普遍认为这些领域属于为了国家利益拓展和维护国家安全的“战略新疆域”,国家安全博弈与角逐的战场也开始向着新型领域延伸。

(一)外层空间安全

进入21世纪,太空开发热潮迅猛、太空科技蓬勃兴盛致使太空经济异军突起、太空能力备受瞩目,各航天大国主导下的世界太空安全态势显著升级,严峻的太空威胁和激烈的太空权益与产业争夺对国家安全和国际战略格局产生着重大影响。

当前,外层空间已成为大国博弈的新舞台,太空军事化给世界和平带来新的威胁。主要表现为:一是主要国家不断推出并完善太空战略。美国国防部推出的《2018年国防战略摘要——加强美军的竞争优势》中,明确表示了其在太空等新型领域要全面领跑世界的野心。为了重新树立俄罗斯大国地位与威望,俄罗斯领导人多次强调太空发展战略的重要性,并将太空技术及其运用作为国家优先发展领域,为此,俄罗斯制定了多个太空发展规划。2019年12月,日本宇宙开发战略本部修改了指明日本太空战略方向的《宇宙基本计划工程表》,提出在自卫队中设立特殊的航天部门,强化日本空间安全。二是不断强化太空力量建设。2019年12月,美国总统特朗普签署2020财年国防授权法案,法案将太空认定为“作战领域”,批准设立美国第六大军种——太空军。俄罗斯致力于太空复兴,2015年8月将俄罗斯空军和俄罗斯空天防御军合并,组建俄罗斯空天军,把战略性空天战役作为未来空天作战的主要样式。三是加快研发太空武器装备。美国早在20世纪80年代,其航天专家就开始构思空天飞机的方案。近年来,美国更是大力研发X-37B、X-51A、HTV-2等各型空天飞行器。X-37B是美军未来空天飞机的原型,是美军重点研发的太空试验项目。目前,X-37B已先后进行了5次飞行试验,其中第五次试验于2017年9月7日发射,2019年10月27日返回,累计在轨运行780天。俄罗斯除完善原有联盟系列飞船外,还研究推出了“埃克利普斯-100”航天运输系统方案,该系统可重复使用,并能在任何情况下紧急中止飞行。英国“云霄塔”空天飞机方案在2011年通过概念设计评审后,开始进行发动机地面演示验证,预计2020年实现商业运营,据悉“云霄塔”既能像客机一样在大气层中飞行,又能载人翱翔太空。

(二)国际海底区域安全

国际海底区域是指国家管辖范围以外的海床、洋底及其底土,也就是各国领海、专属经济区和大陆架以外的深海洋底及其底土,面积约为2.517亿平方千米,占地球表面积的49%。国际海底区域有丰富的矿产资源。根据《联合国海洋法公约》第十一部分的规定,国际海底区域及其自然资源是人类的共同继承财产。任何国家都不能对区域及其资源主张或行使主权或主权权利,任何国家或自然人或法人都不能把区域及其资源的任何部分据为己有。对资源开发的一切权利属于全人类,由国际海底管理局代表全人类进行管理。区域的开发要为全人类谋福利,各国都有公平地享受海底资源收益的权利,特别要照顾到发展中国家和未取得独立的国家的人民的利益。区域的法律地位不影响其上覆水域和上空的法律地位。

随着人类向深海和大洋勘探开发的进发、深海勘探工作不断深入以及对矿产资源需求的提升,国际海底区域内的资源开采日益引发各国的关注,国际海底区域的地位也日益突出。世界上许多国家都在谋求和制定符合本国国情和国际形势的国家海底区域政策或战略。

中国于20世纪70年代开始国际海底区域勘查活动。目前,在中国政府的担保下,中国大洋矿产资源研究开发协会以及五矿集团先后与国际海底管理局正式签订4份国际海底区域有关矿区勘探合同,目前我国已成为世界上在国际海底区域及其资源拥有实际利益的少数几个国家之一。虽然中国近年来在国际海底区域探索方面取得了不小的成就,但在越来越多的国家明显关切国际海底区域的问题的情况下,我国公平、共享利用国际海底区域资源的难度必将增大。

(三)极地地区安全

极地地区是指地球的两极,即南极和北极。北极地区以北冰洋为中心,周围濒临亚洲、欧洲、北美洲三大洲。南极地区以南极洲为中心,周围濒临太平洋、大西洋、印度洋三大洋。两极是世界上重要资源和能源的富集区,北极是可与中东相媲美的油气资源战略储备仓库,煤炭资源储量超过1万亿吨。南极发现的矿产资源有220多种,煤炭资源储量超过5 000亿吨。南极的冰雪资源占全球冰雪资源的90%,储存了全世界可用淡水的80%。

极地地区作为赢得未来战争优势的战略极点,成为多国争相占据的新疆域。从军事上来说,北极位于亚、欧、北美三大洲的顶点,有联系三大洲的最短航线,地理位置极为重要。冷战时期,美苏两国就在北极地区部署战略轰炸机和战略核潜艇。为赢得极地竞争优势,掌握极地主动权,不仅美、俄、加拿大等极地国家纷纷制定极地战略,一些非极地国家也积极参与极地事务。南极虽然是大陆,但与大西洋、印度洋和太平洋相连,遥望合恩角、好望角等世界海上要道,对全球的海上战略通道有至关重要的潜在影响。

图2-3 美国"北极星"号破冰船

随着全球气候变暖趋势加剧，北极地区冰雪融化，无冰期不断延长，北极在国际航运、军事部署、资源开发利用等方面的意义随之增大。南极资源开采活动受到《南极条约》的有效约束，各国只能勘探不能开采，但北极作为全球尚未完全开发的重大战略资产，存在进一步激发各国战略争夺的前景。在这种情况下，各国针对极地的争夺日益激烈，美、俄等大国先后出台新的战略举措，加大投入，对极地经营进行长远的、全局的谋篇布局，极地已经成为各国战略竞争的新兴领域。

中国的极地考察始于1984年，经过30余年的努力，目前已形成由“雪龙”号极地科学考察船，五个考察站（南极长城站、中山站、昆仑站、泰山站和北极黄河站）和中国极地研究中心组成的科研体系。中国已经成为世界上极地考察的主要国家，在极地与全球气候变化研究、南极陨石搜集与研究、磷虾生物学研究等方面走在国际前列。

第三章　军事思想

军事思想是军事实践的理论总结，是指导军事活动的理论武器。军事思想来源于军事实践，又随着军事实践的发展而发展。研究军事思想的目的在于揭示战争的本质、基本规律以及指导战争的方法论，阐明军队和国防建设的理论等。

第一节　军事思想概述

一、军事思想的概念

军事思想是关于战争、军队和国防的基本问题的理性认识，是人们长期从事军事实践的经验总结和理论概括。军事思想从总体上考察和回答军事领域的普遍性、根本性问题。人类自有阶级和战争以来，在战争和军事领域的一切问题，都是军事思想研究的对象。它是古今中外一切军事斗争和军事问题经验的总结、提升，揭示战争的本质、规律以及进行战争的指导规律，阐明军队建设的基本理论和原则，从总体上反映研究战争和军事问题的成果。

军事思想具有鲜明的阶级性。军事思想来源于社会实践，在阶级社会中，人们为了各自阶级的利益，所奉行和推崇的军事思想，必然要反映各个阶级对战争和军队建设的认识和立场。因此，不同阶级、国家或政治集团必然有着不同的军事思想。

军事思想具有强烈的时代性。军事思想来源于战争实践，不同历史时期的战争有着不同的形态和战略战术，有着不同的军队组织原则和编制。这种不同时代的特征往往最能反映当时的物质生产水平，军事思想所反映的这些特征代表着这一时代的生产力水平。

军事思想具有明显的继承性。战争的特征之一，就是强制人们的主观认识同客观实际的一致性。因此，在战争中必须按事物的客观规律办事。古代大军事家孙武说："先知者，不可取于鬼神，不可像于事，不可验于度，必取于人，知敌之情者也。"因为，只有这样，才能做到"知彼知己，百战不殆，知天知地，胜乃无穷"。所以，历史上所形成的具有规律性的军事原则、概念和范畴被流传下来为后人所用，并不断地加以丰富和发展。

军事思想科学内容博大精深，从理论上讲，它通常包括战争观、战争问题的方法论、战争指导思想、建军指导思想等基本内容。其内容大体可以分为两个层次：一是军事哲学问题，主要内容有战争观、战争问题的认识论和方法论；二是军事实践的基本方针和原则问题，主要内容有战争指导的基本方针和原则、军队建设的基本方针和原则、国防建设的基本方针和原则等。

军事思想按不同的标准有不同的划分。按阶级来划分，军事思想可分为奴隶主阶级军事思想、封建地主阶级军事思想、资产阶级军事思想和无产阶级军事思想；按国家来划分，可分为外国军事思想和中国军事思想；按阶段来划分，可分为古代军事思想、近代军事思想和现代军事思想等。

二、军事思想的形成与发展

远古时代，生息繁衍于世界各地的众多氏族群体，对军事问题的认识普遍处于蒙昧状态，往往把战争发生和胜负的原因归结为"天意""神旨"等。中国上古时代传说中的黄帝、炎帝、蚩尤部落间的战争，反映的便是这样一种情况。随着私有财产和阶级的产生，特别是进入奴隶社会后，战争成为阶级斗争的最高形式。与此同时，随着社会的进步，人类思维能力达到了新的水平。丰富的战争实践经验与逐步提高的认识能力相结合，使人类对战争问题的认识渐渐向理性层次靠拢，从而产生了最早的军事思想，即奴隶主阶级军事思想。

（一）古代军事思想

古代军事思想的产生、发展主要集中在两个相对独立的区域，即古代中国和地中海沿岸国家，包括奴隶社会和封建社会两个时期的军事思想。

1. 中国古代军事思想

公元前21世纪至公元前8世纪是中国古代军事思想的产生时期。人类进入了奴隶社会后，战争具有了明显的政治目的，成为政治斗争的工具，出现了真正意义上的战争。奴隶制国家建立了专门的军队组织和相应的军事制度。正是这些客观情况的发展变化，以及历次战争经验的积累，使得人们对战争和军队建设的认识由感性逐渐上升到了理性，从而产生了最早的军事思想，即奴隶主阶级军事思想。这一时期，出现了萌芽形态的兵书，《军政》和《军志》是中国古代军事思想初步形成阶段的主要军事著作，因年代久远，早已失传，作者亦不详。

中国古代军事思想在春秋战国时期发展成熟，形成了系统的军事理论体系。随着生产力的发展和社会制度的变革，战争的频繁发生和改朝换代的加剧，军事方面的许多因素发生了变化。铁制兵器代替了铜制兵器，实行了征兵制和募兵制，由单一兵种发展到了步、车、骑、水多种兵种并进。人们对战争和军队的认识有了更大的提高。与此同时，反映军事思想的一大批兵书相继问世，其中最杰出的代表著作就是被称为世界兵书"鼻祖"的《孙子兵法》。在这些兵书著作中，对战争的起源已从"自然存在"的认识上升到"争名、争利、仇恨、内乱、饥荒（《尉缭子》）"等社会现象的角度，具有了朴素的唯物主义思想；对战争和军队的重要性，有了"兵者，国之大事，死生之地，存亡之道，不可不察也（《孙子兵法》）"的认识，提出了"慎战"的思想；揭示了战争的本质，指出“兵者，以武为植，以文为种，武为表，文为里(《尉缭子》)”；还提出了“以战养战”和“用兵攻战之本，在乎重民(《司马法》)”的思想；在军队建设方面，揭示了“以治为胜”“以教为先”的思想，重视军队的作战训练，“士不生教，不可用也(《司马法》)”；针对将帅的选拔，孙子提出了“智、信、仁、勇、严”五条标准。在作战指挥方面，《孙子兵法》提出“知彼知己，百战不殆”“不战而屈人之兵”“兵贵胜，不贵久”以及“多算胜，少算不胜”的思想，要求做好充分的战前准备。同时，还提出“致人而不致于人”的争取主动、力避被动的作战思想。在后勤保障方面，初步建立了经济是战争的物质基础的思想。例如，孙子提出“军无辎重则亡，无粮食则亡，无委积则亡”，“善用兵者，役不再籍，粮不三载。取用于国，因粮于敌，故军食可足也”。

图3-1 “兵圣”孙武画像(据明万历《三才图绘》刻本)

自秦汉以来，由于铁兵器的广泛推广，火药的逐步应用，步、骑、车、水军诸兵种的发展变革，不同性质战争的交织进行，客观上促进了军事思想丰富发展。从秦汉到五代时期，军事技术的发展，青铜兵器逐渐淘汰，进入了铁兵器为主的时代。骑兵成为当时主要的作战兵种。这一时期的重要兵书，如《淮南子·兵略训》《李卫公问对》等表现出了对《孙子兵法》的继承和发展。从北宋起，随着社会经济和科学技术与文化的进一步发展，我国兵器的发展进入了一个新的历史时期，其主要标志就是火药用于军事，从而也使战争进入了冷、热兵器并用的时代。宋朝统治者重视武学，开设武举。明、清以来，随着火器逐步装备到军队，无论在军队编制上，还是在战法上，都引起了一系列显著变化，使我国古代军事思想发展到一个新的阶段。

相关链接

《武经七书》

宋神宗元丰三年(1080年),下诏校订《孙子》《吴子》《六韬》《司马法》《尉缭子》《三略》《李卫公问对》,命名为《武经七书》,雕版刊行并作为武学必修课程。它是中国古代第一部军事教科书,是中国古代兵书的精华,是中国军事理论殿堂里的瑰宝。《孙子》作者为春秋时期的大军事家孙武;《吴子》相传为战国初期吴起所著;《六韬》旧题周初太公望(即吕尚、姜子牙)所著,普遍认为是后人依托,作者已不可考;《司马法》,《史记·司马穰苴列传》记载:"齐威王使大夫追论古者司马兵法而附穰苴于其中,因号曰《司马穰苴兵法》。"《隋书·经籍志》注称《尉缭子》作者是梁惠王时人尉缭;《三略》一说是黄石公所作,张良所传;《李卫公问对》是唐代著名军事家李靖撰,是唐太宗李世民与李靖讨论军事问题的言论辑录。

2. 西方古代军事思想

公元前8世纪至公元5世纪,是西方的奴隶社会时期。在这个时期,古希腊、古罗马等奴隶制国家,为了扩张领土、建立霸权、掠夺奴隶和财物,频繁发动战争。在长期的战争实践中,涌现出许多著名的将领和统帅,产生了丰富的古希腊和古罗马的军事思想。

古希腊的军事思想主要散见于希罗多德的《希腊波斯战争史》、修昔底德的《伯罗奔尼撒战争史》、色诺芬的《远征记》以及普鲁塔克、伯里克利、亚历山大等人的历史著作和军事实践中。在他们的军事活动和著作中,对战争与政治、外交的关系,对作战谋略、指挥艺术、战略战术,对军队建设等,都有较为明确的论述,对军事思想的发展作出了贡献。

古罗马的军事思想体现在恺撒的《高卢战记》、阿里安的《亚历山大远征记》、弗龙蒂努斯的《谋略》、奥尼山得的《军事长官指南》、韦格蒂乌斯的《论军事》及历史学家波里比阿、阿里安、塔西佗、普鲁塔克等有关罗马历史的著作中;许多军事家如迦太基统帅汉尼拔,古罗马统帅费边、恺撒,古罗马帝国的第一个皇帝屋大维等在军事实践中,闪烁着重要的军事思想。通过比较可以看出,古罗马军事思想源于古希腊而又有所发展,主要表现在:进一步认识到战争有正义与非正义之分;把军事作为实现政治目的的工具,而政治又是配合军事行动达成军事目的的手段;通过外交广泛联盟,孤立对手,恩威并举,实现自己的目的;主张以进攻为主,防御为辅;在被迫处于防御地位时,也总是通过向敌后等薄弱处进攻,力求改变攻防态势,变防御为进攻;主张建立一支忠于自己的部队,以金钱、土地、建筑、妇女等物质利益保证部队的忠诚,以精神鼓励、严格的纪律保持部队的战斗力。

从公元476年西罗马帝国灭亡,到1640年英国资产阶级革命,为欧洲的中世纪。在这长达1 100多年的"黑暗"时代,由于封建割据的庄园经济、宗教思想和经院哲学的禁锢,极大地限制了军事思想的发展。"整个中世纪在战术发展方面,也像其他科学方面一样,是一个毫无收获的时代"(恩格斯)。直到封建社会后期,随着中国火药、火器的传入及始自意大利文艺复兴的影响，西方古代军事思想才有了缓慢发展。主要军事代表人物有查理大帝、瑞典国王和统帅古斯塔夫二世等，代表作有东罗马皇帝毛莱斯基的《战略学》、意大利马基雅维里的《战争艺术》、普鲁士弗里德里希二世的《战争原理》等。

与中国古代军事思想相比，西方古代军事思想起步晚，认识不够全面、深刻，其成果主要散见于当时的一些历史和文学著作中，缺乏系统论述。

（二）近代军事思想

近代军事思想发展的总体特征，一是资产阶级军事思想体系在文艺复兴和产业革命的推动下得以确立；二是以马克思主义军事理论为代表的无产阶级军事思想宣告诞生。

1. 西方近代资产阶级军事思想

资产阶级军事思想产生于欧洲，经过3个世纪的时间，随着资产阶级革命战争实践而逐步形成。15世纪和16世纪之交的文艺复兴时期，欧洲军事思想领域出现了近代化的萌芽。17—18世纪，欧美各国资本主义迅猛发展，发达的工场手工业生产出了大量新式火器，文艺复兴和资产阶级革命风暴促进了新的阶级关系和民族关系的形成，促使战争和军队建设从形式到内容发生了巨大变化，欧美军事思想的近代化过程随之达到高潮。代表人物及其著作很多。代表性的有：俄国苏沃洛夫的《制胜的科学》，瑞士若米尼的《战争艺术概论》，普鲁士克劳塞维茨的《战争论》，美国马汉的《海权对历史的影响》等。

克劳塞维茨的《战争论》是近代资产阶级军事思想的杰出代表，在书中提出了“战争无非是政治通过另一种手段的继续”的著名论断，比较系统地探讨了战争的目的、战争的本质、战争与政治的关系、军队建设、战争艺术、消灭敌人和保存自己的关系、民众战争的作用与使用原则、精神和物质的关系、集中兵力和积极防御的思想等。瑞士军事理论家若米尼在《战争艺术概论》中，论证了军事领域的许多基本原理和规则，提出了决定战争胜败的各种因素，指出全民参加的民族战争具有最可怕的力量。这两部著作均是在总结拿破仑战争经验的基础上产生的，标志着欧洲和世界近代资产阶级军事思想体系的基本确立。

2. 无产阶级军事思想的诞生

无产阶级军事思想作为一种崭新的军事思想体系，也是在近代确立的。19世纪中后期，世界各地的战争和武装起义频繁发生。为适应当时工人运动发展的需要和迎接即将到来的无产阶级革命，马克思和恩格斯针对这些战争和起义撰写并发表了数百篇文章及评论，系统地阐述了关于战争、军队和作战指导方面的基本思想。他们应用辩证唯物主义和历史唯物主义确立了军事问题的认识论和方法论的科学原则，创立了马克思主义军事理论，建立了城市工人武装起义、无产阶级军队和人民战争及其战略战术原则的学说，为无产阶级军事科学奠定了理论基础。

其军事思想主要内容包括：认为战争和军事是一个历史范畴，随着私有制和阶级的产生而产生、消灭而消亡。战争是政治通过另一种手段的继续,要反对非正义战争,拥护正义战争。无产阶级必须用暴力推翻资产阶级建立自己的统治。应组织城市工人武装起义为中心,先占领城市,夺取国家政权。无产阶级夺取政权、巩固政权都必须要有自己的新型的军队。无产阶级代表人民利益,有能力有条件把人民武装起来实行人民战争,并强调军队与人民群众相结合。认识到科学技术的进步必然引起战略战术的变革;战争的奥妙在于集中兵力。主张积极防御、主动进攻、慎重决战、灵活机动。

3. 中国近代军事思想

自1840年鸦片战争后中国逐步沦为半封建半殖民地社会。当时清政府有识之士看到武器装备对于战争胜负的重要性,从西方引进先进技术,开办工厂,制造枪械。甲午战争后,清政府意识到仅靠"坚船利炮"不能赢得战争,于是又师承西方学习军事理论,翻译西方重要军事论著。自行撰写的代表作有:《海国图志》(魏源受林则徐嘱托编撰)、《兵学新书》、《军事常识》、《兵镜类编》、《曾胡治兵语录》(蔡锷编)等。主要军事观点有:师夷长技,重整军备;依靠民众,积极备战;避敌之长,救吾之短;以弃为守,诱敌入险等。

总之,在近代,外国军事思想成就突出;而中国的军事变革是在外敌入侵的情况下被迫进行的,缺乏主动性,认识不够深刻,且鱼目混珠,有照搬照抄之嫌,远远落后于西方。

(三)现代军事思想

俄国十月革命以后,世界进入现代史阶段。在这个时期,资本主义经济得到了迅速发展,许多新技术应用于军事。新技术的运用导致了作战理论和作战原则的重大变革。与此同时,战争的规模愈来愈大,战争对经济的依赖程度越来越强,卷入战争的人员也越来越多,国际政治、经济、外交斗争日益复杂激烈。这些重大变化推动了资产阶级的军事思想的发展。

意大利军事理论家杜黑首先提出了"空中战争"理论。杜黑在其著作《制空权》中对这一理论叙述较为细致,主要观点有:由于飞机的广泛应用,将出现空中战争,空中战争的胜负决定战争结局,为此要建立与海军、陆军并列的独立空军。夺得制空权是赢得战争的必要条件,空军的首要任务是夺取制空权。空中战争是进攻性的,空军的核心是轰炸机部队,要对敌国纵深政治、经济、军事目标实施战略轰炸,迫其屈服。

英国的富勒、德国的古德里安等是"机械化战争"理论的倡导者和实施者,主要内容是:装甲坦克是战争的决定性力量,是陆军的主体;大量集中使用坦克和航空兵,实施突然有力的突击,可以迅速突破对方主要集团的防线,深入敌纵深,摧毁一个战备不足的国家;主张军队改革,建立少而精的机械化部队。

德国的鲁登道夫在其著作《总体战》中提出的"总体战"理论,其主要观点是:现代战争是总体战,它既针对军队,也针对平民,战争具有全民性,强调民族的团结在战争中的重要性;主张实行国民经济军事化;要建设好一支平时就准备好的军队;重视统帅在总体战中的作用;战争的突然性意义重大,力求闪击对方。

二战后，以美国为首的资产阶级军事思想得到了进一步的发展。一是“总体战争”和“联盟战争”的思想进一步确立。经过两次世界大战，资产阶级军事家们认为，今后战争的胜利不但取决于整个国家和全体国民的参与程度，还取决于是否有许多国家结成的联盟的参加以及联盟国家的政治、经济和军事的综合力量。二是火箭核战略思想不断发展。他们认为未来的世界大战必然是核战争；核武器成为完成战略任务的基本手段；所有作战行动将围绕核突击而展开；应把核力量的建设放在军队建设的首位等。当他们单方拥有核武器时，奉行“核遏制战略”；当他们的核垄断被打破时，奉行“灵活反应战略”；当他们丧失核优势时，又奉行“现实威慑战略”“相互确保摧毁战略”“新灵活反应战略”等。三是“大战略”思想确立。“大战略”是指运用国家政治、经济、精神和军事等全部综合力量达到国家的最终目的。他们认为战争对经济和科学技术的依赖程度越来越大，经济和科学技术的现代化程度是战争取胜的最主要条件。因此，发展经济和科学技术是国家研究大战略必须考虑的重要问题。四是重点准备“核威慑条件下的常规战争”。随着核武器库的储量趋于饱和，世界上拥有核武器国家的增多，资产阶级军事家认为，“核战争没有胜利者”，核战争已经没有意义，它只不过是互相残杀，交换自杀而已，核武器已失去了推行政治的工具作用。因此出现了“核威慑条件下的常规战争”和“有限战争”理论。

无产阶级军事思想同时也在世界范围内蓬勃发展。列宁在领导俄国十月革命和反对帝国主义武装干涉及国内战争中，创立了关于战争与革命、武装起义和建设工农红军、实行全民战争等无产阶级的军事理论和军事思想。斯大林在反对法西斯侵略、捍卫无产阶级政权和国家现代化建设中，继承和发展了马列主义的军事理论，全面建立了苏联军事思想体系。毛泽东把马列主义军事理论与中国革命实践相结合，创立了毛泽东军事思想，成为指导中国革命战争、军队建设、国防建设不断走向胜利的理论武器和行动指南。毛泽东军事思想不但深刻揭示了中国革命的特殊规律，而且反映了军事领域的一般规律，是无产阶级军事思想史上的一个里程碑。

三、军事思想发展的基本规律

（一）军事思想的发展以新的生产力和新的社会关系为前提

首先，军事思想的发展史证明，社会生产力和科学技术水平的不断提高是军事思想发展的物质技术基础。社会生产力和科学技术的进步，尤其是新技术成果在军事上的广泛应用，使军事斗争和军事建设不断具有新的特点，从而导致军事思想日趋活跃。人类冶炼技术的成熟和应用，使战争进入了冷兵器时代，从而促进了我国先秦时期和古希腊、古罗马时代军事思想的繁荣。人类现代大工业和核技术的发展，确立了机械化战争和核战争的理论。新技术革命风靡全球时，军事思想得到了新的发展和突破，进入了高能战争理论的时代。

其次，社会制度的变革促进新的军事思想代替旧的军事思想。在阶级社会中，人们的社会关系主要表现为阶级关系，而这种阶级关系的变化将对军事思想的发展起着巨大的推动作用。我国春秋战国时期,封建社会取代了奴隶社会,新兴地主阶级成为政治舞台上的主导力量,他们为争夺和扩大统治权进行了长期战争。以《孙子兵法》为代表的先秦军事思想就是这种社会条件的产物。欧洲无产阶级革命产生了马克思主义军事理论。列宁主义军事思想是俄国十月革命的产物。而毛泽东军事思想则是中国几十年新民主主义革命的结晶。因此,研究军事思想必须特别注意研究社会关系,尤其是阶级关系的变化对军事思想发展的影响。

(二)军事思想的发展依赖于军事实践特别是战争实践

军事思想随着战争的产生、战争实践的发展以及人们对战争实践在认识上的飞跃而产生和发展,是人们对战争这一特殊社会现象在认识上不断深化的结果。古今中外的军事家和军事理论家的军事思想,或者是自身军事实践经验的总结和概括,或者是从间接的军事实践经验中抽象提炼,或者兼而有之。孙武的《孙子兵法》就是对其前人的战争经验和对古战场的调查研究后的高度概括和总结。毛泽东军事思想,是毛泽东和中国共产党领导中国人民进行革命武装斗争经验的科学总结,同时也大量吸收了古今中外军事实践的有益经验。军事实践是不断发展的,新的军事实践又需要新的理论去指导,从而又推动了军事思想的不断发展。军事思想本身也需要经过军事实践来检验,而战争实践具有最高的权威性,通过战争实践对军事思想进行完善和补充。这种检验不能靠一两次军事行动,而是要通过实践、认识、再实践、再认识,不断循环往复,才能使军事思想不断向前发展。当然,军事思想的形成和发展还需要通过人们的加工,特别是需要个别杰出人物的总结加工。离开了这些条件,军事思想也是难以向前发展的。

(三)军事思想在激烈尖锐的相互对抗竞争中发展

军事思想源于战争实践,而战场是对抗双方大展各自军事思想的舞台。在战争中为了取得胜利,敌对双方总是竞相抢占军事思想的制高点,以便在军事实践的主观指导上高于对手。从这个意义上说,军事思想就是在激烈的相互对抗中发展起来的。战争实践的历史说明,在敌对双方激烈的对抗中,谁的军事思想落后,谁就会在军事斗争中处于被动的地位,甚至招致失败。因此,在和平时期重视军事思想研究,善于从变化了的情况中及时提出新的军事思想,用于指导军队建设、国防建设,是保证在未来战争中实施正确领导,立于不败之地的重要手段。

(四)军事思想在继承和借鉴优秀成果中发展

尽管各种军事思想都带有强烈的阶级性和明显的时代性,揭示了本阶级和当时军事领域的一些特征,但要取得军事活动中最高斗争形式——战争的胜利,其行动必须符合事物发展的客观规律,其主观指导必须与客观实际保持一致,即其军事思想除揭示本时代、本民族、本阶级军事活动的特殊规律外,还必须揭示军事领域中的一般规律和具有稳定性的普遍性矛盾。这些军事活动中一般事物的普遍规律是没有阶级性的,具有普遍的指导意义。例如,《孙子兵法》所揭示的“知彼知己”“致人而不致于人”“以正合、以奇胜”等,至今仍被军事家、商家、教练、战略家等所采用。因此,继承前人优秀的军事成果,借鉴和吸取军事思想中的合理成分,对促进军事思想的发展具有重要意义,军事思想的创造和发展就是在这种继承和借鉴中得以实现的。

(五)军事思想在与哲学思想的相互促进中发展

自从人类社会出现军事活动以来,军事就是按照其自身固有的辩证规律发展的。由于战争的胜负直接关系着阶级、国家、民族和政治集团的生死存亡,所以,人们远在军事辩证法这个概念之前就已经开始辩证地思考军事问题了。孙武在其兵法中就揭示了许多具有一般意义的哲理。军事家为了战争的胜利常常寻求哲学的指导。欧洲资产阶级革命后,战争理论获得了新的表现。克劳塞维茨的《战争论》的产生,就得益于黑格尔的古典哲学的辩证方法。无产阶级革命导师马克思、恩格斯创立的科学的辩证唯物主义哲学,指导了无产阶级的革命实践,创立了无产阶级的军事思想。列宁、斯大林、毛泽东在领导国内战争和粉碎帝国主义的武装干涉和侵略的斗争中,撰写了大量军事理论著作,又极大地丰富了马克思主义的军事理论,并把哲学的辩证思想推向了一个新的高潮。

四、军事思想的地位和作用

军事思想是各种军事理论、军事原则的理论基础,对军队建设、作战行动和国防建设起着根本性的指导作用。

(一)军事思想为从事各项军事实践活动提供全局性指导

军事思想是军事实践的能动反映、理论概括,揭示了军事领域的一般规律,所以能对军事实践起指导作用。军事思想对军事领域的规律反映得愈深刻、愈正确,它对军事实践的指导作用也就愈大,人们就可以在战争中掌握主动,少犯错误,多打胜仗。在战争史上,每一次取得伟大胜利的战争,都有正确的军事思想作指导。毛泽东军事思想,在中国半殖民地半封建社会性质的条件下,指导中国人民以弱胜强,逐步壮大,取得了革命战争的伟大胜利。没有正确的军事思想作指导,即使具备取得战争胜利的有利条件,也不能够把战争胜利的可能变为现实。第二次世界大战前夜,法国对闪电战认识不足,看不到因飞机、坦克等新式武器的出现给作战方式带来的影响,墨守第一次世界大战中依托坚固阵地进行阵地防御战的教条,自恃马其诺防线“坚不可摧”,结果被德军的闪电战所击败。苏联在卫国战争初期,在德军的战略突袭下损失惨重,其作战指导思想落后是一个重要原因。战争实践证明,在客观物质条件许可的范围内,军事思想正确与否决定着战争的胜败。

(二)军事思想是研究各门具体军事学科的理论基础和根本方法

军事思想研究战争和军事领域的一般规律,而各门具体的军事学科所研究的是各自领域的特殊规律。如果只研究各自领域的特殊规律,而不懂得战争和军事领域的一般规律,脱离一般规律的指导,就不能从总体上把握战争,也就不能真正认识和把握各门具体学科所研究的各自领域的特殊规律。军事思想对各门具体军事学科的研究提供方法论。譬如,军事思想关于保存自己消灭敌人的论述,深刻地揭示了两军相争的战争目的和战争本质,它是一切战争行动的根据,从技术行动到战略行动,一切技术的、战术的、战役的、战略的原理原则，都要贯彻这个战争的军事目的和军事本质。它普及于战争的全体，贯彻于战争的始终。它对军队和国防建设、战争指导及其战略战术，都具有普遍的指导作用，因而无疑对军事科学的各门具体学科的研究也具有普遍的指导作用。

(三)军事思想对其他社会实践有着重要的借鉴意义

先进科学的军事思想贯穿着唯物论和辩证法。学习和研究军事思想，不仅可以学到正确的观察和解决问题的立场、观点和方法，而且可以学到如何把军事的基本原理同实际情况相结合，正确运用这些原理来解决实际问题，增强我们在工作中的原则性、系统性、预见性和创造性。军事斗争最注重效益，要以最小的代价获取最大的胜利。经济和外交工作同样有一个效益问题，孙武提出的“知彼知己，百战不殆”的战争指导规律，已成为政治、外交斗争和进行经济建设的座右铭。战略、战役和一次战斗的地位作用各不相同，要求人们必须正确处理全局和局部的关系。“战略”概念的运用，早已跨出军事的范围，从而出现了政治战略、外交战略、经济发展战略、农业发展战略等等。体育比赛中重视对进攻和防御战术的研究和运用，市场竞争中借鉴军事思想提出许多巧妙的策略和艺术等等，都说明军事思想对其他领域具有广泛的借鉴意义。

第二节　毛泽东军事思想

毛泽东是伟大的马克思主义者，是伟大的无产阶级革命家、战略家、军事家和著名的军事理论家，是中国共产党、中国人民解放军和中华人民共和国的主要缔造者和领导者。在长期的革命战争实践中，毛泽东运用其聪明才智，凝聚全党全军的集体智慧，创造性地建立了毛泽东军事思想。

一、毛泽东军事思想的科学含义

毛泽东军事思想是以毛泽东为代表的中国共产党人关于中国革命战争、人民军队和国防建设问题的科学理论体系。毛泽东军事思想是马列主义基本原理与中国革命战争和国防建设实践相结合的产物，是中国共产党领导中国人民及其军队长期军事实践经验的科学总结，是中国共产党集体智慧的结晶，是毛泽东思想的重要组成部分。

(一)毛泽东军事思想是马列主义基本原理与中国革命战争具体实践相结合的产物

马克思指出，无产阶级要取得革命的胜利，只能走武装斗争的道路。列宁实践了马克思的理论，并发展为无产阶级革命可以在一个资产阶级统治比较薄弱的国家中首先取得胜利。然而，中国的实际情况与俄国不一样，中国是一个以农民为主体的半殖民地半封建的国家，中国无产阶级如何组织军队，如何进行革命战争，如何按照中国革命战争的客观规律将革命引向胜利，是摆在中国共产党人面前的一个特殊而又艰难的任务。要完成这个任务，需要解决许多特殊而又复杂的问题，在马列主义的经典著作中找不到现成答案，照抄照搬别国的经验也无济于事。以毛泽东为主要代表的中国共产党人，继承和发展了马列主义军事思想，创造性地应用马列主义原理，结合中国半殖民地半封建的社会状况，适应中国革命战争的需要，提出并实践了以农民为主体的新型人民军队和以农村为根据地、走农村包围城市道路的理论，形成了具有鲜明中国特色的马列主义军事理论，即毛泽东军事思想。

（二）毛泽东军事思想是中国人民革命战争和国防建设实践经验的总结

军事理论产生于战争实践。中国长期革命战争的实践是毛泽东军事思想赖以产生和发展的源泉和基础。没有中国革命战争的具体实践，就没有毛泽东军事思想。但仅有战争实践，还不能自然而然地产生军事理论。中国共产党在领导人民进行新民主主义革命时，经历了国共合作的北伐战争，领导了土地革命、抗日战争、解放战争。中华人民共和国成立后，又进行了抗美援朝战争和中印、中苏、中越边界自卫反击战。毛泽东军事思想就是中国革命战争和国防建设实践经验的科学总结。当然，毛泽东军事思想的产生和发展，是同毛泽东的主观因素分不开的。毛泽东一方面对马克思列宁主义有着深刻的理解；另一方面对中国的国情孜孜不倦地进行研究和探索，并从中抓住重点和本质，使其既具有丰富的历史知识，同时又集军事统帅和军事理论家于一身。这些条件的存在，使毛泽东能长期亲身参加和领导战争实践，并从中总结经验使之上升为理论，又用此理论指导实践，不断丰富和发展理论，如此循环往复逐步完善，成为科学体系。

（三）毛泽东军事思想是中国共产党集体智慧的结晶

在人类历史上起过进步作用的正确思想，从来都不是某一个人的独创，毛泽东军事思想也是如此。它是中国共产党人领导下的亿万军民在长期革命实践中集体智慧的结晶，是毛泽东和他的战友们的共同创造。中国革命战争是亿万人民群众参加的共同事业，毛泽东军事思想的形成和发展，包含着亿万人民群众和全体指挥员的斗争经验和首创精神，凝聚着老一辈无产阶级革命家和军事家的集体智慧。遵义会议后，确定了以毛泽东为首的党中央领导集体。毛泽东提出的许多有关党的路线、方针、政策和其他重大决策，都经过党中央的集体讨论，凝聚了党中央的集体智慧。我们强调毛泽东军事思想是集体智慧的结晶，并不否认毛泽东个人的独特贡献。毛泽东兼革命家、军事家、理论家、政治家、外交家、文学家和诗人于一身，是我党军事家的杰出代表，是中国革命军事理论的奠基人和集大成者。毛泽东具有惊人的才能、非凡的智慧和坚韧的毅力，具有丰富的经历、渊博的知识、深邃的思维能力和正确的思想方法，以及勤奋刻苦的钻研精神。在长达半个世纪的革命活动中，毛泽东总结并撰写了大批的军事著作，对我党的军事理论作了最集中、最深刻的概括。

（四）毛泽东军事思想是毛泽东思想的重要组成部分

毛泽东思想是以毛泽东为代表的中国共产党人，根据马克思列宁主义的基本原理，把中国长期革命实践中的一系列独创性经验作了理论概括，形成了适合中国国情的科学的指导思想。毛泽东军事思想同毛泽东思想的关系是局部和全局、部分和整体的关系，是毛泽东思想整个科学体系中重要的组成部分。中国共产党取得政权前的22年，其工作重心是军事工作，是用武装的革命反对武装的反革命，我们的党史实际是一部武装斗争史。毛泽东和他的战友不得不以极大的精力关注战争，研究军事。毛泽东的军事实践活动，是他一生中最伟大、最光辉和最成功的部分，其军事著作占有大量的篇幅和重要地位。因此，研究毛泽东思想，必须理解和掌握毛泽东军事思想。

二、毛泽东军事思想的形成和发展

毛泽东军事思想的形成和发展是一个历史过程，它是以毛泽东为代表的中国共产党人，从中国的实际情况出发，创造性地应用马克思列宁主义的基本原理，在长期领导中国人民进行的革命战争和国防建设的实践中，逐步形成和发展起来的。

（一）在土地革命战争时期产生

从中国共产党成立到遵义会议召开，是毛泽东军事思想的产生时期。在俄国十月革命的影响下，中国共产党从接受马克思列宁主义关于暴力革命学说开始，逐渐认识到军事工作在中国革命中的重要性。国共合作时期，帮助国民党创办黄埔军校，在军队中设立党代表和政治部，我党开始直接掌握和影响部分军队，对武装斗争和军队建设问题进行探索，培养了一些党的军事干部。第一次国内战争期间，毛泽东、周恩来等许多领导人，对武装斗争和军队建设进行了探索。大革命失败的严酷现实，使中国共产党人进一步认识到武装斗争和独立掌握军队的极端重要性。

1927年8月1日的南昌起义，打响了武装反抗国民党反动派的第一枪，开创了中国共产党独立领导武装斗争的新时期。同年8月7日，中共中央在汉口召开紧急会议，正式确定实行土地革命和武装起义的总方针。毛泽东在会上发言中提出了“须知政权是由枪杆子中取得的”的著名论断。9月，毛泽东领导发动了湘赣边界的秋收起义。在起义遭受挫折后，毛泽东毅然放弃攻打长沙的计划，率领余部沿罗霄山脉南下，向反动统治力量薄弱的农村进军。9月29日，队伍来到了江西省永新县的三湾村，在这里，毛泽东进行了具有伟大历史意义的“三湾改编”，提出了“支部建在连上”的党指挥枪原则，成立了“士兵委员会”。从此，这支人民武装在政治上有了方向和保障，开创了建立一支新型的人民军队的新篇章。10月底，毛泽东率领这支队伍上了井冈山，在井冈山开展游击战争，发动农民进行土地革命，建立工农民主政权，成功地开创了中国第一个农村革命根据地，开辟了一条以农村包围城市的崭新的革命道路。

从“三湾改编”到“古田会议”，毛泽东提出并制定了一套较为完整的人民军队的建军原则。在反对敌人“进剿”和“围剿”的武装斗争中提出并实践了动员群众、依靠群众和武装群众的人民战争思想；总结了游击战争的“敌进我退、敌驻我扰、敌疲我打、敌退我追”的十六字原则和诱敌深入、集中兵力、打运动战、打速决战、打歼灭战等红军作战原则。经过斗争实践，形成了一条马列主义的军事路线。这一时期，以毛泽东为主要代表的中国共产党人，从中国的实际情况出发，不断探索和总结武装斗争和军队建设的经验，提出了中国革命战争的总方针，创造性地解决了中国革命的道路问题，提出了人民战争思想及一系列人民战争的战略战术原则。在这期间，毛泽东还写下了《中国的红色政权为什么能够存在》《井冈山的斗争》《关于纠正党内的错误思想》《星星之火，可以燎原》等光辉著作，为中国革命指出了正确的方向。至此，毛泽东军事思想的基本内容已经产生，为其科学体系的形成奠定了基础。

（二）在抗日战争时期形成

从1935年1月的遵义会议到抗日战争的胜利，是毛泽东军事思想的形成时期。遵义会议纠正了王明"左"倾冒险主义在军事领导上的错误，重新肯定了以毛泽东为代表的正确军事路线，确立了毛泽东在红军和中共中央的领导地位。这是中国革命由挫折走向胜利的一个伟大的历史转折点，也是毛泽东军事思想由产生走向成熟的开端。

1935年10月，党中央和中央红军胜利到达陕北。毛泽东在指挥作战之余，开始总结土地革命战争以来的经验，把土地革命战争时期产生的军事思想创造性地运用于抗日战争，制定了抗日民族统一战线的政治路线和军事战略方针，并完成了他一生中最辉煌的军事理论巨著。1936年12月，毛泽东在《中国革命战争的战略问题》一文中，阐明了无产阶级对待战争的根本立场和观点，强调研究战争和战争指导规律应该着眼其特点和发展。根据中国社会经济政治的各种条件，分析了中国革命战争的规律和特点，系统地说明了有关中国革命战争战略方面的诸问题，确立了积极防御的基本原则。随后，毛泽东在《抗日战争的战略战术问题》《论持久战》《战争和战略问题》等著作中，深刻分析了中国革命战争，特别是抗日战争的特点和规律，确立了指导战争的方针和原则及战略和策略问题，把游击战提高到战略地位，创立了系统的游击战争理论。抗日战争的实践证明，毛泽东在抗战初期为我军制定的战争指导路线、战略方针和作战原则是正确的。1944年，毛泽东又在《关于军队的政治工作》的报告中，从理论上进一步阐明了我军政治工作的性质、方向、任务、地位和方法。1945年，党的六届七中全会作出的《关于若干历史问题的决议》，总结了革命战争的历史经验，对人民军队的建设和军事战略的理论作了系统的阐述。在党的第七次代表大会上，毛泽东在《论联合政府》的报告中，全面阐述了人民军队、人民战争和人民战争的战略战术。至此，毛泽东军事思想所阐明的无产阶级战争观和方法论、人民军队、人民战争、人民战争的战略战术等方面，都已发展成为系统的理论，形成了比较完整的军事科学体系。

（三）在解放战争时期全面成熟

抗战胜利后，国内阶级矛盾上升为主要矛盾。毛泽东同朱德、周恩来等组织指挥了一系列大规模战役。这样，毛泽东军事思想不但有了战略防御的系统理论，而且有了关于战略进攻、战略决战和战略追击的系统理论，标志着毛泽东军事思想有了重大发展，进入了全面成熟时期。

解放战争是我军和全国人民在中国共产党的领导下，同帝国主义、封建主义和官僚资本主义三大敌人进行的一场大决战。在这场大决战中，我军经历了战略防御、战略进攻、战略决战和战略追击等阶段。战争开始时，面对敌强我弱的严峻形势，毛泽东及时指出："决定战争胜败的是人民，而不是一两件新式武器"，提出了"一切反动派都是纸老虎"的著名论断。经过一年的解放战争，全国形势发生了重大变化，毛泽东及时地审时度势，紧紧抓住战局发展的有利形势，于1947年6月30日，指挥中国人民解放军由战略防御转入战略进攻，指示刘邓大军千里跃进大别山创建新的革命根据地，并取得了成功，将中国革命推向了新的高潮。1947年12月，在我军战略进攻后，毛泽东提出了著名的"十大军事原则"，全面总结和概括了我军打歼灭战的特点和规律。1948年9月的辽沈战役，把战争推进到了决战阶段。接着，毛泽东又指挥了淮海、平津战役，消灭了敌人的重兵集团。1949年夏季的渡江战役后，对敌人实施战略追击时，为防止敌人逃往海上和国外，毛泽东又创造性地实行了远距离的大迂回、大包围的战略追击，迅速地将国民党军队消灭于大陆。在建军方面，为适应战略进攻的需要，毛泽东提出了军队正规化建设的方向，进行了炮兵、工程兵、装甲兵等技术兵种的建设，强调了组织纪律性，规定了城市政策，加强了司令部工作和后勤工作等。为了适应进攻城市，夺取全国胜利的需要，毛泽东还开展了新式整军运动，在进一步发扬三大民主的同时，强调了政策和纪律的教育。这些，标志着毛泽东军事思想有了重大发展，进入了全面成熟时期。

相关链接

十大军事原则

毛泽东于1947年12月25日在中共中央召开的会议上所作《目前形势和我们的任务》的报告中提出的中国人民解放军的军事原则：

①先打分散和孤立之敌，后打集中和强大之敌。

②先取小城市、中等城市和广大乡村，后取大城市。

③以歼灭敌人有生力量为主要目标，不以保守或夺取城市和地方为主要目标。

④每战集中绝对优势兵力（两倍、三倍、四倍、有时甚至是五倍或六倍于敌之兵力），四面包围敌人，力求全歼，不使漏网。在特殊情况下，则采用给敌以歼灭性打击的方法，即集中全力打敌正面及其一翼或两翼，求达歼灭其一部、击溃其另一部的目的，以便我军能够迅速转移兵力歼击他部敌军。力求避免打那种得不偿失的或得失相当的消耗战。

⑤不打无准备之仗，不打无把握之仗，每战都应力求有准备，力求在敌我条件对比下有胜利的把握。

⑥发扬勇敢战斗、不怕牺牲、不怕疲劳和连续作战（即在短期内不休息地接连打几仗）的作风。

⑦力求在运动中歼灭敌人。同时，注重阵地攻击战术，夺取敌人的据点和城市。

⑧在攻城问题上，一切敌人守备薄弱的据点和城市，坚决夺取之。一切敌人有中等程度的守备、而环境又许可加以夺取的据点和城市，相机夺取之。一切敌人守备强

固的据点和城市，则等候条件成熟时然后夺取之。

⑨以俘获敌人的全部武器和大部人员，补充自己。我军人力物力的来源，主要在前线。

⑩善于利用两个战役之间的间隙，休息和整训部队。休整的时间，一般地不要过长，尽可能不使敌人获得喘息的时间。

(四)在社会主义革命时期的新发展

中华人民共和国成立后，在保卫祖国安全和国防现代化的建设中，毛泽东军事思想又进一步得到了发展。1950年10月，美军披上了“联合国军”的外衣，悍然越过“三八线”大举进攻朝鲜民主主义人民共和国，企图以朝鲜民主主义人民共和国为跳板，进而侵略中国。为保卫世界和平和来之不易的胜利果实，应朝鲜党和政府的请求，中国在百业待兴的情况下，于1950年10月19日，派志愿军入朝作战。在这场战争中，我军以劣势装备战胜了武装到牙齿的敌军，初步取得了现代条件下作战的新经验。如对美军实行战术小包围，打小规模歼灭战；把阵地战提高到战略地位；建立强大的后勤系统，搞好后勤保障；军事打击配合政治斗争等。通过对抗美援朝战争的指导和总结，使毛泽东军事思想中的战争观、人民军队、人民战争及其战略战术等理论，都有了重大发展。

夺取全国政权后，毛泽东根据新的历史条件，及时提出了建设现代国防、抵御外国入侵的战略任务，并领导我军进行正规化、现代化建设，使我军进入了建军的高级阶段。1949年9月21日，毛泽东指出：“我们将不但有一个强大的陆军，而且有一个强大的空军和一个强大的海军。”在国防现代化建设的问题上，毛泽东强调指出，我们的陆军、空军和海军都必须有充分的机械化的装备和设备。要在大力发展国民经济、增强国家经济实力的基础上，建立完整的国防工业体系，发展现代化的技术装备，独立自主地建设强大的国防。在军事实践活动中，先后取得了中印边境、中苏边境、中越边境自卫还击战以及历次海防、空防作战的胜利，我军革命化、正规化和现代化建设也取得了长足的进步。同时，也使毛泽东军事思想在新的斗争实践中不断吸取新营养，继续得到完善和发展。

三、毛泽东军事思想的主要内容

毛泽东军事思想博大精深，是一个完整的科学体系。主要内容包括无产阶级的战争观和方法论、人民军队建设理论、人民战争思想、人民战争的战略战术和国防建设理论五个部分。

(一)无产阶级的战争观和方法论

无产阶级的战争观和方法论，是毛泽东研究和指导战争的基本立场、观点和方法，阐明了正确认识战争和对待战争的基本观点和态度，揭示了战争领域矛盾运动的规律和指导方法，是毛泽东军事思想的理论基础。

1. 无产阶级的战争观

战争观是人们对战争的根本看法和态度，显示了研究和指导战争的基本立场和观点。无产阶级的战争观包含着战争的起源和根源、战争的本质和目的、战争的性质、对待战争的态度、战争的最终目的和消灭战争的道路等方面的内容。

毛泽东认为，战争是私有制和阶级社会的产物，并给战争下了一个科学的定义，即“战争——从私有财产和有阶级以来就开始了的、用以解决阶级和阶级、民族和民族、国家和国家、政治集团和政治集团之间，在一定发展阶段上的矛盾的一种最高的斗争形式”。这一定义，对战争的根源、实质、形式做了精辟的概括。它指明了战争的根源是私有财产和阶级，说明战争是一个历史范畴，结论是只要人类存在私有制和阶级，就有发生战争的土壤。揭示了战争的本质，即战争是解决阶级之间、民族之间、国家之间、政治集团之间矛盾的一种最高斗争形式。

战争作为人类阶级社会的一种物质运动形态，有其固有的本质，那就是战争是政治的继续。毛泽东在《论持久战》中对此作了科学的完整的阐述，明确指出：“‘战争是政治的继续’，在这点上说，战争就是政治，战争本身就是政治性质的行动，从古以来没有不带政治性的战争。”同时指出：“战争有其特殊性，在这点上说，战争不即等于一般的政治。‘战争是政治的特殊手段的继续’”。毛泽东关于战争与政治的关系的论点，阐明了两层意思：一是战争从属于政治，服务于政治。政治处于主导和支配的地位，战争居于从属和被支配的地位。战争是达到政治目的的一种特殊手段。政治贯穿于战争的全过程。二是战争不仅是实现政治目的的手段和工具，而且反作用于政治，推动政治。

经济是战争的物质基础，战争依赖于经济。毛泽东结合战争的起源，说明战争与经济的关系：其一，战争起源于一定的生产方式；其二，战争依赖于社会的经济力量；其三，战争的最终目的是为了一定的经济利益。由此可以看出，战争的本质和目的，无非是为了取得或维护政治地位和经济利益。

毛泽东对战争的性质进行了科学的划分，他说：“历史上的战争分为两类，一类是正义的，一类是非正义的。一切进步的战争都是正义的，一切阻碍进步的战争都是非正义的。”毛泽东对战争性质的划分，奠定了无产阶级对待战争的根本态度，这就是拥护正义战争，反对非正义战争。毛泽东还说过，“在阶级社会中，革命和革命战争是不可避免的，舍此不能完成社会发展的飞跃，不能推翻反动的统治阶级，而使人民获得政权。”毛泽东的论述说明了我们采取拥护正义战争的态度。

战争不是从来就有的，也不是永远存在的。毛泽东明确指出：“战争——这个人类互相残杀的怪物，人类社会的发展终究要把它消灭的……但是消灭它的方法只有一个，就是用战争反对战争，用革命战争反对反革命战争，用民族革命战争反对民族反革命战争，用阶级革命战争反对阶级反革命战争。”他又指出：“我们是战争消灭论者，我们是不要战争的；但是只能经过战争去消灭战争，不要枪杆子必须拿起枪杆子。”毛泽东在这里非常鲜明地提出了反对战争的唯一选择，就是用革命战争去消灭反革命战争，从而将无产阶级对战争的态度与战争的最终目的科学地统一了起来，为无产阶级和革命人民，不仅指明了消灭战争的目标，而且指明了实现这个目标的根本道路和方法。

2. 研究和指导战争的认识论和方法论

战争问题的认识论和方法论，是要解决如何认识和运用战争规律，正确指导战争，使主观指导符合客观实际的问题。它同战争观是统一的，并受一定的战争观的指导。毛泽东创造性地运用马列主义的辩证唯物论和历史唯物论立场、观点和方法，观察和分析战争的基本问题，系统地阐明了关于战争问题的认识论和方法论。

(1)研究和指导战争必须认识和把握战争规律

战争规律是战争在发生和发展过程中，战争双方在政治、经济、军事、自然地理诸方面因素的本质联系及其发展趋势。毛泽东在总结土地革命战争的经验时指出："战争的规律——这是任何指导战争的人不能不研究和不能不解决的问题。"同样，"不懂得这些特殊的情形和性质，不懂得它的特殊的规律，就不能指导革命战争，就不能在革命战争中打胜仗。"战争规律分为一般战争规律和特殊战争规律，二者之间是辩证统一的关系。在研究战争的一般规律时，要注意战争的特殊性，避免犯教条主义的错误；在研究战争的特殊规律时，要注意不凭个人臆断任意普遍化，避免犯经验主义的错误。

(2)主观指导必须符合客观实际

战争指导者要驾驭战争，必须善于使主观指导符合客观实际。认识和研究战争规律的目的在于确立指导战争的正确方法。毛泽东把这种合乎战争客观规律的战争指导方法比作"战争大海中的游泳术"，称之为"战争指导规律"。要解决指导上的主客观一致，需着重解决好三个问题：一是要熟识敌我双方的客观情况，"知彼知己"是指导一切战争的普遍适用的原则，熟识敌我双方的客观情况，是实施正确指导的前提，也是取得战争胜利的基础；二是要善于学习、勇于实践，学习是获得知识、吸取前人经验的途径，实践是检验所学的知识能否在斗争中正确应用的唯一标准；三是要在客观物质的基础上，充分发挥自觉能动性。

(3)着眼特点，着眼发展

毛泽东指出："战争情况的不同，决定着不同的战争指导规律。……我们研究在各个不同历史阶段、各个不同性质、不同地域和民族的战争的指导规律，应该着眼其特点和着眼其发展，反对战争问题上的机械论。"所谓着眼其特点，就是研究和把握战争的一般和特殊的规律，尤其要把握战争的特殊规律。所谓着眼其发展，就是对战争的认识，要随着时代的发展，科技的发展，战略战术和作战方式的发展，武器装备的发展，时间、地域、性质上的差异而发展，制定正确的战争指导策略。

(4)关照全局，把握关节

毛泽东指出："凡属带有要照顾各方面和各阶段的性质的，都是战争的全局。"全局是事物的整体和发展的全过程，局部是组成事物整体的各个部分和发展全过程的各个阶段。全局统率局部，决定局部，局部隶属全局，服从全局，构成了全局与局部之间的正确关系。战争指导者必须把自己的主要精力放在战争全局上，全面考虑战场形势，客观分析敌我，关照好局部情况，把战争全局中的各个局部和阶段周密地组织和衔接起来，以达成总的战略目的。在照顾战争全局的同时，应当把自己注意的重心，放在那些对于其所指挥的全局来说最重要最有决定意义的问题或动作上，而不应当放在其他的问题或动作上。掌握关节，就是抓主要矛盾的主要方面的原理在战争指导上的运用。抓住和解决了关节问题，就可以带动全局的发展。所以说，关照全局是战争指导的首要准则，把握关节是推动全面发展的重要方法。

(二)人民军队思想

毛泽东把创建人民军队作为进行武装斗争的首要问题和实现革命理想的最主要手段，强调没有一个人民的军队便没有人民的一切。为了把以农民为主要成分的军队建设成为一支无产阶级性质的新型人民军队，毛泽东在长期的战争实践中，总结并提出了一整套建军的理论、方针和原则。

1. 确立了中国共产党对军队绝对领导的地位

坚持党对军队的绝对领导，是我军建军的根本原则。毛泽东从“军队是国家政权的主要成分”“是阶级压迫的工具”的原理出发，提出了“枪杆子里面出政权”和“党指挥枪”的思想，指明我军是党领导下的执行无产阶级革命政治任务的武装集团。坚持党对军队的绝对领导，必须坚持政治上、思想上和组织上的全面领导。坚持中国共产党对军队的绝对领导，是确保人民军队的无产阶级性质的根本原则。

2. 全心全意为人民服务是我军的唯一宗旨

坚持全心全意为人民服务，是人民军队性质的必然要求。关于人民军队的建军宗旨，毛泽东在1945年4月党的七大报告中，对我军的宗旨作了最完整的概括：“为着广大人民群众的利益，为着全民族的利益，而结合，而战斗的。紧紧地和中国人民站在一起，全心全意地为中国人民服务，就是这个军队的唯一宗旨。”全心全意为人民服务的宗旨，是我军建军原则的核心，是我军区别于其他任何军队的本质特征。我军在革命战争和保卫祖国的长期斗争中，始终遵循这一宗旨，从而赢得了人民群众的拥护和爱戴。

3. 实行了“官兵一致、军民一致、瓦解敌军”的政治工作的三大原则

进行强有力的政治工作，是毛泽东建军思想的一个突出特点，是保持我军无产阶级性质，提高战斗力，促进军队建设的可靠保证。毛泽东为人民军队创立了无产阶级的政治工作的三大原则，即官兵一致、军民一致和瓦解敌军原则。这三大原则是人民军队性质的集中体现，是我军团结自己、战胜敌人的重要保证，是我军政治工作经验的科学总结。

人民军队建军思想除以上三项重要内容外，还制定了服从人民根本利益的铁的纪律；规定了军队必须实行政治、经济、军事“三大民主”；确定了军队体现其宗旨的战斗队、工作队、生产队“三大任务”；明确了人民军队要不断提高正规化和现代化水平

的建设方向，以及军队必须发扬勇敢战斗、不怕牺牲和艰苦奋斗的优良传统和作风等。

（三）人民战争思想

人民战争是我党历来坚持的指导战争的根本路线，是我党唯一正确的战争指导思想，是毛泽东军事思想的核心内容。

1. 人民战争思想的含义

人民战争，是指广大人民群众为了反抗阶级压迫或抵御外敌入侵而组织和武装起来进行的战争。人民战争具有两个基本特征：一是战争的正义性。战争的性质主要取决于它的政治目的，也取决于它的社会效果，即能否促进历史的进步，而其根本标志在于是否符合广大人民群众的根本利益。二是战争的群众性。是指战争必须有广大人民群众支持和参加，这是人民战争的重要标志。历史上凡是具备这两个特征的战争都可称作“人民战争”。但是我党领导的人民战争，除具备以上两个基本特征外，还有“三性”：即更广泛的群众性，更彻底的革命性，更严密的组织性。

人民战争思想的基本精神是：在中国共产党的领导下，以人民军队为骨干，坚决依靠广大人民群众，实行主力兵团与地方兵团相结合，正规军与游击队、民兵相结合，武装斗争与非武装斗争相结合的人民战争。毛泽东人民战争思想指导下的中国人民战争是中国历史上最完全、最彻底的人民战争，是“真正的人民战争”。

2. 人民战争思想的理论基础

毛泽东创造性地发展了马列主义关于人民战争的理论，对实行人民战争的必要性和可能性以及如何实行人民战争问题，作了系统的论述，阐明了人民战争的理论基础和政治基础。

（1）人民群众是战争胜负的决定力量

战争是力量的抗争，人民战争的主体是人民群众，人民群众是社会发展变革的决定力量，也是战争胜负的决定力量。要准确地理解和把握人民战争思想，就必须首先认识人民群众在战争中的作用。毛泽东指出：“革命战争是群众的战争，只有动员群众才能进行战争，只有依靠群众才能进行战争。”并且深刻指出：“人民，只有人民，才是创造世界历史的动力。”这就是毛泽东人民战争思想的根本出发点和理论基础。

（2）战争的正义性是实行人民战争的首要条件和政治基础

战争的正义性是实行人民战争的政治基础，只有正义的革命战争，才能实行最广泛的人民战争。相反，非正义战争是退步的，违背民众的根本利益，必然要遭到人民群众的坚决抵制和反对。即使战争发起者采取蒙蔽欺骗手段，或者煽动民族仇恨，或者煽起宗教狂热，驱使人们去为他们卖命，但终有一天会被识破，从而导致失败的结局。所以，非正义战争是不可能实行人民战争的。

（3）战争胜负的决定因素是人不是物

自古以来，战争胜负是由军事、政治、经济、地理等因素决定的，而所有的战争因素都是通过人和武器同战争胜负发生联系的，人和武器对战争胜负起最直接的作用。因此,如何认识和处理人与武器的关系,这是研究和指导战争必须解决的重大问题。早在抗日战争时期,毛泽东就指出:武器是战争的重要因素,但不是决定的因素,决定的因素是人不是物。力量的对比,不但是军力和经济力的对比,而且是人力和人心的对比。军力和经济力是要人去掌握的。在毛泽东看来,人的因素包括人力、人心和人的主观能动作用。而人的因素是决定战争胜负的最根本的因素。正是从这一基点出发,毛泽东强调“兵民是胜利之本”,提出了人民战争思想的一系列重要观点,充分发动和依靠广大人民群众,赢得了中国革命战争的胜利。当然,毛泽东在强调人是战争胜负的决定因素时,丝毫没有忽视武器的作用,而是历来都把武器看作是战争胜负的重要因素。在新的历史条件下,随着科学技术的飞速发展和武器装备的不断更新,现代战争对武器的依赖性越来越大,但是,这并没有改变人与武器的辩证关系,战争胜负的决定因素仍然是人而不是物。

图3-2 淮海战役期间,浩浩荡荡的人民支前大军(图片来源:中国国防报)

(4)马克思主义政党的正确领导是实行人民战争的必要条件

人民战争作为战争的指导思想,不是群众起来就可以自发形成的,它必须要有战争的领导条件。人民战争领导者必须具备两个条件:一是真正代表人民群众的利益,反映人民群众的根本愿望,全心全意为人民群众谋取利益;二是懂得和掌握群众路线的指导方法,善于制定有利于调动群众积极性的方针和政策。这两个条件,惟有马克思主义的政党才能具备。我国的革命战争,从星星之火开始,逐步形成燎原之势,最后战胜国内外强大的敌人,取得中国革命战争的彻底胜利,从根本上说,就在于我们所进行的革命战争,有中国共产党的正确领导,这是实行人民战争的必要条件。

3. 人民战争思想的主要内容

中国共产党领导全国人民在长达20多年的战争实践中,积累了丰富的人民战争的经验,从而形成了中国特色的、完整系统的人民战争思想,它的内容极为丰富,概括起来主要有如下几个方面:①坚决依靠人民群众进行战争;②建立一支以农民为主体的人民军队;③建立巩固的革命根据地;④实行“三结合”的武装力量体制;⑤以武装斗争为主,与其他斗争形式相配合;⑥实行与人民战争相适应的战略战术。

(四)人民战争的战略战术

人民战争的战略战术,是体现毛泽东人民战争思想的战略指导原则和作战方法,是毛泽东高超的战争指导艺术的总结,它揭示了中国革命战争的指导规律,是毛泽东军事思想中十分精彩的部分。

1. 战略上藐视敌人,战术上重视敌人

毛泽东指出:“从战略上看,必须如实地把帝国主义和一切反动派,都看成纸老虎。从这点上,建立我们的战略思想。另一方面,它们又是活的铁的真的老虎,它们会吃人的。从这点上,建立我们的策略思想和战术思想。”毛泽东关于帝国主义和一切反动派既是“纸老虎”又是“真老虎”的论断,奠定了人民战争战略战术的基本原则。在战略上,敌人是纸老虎,我们要藐视它,树立敢打必胜的信心。在战术上,敌人又是真老虎,我们要重视它,讲究斗争的策略和艺术。

2. 保存自己,消灭敌人

毛泽东指出:“保存自己消灭敌人这个战争的目的,就是战争的本质,就是一切战争行动的根据。”进攻,是直接为了消灭敌人,同时也是为了保存自己。防御,是直接为了保存自己,同时也是辅助进攻或准备转入反攻的一种手段。保存自己、消灭敌人是兵家公认的原则,然而真正加以辩证地认识和运用,并不多见。毛泽东用辩证唯物主义的方法,指明两者之间的关系是相辅相成的,是对立统一的。

3. 实行积极防御,反对消极防御

毛泽东在讲到攻防辩证统一这一积极防御战略思想的基本精神时说:“积极防御,又叫攻势防御,又叫决战防御。消极防御,又叫专守防御,又叫单纯防御。消极防御实际上是假防御,只有积极防御才是真防御,才是为了反攻和进攻的防御。”这一论述深刻揭示积极防御的实质和消极防御的要害,指明了积极防御的目的和必然进程。积极防御的战略思想,是把积极防御的一般原理、原则,作为战略指导思想,用于指导战争全过程的一种战略理论。它要求在敌强我弱的被动情况下,首先经过战略防御,采取各种不同形式的作战,不断削弱和消耗敌人,逐步改变力量对比,摆脱战略上的被动局面,争取战争的主动权,尔后适时地转入战略反攻或进攻,在有利情况下实施决战,稳步地实现整个战争的目标。

人民战争的战略战术的内容还包括:游击战、运动战、阵地战三种作战形式密切配合,适时进行以改变主要作战形式为基本内容的战略转变;做好战争准备,不打无准备、无把握之仗;战略上持久,战术上速决;集中优势兵力,各个歼灭敌人;以歼灭战为主,辅之以消耗战;慎重初战,执行有利决战,避免不利决战;作战指导上的主动性、灵活性和计划性等。

(五)国防建设理论

新中国建立后,毛泽东从实际情况出发,适应新形势和任务的需要,总结国防建设和国防斗争的实践经验,创立了国防建设理论。

1. 建设现代化、正规化的国防军，抵御外敌入侵

毛泽东指出：我们将不但有一个强大的陆军，而且有一个强大的空军和一个强大的海军。在他的亲自主持下，颁布了各种条令、条例，开办了各类正规的军事院校，加强了部队训练，颁布了新中国第一部兵役法，使我军实现了由步兵为主的单一陆军向诸军兵种合成军队的转变。

2. 确立了向国防科技尖端发展的战略

毛泽东指出，我们"不但要有更多的飞机大炮，而且还要有原子弹"。在今天这个世界上，我们要不受人家欺负，就不能没有这个东西。在这个战略思想的指导下，在自力更生的基础上，实行了常规武器与尖端武器相结合发展，并优先发展尖端战略武器的方针，研制、生产出了原子弹、氢弹、卫星和导弹等一系列的新式武器和装备。

3. 积极防御战略思想有了新的发展

中华人民共和国成立后，毛泽东根据国家安全利益的需要，从国际形势和我国的具体情况出发，确立了我国的国防战略、国防建设的目标和方针。1956年，毛泽东批准了中央军委提出的"阵地战结合运动战"为未来反侵略战争的主要作战形式的"积极防御"战略方针。以后，他又反复强调这一思想。50年代以后，毛泽东又相继提出"大办民兵师""全民皆兵"和"深挖洞、广积粮、不称霸"的战略思想。

四、毛泽东军事思想的历史地位和指导意义

毛泽东军事思想是具有中国特色的无产阶级军事理论。毛泽东军事思想创造性地发展了马克思列宁主义军事理论，指导中国革命战争取得了彻底的胜利。在中华人民共和国成立后，又继续指导了中国的国防建设、抗美援朝战争和边境自卫反击战争，是国防现代化和未来反侵略战争的指针。在军事科学发展史上独树一帜，占有重要的历史地位。

（一）毛泽东军事思想极大地丰富和发展了马列主义的军事理论

毛泽东是举世公认的战争艺术大师，在20世纪的世界无产阶级革命家中，就指挥革命战争时间之长、规模之大、经验之丰富，毛泽东都是首屈一指的。他创造性地发展了马列主义的军事理论，并将其发展到一个新的高度，其独特贡献具有鲜明的中国特色，是马列主义军事理论宝库中价值连城的珍品，树立了无产阶级军事理论发展新的里程碑。一是系统地论述了关于研究和指导战争的认识论和方法论；二是丰富和发展了马克思主义关于武装夺取政权的理论；三是科学地提出了人民军队的建军原则；四是制定了具有中国特色的人民战争的战略战术。

（二）毛泽东军事思想的产生，标志着中国无产阶级军事理论的确立

毛泽东运用无产阶级世界观，科学地考察和指导战争，批判地吸收古今中外有价值的军事理论成果，总结自己的丰富战争经验，创立了毛泽东军事思想。中国人民在它的指引下，打败了国内外强大的敌人，创建了人民当家做主的新中国。毛泽东军事思想的理论价值和历史地位，已被中国革命战争的伟大胜利所肯定。毛泽东军事思

想的产生,是中国军事思想史上的根本变革,它把中国军事思想的发展推进到一个全新的历史阶段。

(三)毛泽东军事思想在世界上具有广泛而深刻的影响

毛泽东军事思想的影响,远远超出了中国的国界和产生的时代。毛泽东军事思想受到世界各国的普遍重视,许多有识之士都称誉毛泽东是当代最伟大的军事家、战略家和著名的军事理论家;众多学者十分重视对毛泽东军事思想科学体系的全面研究,许多国家成立了毛泽东军事思想的研究会和学习会。他们认为,毛泽东在人类历史上第一次提出人民战争的伟大战略思想,中国即使实现了核武装,战争即使高技术化,人民战争仍将继续和长期发挥作用。

(四)毛泽东军事思想是我军打赢反侵略战争的法宝

毛泽东半个多世纪奋斗的历史,就是人民军队孕育、诞生、成长、发展、壮大的历史。毛泽东军事思想是我们打败强敌、夺取胜利的指南。虽然现在有些情况发生了很大的变化,但毛泽东军事思想中的战争观和方法论、战略思想和基本原则、精湛谋略和指挥艺术等,反映了现代战争和军队建设的一般规律,是经过实践检验了的科学真理,对指导我国国防建设、军队建设及做好新时期军事斗争准备,对我军打赢未来高技术条件下的反侵略战争,都具有普遍的指导意义。

第三节　邓小平新时期军队建设思想

邓小平新时期军队建设思想,是邓小平在中国社会主义建设新的历史时期,关于新时期中国军事战略、军队建设和国防建设问题的科学理论体系。邓小平新时期军队建设思想是马列主义军事理论、毛泽东军事思想与新时期军队和国防建设实践相结合的产物,是新时期中国军队和国防建设实践的科学总结,是以邓小平为杰出代表的全党全军集体智慧的结晶,是邓小平理论的重要组成部分。

一、邓小平新时期军队建设思想的主要内容

邓小平新时期军队建设思想的内容极为丰富,是一个有着内在联系和逻辑结构的理论体系。包括:新时期战争与战略理论、新时期军队建设理论和新时期国防建设理论。

(一)新时期战争与战略理论

历史是不断发展的,在不同历史时期提出的不同问题,都需要从理论上不断进行探讨并在实践中加以解决。邓小平从世界全局出发,科学地回答了当代战争提出的新问题。

1. 霸权主义是当代战争的主要根源

战争根源问题是马克思主义战争观的一个重要问题。马克思、恩格斯认为,私有制和阶级的存在是战争的主要根源。列宁指出,现代战争产生于帝国主义。毛泽东

认为，这个世界上只要存在着帝国主义制度，战争就不可避免。邓小平在分析当代战争产生的机制时，在重视战争的阶级属性和社会制度的同时，还透过日益复杂的战争现象，发现当代战争的发生更多地直接取决于各国的对外政策。早在20世纪80年代初期，邓小平就果断提出：当今世界不安宁来源于霸权主义的争夺，战争是同霸权主义联系在一起的。经过多年的冷静观察与审慎思考，邓小平又进一步完善为：无论是世界性霸权主义，还是地区性霸权主义，都是当代战争的根源。

邓小平这一新的论断，丰富了马克思主义战争观，具有丰富的内涵：一是任何社会制度的国家，只要推行霸权主义，都可以成为战争的根源。二是霸权主义既有世界性的也有区域性的，两者侵略扩张的本质相同。三是霸权主义在新的历史条件下，突出表现为国际事务中的“强权政治”。邓小平对现代战争根源的揭示，丰富和发展了马克思主义的战争观，是对马克思主义战争观的重要贡献。

2. 世界大战可以避免，但战争危险依然存在

邓小平关于世界大战可以避免的论断，是他长期研究世界形势和战略格局的发展变化，全面分析当今世界经济、政治、军事的新特点和战争与和平因素的消长趋势后得出的科学结论。他说：“世界战争的危险还是存在的。但是世界和平力量的增长超过战争力量的增长。这个和平力量，首先是第三世界，我们中国也属于第三世界。第三世界的人口占世界的四分之三，是不希望战争的。……世界很大，复杂得很，但一分析，真正支持战争的没有多少，人民是要求和平、反对战争的。……由此得出结论，在较长时间内不发生大规模世界战争是有可能的，维护世界和平是有希望的。”

邓小平关于世界大战是可以避免的论断指明：大战可以避免是有条件的，就是要使和平力量不断发展，阻止霸权主义全球战略部署的完成；大战可以避免，并不意味着一切战争和冲突都可避免，因此，决不能放松对一切战争的警惕；大战可以避免，也不是说战争根源已不复存在，不要把战争的根源与战争现实等同，但也不要忽视“世界战争的危险依然存在”。

3. 坚持积极防御的军事战略方针

实行积极防御的战略方针，是我军的一贯传统。尽管在不同的历史时期，我军的战略方针进行多次调整，但积极防御始终是我军军事战略的本质和核心。20世纪80年代初，面对新的国际国内形势，邓小平重新审视军事战略方针问题，明确指出：“我们未来的反侵略战争，究竟采取什么方针？我赞成就是‘积极防御’四个字。”

邓小平关于坚持积极防御战略方针，主要强调四个方面的问题：一是强调在新的历史时期，必须坚持积极防御的战略方针。这既是我们社会主义国家的性质和人民军队的本质决定的，也是保卫国家安全、维护国家利益、夺取战争胜利所必需的。只有坚持积极防御的战略方针。做好必要的战争准备，才能为搞好国内的现代化建设提供一个稳定的国际环境。二是强调坚持积极防御的战略方针，必须立足以劣势装备战胜优势装备之敌。以劣势装备战胜优势装备之敌是我军的传统，是积极防御战略方针的应有之义。三是强调坚持积极防御的战略方针，在军事上必须适应实际的

发展变化，既要坚持积极防御的战略方针，又要保持战略指导上的灵活性，以适应不同对象、不同方向、不同样式和不同规模的局部战争与武装冲突的需要，从而更加有效地捍卫国家领土主权和海洋权益，维护国家安全和世界和平。四是强调现代条件下仍然要坚持人民战争，邓小平在继承毛泽东人民战争思想的同时，又结合新的历史条件，强调要坚持现代条件下的人民战争。邓小平强调，在现代条件下，“坚持人民战争”、“用劣势装备打败优势的敌人”，仍然是我们重要的战略思想。邓小平说：“只要我们坚持人民战争，敌人就是现在来，我们以现有武器也可以打，最后也可以打胜，我们有这样多人口，军民团结一致，敌人要消灭我们的人民是不可能的。”

（二）新时期军队建设理论

建设一支强大的现代化、正规化的革命军队，是邓小平通过对国际形势、我国国情以及我军军情的实际，进行科学分析后提出的，是新时期我军建设的纲领和实际工作的指南。

1. 建设一支强大的现代化、正规化的革命军队

1981年9月，邓小平明确提出“必须把我军建设成为一支强大的现代化、正规化的革命军队”的伟大目标。现代化、正规化、革命化是互相联系、互相促进，缺一不可的。革命化体现人民军队的本质、军队的政治素质和传统作风；正规化体现军队组织、管理和军制水平；现代化体现军队的武器装备、指挥、作战和协同等方面，适应打现代战争的能力。“三化”不是并列的，而是以现代化为中心。以现代化建设为中心，是邓小平新时期军队建设思想的重要内容，是新时期军队建设的根本方针。

军队建设之所以必须以现代化为中心，是由我军的历史和现实任务所决定的。我军现代化建设已取得了巨大成就，但从总体看，现代化程度还不高，科学文化水平还较低，武器装备也比较落后。邓小平深刻指出：“要承认我们军队打现代化战争的能力不够。要承认我们军队的人数虽然多，但是素质比较差。”显然，军队存在的这些问题就难以适应现代战争的特点和要求。只有努力提高我军现代化的水平，才能更好地适应现代战争，更好地履行保卫祖国、维护世界和平的神圣职责。

邓小平提出军队现代化建设的主要精神是：一是在发展国民经济的基础上，逐步实现武器装备现代化。武器装备是军队战斗力的物质基础，是决定战争胜负的重要因素。邓小平指出，我们一定要在国民经济不断发展的基础上，改善武器装备，加速国防现代化。二是建立适应现代战争的科学的体制编制。建立科学的体制编制，是军队现代化的一项重要内容，是实现军队整体优化和建立高效运行机制的基础，是提高战斗力的重要环节。三是要大力培养现代化的军事人才。军队现代化建设是一项宏大的系统工程，其基础和关键，是培养现代化军事人才。四是要发展现代军事理论。先进的军事理论，能够揭示战争的特点和规律，从而使我们正确认识和运用军事规律，把握军队发展的趋势，正确选择军队建设的目标和途径。

2. 走中国特色的精兵之路

走精兵之路是我军建设的根本方针。军队战斗力的生成与发展，包括数量与质

量两个方面。现代高技术广泛运用于军事领域的一个必然结果，就是人员与武器装备在结构关系上发生了变化。邓小平强调："质量问题是影响战争胜败的问题。只讲数量，不讲质量，会耽误大事，要正确处理数量和质量的关系，要把质量建设作为军队建设的根本方针，长期坚持下去。"

走中国特色的精兵之路要求，一是注重质量建设，精简整编，优化组织结构是精兵的前提。当前，我国科技水平从总体上讲与发达国家还有较大的差距，需要把军队数量保持在适当的水平上，但也必须适应世界潮流，注重质量建设，适当减少数量，优化结构，提高效能，使我军由人力密集型向技术密集型转变，由数量规模型和质量效能型转变，在精兵、利器、合成、高效上下功夫，不断增强总体实力。二是坚持科技强军，独立自主，自力更生，加速发展和改善我军武器装备是实现精兵的重要措施。武器装备现代化是军队现代化的主要标志之一，打现代化战争不发展现代化的武器装备不行。三是把军队的教育训练提高到战略地位。这是邓小平新时期关于军队建设的非常重要的思想。邓小平指出："战略要研究的问题，不仅是作战问题，还包括训练。要把训练放在战略问题的一个重要位置上。"战争年代是靠"从战争中学习战争"来提高人的能力的，和平时期则主要通过教育训练来实现。

3. 加强和改进新时期政治工作

政治工作是军队的生命线。在新的历史时期，如何做好思想政治工作，发挥政治工作的作用呢？邓小平指出："对军队来说，由长期的战争环境转入和平环境，这是最大的不同。我们政治工作的根本的任务、根本的内容没有变，我们的优良传统也还是那一些。但是，时间不同了，条件不同了，对象不同了，因此解决问题的方法也不同"，"要研究和解决在新的历史条件下，怎样恢复和发扬政治工作的优良传统，提高我军战斗力的问题"。从而指明了必须分析和解决新的历史条件下存在的新问题，既要发扬传统，又要注意在实践中创新，以永葆政治工作"生命线"的活力。

新时期邓小平关于加强和改进我军政治工作的理论，主要表现在以下六个方面：一是为适应军队建设的新形势、新情况，必须保证人民军队的性质，忠于党、忠于国家、忠于人民，保证我军政治上永远合格，这是军队政治工作的根本任务。二是坚持用马列主义、毛泽东思想和新时期"一个中心和两个基本点"教育和统一全军的思想，把忠实维护国家建设和改革开放，反对资产阶级自由化和"和平演变"作为政治工作的重点。三是把培养有理想、有道德、有文化、有纪律的"四有"军人，列为政治工作的目标。四是坚持党对军队的绝对领导，发挥军队内党组织的战斗堡垒作用和党员的先锋模范作用，作为政治工作的核心内容。五是树立永远是战斗队的观念，加强精神文明建设，把发扬"五种革命精神"作为政治工作的着眼点。六是在实践中继承和创新，充分发挥政治工作的优势，作为政治工作的动力。要使我军政治合格，还必须在军队中坚决贯彻全心全意为人民服务的宗旨。紧紧地抓住了这个核心，一切问题也就迎刃而解了。

(三)新时期国防建设理论

邓小平通过对国际形势的长期观察和深思熟虑,做出了国防建设包括军队建设指导思想实行战略性转变的重大决定,从而揭开了我国国防建设和军队建设新的一页。

1. 国防建设必须服从国家经济建设大局

邓小平以战略家的眼光和胆略,通过对战争与和平的分析后,明确指出,战争的危险仍然存在,但和平力量的发展超过了战争力量的发展,世界大战至少在本世纪末打不起来,我们有可能争取到一个较长时期的和平环境。我们要充分利用大仗一时打不起来的这段和平时期,放心大胆地一心一意搞现代化建设。为此,邓小平多次号召全军要服从国家经济建设这个大局。他要求全军和从事国防事业的各个部门,正确认识和处理国家经济建设与国防建设的关系,指出国防建设的规模、质量和速度,总要受国家经济实力的制约和影响。军队和国防只有服从国家经济建设的大局,才能增强国力、军力。在现代条件下,国家的防御能力、军队的发展,比以往任何时候都更加依赖和取决于经济、科学技术和现代工业的发展水平。振兴国防首先要振兴国家经济。国家建设搞好了,经济实力增强了,军队和国防现代化才有坚实的基础。

2. 军民兼容、平战结合,发展国防工业

新中国成立初期,毛泽东曾对国防工业体制改革提出了“平战结合,军民结合”的思想,但由于历史原因,没有认真贯彻,国防工业基本上还是单一的军品生产体制。邓小平根据国家经济建设和国防建设的双向需要,提出了国防工业体制改革的要求,他指出:“国防工业设备好,技术力量雄厚,要充分利用起来,加入整个国家建设中去,大力发展民用生产。”根据邓小平这个思想,1979年,中央军委、国务院制定了“军民结合、平战结合、以军为主、以民养军”的发展国防科技和国防工业的方针。1982年,邓小平将其中的“以军为主”改为“军品优先”,从而使这一方针更加具体化。在这一方针的指引下,国防科技和国防工业改革产品结构,发挥军事工业设备和技术上的优势,积极为民用工业的技术改革做贡献,挖掘军事工业的生产潜力,生产民用工业品,为城乡人民服务,成为促进经济建设和科学技术发展的一支重要力量。目前,我国国防建设得到了全面加强,支持和参与国防建设正成为亿万人民的自觉行动,国防建设纳入了国家总体建设的轨道,在国家经济不断发展的同时求得国防事业的协调发展。

3. 引进技术与自力更生相结合,发展国防科技

国防科技是国家科学技术的重要组成部分,对国防经济实力和提高军队战斗力有着重要的影响。邓小平坚持我党自力更生为主的传统方针,并同时倡导对外开放,吸收外来先进技术。邓小平指出:“关起门来搞建设是不能成功的,中国的发展离不开世界。当然,像中国这样大的国家搞建设,不靠自己不行,主要靠自己,这叫作自力更生。但是,在坚持自力更生的基础上,还需要对外开放,吸收外国的资金和技术来帮助我们发展。”我国的革命和建设,包括国防现代化建设在内,不是也不可能独立于世界之外,我们在任何时候都需要争取外援,特别需要学习外国一切对我们有益的先

进事物。但是,同样重要的是,在任何时候,我们都要保持清醒的头脑,不能抱不切实际的幻想。因为,国防科学技术牵涉到战争胜负、国家安危,是国家最高利益之所在,当前国际形势虽然趋于缓和,但并没有改变西方国家企图垄断和把持高技术和敏感技术的实质,这已成为他们推行强权政治乃至对社会主义国家实行“和平演变”战略的重要手段。因此,要立于不败之地,尽快地发展国防科技,就一定要始终如一地坚持引进技术与自力更生紧密结合起来的方针,并且把基点建在艰苦奋斗、自力更生的基础上,只有这样我们才能胜利。

二、邓小平新时期军队建设思想的历史地位和指导意义

邓小平新时期军队建设思想,在无产阶级军事理论中占有十分重要的地位,对指导新时期我军建设和军事斗争,更具有重大的现实意义。

(一)邓小平新时期军队建设思想是对毛泽东军事思想的继承和发展

在新的历史时期,邓小平作为我们党第二代领导集体的核心,以马克思主义实事求是的科学态度、无产阶级革命家的创新精神和战略家的远见卓识,对国内外大势和新的历史条件进行了深谋远虑的思考,在实践中探索和规划了我国新时期国防建设和军队建设发展的总体战略。他把个人创造与集体智慧融为一体,把毛泽东军事思想与新时期的客观实际结合起来,提出了新时期国防与军队建设的一系列新论断,极大地丰富和发展了毛泽东军事思想。

邓小平对丰富和发展毛泽东军事思想的理论贡献主要体现在以下几个方面:一是对战争与和平问题提出了新的论断;二是与社会主义现代化建设的要求相适应,确定了国防建设的总目标是实现现代化;三是提出并实行国防与军队建设指导思想的战略性转变,使国防与军队建设真正走上和平时期建设的轨道;四是贯彻党在社会主义初级阶段的基本路线,确定了国防建设、军队建设要服从国家建设大局的基本原则;五是根据新的历史条件,提出了军队建设的一系列新观点、新原则;六是提出军事改革是国防现代化的根本出路,是社会主义国家制度自我完善的重要方面;七是根据现代科学技术的发展和国际战略形势的变化,重新明确了我军在新的历史时期要继续坚持积极防御的战略方针。

邓小平的上述理论是一个有机的整体,它进一步揭示了相对和平时期国防与军队建设的规律,创造性地解决了新时期我国国防与军队建设的基本理论问题,是毛泽东军事思想在新的历史条件下的重大发展。

(二)邓小平新时期军队建设思想是当代马克思主义军事理论

邓小平新时期军队建设思想作为邓小平建设有中国特色社会主义理论的重要组成部分,其历史地位是与邓小平理论的整个科学体系联系在一起的。邓小平新时期军队建设思想产生、形成和发展于我国社会主义改革开放和现代化建设的伟大实践之中,它的形成和发展既是邓小平对国际形势冷静观察和正确判断的结果,又是他对新时期我国国情、军情进行实事求是的科学分析的产物。它具有鲜明的时代特征,着

眼于马克思主义军事理论在新的历史条件下运用,着眼于对国际战略环境和我国国情的深刻分析,着眼于新时期我军建设的实际,是富有时代精神的马克思主义军事理论。

(三)邓小平新时期军队建设思想是新时期军事斗争和军队建设的科学指南

邓小平新时期军队建设思想是新时期我军军事斗争和军队建设的科学指南,揭示了和平时期军队和国防建设的基本规律,创造性地回答和解决了新时期我军建设亟待解决的一系列重大理论和实践问题;揭示了现代战争的特点和规律,为现代高技术条件下局部战争的作战指导提供了理论武器。这突出表现在以下几个方面:一是科学揭示了相对和平时期国防和军队建设同经济建设相互作用的基本规律,确定了国防和军队建设同经济建设协调发展的原则;二是科学揭示了军队建设各要素和各方面工作相互作用与影响的基本规律,确定了要以提高战斗力作为军队建设的出发点和落脚点,作为检验各项工作的根本标准;三是科学揭示了军队建设中数量与质量相互制约与转化的基本规律,确定了科技强军、提高质量、走精兵之路的原则;四是科学揭示了相对和平时期军队战斗力生成的基本规律,提出要把教育训练提高到战略地位;五是科学揭示了综合国力同军队战斗力之间相互转化与促进的基本规律,提出了在增强综合国力基础上全面提高军队战斗力的思想;六是科学揭示了现代战争的特点和规律,为现代条件下的作战指导提供了理论武器。强调要以现代化为中心,按照现代和未来战争的客观要求,全面加强军队质量建设,全面提高我军实行现代条件下人民战争的能力。邓小平的这些思想,为在相对和平时期加强国防和军队建设指明了方向。

第四节　江泽民国防和军队建设思想

江泽民国防和军队建设思想,是以江泽民为核心的党的第三代领导集体继承和发展毛泽东军事思想、邓小平新时期军队建设思想的体现,是根据时代发展的新要求、新任务创立的新时期我军建军学说,是我军新时期革命化、现代化、正规化建设的纲领。

一、江泽民国防和军队建设思想的主要内容

江泽民国防和军队建设思想,作为一个崭新的科学理论体系,主要由军事战略思想、军队建设思想、国防建设思想这三个方面的内容构成。

(一)坚持和发展积极防御的军事战略方针

在新时期,以江泽民为核心的党的第三代领导集体根据国际形势的发展变化,制定了我国新时期军事战略方针。这一战略方针的实质仍然是积极防御,同时又根据新时期军事斗争的实践,对军事领域的一系列重大问题作了新的阐述和明确规定,科学地回答了新时期战争与和平一系列重大的理论与现实问题,揭示了现代军事运动

的新的趋势和基本规律，明确了新形势下我国国防与军队建设的任务和目标，为新形势下加强国防与军队建设指明了正确的方向，丰富了无产阶级战争观的内容。

1. 正确把握国际战略格局和安全形势问题

20世纪80年代末90年代初，由于东欧剧变和苏联解体，国际战略格局发生了重大变化，特别是美国成为唯一超级大国后，加紧对我国实行“西化”“分化”。在这种形势下，以江泽民为核心的第三代领导集体，经过冷静观察和科学分析，对国际战略形势的发展以及战争与和平问题做出了基本的判断：国际形势缓和的大趋势不会逆转，争取一个良好的国际环境和周边环境仍然是可以实现的，必须坚定不移地进行改革开放，继续加快现代化建设的步伐，集中力量发展自己。同时，党中央也明确意识到，霸权主义和强权政治仍然存在，世界一些地区的局部战争和武装冲突不可避免。根据这一战略判断，党中央、中央军委对国防和军队建设做出了战略性部署，强调为了维护国家主权和领土完整，必须准备应付可能发生的局部战争和武装冲突，对战争危险要保持足够的警惕；要从长计议，有计划有步骤地进行军队现代化建设；同时也要抓紧做好军事斗争准备，把两者正确结合、统一起来。以上战略部署，是在科学分析国际战略形势的基础上做出的。近年来军队建设的实践证明，这种分析和判断是正确的，没有对战争与和平问题的正确判断，就不可能有军队建设的巨大成就。

2. 立足打赢一场高技术局部战争

把未来军事斗争准备的基点，放在打赢可能发生的现代技术特别是高技术条件下的局部战争上，是以江泽民为核心的党的第三代领导集体在邓小平军事理论的正确指导下，把积极防御战略同当代军事斗争的最新发展趋势结合起来，提出的新时期军事战略方针。打赢未来高技术条件下的局部战争，要研究现代技术特别是高技术条件下局部战争的特点和规律，把思想认识进一步统一到党中央的战略决策上来；要努力发展具有我军特色的作战思想；要努力解决好诸军兵种的联合作战问题；要立足于最困难、最复杂情况充分做好战争准备；要在战争指导上坚持“你打你的、我打我的”；要依据战争的矛盾法则周密进行战略筹划；要把战略指导和作战思想建立在客观实际的基础上。

3. 坚持和创新性地发展人民战争

人民战争是我们的传统优势，是以劣胜优、克敌制胜的法宝。在新的形势下，江泽民特别强调，应付现代技术特别是高技术条件下的局部战争，现阶段我们确有困难，但我们也有自己的优势，真正的优势还是人民战争。江泽民指出：紧紧依靠最广大的人民群众，是我军最深厚的力量根源。无论武器装备如何发展，战争形态如何变化，人民战争都是我们克敌制胜的法宝。我们要结合新的历史条件和新的实践，坚持和创造性地发展人民战争的思想。江泽民要求全军树立立足现有装备作战的思想，发扬人民战争的优良传统，研究和演练以劣胜优的战法，增强战胜敌人的信心。从目前的情况看，我们以劣对优的状况在短期内还不能改变。但必须看到，我国地域广阔，人口众多，特别是我们进行的是保卫国家主权和人民利益的反侵略战争，符合国家和人民的根本利益，这就在政治上为赢得战争胜利获得了巨大优势的深厚根源；我国国民经济的发展和民众科学技术素质的提高，又为我们赢得高技术条件下的局部战争奠定了必要的物质和科技的基础；全民国防意识的增强，党政军民大团结的巩固，为克敌制胜赋予了坚实的力量源泉。这样，在现有物质基础上，加速改进我军的武器装备；大力提高人的素质，科学解决人与武器的结合；注重高技术条件下局部战争的战略战术和战法研究，努力探讨以劣胜优的新特点、新方法，就一定能赢得未来反侵略战争的胜利。

（二）全面贯彻新时期军队建设的要求，加强军队建设

在新的历史条件下，军队建设的总目标和总方针是什么，这是关系到军队建设的方向性问题。1990年12月，江泽民明确提出，军队要按照“政治合格、军事过硬、作风优良、纪律严明、保障有力”的总要求进行建设。这“五句话”的总要求继承与发展了毛泽东的建军思想，特别体现了邓小平新时期军队建设思想，抓住政治、军事、作风、纪律和保障这五个直接关系到军队战斗力生成的基本要素，涵盖了新时期军队建设的基本内容，揭示了军队建设的客观规律。

1. 坚持和加强党对军队的绝对领导

坚持中国共产党对军队的绝对领导，是毛泽东等老一辈无产阶级革命家创立的根本建军原则。新的历史时期，面对国际风云变幻和国内改革开放的新形势，江泽民对坚持党对军队的绝对领导作出更进一步的丰富和发展，首次把它提到“军魂”的高度加以认识，多次指出：“党对军队的绝对领导是我军永远不变的军魂”。把党对军队的绝对领导提到“军魂”的高度加以强调，内涵非常丰富，意义重大而深远。这一科学论断，深刻揭示了我军作为党的军队、人民的军队、社会主义国家的军队的本质所在，深刻揭示了永远听党指挥是我军的立军之本。为了把党对军队的绝对领导落到实处，江泽民特别强调，一要严守政治纪律；二要加强思想政治教育；三要搞好军政军民关系和官兵关系，加强军政军民团结和军队内部的团结；四要加强各级领导班子建设。

2. 把思想政治建设摆在全军各项建设的首位

在对外开放和发展社会主义市场经济的社会环境中，确保官兵政治上的坚定性和思想道德上的纯洁性，是新时期军队建设必须解决好的一个重大现实课题。要把思想政治建设摆到党、国家和军队工作战略全局的高度来对待，要把思想政治建设摆在军队各项建设的首位。江泽民反复指出，对我们军队而言，讲政治是最重要的一条，是我军优良传统的精髓和军队建设的灵魂，领导干部一定要讲政治，在政治方向、政治立场、政治观点、政治纪律、政治鉴别力、政治敏锐性等方面具有良好的素质。为此，江泽民还具体提出了加强思想政治建设的一系列重要论断：一是思想政治建设的根本是用科学理论特别是党的理论创新成果武装全军，必须坚持马克思列宁主义、毛泽东思想、邓小平理论和“三个代表”重要思想在军队建设中的指导地位；二是加强思想政治建设，一个根本要求就是保证党从思想上政治上掌握部队；三是努力使军队精神文明建设走在全社会前列；四是不断加强和改进新形势下军队思想政治工作。

3. 实施科技强军战略，加强军队质量建设

江泽民在继承邓小平“走精兵之路，加强军队质量”思想的基础上，对加强军队质量建设，作出更进一步的深刻论述：一是提出了科技强军战略思想。科学技术是第一生产力，也是重要的战斗力。适应世界军事发展的大趋势和国家实施科教兴国战略的新形势，江泽民同志提出实施科技强军战略，强调依靠科技进步提高军队建设质量。科技强军战略的确立，实现了我军建设指导方针上的一个历史性转变。二是提出了“两个转变”的战略思想。即依靠科技进步，实现我军由数量规模型向质量效能型、由人力密集型向科技密集型转变。这“两个转变”的实质，就是把提高战斗力的重点转到依靠科技进步的轨道上来。三是提出了“开展科技练兵”的重要思想。针对现代条件下特别是高技术条件下局部战争技术物质基础的变化，江泽民适时提出，开展科技练兵的思想，我军军事训练必须贯彻科技强军战略，增大训练的科技含量。开展科技练兵，必须把“打赢”作为根本的出发点和落脚点。

（三）加强新时期国防现代化建设

1. 正确处理国防建设与经济建设的关系

以江泽民为核心的党的第三代领导集体，从国防战略全局出发，根据国家经济不断发展的实际，高度重视国防和军队建设，提出既要服从大局，两者又要相互促进，协调发展。一是必须继续坚持以经济建设为中心，在集中力量进行经济建设的同时，努力加强国防建设，使国防建设在国家财力增加的基础上不断有所发展。二是必须形成国防建设和经济建设相互促进、协调发展的机制。比如军队要为国家的经济建设积极贡献力量，通用性较强的军事设施要实行军民合用，国防科技工业要能军能民等。而国家在经济建设特别是基础设施建设中，要充分考虑国防和军队的需求，做到既能促进经济发展，又能增强国防实力。三是要努力提高以经济科技实力、国防实力和民族凝聚力为主要内容的综合国力。传统意义上对国家安全利益的保障，主要凭借一个国家的军事能力，即通过战争手段保卫自己和征服对手的能力。随着人类社会化大生产的日益发展，科学技术的突飞猛进，国家之间单一军事力量的较量与竞争，日益深化为以经济科技实力、国防实力和民族凝聚力为主要内容的综合国力的较量和竞争。加强这三大实力，是实现中华民族振兴的必由之路。

2. 建设具有中国社会主义特色的现代化国防

国防现代化是国家战略目标之一。首先，必须建立现代化的军事理论。要建立现代化的军事理论，就必须正确处理继承与创新的关系。军事理论来源于军事实践，科学技术的发展强制性地改变了战争的形态、方式和方法，有了新的战略战术。根据新的时代条件的变化和军队建设、国防建设的现实需要，努力发展具有中国特色的军事指导理论。其次，国防现代化的重要内容是实现武器装备的现代化。要把国防科技发展和武器装备建设放在突出地位，必须坚持国防建设与经济建设相互促进、协调发展，使国防科技发展与武器装备建设适应新时期军事战略以及整个国家现代化建

设事业发展的需要。第三,建立具有中国社会主义特色的现代化国防工业体系。国防工业在保卫国家主权,反对外国入侵,维护世界和平,反对霸权主义和强权政治的斗争中,做出了巨大的贡献,捍卫了国家的尊严。要坚持寓军于民,坚持大力协同,坚持自力更生,加强自主创新,实现国防工业跨越式发展。

3. 加强全民国防教育,增强全民国防观念

国防现代化包括十分丰富的内容,国防精神和国防观念是其中不可忽视的重要方面。在长期的和平环境和发展社会主义市场经济的条件下,一方面,人们容易淡化国防意识,产生和平麻痹思想;另一方面,市场经济的利益主体多元化,容易使局部利益或个人主义倾向得到强化。因此,我们必须紧紧抓住发展市场经济给人们的思想观念、利益关系、价值取向、精神状态带来的负面影响,切实加强国防教育,大力增强全民的国防观念。江泽民指出,越是在和平时期,越要宣传国防建设的意义,克服和平麻痹思想,增强人们的国防观念。在进行国防教育中,必须全面落实江泽民关于"抓好全民国防教育,广泛深入持久地开展拥政爱民、拥军优属活动,发扬军政军民相互团结、相互支持的大好局面"的指示,树立常备不懈的观念,全面认识我国疆土的概念,要有大国防和海洋国土的意识,深入开展以爱国主义为核心的国防教育,建立国家、军队、社会、学校、家庭"五位一体"的国防教育系统工程网络,促进我国社会主义市场经济的健康发展,捍卫我国社会主义建设的伟大成果。

二、江泽民国防和军队建设思想的历史地位和指导作用

江泽民国防和军队建设思想,科学总结了党的十三届四中全会以来我国国防和军队建设的基本经验,深刻揭示了新的历史条件下国防和军队建设的客观规律,是"三个代表"重要思想在军事领域的展开和延伸,是人民军队现代化建设理论的重大创新。它既同马列主义军事理论、毛泽东军事思想、邓小平新时期军队建设思想一脉相承,又开拓了马克思主义军事理论的新境界,成为新形势下推进国防和军队建设的强大思想武器和科学指南,对于指导和推动新世纪我国国防和军队工作,具有重大而深远的意义。

(一)江泽民国防和军队建设思想是"三个代表"重要思想在军事领域的集中体现

江泽民基于对国内外形势、党肩负的历史任务、党自身建设实际的清醒认识和准确把握,创造性地提出了"三个代表"重要思想。国防和军队建设是党的建设的重要方面,"三个代表"是党的建设的根本要求和指导思想,也必然是国防和军队建设的根本要求和指导思想。在新的形势下"建设一支什么样的军队、怎样建设这支军队"正是江泽民国防和军队建设思想的主题和回答、解决的主要问题,是"三个代表"重要思想在军事领域的延伸、拓展和在军队建设上的贯彻和反映。譬如:在新的历史时期,面对国内外形势的深刻变化和军队建设面临的严峻挑战,怎样能够全面加强我军现代化建设,提高军队的战斗力,把我军建设成为保卫国家安全、维护世界和平的钢铁长城,切实代表和维护中国最广大人民群众的根本利益;怎样能够加强思想政治建

设，坚持党对军队的绝对领导，始终保持人民军队的性质、本色和作风，永远立于不败之地；怎样能够始终站在时代前列，更好地履行党和人民赋予的神圣使命，为祖国统一大业和中华民族的伟大复兴作出历史性贡献等等。这些正是"三个代表"重要思想对军队建设提出的历史任务和时代要求。江泽民正是从这样的历史高度、这样的时代要求出发，从根本上回答和解决了世纪之交军队建设面临的历史性课题，形成了建设一支面向21世纪的现代化、正规化革命军队的指导理论。

(二)江泽民国防和军队建设思想丰富和深化了马克思主义军事理论

江泽民国防和军队建设思想，不仅全面和系统地探索了和平时期建设现代化国防和职业化军队的特点和规律，而且具体和深刻地解决了新形势下中国国防和军队建设的基本理论和基本实践问题，卓有建树地开创了中国国防和军队建设的具有划时代意义的新局面。在马克思主义军事理论的发展史上，邓小平同志第一次提出了社会主义国家和平时期的国防和军队建设问题，江泽民同志则第一次在理论上比较全面系统而又深刻具体地回答了这一问题，并在实践中成效显著地推进了这一建设。江泽民通过自己创造性的实践，坚持、继承和发展了毛泽东军事思想和邓小平军事理论，极大地丰富了无产阶级军事思想宝库。在军事领域提出了与国家现代化建设进程相适应的发展目标和步骤；提出了新时期军队建设以政治为主要内容的具有崭新时代特征的重要论述。江泽民论国防与军队建设是我军新时期军队建设的指导思想和行动指南，是我军走有中国特色精兵之路的强大的理论武器。

(三)江泽民国防和军队建设思想是新世纪国防和军队建设的理论指南

党的三代领导核心的军事思想一脉相承，又各有不同的历史烙印。江泽民国防和军队建设思想，是以江泽民同志为核心的第三代领导集体，将马克思主义军事理论的基本原理，同新形势下国防和军队建设的具体实践相结合的经验结晶和理论升华，对新形势下的中国军事有重要的指导意义。实践证明，十多年来，在以江泽民同志为核心的党中央、中央军委的领导下，在毛泽东军事思想、邓小平新时期军队建设思想和江泽民国防与军队建设思想的指导下，我国的国防和军队建设与时俱进，不断研究新情况，解决新问题，开拓新境界，实现新飞跃，经受了严峻考验，取得了长足进步。在新世纪，我军肩负着保卫国家安全和维护祖国统一的艰巨任务，国防和军队的现代化建设也处在关键时期，认真学习和实践江泽民同志"三个代表"的思想及其国防和军队建设思想，具有重大意义。

第五节　胡锦涛国防和军队建设思想

胡锦涛国防和军队建设思想，是以胡锦涛为总书记的党中央，站在时代发展的前沿，着眼国家利益和军队建设与发展的战略全局，根据军队所处的国际国内环境发生的重大变化，对新世纪新阶段加强我国国防建设和军队建设作出的战略思考。胡锦涛国防和军队建设思想是对毛泽东军事思想、邓小平新时期军队建设思想、江泽民国防和军队建设思想的坚持、运用和发展，是科学发展观在国防和军队建设领域的生动展开，是新世纪新阶段国防和军队建设的科学指南。

一、胡锦涛国防和军队建设思想的主要内容

在领导国防和军队建设新的实践中，胡锦涛同志科学分析了新世纪新阶段我国国防和军队建设面临的新形势和新任务，坚持运用科学发展观思考回答军事领域面临的重大理论和现实问题，提出了一系列新思想、新观点和新论断。

（一）用科学发展观统领国防和军队建设

胡锦涛关于国防和军队建设贯彻落实科学发展观的一系列重要论述，是新世纪新阶段国防和军队建设又好又快发展的科学指南。

全面把握科学发展观的科学内涵与国防和军队建设贯彻落实科学发展观的本质要求。科学发展观，第一要义是发展，核心是以人为本，基本要求是全面协调可持续，根本方法是统筹兼顾。具体到国防和军队现代化建设，胡锦涛指出，新世纪新阶段国防和军队现代化建设的发展，必须是融入国家现代化战略全局、与国家安全和发展利益相适应的发展，是注重全面建设、革命化现代化正规化相统一的发展，是坚持以人为本、推动军队建设与促进官兵全面发展相一致的发展，是走中国特色精兵之路、速度质量效益相协调的发展，一句话，必须努力实现国防和军队现代化建设又好又快发展。这一重要论述表明，国防和军队现代化建设，关键是做到好中求快。又好又快发展是全面落实科学发展观的本质要求，是军队贯彻落实科学发展观的根本着眼点。

国防和军队建设贯彻落实科学发展观，必须坚持党对军队的绝对领导和我军的性质宗旨，着眼履行使命，提高打赢能力，加强全面建设，统筹国防建设与经济建设、中国特色军事变革与军事斗争准备、机械化建设与信息化建设、诸军兵种作战力量建设、当前建设与长远发展、主要战略方向建设与其他战略方向建设，推动军事理论、军事技术、军事组织、军事管理创新，加快转变战斗力生成模式，坚持军民结合、寓军于民，实现国防和军队建设全面协调可持续发展。

（二）履行新世纪新阶段我军历史使命

历史使命是军队在一定历史时期基本任务的总概括，规定着一支军队建设的发展方向、奋斗目标和指导原则。这是任何政党和军队都必须首先解决的重大课题。

进入21世纪，中国的发展跨入了一个重要的战略机遇期。胡锦涛站在时代发展的前沿，着眼国家利益和军队建设与发展的战略全局，着眼于实现党的三大历史任务，根据军队所处的国际国内环境发生的重大变化，确立了新世纪新阶段我军历史使命，指出："我军在新世纪新阶段要肩负起光荣而艰巨的历史使命，为党巩固执政地位提供重要的力量保证，为维护国家发展的重要战略机遇期提供坚强的安全保障，为维护国家利益提供有力的战略支撑，为维护世界和平与促进共同发展发挥重要作用。""三个提供、一个发挥"的历史使命的确立，充分体现了历史与现实、理论与实践、政略与战略、继承与创新相结合的高度统一，是对新世纪新阶段我军职能任务的新概括、

地位作用的新拓展、建设发展的新要求。

(三)坚持党对军队绝对领导是军队建设和发展的首要问题

坚持党对军队的绝对领导,是无产阶级建军理论和实践的核心问题,也是毛泽东、邓小平、江泽民始终强调的我军建设的一条根本原则。胡锦涛主持军委工作以来,根据新世纪新阶段我军建设面临的新情况和新问题,始终把坚持党对军队绝对领导作为军队建设和发展的首要问题,予以高度关注,多次进行强调。2004年9月20日,他在中央军委扩大会议上明确指出:"坚持党对军队的绝对领导,是我军建设和发展的首要问题。我们对这个问题要始终关注、抓住不放,任何时候任何情况下都绝不能有丝毫含糊和动摇。"2005年3月13日,他在十届全国人大三次会议解放军代表团全体会议上再次强调:"始终不渝地坚持党对军队的绝对领导的根本原则和制度,确保党从思想上政治上组织上牢牢掌握部队,确保全军听从党中央和中央军委的指挥。"胡锦涛主席的重要论述,是对我军建军根本原则的继承、丰富和发展,是贯穿胡锦涛关于国防和军队建设重要论述的灵魂和主线。

(四)坚持不懈地推进中国特色军事变革

胡锦涛指出:"积极推进中国特色军事变革,是我军现代化建设的一项战略任务,能不能胜利完成这项战略任务,关系国防和军队建设的全局,关系国家的安全统一,关系全面建设小康社会奋斗目标的实现。"他要求全军,坚决贯彻党中央和中央军委关于推进中国特色军事变革的一系列战略部署,密切注视世界新军事变革的发展趋势,主动适应世界军事发展的潮流,从国情军情出发,走出一条有中国特色军事变革的路子,努力夺取国际军事主动权。他多次强调,要解放思想,更新观念,以开拓创新精神推动军队改革和发展,努力发展高新技术武器装备、调整体制编制改革、培养高素质新型军事人才、创新军事理论,坚持不懈地把中国特色军事变革推向前进。

(五)加快转变战斗力生成模式

胡锦涛指出:"我们必须进一步实施科技强军战略,推进军队建设由数量规模型向质量效能型、由人力密集型向科技密集型的转变,把军队战斗力生成模式切实转到依靠科技进步特别是以信息技术为主要标志的高新技术上来。"这是胡锦涛站在世界军事发展的战略高度,洞察世界新军事变革的动向,对我军建设与发展提出的新要求,是科学发展观依靠科技进步和创新转变经济增长方式、促进经济社会发展思想在军事领域的应用。这一重要战略思想,对军队战斗力建设具有重要指导意义。在国防和军队建设领域贯彻这一思想,不断提高官兵的科技素质,就能加速提高军队战斗力、提高军队建设质量的历史进程。

(六)军事斗争准备是最重要、最现实、最紧迫的战略任务

胡锦涛主持军委工作以来,对做好军事斗争准备作了一系列重要论述。他反复强调:"当前最重要、最现实、最紧迫的战略任务,就是抓紧做好军事斗争准备。"这一重要论述不仅阐明了军事斗争准备的重要意义,而且对军事斗争准备提出更高的要求,是做好新世纪新阶段军事斗争准备的根本依据。

要把军事斗争准备作为当前我军最重要、最现实、最紧迫的战略任务。必须以临战的姿态、实战的标准、只争朝夕的精神抓好各项准备工作，着力提高我军一体化联合作战能力，增强我军应对危机、遏制战争、打赢战争的能力，确保一旦有事，能够断然出手，战则必胜。在做好物质准备的同时，大力加强战斗精神的准备。

二、胡锦涛国防和军队建设思想的地位和作用

（一）拓展了三代领导人军事思想的内容

三代领导人的军事思想，是我国国防和军队建设各个时期取得重大成就的创新理论。新世纪新阶段，国防和军队现代化建设应如何建设和发展，同样需要党的创新理论进行指导。胡锦涛用科学发展观指导国防和军队建设，指明了新世纪新阶段国防和军队现代化建设的方向，明确了我军新世纪新阶段的历史使命，规范了国防和军队建设的基本要素，是实施新军事变革、提高信息化作战能力、维护国家安全、加强国防和军队现代化建设的纲领，极大地丰富了三代领导人军事思想的内容。

（二）为国防和军队建设提供了理论遵循

进入新世纪新阶段，我国国防和军队建设所处环境和形势任务发生了重大变化，既面临难得的发展机遇，也面临严峻的挑战。胡锦涛国防和军队建设思想，提出了要充分把握在我国经济实力、科技实力、国防实力和民族凝聚力不断增强的基础上，大力推进国防和军队建设，不断增强应对危机、维护和平、遏制战争、打赢战争的能力，切实把国防和军队建设转入全面协调可持续发展的轨道，做到国防建设和经济建设全面协调发展。

（三）为解决国防和军队建设与发展的现实问题和矛盾开辟了途径

新世纪新阶段是我国国防和军队现代化建设的关键时期，中国特色军事变革和军事斗争准备面临的任务非常繁重和艰巨，国防和军队建设存在的规模、结构、效益等方面的问题迫切需要解决。胡锦涛国防和军队建设思想，为国防和军队建设转变发展观念、创新发展模式、提高发展质量提供了新思路、新方略。只有在国防和军队建设中全面落实科学发展观，坚持面向未来、着眼全球、解放思想、更新观念，才能解决国防和军队建设中面临的现实问题和矛盾，保证国防和军队建设健康、有序、高效地发展。

胡锦涛国防和军队建设思想，对开创国防和军队建设的新局面，实现国防和军队现代化建设的全面协调可持续发展，全面落实科学发展观，指导国防和军队现代化建设具有重大的现实意义和历史意义。

第六节　习近平强军思想

习近平强军思想是以习近平同志为核心的党中央，在指导建设强军事业伟大实践中孕育的科学思想体系，揭示了强军制胜的根本规律，是对马克思主义军事思想的

丰富和发展，是新时代国防和军队建设必须长期坚持的根本指导思想。

一、习近平强军思想的核心要义

习近平强军思想内涵丰富、思想深邃，涵盖新时代国防和军队建设方方面面，构成一个系统完整、逻辑严密、相互贯通的科学军事理论体系。从总体上来说，习近平强军思想的核心要义可以概括为“十个明确”。

（一）强军使命

明确强国必须强军，巩固国防和强大人民军队是新时代坚持和发展中国特色社会主义，实现中华民族伟大复兴的战略支撑。安不可以忘危，治不可以忘乱。新时代国家安全的内涵外延、时空领域、内外因素都在发生深刻变化。国家越是发展壮大，面临的压力和阻力就越大。这是我国由大向强发展进程中无法回避的挑战，是实现中华民族伟大复兴绕不过的门槛。习近平深刻指出：“强国必须强军，军强才能国安。”国防和军队建设是国家安全的坚强后盾，军事手段是实现伟大梦想的保底手段，军事斗争是进行伟大斗争的重要方面，打赢能力是维护国家安全的战略能力。国防和军队现代化进程必须同国家现代化进程相适应，军事能力必须同实现中华民族伟大复兴的战略需求相适应。我军必须服从服务于党的历史使命，把握新时代国家安全战略需求，为实现中华民族伟大复兴提供战略支撑。

（二）强军目标

明确党在新时代的强军目标是建设一支听党指挥、能打胜仗、作风优良的人民军队，必须同国家现代化进程相统一，力争到2035年基本实现国防和军队现代化，到21世纪中叶把人民军队全面建成世界一流军队。建设强大的人民军队是我们党的不懈追求。在各个历史时期，我们党都根据形势任务的变化，及时提出明确的目标要求，引领军队建设不断向前发展。习近平在提出中国梦不久就提出强军梦，作出全面建设社会主义现代化强国战略部署的同时，提出实现党在新时代的强军目标，把人民军队全面建成世界一流军队。这是准确把握国家安全环境的深刻变化、强国强军的时代要求，对军队建设目标作出的新概括新定位，内在要求建设强大的现代化陆军、海军、空军、火箭军、战略支援部队、联勤保障部队和武装警察部队，建设绝对忠诚、善谋打仗、指挥高效、敢打必胜的联合作战指挥机构，不断提高我军现代化水平和实战能力。

（三）强军之魂

明确党对军队绝对领导是人民军队建军之本、强军之魂，必须全面贯彻党领导军队的一系列根本原则和制度，确保部队绝对忠诚、绝对纯洁、绝对可靠。坚持党对军队的绝对领导是新时代中国特色社会主义基本方略的重要内容，是党和国家的重要政治优势。习近平反复强调：“抓军队建设首先要从政治上看，对党绝对忠诚要害在‘绝对’二字。”必须强化“四个意识”，严肃政治纪律和政治规矩，深入抓好军魂教育，坚决维护权威、维护核心，坚决维护和贯彻军委主席负责制，坚决抵制“军队非党化、非政治化”和“军队国家化”等错误政治观点的影响，提高坚持党对军队绝对领导的政治自觉和实际能力，确保党指挥枪的原则落地生根。军队高级干部必须对党忠诚、听党指挥，做对党最赤胆忠心、最听党的话、最富有献身精神的革命战士。

（四）强军之要

明确军队是要准备打仗的，必须聚焦能打仗、打胜仗，创新发展军事战略指导，构建中国特色现代作战体系，全面提高新时代备战打仗能力，有效塑造态势、管控危机，遏制战争、打赢战争。习近平强调："人民军队永远是战斗队，人民军队的生命力在于战斗力。"必须贯彻新形势下军事战略方针，把备战与止战、威慑与实战、战争行动与和平时期军事力量运用作为一个整体加以运筹，牢固树立战斗力这个唯一的根本的标准，提高军事训练实战化水平，扎实做好各方向各领域军事斗争准备，聚力打造精锐作战力量，着力建设一切为了打仗的支援保障力量，加快构建适应信息化战争和履行使命要求的武器装备体系，加快建设以联合作战指挥人才为重点的高素质新型军事人才队伍，发扬一不怕苦、二不怕死的战斗精神，锻造召之即来、来之能战、战之必胜的精兵劲旅。

（五）强军之基

明确作风优良是人民军队的鲜明特色和政治优势，必须加强作风建设、纪律建设，坚定不移正风肃纪、反腐惩恶，大力弘扬党和军队的光荣传统与优良作风，永葆人民军队性质、宗旨、本色。习近平反复强调："作风优良才能塑造英雄部队，作风松散可以搞垮常胜之师。"军队要恪守全心全意为人民服务的宗旨，牢记为人民扛枪、为人民打仗的神圣职责，始终做人民信赖、人民拥护、人民热爱的子弟兵。把理想信念的火种、红色传统的基因一茬茬、一代代传下去，加强党史军史和光荣传统教育，永葆老红军的政治本色。军中绝不能有腐败分子藏身之地，要锲而不舍、驰而不息地把作风建设和反腐败斗争引向深入，努力铲除腐败现象滋生蔓延的土壤，积极培育风清气正的政治生态。严肃各项纪律，坚持严字当头、一严到底，下大气力治松、治散、治虚、治软，用铁的纪律凝聚铁的意志、锤炼铁的作风、锻造铁的队伍。各级领导干部要以行动作无声的命令，以身教作执行的榜样，带动形成崇尚实干、敢于担当、主动作为的良好氛围。

（六）强军布局

明确推进强军事业必须坚持政治建军、改革强军、科技兴军、依法治军，更加注重聚焦实战、更加注重创新驱动、更加注重体系建设、更加注重集约高效、更加注重军民融合，全面提高革命化现代化正规化水平。政治建军是军队的立军之本，任何时候任何情况下都不能有丝毫松懈；改革是决定军队未来的关键一招，必须大刀阔斧实施改革强军战略；科学技术是核心战斗力，必须下更大气力推进科技兴军、赢得军事竞争主动；军队越是现代化越要法治化，必须厉行法治、从严治军。贯彻"五个更加注重"战略指导，必须强化作战需求牵引，提高军队建设实战水平；下大气力抓理论创新、抓科技创新、抓科学管理、抓人才集聚、抓实践创新，靠改革创新实现新跨越；坚持成体系筹划和推进军事力量建设，全面提高我军体系作战能力；坚持以效能为核心、以精确为导向，提高国防和军队发展精准度；深入实施军民融合发展战略，加快把国防和军队建设融入经济社会发展体系，实现国防和军队建设更高质量、更高效益、更可持续的发展。

（七）强军关键

明确改革是强军的必由之路，必须推进军队组织形态现代化，构建中国特色现代军事力量体系，完善中国特色社会主义军事制度。习近平指出："深化国防和军队改革，是为了设计和塑造军队未来。"领导管理和作战指挥体制改革，以重塑军委机关和战区为重点，强化中央军委集中统一领导和战略指挥、战略管理功能，形成决策权、执行权、监督权既相互制约又相互协调的运行体系，构建平战一体、常态运行、专司主营、精干高效的战略战役指挥体系。规模结构和作战力量体系改革，按照调整优化结构、发展新型力量、理顺重大比例关系、压减数量规模的要求，推动军队由数量规模型向质量效能型、由人力密集型向科技密集型转变，部队编成向充实、合成、多能、灵活方向发展。军队政策制度调整改革，立起打仗的鲜明导向，营造公平公正的制度环境，使军事人力资源配置达到最佳状态，让军人成为全社会尊崇的职业，把军队战斗力和活力充分激发出来。

（八）强军动力

明确创新是引领发展的第一动力，必须坚持向科技创新要战斗力，统筹推进军事理论、技术、组织、管理、文化等各方面创新，建设创新型人民军队。习近平指出："创新能力是一支军队的核心竞争力，也是生成和提高战斗力的加速器。"必须把创新驱动发展的引擎全速发动起来，善于运用新理念、新思路、新方法推进军队各项建设。要加快形成具有时代性、引领性、独特性的军事理论体系，依靠科技进步和创新把我军建设模式和战斗力生成模式转到创新驱动发展的轨道上来，下大气力推进军事管理革命，努力培养造就宏大的高素质创新型军事人才队伍，大力弘扬创新文化，激励官兵争当创新的推动者和实践者，使谋划创新、推动创新、落实创新成为全军的自觉行动。

（九）强军保障

明确现代化军队必须构建中国特色军事法治体系，推动治军方式根本转变，提高国防和军队建设法治化水平。习近平指出："一支现代化军队必然是法治军队。"强化法治信仰和法治思维，坚持依法治官、依法治权，领导干部带头尊法学法守法用法，引导官兵把法治内化为政治信念和道德修养，外化为行为准则和自觉行动。构建系统完备、严密高效的军事法规制度体系、军事法治实施体系、军事法治监督体系、军事法治保障体系，坚决维护法规制度权威性，强化法规制度执行力。推动实现从单纯依靠行政命令的做法向依法行政的根本性转变，从单纯靠习惯和经验开展工作的方式向依靠法规和制度开展工作的根本性转变，从突击式、运动式抓工作的方式向按条令条例办事的根本性转变，形成党委依法决策、机关依法指导、部队依法行动、官兵依法履职的良好局面。

（十）强军路径

明确军民融合发展是兴国之举、强军之策，必须坚持发展和安全兼顾、富国和强军统一，形成全要素、多领域、高效益军民融合深度发展格局，构建一体化的国家战略体系和能力。把军民融合发展上升为国家战略，是我们党长期探索经济建设和国防建设协调发展规律的重大成果，是从国家发展和安全全局出发作出的重大决策，是应对复杂安全威胁、赢得国家战略优势的重大举措。着眼经济实力和国防实力同步增长，强化统一领导、顶层设计、改革创新和重大项目落实，同步推进体制和机制改革、体系和要素融合、制度和标准建设，完善军民融合组织管理体系、工作运行体系、政策制度体系，逐步实现国家各领域战略布局一体融合、战略资源一体整合、战略力量一体运用，努力开创经济建设和国防建设协调发展、平衡发展、兼容发展新局面。

二、习近平强军思想的地位和时代意义

习近平强军思想，植根强国复兴新时代，指引强军兴军新征程，在马克思主义军事理论中国化进程中，在党的军事指导理论创新发展中，在我们党治国理政实践中，具有十分重要的地位和时代意义。习近平强军思想，是习近平新时代中国特色社会主义思想的重要组成部分，是对马克思主义军事思想的丰富和发展，是新时代国防和军队建设必须长期坚持的根本指导思想。

（一）习近平强军思想是强军实践的经验总结和根本引领

党的十八大以来，以习近平同志为核心的党中央着眼实现“两个一百年”奋斗目标、实现中华民族伟大复兴的中国梦，立足国家安全和发展战略全局，坚持和发展马克思主义军事理论，围绕国防和军队建设作出一系列重要论述，确立党在新时代的强军目标，明确把人民军队建设成为世界一流军队的时代课题，布局展开强军兴军的战略举措，全力推进国防和军队建设，开创了强军兴军新局面。在习近平强军思想的指导下，人民军队政治生态得到有效治理，组织架构和力量体系实现革命性重塑，军事斗争准备取得重大进展，在中国特色强军之路上迈出坚定步伐。习近平强军思想引领着强军实践，升华于强军实践，凝结着习近平主席建军治军的创新创造，必将继续引领我军奋力开拓一个强军新时代。

（二）习近平强军思想是马克思主义军事理论中国化的新飞跃

坚持用鲜活的马克思主义军事理论指导实践，是我们党建军治军的一条根本经验。面对世情国情军情的深刻变化，面对强国强军的时代要求，习近平强军思想作出一系列新的重大判断、新的理论概括、新的战略安排，指出世界正发生前所未有之大变局、我国正处于由大向强发展的关键阶段、我军正经历着一场革命性变革，强调国防和军队建设进入了新时代；阐明新时代军队使命任务和强军的奋斗目标、建设布局、战略指导、必由之路、强大动力、治军方式、发展路径等重大问题，把我们党对军事力量建设和运用规律的认识提高到新水平。习近平强军思想把全面推进国防和军队现代化纳入强国复兴大战略、大布局，擘画了未来几十年我军建设发展的蓝图，为我

们走好新的长征路确立了行动纲领。这些理论上的重大突破、重大创新、重大发展，为丰富和发展马克思主义军事理论作出原创性贡献，开拓了当代中国马克思主义军事理论和军事实践发展新境界。

（三）习近平强军思想是实现中华民族伟大复兴中国梦的强有力保证

习近平指出，实现中华民族伟大复兴，是中华民族近代以来最伟大的梦想。这个梦想是强国梦，对军队来说，也是强军梦。我们要实现中华民族伟大复兴，必须坚持富国与强军相统一，努力建设巩固国防和强大军队。富国和强军是实现中华民族伟大复兴的两大基石。中国梦包含强军梦，强军梦支撑中国梦。历史经验表明，任何一个国家要真正强大起来，没有坚强的军事实力作后盾是决然不行的。当前，涉及中国的领土和海洋争端，霸权国家对中国的全面威胁，“台独”等分裂势力的挑战，这些都使我们清醒地看到，没有巩固的国防，没有强大的军队，中华民族伟大复兴中国梦的实现就没有安全保障。今后十年或者更长一点的时间，既是中华民族伟大复兴进程中的关键阶段，也可能是最艰难的阶段。这就要求我们必须以习近平强军思想指导强军梦的实现，有效应对大国崛起的阻遏效应，化解各种复杂矛盾和严峻挑战，为中华民族伟大复兴中国梦的实现提供强有力保证。

第四章　现代战争

现代战争是在核威慑条件下以现代武器装备进行的常规战争。全面客观地认识和把握战争本质和规律，理解新军事变革的内涵和发展演变，认清现代战争的特点和发展趋势，树立打赢信息化战争的信心，有助于正确把握人类社会发展进步的脉搏，有利于推进新时代中国国防和军队现代化建设。

第一节　战争概述

战争是一种集体和有组织地互相使用暴力的行为，是敌对双方为了达到一定的政治、经济目的而进行的武装斗争。战争在给人类带来巨大灾难的同时，也对人类文明的发展和进步起着催化和促进作用。

一、战争的内涵

战争是人类社会最重要的活动之一，在阶级社会里，战争是一种经常性的社会现象。中国古籍称战争为争、战、征、伐、兵等。《孙子兵法》开篇既有“兵者，国之大事”的观点。战国时期的兵书《吴子》中已有“战争”一词。19世纪普鲁士著名军事理论家克劳塞维茨在《战争论》中第一个揭示了战争的本质，即战争无非是政治通过另一种手段的继续。毛泽东在《中国革命战争的战略问题》中给战争下过一个科学的定义：“战争——从有私有财产和有阶级以来就开始了的，用以解决阶级和阶级、民族和民族、国家和国家、政治集团和政治集团之间，在一定发展阶段上的矛盾的一种最高的斗争形式。”这些论断和定义为正确认识战争提供了科学依据。

战争的发生有着深刻的社会根源。自古以来，人们向往和平，对刀光剑影、硝烟弥漫的战争往往百思不得其解。人类之间为什么会发生自相残杀的战争？对于这个问题的答案，存在着“战争种族论”“战争宗教论”“战争人口论”“战争地缘政治论”等诸多观点。马克思主义的经典作家运用辩证唯物主义和历史唯物主义的世界观和方法论，科学地揭示了战争的本质和根源。首先，战争是私有制和阶级社会的产物。战争是一个社会历史范畴，它不是从来就有的，也不会永远存在下去，战争只是阶级社会特有的社会现象。其次，战争是政治需要的产物。战争是政治的继续，战争不仅是一种政治行为，而且是一种政治工具。战争是政治需要的产物，世界上只要存在霸权主义政治，存在侵略扩张政策，就存在战争发生的危险。

战争的性质,即战争的政治属性。由于交战双方发起战争的起因、进行战争的目的以及使用的手段有所不同,战争的性质也有所不同。战争的性质分为正义战争和非正义战争。正义战争是指符合人民根本利益,推动社会进步的战争。凡是被压迫阶级、被压迫民族为反抗反动统治阶级的压迫,抵御外来侵略,促进社会进步的战争,都是正义战争。非正义战争是指违背人民根本利益,阻碍社会进步的战争。凡由反动阶级、反动势力所进行的镇压和反对人民、对外扩张侵略的战争,都是非正义战争。

古往今来,人们对战争的态度有很大不同。有人恐惧战争,有人诅咒战争,有人厌恶战争,而又有人在鼓吹战争。这些不同的态度反映着人们社会立场的差异,也同人们对战争的性质和作用的认识有直接的关系。正确对待战争的基本态度有两种,一种是拥护和支持正义的战争,另一种是反对和制止非正义的战争。

二、战争的特性

战争是一种社会现象,是人类社会最复杂、最激烈、影响最大的社会活动。与政治、经济、科技、文化等社会活动相比较,战争活动有很多独有的特性。认识战争的这些特性,能够帮助我们更加准确地认识战争。

(一)对抗性

在人类社会中,人们以各种方式进行交往。人们在从事政治、经济、科技、文化等社会活动的时候,往往既有合作,又有斗争。在很多时候,政治、经济、科技、文化等领域的斗争是相对缓和的,而战争活动是不同阶级、民族、国家、政治集团之间的矛盾发展到最高阶段的产物。战争表现为交战各方大规模的、激烈的武装斗争,具有鲜明的对抗性。从某种角度上说,战争是对抗性最强的一种人类社会活动。

(二)暴烈性

战争归根结底是一种暴力活动,是交战各方采用武装手段进行的军事斗争,因而,战争比其他社会活动具有更大的暴烈性。战争暴烈性最突出的体现,就是战争中经常出现人员的大量伤亡和对社会财富的巨大破坏。据统计,人类历史上的战争共夺去约40亿人的生命。在中国的十四年的抗日战争中,中国军队就伤亡380余万人,普通民众死亡2 000余万人,财产损失600多亿美元(按1937年美元计算)。即使是在现代条件下,军队武器装备的命中精度和毁伤效能大幅度提高,交战方式由以往那种单一的“硬”摧毁转向“硬”摧毁与“软”毁伤并举,战争的破坏性依然很大,暴烈性仍然存在,不能认为,现代战争由于技术含量的提高而“慈化”和“软化”。

(三)复杂性

战争是大规模的军事斗争。交战双方为了赢得胜利,投入大量人力、物力和财力,在很多时候牵涉的范围都是巨大的。在战争进程中,交战各方要调动各种因素,相互间需要进行较长时间的反复较量,因而,战争是系统性、复杂性极强的社会活动。人们必须充分认识战争体系的各个方面、各种因素,综合采取斗争方法,而不能简单地认识和应对战争,尤其是对于民众来说,不能简单地认为战争只是军队的活动,国防和军队建设与己无关。

(四)时代性

战争是一种特殊的社会历史现象,总是处在动态发展之中。战争既非从来就有,不会永久存在。完整意义上的战争是社会生产力和生产关系发展到一定阶段的产物,是在私有制产生以后,随着阶级和国家的形成,出现压迫和被压迫时出现的。进入阶级社会以后,在不同的时代条件下,战争活动有着不同的表现。与其他某些社会活动不同,战争不会永远存在,当阶级和国家消失后,战争活动也会随之而消失,只有在那时,人类才可能赢来永久的和平。

(五)从属性

战争具有"作为政治工具的从属性"。战争是政治的继续,战争不是单纯暴力行为,而是和政治有着本质上的一致性。战争是政治发展到一定阶段的一种表现,它服从、服务于政治目的,因而这种从属性也在一定程度上制约着战争的暴烈性。

三、战争的发展历程

战争是人类发展到一定阶段的特殊产物,不同的历史阶段会呈现不同的战争形态。战争形态随着科学技术的发展和在军事上的应用而发生变化,而科学技术在军事上的主要表现,就是武器装备的发展更新,这些武器装备影响和改变了战争的形态。因此,通常用武器装备的特征来区分战争的形态。按战争形态可将战争发展历程划分为冷兵器战争、热兵器战争、机械化战争和信息化战争等四个阶段。

(一)冷兵器战争

冷兵器时代覆盖了人类社会的石器和铁器两个时代。石器时代的生产力水平极低,石器作为武器的杀伤力极为有限,这就制约了战争规模,双方没有攻防形式的区别,战场上仅凭个人的勇气和体魄进行拼杀,也没有什么作战方法可言。随着冶炼技术的发展和广泛应用,金属兵器逐渐取代了石器,尤其是铁器出现和广泛使用后,开始出现了不同功效的"十八般"兵器,并出现了车兵、步兵、骑兵和水军等军兵种,战争规模不断扩大,人们认识到不同的组合会产生不同的战斗力,开始出列阵作战,相应的作战方式和战术也得以产生,并在实践中得到发展。

(二)热兵器战争

火药的发明和在军事领域的广泛应用,给军事带来了巨大的冲击,也带来了一场军事革命,战争形态发生了一次质的飞跃,由此进入热兵器时代。火药发明于中国,但在军事上得到全面发展和应用,则是在欧洲。13—14世纪,火药通过战争,经由蒙古、阿拉伯传到欧洲。欧洲的资产阶级工业革命和科学技术的发展及其在军事领域的广泛应用,尤其是与火药的结合,导致一系列武器的出现,火枪、火炮等武器的杀伤力得到极大的提高。与之相适应,出现了炮兵、工程兵等新的兵种,近代化的海军也得以建立。通过一系列战役、战斗来决定战争的胜负。战争中相继产生了以线式和散兵作战为主的作战方式。战争规模进一步扩大,原有的军队组织体制已无法适应作战的需要,导致近代化军事组织体制的产生。

(三)机械化战争

19世纪末,科学技术得到全面、迅猛的发展,促进了军事技术的全面进步,出现了许多新的兵器和军兵种,出现了新的作战方式和作战理论,也出现了一种全新的战争形态——机械化战争。电力、内燃机和电子通信技术等在军事领域的广泛应用,使军事装备产生了质的飞跃,出现了集当时最新科学技术成就于一身的飞机、坦克,并产生了一系列相应的武器装备,如高射炮、反坦克炮、雷达等。陆军出现了坦克兵、防化兵、防空兵,以及伴随坦克作战的机步兵和针对坦克的反坦克炮兵等。海军发展成为由潜艇、航空母舰以及舰载机等构成的水下、水面和空中的立体化的现代海军。并诞生了一个新军种——空军,制空权成为战场上争夺的新的制高点。各军兵种的出现和广泛运用于战场,使传统的线式作战和单一军兵种的作战已无法适应现代作战的需要,各兵种的合同作战以及各军种的联合作战发展成为主要的作战形式。第二次世界大战中,陆、海、空军的协同作战,充分显示了机械化条件下联合作战的整体威力。

(四)信息化战争

随着以信息技术为核心的高新技术的迅猛发展和在军事上的广泛应用,战争形态由机械化战争向信息化战争转变。通常认为,1991年初爆发的海湾战争是第一场带有信息化特征的局部战争。信息时代,信息技术物化为信息化武器装备。大量信息化武器装备、单兵数字化装备和C^4ISR系统等层出不穷,使情报侦察、指挥控制、战场机动、火力打击、全维防护、综合保障等作战要素的效能得到极大提升。战场空间拓展、作战节奏加快、信息作用突出、作战行动多样、体系对抗激烈,呈现出不同以往战争形态的鲜明特点。

第二节　新军事革命

新军事革命问题是目前军事领域的一个热门话题。1991年至今,先后爆发过海湾战争、科索沃战争、阿富汗战争和伊拉克战争等四场较大规模的局部战争,这些战争的技术含量越来越高,信息化特征越来越明显,可以说集中反映了新军事革命发展的趋势和特征。

一、新军事革命的由来

“新军事革命”,是从英文翻译而来,原文为Revolution in the Military Affairs(RMA)。1979年,苏军总参谋长奥加尔科夫元帅等一批著名的苏联军事理论家就预言:先进的非核武器的出现必将引起新的军事革命。他当时认为:新兴技术将使军事学说、作战概念、训练、兵力结构、国防工业、研制重点发生革命性变化,即出现新的军事技术革命。

美国人是这场新军事革命的积极倡导者和实践者。从20世纪80年代初，美军根据“第三次浪潮战争”的要求，制定了“第三次浪潮战争理论”——“空地一体战”。1991年的海湾战争结束后，美军及战略学界开始大量出现关于RMA的论述。1994年1月，当时的美国国防部长佩里批准成立一个“军事革命高级指导委员会”，负责领导美军有关RMA的研究工作。这是美国官方最早承认和使用“RMA”这组词汇。接下来，美军依据新军事革命理论，边实践、边探索，新军事革命进入加速发展时期。1996年7月，美参联会颁发的《2010联合构想》提出“机动制敌、精确打击、全维防护和聚焦保障”的新构想。2000年5月30日，美参联会又颁发了新版联合构想——《2020联合构想》，突出强调了以信息和决策优势，获取实施各种联合军事行动的全面优势。2004年，美军建成第一个数字化军，即陆军第3军。美军计划到2030年左右，基本完成新军事革命。

新军事革命是在人类社会由工业时代向信息时代迈进、国际战略格局由两极向多极过渡的大背景下发生和发展的。世界安全形势的演变和高新技术的迅猛发展是这次军事变革的两个主要原因。冷战结束后，局部战争和武装冲突频发，呈现时起时伏的状态，特别是美国在世纪之交发动的4次战争，展示了以信息技术为核心的现代军事高技术对作战能力的“倍增效应”。“落后必然挨打”，面对美国的军事优势和咄咄逼人的战略扩张，增强军队实力、确保国家安全，就成为世界各主要国家军队建设一个无法回避的紧迫课题。以信息技术为核心的高新科技的发展，为新军事革命提供了前所未有的技术条件。信息技术在军事领域的广泛使用，催生了信息化军队和信息化战场，促使战争形态由机械化战争逐步向信息化战争过渡。

二、新军事革命的主要内容

新军事革命是把工业时代的机械化军事形态改造成信息时代的信息化军事形态的过程，核心是推动军队建设由机械化向信息化转换。因此，大力发展信息化武器装备、优化调整军队体制编制、创新军事理论和作战方式、培养军事人才就成了这次新军事革命的主要内容。

（一）发展信息化武器装备

武器装备是军队作战时直接凭借的物质手段。发展全新的信息化武器装备，既是新军事革命的首要内容，也是实现新军事革命的基本前提。20世纪70年代以来，以信息技术为核心的众多高新技术在军事领域的广泛应用，使武器装备呈现出信息化、隐形化、精确化和一体化趋势。可以说，武器装备信息化是高新武器发展的一个显著特点。研制高性能的信息化作战平台、信息化弹药、电子战装备、指挥自动化系统、单兵数字化装备以及军用无人系统，成为信息化武器装备发展重点。伊拉克战争中，美军凭借着信息化的武器装备，使其战场感知能力、远程精确打击能力和快速一体化作战能力均得到极大提高。

(二)调整军队体制编制

体制编制是影响军队整体效能发挥的关键因素。调整军队体制编制,要与建设信息化军队、打赢信息化战争相适应。与信息化军队相适应的体制编制,应该是,压缩常备军规模,裁减一般部队,增编高技术军兵种部队,使军队向小型化、多能化、一体化方向发展。现阶段主要是建设便于灵活组合的中小型模块式部队,建立适合信息快速流通的扁平网状形作战指挥体制,建立三军一体化的联合保障体制。伊拉克战争中,美军在指挥上改变了以往的分别指挥的方式,由联合作战中心实行一体化的指挥;在保障上改变了以往的逐级实施的方式,由后方基地统供,直接投送到前沿部队和分队。

(三)创新军事理论

任何一次军事变革,不仅意味着军事技术的进步、武器装备的更新、战争形态的演进和军队体制编制的调整,更是一场思想观念的解放,是一场头脑的革命。创新军事理论,实质就是换脑筋,就是用打信息化战争的思维方式取代以往打机械化战争的观念,以新的战争理念谋划未来作战和军队建设。在伊拉克战争中,美军用的就是全新的“快速决定性作战”理论。这种理论强调,作战行动必须充分利用信息化装备优势,采取“远程精确打击+小规模地面快速突击”的新战法,尽快达成战略目的。这一理论,美军早在1999年就已提出,随后在联合未来实验室进行了多次模拟实验,又经过“千年挑战2002”实兵学习检验,直至在伊拉克战争中直接运用于实战,收到了意想不到的效果。

(四)改革作战方式

20世纪90年代以来,非接触、非线式作战日益成为重要作战方式。网络中心战、太空攻防战等也将在不久的将来登上战争舞台。美军在伊拉克战争中所采用的基本方式就是非接触、非线式作战。这种作战方式不再是逐次突破推进,而是一开始就超越防御地带和自然地理屏障,直接对敌战役和战略纵深目标实施中远程精确打击,通过瘫痪对方的整个作战体系、摧毁对方的战争潜力和国家意志,来达成战略目的。在实战的同时,美军还广泛开展了心理战。在攻击伊拉克军队前,美军用发手机短信、无线广播等方式,要求伊军官兵在限定时间内换上平民服装逃走。伊拉克的大量部队就是这样被“蒸发”掉的。此外,美军近万人特种部队,大量渗透到伊拉克境内劝降、发展“线人”、指示目标、抢占要点、搞暗杀破坏等,对战争的快速取胜发挥了重要作用。

(五)培养军事人才

先进的武器装备只有同高素质的军人有机结合才能形成强大的战斗力,所以培养和争夺高素质的军事人才是当前世界各国新一轮军事竞争的焦点,世界各国军队都强调人的主导地位和决定作用,把提高军人综合素质、造就新型军事人才摆在突出位置。首先各国将人才培训的目标定为信息化:全面培养军人的信息化素质能力,积极培养信息时代的军事领导者,培养信息战专家和信息技术人才。二是探索多途径培训渠道:发挥训练中心的作用,广泛采用模拟训练技术,依托国民教育体系培养军事人才。三是采用高效益的用人模式:采取多种措施吸引人才,优化人才成长机制,严格制度管理人才。军事领域的竞争归根结底是人才的竞争,只有实现了人的素质的革命性提高,出现了大批与信息化武器装备相适应的军事人才,才标志着军事变革的最终完成。

三、新军事革命的主要特征

世界新军事革命的深度和广度都超过前三次军事变革的任何一次,是对旧的军事形态脱胎换骨的改造,是世界军事发展史上一次新的历史性飞跃,其具有以下六个方面的特征。

(一)发起的主动性

以前是“有什么武器打什么仗”来推动军事变革,现在是“打什么仗发展什么武器”来牵引军事变革。在新军事革命中,军事理论首先发展起来并用以指导多方面的军事实践。与以往军事变革相比,这次变革一个十分突出的特点就是:由军事家、战略家率先提出构想,经过实验室反复模拟,尔后由一家带头,其余跟进,加速发展。可以说,这次变革,是先设计,后实践,主动地变。而前三次军事变革却是被动应对科技和装备的发展变化,军事理论和体制编制随后与之相适应,尔后整体推进,实现飞跃,完成变革。

(二)范围的广泛性

新军事革命波及的国家越来越多,目前世界五大洲的主要发达国家和一些发展中国家已经启动军事变革,还有不少国家也正在自觉不自觉地走上新军事革命。新军事革命范畴已经拓展到了外层空间,并且还从陆、海、空、天等物理空间拓展到了信息空间、认知空间等无形空间,使得军事变革空间拓展发生了质的变化。新军事革命所改革的和创新的领域也越来越广:不仅包括军事技术、武器装备、部队编制、指挥体制、军事训练、军人素质、后勤保障和战争动员等客观要素,而且包括了军事理论、军事思想、军事观念、军事思维等主观要素,基本涵盖了军事形态的各个方面和各个领域。

(三)变革的整体性

新军事革命是诸兵种、所有军事领域的整体推进,把提高军事系统整体效能放在特别重要的位置,属整体筹划、全面发展。新军事革命在技术进步推动武器装备发展的初始阶段,理论创新甚至是作战编成改革试验就已经开始,两者互为牵引、相互促进、共同提高,构成了军事变革的一种新的运动规律和发展机制。新军事革命追求的是整个作战体系的综合效能更优,军种之间相互借鉴,取长补短,信息技术共用、信息资源共享、指挥控制互联、信息网络互通、武器装备互操作的三军联动,协调发展。另外在技术基础上,新军事革命较以往军事变革一个重要区别在于技术的军民通用性和易扩散性,有军事专家认为,未来信息化战争已经没有明确的军民之分,要把军队和地方的各种资源，特别是信息资源作为一个整体来看，进行整体筹划、整体建设、整体使用。

（四）推进的快速性

据分析，这次新军事革命的主要展开阶段是从20世纪90年代初到21世纪中叶，将持续60年左右的时间；整个进行期预计为20世纪70年代到21世纪70年代。这一时间与以前的历次军事革命的持续时间相比是很短的。这次新军事革命的进展之所以如此迅速，第一，是人类社会的进步越来越快，是加速度，而不是匀速度。这主要是因为科学技术和社会生产力的发展日益加快，各国的经济可承受力越来越强，世界各地的联系越来越紧密。而社会与军事密不可分，社会进步的加速必然导致军事发展的加快，导致军事变革的快速进行。第二，信息技术具有发展快、渗透性强、传播广的特性。它既是一种渗透与融合于所有高技术群的复合技术，又是一种军民两用技术。信息技术的这些特性决定了新军事革命发展的快速性，因为信息技术的发展是这次军事革命发生发展的直接动力。第三，全球网络化程度高，信息传播快。由于信息时代的来临，人类已经住进了“地球村”，各国联系密切，人员交往频繁，信息传输快捷，地球这一端发生的事情会很快传到另一端。在这种情况下，率先进行新军事革命的国家的经验教训会很快被其他国所汲取，使新军事革命在世界范围内快速进行，而不是像以前的军事革命那样，由于地理上的隔绝，交通不便，信息传播慢，在很长时间只局限于一个地区。

（五）内涵的深刻性

新军事革命的深刻性，是军事上的一次“质的飞跃”。新军事革命的主要任务就是把工业时代的机械化军队改造成信息时代的信息化军队，因此，构成军队的各要素都要实现从工业时代向信息时代的质变。人们的军事思维要完成从机械化思维向信息化思维的过渡；各国的机械化军事理论要让位于信息化军事理论；军事技术革命要从军事工程革命走到军事信息革命；各国军队的机械化武器装备体系要被信息化武器装备体系所代替；适于打机械化战争的层级型军队体制编制，要过渡到适于信息化战争的、便于信息快速流动与使用的扁平型军队体制编制；军事人员要完成从技能型到智能型的转变，要有很高的信息素养。

（六）发展的不平衡性

世界新军事革命发展的不平衡性主要表现在两个方面：一是军事形态的各项构成要素不是齐头并进地发生跨时代变革，而是有快有慢。新军事革命各要素的发展速度各不相同，先进的武器系统、创新的军事学说、变革的体制编制三个新军事革命的基本要素在发展过程中并不是同步和协调的，是不平衡的，这三者当中武器系统走在了前面。二是各国推行新军事革命的进程不同，有的国家在新军事革命的道路上已经走了很长的距离，而有的国家则刚刚起步。美国启动新军事革命最早，投入最大，进展最快。由于措施得力，美国新军事革命进展很快，不仅与发展中国家军队形成了“时代差”，也拉大了与其他发达国家军队的差距。

第三节　信息化战争

当今世界,信息技术的迅猛发展,正促成一个信息化时代的到来。随着信息技术在军事领域的广泛应用,现代战争已进入信息化战争阶段。

一、信息化战争的内涵

信息化战争是信息时代的基本战争形态,是由信息化军队在陆、海、空、天、信息、认知六维空间用信息化武器装备进行的,以信息和知识为主要作战力量的,附带杀伤破坏减到最低限度的战争。信息化战争的基本内涵可以从以下六个方面进行理解:一是时代性,因为在信息时代,有多种形态的战争,但信息化战争是最基本的、最主要的战争形态,就像在工业时代机械化战争是战争的最基本形态一样;二是交战双方至少有一方是信息化军队;三是要使用信息化武器装备,各作战单元网络化、一体化;四是要在多维战略空间进行,特别是太空、信息和认知空间;五是在物质、能量和信息等构成的作战力量诸要素中,信息起主导作用;六是战争中的必要破坏和"流血暴力"依然存在,但附带杀伤破坏将降到最低限度。

信息化战争中的信息是指一切与敌我双方军队、武器和作战有关的事实、过程、状态和方式直接或间接地被特定系统所接收和理解的内容。就对信息(数量和质量)的依赖程度而言,过去的任何战争都不及信息化战争。在传统战争中,双方更注重在物质力量基础上的综合较量,如机械化战争主要表现为钢铁的较量,是整个国家机器大工业生产能力的全面竞赛。信息化战争并不排斥物质力量的较量,但更主要的是知识的较量,是创新能力和创新速度的竞赛。知识将成为战争毁灭力的主要来源。

二、信息化战争的演变与发展

信息化战争与人类其他社会活动一样,也要经历一个从萌生、发展到成熟的过程。正确认识信息化战争的发展过程及其规律性,有助于人们更好地把握信息化战争的本质,把握军队发展的历史方位和建设基点;有助于有预见性地推进战争理论的研究与发展。

从信息因素的作用角度,可以把人类全部战争划分为"信息蒙昧时期"和"信息文明时期"两个大的阶段。从原始战争到金属化战争、火药化战争、机械化战争,直到1946年第一台电子计算机问世前,都可归入信息蒙昧期。从第一台电子计算机问世至今,人类战争进入信息文明期。

进入信息文明期,意味着信息化战争开始萌生。它又经历了信息化战争的萌生期、信息化战争与机械化战争并生期和信息化战争的独立发展期三个基本阶段。信息化战争萌生期始于1946年第一台电子计算机问世之后,终于20世纪60年代数字化装备正式装备部队之前;从数字化装备列装到海湾战争结束,为信息化作战与机械化作战并生期；从海湾战争之后战争进入信息化作战主导期，经过近10年的发展，1999年的科索沃战争成为信息化战争开始走向成熟的标志。信息化作战主导期，也就是信息化战争的独立发展期。这一时期，将经历数字化阶段、网络化阶段和智能化阶段。

（一）数字化阶段

数字化，就是将各种文字、图形、图像、声音等信息首先转为“0”和“1”二进制数序形式的数字电信号，经计算机编码处理，由数字信息设备传送到用户后，再由计算机还原成所需要的文字、图形、图像、声音、数据或控制指令的信息处理过程。数字化是信息化的必备条件，是实现系统化的基础。

在信息化战争发展过程中，信息技术的发展经历了从模拟信息到数字信息的演变过程。严格说来，从1946年第一台计算机问世，就开始以“0”和“l”这种数字方式处理信息，但这种信息方式运用于军用武器装备，却用了十多年的时间。1959年，美国研制出了第一台野战炮兵数字化计算机“法达克”，1960年装备部队。70年代，美国又研制了具有传输和射击指挥功能的炮兵战术指挥系统“塔克法”，实现了连接观察哨—指挥所—火炮的自动信息传输和指挥环路，使炮兵连的火力反应时间从十几分钟缩短到十几秒钟。从80年代开始，数字信息技术逐步进入无线电通信领域，数字微波、数字卫星通信、数字移动通信等先后出现，特别是数字技术与通信技术和网络技术进一步结合，产生了综合数字网(ISDN)，实现了利用单一的通信网络就能够以数字信息方式完成包括语音、图像、图形在内的多种信息业务的传送和处理。在军事领域，数字技术在计算机、通信系统、软件系统、传感器系统、定位系统和模拟系统等多方面广泛应用，使战争中武器的控制能力显著增强，反应速度明显加快，精确度大幅度提高，从而把战争推向了精确作战的新时代。这就是信息化战争发展的第一阶段，时间上大致从1959年美国第一台野战数字化炮兵计算机问世到海湾战争结束。

（二）网络化阶段

海湾战争之后，随着作战体系的日益复杂，数字技术与网络技术进行实质性结合已成为战争实践的迫切需要，在这种背景下，美军正式启动了网络化发展的进程，由此也把信息化战争推向网络化的新阶段。

网络化，简单说就是利用信息技术和计算机技术，把若干个数字化作战单元连成网络，实现局部的一体化，通常称之为局域网，它是信息化的结构形态和物质基础，是实现系统化的中间环节和必备条件。随着网络系统集成程度的提高，各局域网之间的“篱笆”在不断被拆除，越来越深入地融入更大的系统，即通过对众多作战子系统实施综合集成，实现各数字化单元之间到子系统的无缝链接和信息顺畅流动，形成一体化的作战体系，从而最大限度地发挥所有作战力量的整体效能。1993年，美军作战部队共有1 849种大型作战指挥信息系统，59个数据中心，154个大型局域网络。而到2000年时已分别减到770个、16个和59个。从这里可以看出，子系统不断扩大、局域网数量逐步减少，是目前网络化的子系统的发展过程和趋势。网络化的最终结果是实现整体作战体系的网络一体化，战争的对抗将真正变成交战双方体系与体系、系统与系统的对抗。

（三）智能化阶段

智能化阶段是数字化和网络化的延伸，实质是在数字化网络化的基础上，通过加入智能化因素，使网络作战体系实现自动化，其作战体系的突出特征是分散化和无人化。

智能化阶段，在武器单元、指挥决策、作战行动等方面都将具有较高的智能化水平。比如：第一代精确制导武器，需要射手跟踪目标，对导弹飞行过程进行不间断的控制；第二代精确制导武器被称为“发射后不管”的兵器，能自动瞄准目标，发射后自动寻的命中目标；第三代精确制导武器，只要确定特定目标，不必瞄准，导弹发射后就自动探测、识别、跟踪，直至命中目标。美国正在研制的采用人工智能技术的第四、第五代精确制导武器，是目前世界上智能化程度最高的信息化武器装备，除能自动寻的攻击目标外，还有一定的逻辑判断、对比和识别能力，在实施攻击时，不仅可以进行威胁判断、多目标选择和自适应抗干扰，还能自动选择最佳命中点，自动寻找目标最易损、最薄弱的部位，以获取最高作战效能。在战争体系上，机器将部分地代替人脑的决策和思维功能，作战体系具有一定程度的自主判断与自主决策能力；战争将呈现出“武器装备的数字化＋作战体系的网络化＋体系联动的自动化＋战争机器的无人化”的特征。届时，能代替士兵遂行各种军事任务的军用智能机器人即军用无人系统，将在战争中发挥更大的作用。美军预言：2015年，美军地面战斗车辆中将有1／3是无人战车；2050年，美军将不再有有人驾驶的作战飞机。俄罗斯的苏－35飞机，智能化水平显著提高，机身装有1 500个天线和传感器，信息由计算机接收与处理。这些，已经预示了战争向智能化发展的方向。

三、信息化战争的基本特征

（一）战场空间多维化

战场空间是整个战争作战行动所涉及的领域，也是交战双方对抗的舞台和环境。作战空间随着科学技术和武器装备的发展逐渐呈现出日益拓展的趋向。人类战争历史上由于飞机的问世和航空技术的发展，作战空间发生了第一次革命性变化，由陆、海平面战场发展为陆、海、空三维的立体战场。

战场空间作为一种客观存在，在不同的战争形态下有其不同的内涵和构成形式。机械化战争中，交战的舞台主要是在陆、海、空等物理空间展开，重点是在陆地、海洋和空中进行。

信息化中，虽然活动的依托仍然离不开物理空间，但决定战争胜负的因素主要取决于信息空间。主要包括网络空间、电磁空间和心理空间。高技术局部战争的实践表明，信息化战争的作战空间明显拓展，呈现出陆、海、空、天、电等多维一体化趋势。战争的相关空间扩大而直接交战空间缩小；由地面、空中扩展到太空；由物理领域扩展到信息领域；由人脑空间扩展到电脑空间等等。

首先，物理空间超大无限。第一次世界大战中，决定战争胜负的马恩河战役、亚眠战役，战场范围仅有数百至数千平方千米。第二次世界大战中，决定胜负的维斯瓦河奥得河战役、柏林战役、诺曼底战役，战场范围也不过数万或数十万平方千米。而海湾战争，战场空间急剧扩展，东起波斯湾、西至地中海、南到红海、北达土耳其，总面积达到一千四百万平方千米。阿富汗战争，其作战规模远不及海湾战争和科索沃战争，但其作战空间范围要远比海湾战争和科索沃战争大得多。美军在空中部署有各种侦察、预警飞机，全方位、全时段监视对方的所有行动。在外层空间利用多颗卫星组成太空侦测网，全面监视、搜寻塔利班和拉登的动向。随着军事信息技术的高速发展，未来信息化战争的作战空间将在目前陆、海、空、天的基础上进一步拓展。

其次，信息空间多维广阔。信息空间是一个全新的概念，它包括电磁空间、网络空间和心理空间，渗透于陆、海、空、天各个战场领域。由于信息和信息流"无疆无界"，使得信息作战的领域大大突破了传统的战场界限，是一个超大无形、领域广阔的作战空间。

电磁空间是信息空间的重要组成部分。电磁战场被称作继陆、海、空、天之后的"第五维战场"，是信息化战争的重要作战空间。

网络空间是人类进入信息社会的必然产物。信息时代的一个明显标志就是计算机和计算机网络技术的广泛应用。信息高速公路在全球范围内逐步建成，时空的概念正在急剧缩小。网络空间的出现，使地理上的距离概念和国家之间的地理分界线将在信息对抗中失去意义，凡是与网络空间相联系的目标都可能遭到攻击。

心理空间特别是决策者的思维空间是信息化战争的重要作战空间。心理是控制和决定人的行为的重要因素，心理空间的对抗备受各国军队的重视。美军不仅编有心理战部队，而且正在研制"噪声仿真器""电子啸叫器"等专用心理战武器。美军在近期几场局部战争中都采取了军事打击与攻心并举的方针，成功地实施了心理战。战争的实践证明，心理空间作为信息作战空间的一个重要组成部分已体现得非常明显。

信息化战争战场空间广泛、流动快速，则要求军队必须拥有能够与敌进行机动对抗的能力，包括机动能力、机动打击能力、机动应变能力等等，这些已成为信息化战争中军队取得作战主动权和战场空间行动自由权的必要条件。

（二）作战力量一体化

现代信息化战争条件下，军兵种间的高度协同统一，是完成作战任务的先决条件，也是搞好未来作战保障的重要保证。

为更好地适应未来信息化战争需要，近年来一些国家军队狠抓"军种一体化"建设。2004年初，德国打破军种界限，建立了由"快速反应部队""稳定部队"和"支援部队"三部分组成的新的德国国防军，德海军将撤销全部按舰种设立的分舰队，进行分别重组，并组建新的海军特种作战部队；目前美军正紧锣密鼓地组建一支由海军航母战斗群和一定数量的空军及海军陆战队组成的联合军种试验部队;俄军也将在未来10~15年内组建一支集军种作战能力于一身的"多用途机动部队"。

信息化战争,一是作战力量一体化。通过信息网络和信息技术,可以将处于不同空间位置的各种作战能力联结成一个有机整体,形成一体化作战力量。二是作战行动一体化。信息化战争中的主要作战样式,是两个以上的军种按照总的企图和统一计划,在联合指挥机构的统一指挥下共同进行的联合作战,其作战行动具有一体化的特征。三是作战指挥一体化。信息化战争中,集指挥、控制、通信、计算机、火力、情报、侦察和监视于一体的C^4KISR系统,为作战指挥提供了准确的战场情报、快速的通信联络、科学的辅助决策、实时的反馈监控,从而使树状的指挥体制将逐渐被扁平为网络化的指挥体制所代替,使作战指挥实现了一体化。四是综合保障一体化。保障军队为遂行作战任务而采取的作战保障、后勤保障、装备保障、政治工作保障等各项保障措施实现了一体化。

信息化战争最突出的特点是作战体系、作战行动和指挥控制的一体化。作战体系的一体化是一体化作战的基础。机械化战争以前的作战,一项任务要由几件单独的武器来完成,作战单元的功能是单一的;作战的各个功能要素,如目标探测、跟踪识别、火力控制、作战指挥、火力打击、战场机动等,也都是相对独立的。信息化条件下,战争体系和作战行动趋向一体化,包括功能上的一体化和结构上的一体化。在功能上,许多任务将由同一个武器系统来完成;在结构上,一体化联合部队将取代目前的军兵种分立的功能单一的部队。近期,将在现有军种结构的基础上,消除军兵种间协同上的制度"缝隙"和技术"缝隙",逐步建设战区级诸军种联合部队和联勤保障体系,完善联合部队各军种之间的横向互联;中期,将按网络化联合部队的要求,完成"战役军团级",联合部队建设和重点方向的"高级战术兵团级"联合部队建设,根据不同作战方向,完成诸军种不同组合形式的"战役军团级"联合指挥体制改革,形成统帅部、战区、"战役军团级"("高级战术兵团级")三级军政军令合一的诸军种联合指挥体制,完成各军兵种、各联合部队、各主要作战单元的网络化联结,形成一体化联合作战体系。届时,将通过各级C^4ISR系统等信息平台和数据链,将战场上各种武器系统、作战平台、保障装备联为一体,使战区内外的作战部队、火力单位和作战保障协调行动,依托这个体系,可以使作战力量进行真正意义上的一体化联合。

(三)作战节奏快速化

信息时代的军队更注重质量和效能。由数量制胜转变为质量制胜,是战争发生的显著变化之一。随着计算机、电子通信、卫星技术和信息化武器装备的发展,信息化战争的作战节奏和作战速度将比机械化战争大大提高,持续时间明显缩短。

数字信息技术广泛运用于战场侦察监测设备和信息快速传输网络,实现了信息的实时获取、实时传输、实时处理,使得信息流动速度空前加快,作战行动得以快速进行。以往战争都要经历的发现目标、进行决策、下达命令、部队行动等环节几乎是同步进行的。战场信息流动加快必然使得作战周期缩短。

精确制导武器和高技术作战平台的结合使用,增强了从敌人防区外实施打击的能力,可大大降低己方的作战损失;攻击精度的不断提高,可大大减少武器消耗数量。第二次世界大战中要用9 000枚普通炸弹才能炸毁一个目标,现在只要1～2枚导弹或制导炸弹就可以解决问题,作战节奏和进程自然会越来越快。

在信息化战争中,非接触式、非线式作战将成为主要形式,作战行动将在所有作战空间和战场全纵深同时展开,首要打击目标将直接指向敌人重心。尤其是信息战威力巨大,甚至在敌人毫不知情的状态下,几个黑客顷刻间就有可能令敌国经济和社会陷入瘫痪,从而迅速达成战争目的。

(四)武器装备信息化

科学技术在军事领域的运用,尤其物化为战争"手臂",是引起战争形态发生深刻变革的根本原因。工业时代的战争,以机械化武器装备为物质基础;而信息时代的战争,则是以信息化武器装备系统为物质基础。信息化的武器装备系统,又是以计算机技术为核心、以信息技术为基础的一体化的武器装备系统。其构成主要包括信息武器、单兵数字化装备和C^4KISR系统。

信息武器系统,包括软杀伤型信息武器和硬杀伤型武器。软杀伤型信息武器,是指以计算机病毒武器为代表的网络攻击型信息武器和以电子战武器为代表的电子攻击型信息武器。这类武器已在海湾战争中开始使用。硬杀伤型信息武器,主要是指精确制导武器和各种信息化作战平台。信息化作战平台,装有大量的电子信息传感设备,并与C^4KISR系统联网。它们集侦察、干扰、欺骗和打击功能于一体,既可实时战场探测,为精确打击和各种战场行动提供目标信息,还可实施信息攻防作战,是信息化战争的重要物质基础。

单兵数字化装备,是指士兵在数字化战场上使用的个人装备,也称信息士兵系统(它由单兵计算机和无线电分系统、综合头盔分系统、武器分系统、综合人体防护分系统和电源分系统5个部分组成)。信息化的士兵装备,既是战场网络系统的一个终端,也是基本的作战单元,具有人机一体化的远程传感能力、攻击和生存能力,能够实时地为炮兵和执行空地作战任务的飞机提供数字化的目标信息。阿富汗战争中,美空军准确无误地对地面目标实施攻击,就是得益于特种作战部队装备的信息士兵系统将整个战场数字化网络连为一体,为其提供了及时准确的目标数据。单兵数字化装备的出现和运用,意味着陆军作战效能将出现革命性变化。

C^4KISR系统,是战场指挥、控制、通信、计算机、杀伤、情报、监视和侦察系统的简称,它把作战指挥控制的各个要素、各个作战单元黏合在一起,是军队发挥整体效能的"神经和大脑"。在信息化战争中,C^4KISR系统是敌对双方的主要作战目标,围绕着C^4KISR系统展开的攻击和防护成为战争的重要作战行动。海湾战争具有划时代的意义。在人类历史上,它是工业时代向信息时代过渡时期发生的一场战争,尽管还称不上完整意义上的信息化战争,但是它所显示的信息化战争的特征,在而后的科索沃战争、阿富汗战争、伊拉克战争中,已经表现得十分清楚。

(五)作战效果精确化

信息化战争中,在多层次、全方位、全时空的情报、侦察和监视网络的支持下,使用大量的精确制导武器,使各种作战行动的精确化程度越来越高。信息化战争的主要特点是侦察预警精确、机动定位精确、指挥协调精确、信息传递精确、目标打击精确、毁伤评估精确。

侦察预警精确,是指情报准确无误,这是实现精确打击的基础和源头。机动定位精确,是指在发现目标之后,能对目标进行准确定位,只有确定了目标的方位距离及特征之后,才能选择武器使用方案。武器运载平台在向目标进行机动的过程中,如果能够掌握准确的目标定位信息,就会以最快的速度到达最准确的位置,做到先敌使用武器,将目标摧毁。

指挥协调精确,是指不同兵种在完成某些共同任务过程中应能精确协同。

信息传递精确,是指传递的信息不能模糊、失真或模棱两可,否则将直接影响打击的效能。

目标打击精确,是指对目标进行打击的武器命中概率应在50%~80%,圆概率误差应在1~10米。打击精确能节省弹药,提高效能,缩短作战时间。

毁伤评估精确,是指在实施目标打击之后,必须使用无人机或地面特种部队侦察力量对目标毁损情况进行判定,以便确定目标毁损的程度。目标毁伤评估极为重要,由于战场情况复杂,受敌情、气象、地理及烟雾等条件的限制,任何一场战争中毁伤评估都不能令人满意。随着武器精度的提高,作战效能大幅度提高,附带损伤逐渐大幅度减少。伊拉克战争中,前10天的空袭就使用了2 000多枚精确制导弹药,占武器总量的90%以上。从近期几场战争来看,美军始终把精确制导武器作为主导型武器使用,从而实现了非对称作战、非接触作战和非线式作战。

除对目标进行精确打击之外,陆、海、空、天、电协同一体,使信息优势转化为战场优势,使指挥员能够通观战场全局,控制战场态势,把握战局走向,从而实现精确机动。

四、信息化战争的发展趋势

战争形态正处在一个从机械化战争向信息化战争过渡的转型期。因此,在当前条件下,要准确地预测信息化战争的发展趋势还比较困难。根据历史发展的逻辑轨迹,运用历史唯物主义的方法,大致地勾画出未来信息化战争的发展趋势。

(一)战争的表现形式不断拓展

未来的信息化战争将在战争的暴力性、战争的层次以及战争的主题等方面发生重大的变化,从而使传统的战争概念受到冲击,战争的表现形式有了很大的拓展。

1. 战争趋于“人性化”

信息化战争中通过高效能武器,确实减少了许多战火,改变了传统战争一打就是几年甚至数十年的局面。过去战争的结果表现为对人的生命和物质的毁灭,战场上所见之处无不是残垣断壁、血流成河的残酷场面。特别是20世纪的两次世界大战，造成亿万无辜平民的死伤，给人类带来了深重灾难。在信息化战争中，这样的场面将发生改变。

信息化战争是在核生化威慑的大氛围下进行的，其威慑效应避免了传统战争必须要毁灭对方才能结束战争的惨烈局面。信息技术在军事领域的广泛应用使信息化战争的打击方式已经由过去对“面”的打击转向对“点”的打击。随着精确制导武器在战争中的大量使用，武器的命中精度得到了极大提高。在信息化战争条件下，要完成对某个目标的摧毁，主要不是以“地毯式”轰炸或“饱和”“超饱和”火力打击来实现，而是使用制导武器对目标实施精确打击。这不仅极大地提高了武器的作战效能，也大大减少了战争的直接和附带伤亡。武器装备的信息化使战争双方把斗争的焦点转到信息领域，打击方式也由单一的火力“硬”摧毁，转到了“硬”摧毁与“软”毁伤并举。信息和信息系统既是武器，也是交战双方攻击的主要目标。主要是通过重点打击对方的侦察预警、指挥控制和防空作战系统、瘫痪对方的整个作战体系，摧毁对方的战争潜力、经济潜力和国家意志，达到战略目的。战争暴力性将会减弱，“人性化”增强，传统战争的暴力行动，将被非暴力的“软”打击行动所替代。

2. 战场趋于可视化

信息化战争综合运用陆、海、空、天、信息、认知等各种战场态势感知系统展开情报侦察行动。在外层空间通过发射和变轨等方式，使用太空的军事侦察卫星、遥感卫星、对地观测卫星等；在空中动用战略侦察机、电子侦察机、联合监视与目标攻击雷达系统飞机以及无人驾驶侦察机等；在地面和海上，使用各型雷达与光学探测器。由于态势感知范围增大，可以在全球范围内实施全纵深、立体化的侦察与监视；电磁频谱将覆盖从极低频、短波、微波(含毫米波、亚毫米波)、红外到可见光等全谱段，电磁空间将全方位扩展，并相互渗透。这种多层次、多来源、全时空、近实时的多维感知系统，使战场变得可视化。

3. 战争动员全民化

传统的战争主要发生在国家和政治集团之间，战争打击的目标主要是对方的军事力量和战争潜力，战争的主体是军队。而在信息时代，由于信息技术和信息系统高度发展，计算机网络连通了整个世界，使得整个世界的政治、经济、科技和文化的联系日益密切，国家的安全受到来自多个方面、多种势力的威胁，表现出易遭攻击的脆弱性。实施信息攻击的主体既可能是军队，也可能是社会团体，还可能包括恐怖组织、贩毒集团和宗教极端分子等。

随着科学技术的发展，制造常规弹药易如反掌，制造核武器、化学武器和生物武器的技术也正在越来越多地被人们了解和掌握，这就使一些社会团体和组织，不仅可以掌握和使用常规武器，而且也有可能掌握和使用核生化武器，以及掌握和使用计算机病毒等信息武器。因此，这种情况使国家安全面临着严峻的挑战，并使得发动和从事战争的主体呈现出多元化的特征。当战争爆发时，受到攻击的一方，可能难以判明谁是真正的对手,也难以迅速做出有效的反应和反击。战争不仅会在国家与国家之间展开,而且也可能会在社会团体与社会团体之间、社会团体与国家之间、少数个人与社会团体之间展开。为了应对这种挑战,紧紧依靠军队力量是不够的,还必须依靠社会的各种力量,进行广泛的全民战争。

(二)战争的内涵趋于扩大

1. 信息化作战的高技术含量提升

在信息化战争中,人的智能和武器装备的信息技术含量的高低是决定信息化战争胜负的主要因素,知识是军队战斗力的基石。毛泽东同志说过:"没有文化的军队是愚蠢的军队,而愚蠢的军队是不能战胜敌人的。"未来的信息化战争,从某种意义上说,就是知识的较量。信息作战作为当代高新科技集中应用的领域,时刻都显示着高技术对抗性,不仅是高技术武器装备的对抗,更是高素质人才的知识、智力对抗。

2. 信息化作战的对抗性全面融合

未来信息作战中为了全面夺取制信息权,作战双方必须运用各种信息作战力量和武器,对敌方信息系统实施全方位、全目标的攻击。以"信息流"控制"能量流""人员流"和"物质流",削弱和剥夺敌方的信息优势,建立和保持己方的信息优势,最终通过攻击敌方的认识与信念,迫使其放弃对抗进而结束抵抗,停止战争,以收到"不战而屈人之兵"之功效。

3. 信息化作战过程实时化

作战行动实时化是指部队在战场上反应敏捷、行动迅速,实时地根据战场态势的最新变化,在极短时间内做出决策,制订计划,以最快的速度将战斗力量直接投放到新出现的战场态势上,迅速达到行动目的。而不是像以往战争那样,实施一次战役或战斗,往往需要提前几天至少需要数小时,进行多方筹划,尔后才按部就班地采取行动。

一是战场信息获取实时化。战场信息获取能力的增强奠定了作战行动实时化的基础。目标发现效率的高低直接影响着战斗行动效率的发挥。高度信息化的侦察设备大大扩展了战场信息获取的范围,缩短了对目标的侦测反应时间。这种高精度、大范围、近实时的战场信息获取能力,使得拥有信息化武器的一方,能及早获取信息,迅速做出决策,近实时地采取行动。

二是战场感知实时化。在信息化战争中,战场的信息传递、处理实现了网络化,互联网络不仅保证了同一距离上信息传递速度大为提高,而且实现了各网络用户的战场信息共享。战场目标信息一旦获取,指挥中心、有关部(分)队、战斗单元都可以同时共享,而作战命令和作战计划的相关内容则可以通过网络同时传达给各下级单位甚至战斗员。这样,从获取信息到采取行动的时间大为缩短了,由过去的几天、几小时缩短到几分、几秒,基本做到了实时化。计算机数据自动处理代替繁琐的手工作业方式,从而大大加快了战场信息的处理速度。据有关资料显示,在以往的战争中,运用手工作业方式,指挥员要把85%的时间用于大量的信息处理和复杂的信息数据计算上，而真正考虑战役战术问题的时间只有15%。信息处理实现自动化后，指挥人员至少可用85%的时间去进行创造性的决策活动。当战场信息传递到指挥中心后，计算机就自动对各种信息数据进行综合、分类、存贮、更新和计算，协助参谋人员拟制作战预案，并可快速地运用有关数学方法对各种方案进行运筹分析、评估选优，选出最佳方案，供指挥员决策参考，一旦定下决心，计算机就可迅速地以文字、表格、图形、图像等形式输出作战计划，从而省去了大量的时间，使定下作战决心与作战进程几乎同步进行。

4. 战争发展变化的高度不确定性和结果的可预测性

军事领域是最不保守、最具创造性的活动领域之一。信息作战作为人类战争史上一种崭新的作战样式，其攻防手段、方式、方法、地点、时间、力量大小等都没有现成的理论作指导，也没有固定的模式可供借鉴，其发展变化充满着不确定性。

在未来信息化战争中，网上推演、模拟仿真、效果评估可以精确地逼近现实，战争尚未开始，胜败就能在预料之中了。

5. 战争威力不断提升

大量新概念武器的使用将使信息化战争的作战效能具有亚核效果。在信息化时代，随着科学技术的进一步发展，大量新概念武器会不断出现和应用于战争。这些新概念武器具有完全不同的杀伤和破坏机理，它们是通过使对方的作战人员和武器装备丧失作战功能，或通过改变敌国的生态和自然环境来达成战争目的的。

新概念武器中具有大面积破坏与毁伤效果的主要有次声波武器、电磁脉冲武器、激光武器和气象武器等。次声波武器具有洲际传送能力，并且可以穿透10多米厚的钢筋混凝土，因此作用范围极广。在高空施放的电磁脉冲弹可以在瞬间使大范围的电子设备丧失功能。在信息化战争中，大量新概念武器装备虽然不具备核武器那种大规模、大范围的物理杀伤和破坏作用，但他们所拥有的系统集成能力、战场控制能力、精确摧毁能力和能够高效达成战略目的的能力是核武器所无法相比的。从这个意义上说，信息化战争具备了亚核战争的威力。

6. 太空将成为战略制高点

部队信息能力的提高、“三非”作战的实施、信息化作战体系的建立都离不开各类天基系统的支持。没有对太空的有效控制和利用，信息化建设、信息化战争，甚至是新军事变革都无从谈起，太空正从一般意义上的作战支援空间向现实作战空间转变。各大国都在着力增强对太空的争夺和控制能力：一是大力发展太空作战武器系统，二是加紧建设太空战场，三是筹划组建太空作战部队，四是开始构建太空作战理论体系，五是进行太空作战演习。可以说，在21世纪是否拥有太空这个战略制高点，将成为衡量一个国家军事力量强弱的重要标志。

（三）战争的主体趋于小型化、一体化和智能化

战争的主体——军队，是国家或政治集团为准备和实施战争而建立的正规的武装组织，是国家政权的主要成分，是执行政治任务的武装集团，是对外抵抗或实施侵略、对内巩固政权的主要暴力工具，是连接军事技术和作战理论的纽带。军队的演变是同社会生产力的提高、经济和政治制度的变革、科学技术的进步、战争实践和军事理论的发展等因素紧密相连的。因此，一场军事变革获得完整的历史形态就必须实现军队组织体制的革命性变革。在未来信息化战争中，伴随着新军事变革的步伐，军队组织必将趋于高度的小型化、一体化和智能化。

1. 军队的规模将加速小型化

未来信息化战争中，先进的信息化系统和远距离的投送能力为军队的小型化奠定了基础。军队作战能力的指数增长，使得小规模的高度一体化和智能化的军队，即可完成过去由数量庞大的军队才能达成的战略目的。

组织变革是军事变革的核心内容，调整改革军队体制编制是实现人和武器有机结合，最终完成新军事变革的关键。世界各国高度重视重组优化军队内部结构，促使军队体制编制向着精干、合成、高效的方向发展。因此，未来军队的组织体制在数量规模上讲具有以下两个基本的发展趋势：

一是军队的总体规模将大幅度缩小。进入21世纪，美国的军队规模已从20世纪90年代初的200万人减到138万人，陆军从原来的18个师减少到9个师，真正满编的师只有3个；俄罗斯军队从原来的280万减至70万，从原有的5个军种裁并为3个军种；2005年底，我军总员额降至230万。可以断言，随着军队的信息化程度和作战能力的不断提升，缩减军队规模将是必然的趋势。

二是作战部队的建制规模将更加小型灵巧。未来，旅、营或更低级别的战术单位将成为主要的作战建制，并可能出现按作战职能编成的小型作战群或能够同时在多维空间作战的一体化的小型“联合体”。此外，为适应未来信息化战争的需要，一些技术密集、小巧精干的新型兵种作战单元也将相继出现并逐步增多。目前，美、德、英、法等国家的军队已经组建了60多个计算机应急反应分队；美国空军组建的第609信息战中队，已经初步具备了用信息和信息系统实施攻防作战的能力。

2. 军队的构成将高度一体化

未来信息化战争是高度一体化的作战，未来军队将是“超联合”的一体化作战部队。在信息时代，传统的诸军种力量联合作战已难以适应信息战争这种高度一体化作战的需要。为此，未来军队信息系统的构成，将按照侦查监视、指挥控制、精确打击和支援保障四大作战职能相应建立，将所有天基、空基、陆基和海基侦察监视平台和系统联为一体，完成对作战空间全天候、全方位的实时感知的探测预警子系统；把所有战略级、战役级和战术级指挥控制和通信系统联为一体，将对作战空间的感知信息转变为作战决策和控制的指挥控制子系统；将所有作战单元和打击兵器联为一体，按照指挥控制系统的决策和控制，对敌方实施精确打击和精确作战的精确打击与作战子系统；为作战行动提供实时精确保障的支援保障子系统等四个功能紧密衔接，有机联系，能构成一体化作战系统的子系统。

军队将按照信息化军队建设思想从根本上抛弃工业化时代军队建设的模式，革除偏重发挥军种专长和追求单一军种利益的弊端，使作战力量形成“系统的集成”，充分发挥整体威力，实施真正意义上的一体化作战。

3. 军队的指挥与作战手段将高度智能化

信息化发展的高级阶段是智能化，因此信息化战争的发展趋势之一就是实现指挥平台与作战手段的高度智能化。随着纳米技术的发展，军用微型机器人将大量地投放于战场，执行侦察探测、信息传递、破袭敌电子设备和武器系统以及杀伤作战人员等任务。

指挥控制手段的高度自动化和智能化。其标志是C^4ISR系统的高度成熟与发展。未来的C^4KISR系统的高度发展将真正实现侦察监视、情报搜集、通信联络、火力打击和指挥控制的无缝链接，成为作战指挥与控制的信息高速公路，可以高度自动化地确保指挥员科学、准确地协调、控制部队和武器平台的作战与打击行动。随着高技术群体的不断发展，智能计算机、神经网络及功能算机、光计算机、高速超导计算机、生物计算机等新概念计算机的出现将使人工智能技术迈上新的台阶。由运算、存储、传递、执行命令转向思维和推理；由信息处理转向知识处理；由代替和延伸人的手功能转向代替和延伸人的脑功能。从而为作战指挥控制提供更加先进的智能化手段，使作战指挥与控制进入自动化、智能化时代。

智能化的武器系统和平台将装备军队，投入作战。在未来信息化战争中，精确制导武器系统、对空防御系统、勤务支援系统、物流分配保障系统和具有发射后不管和自动寻的功能的智能化弹药将得到更加广泛的运用；无人驾驶的智能化坦克、飞机和舰船也将规模化投入战场。众多类型不同、功能各异的纳米机器人，可能在战争中大规模地投放于战场，执行侦察探测、信息传递、破袭敌电子设备和武器系统以及杀伤敌作战人员等任务。

图4-1 德国TANAN300无人直升机

TANAN300无人直升机配备有高清相机、摄像机以及红外传感器，拥有上百千米的活动半径，可以装备海上雷达和敌我识别系统，据称还能在寒区和酷热环境中执行任务。（图片资料来源：《解放军报》）

许多作战行动将发生在智能化领域。在传统的机械化战争中，虽然在智能化领域也存在着敌我对抗活动，如敌我之间的谋略对抗就是一种思维对抗，但这种对抗是间接的，需要用部队真实的作战行动才能表现出来。然而，在未来的信息化战争中，由于信息战的广泛运用，智能化领域将会发生激烈的对抗。认知、信息和心理这些智能化的范畴，既有可能是作战所使用的手段，也有可能是作战所要打击的目标，因此在智能化领域将会发生大量的直接对抗的作战行动。为了阻止敌方及时制定出正确的作战决心，不仅需要采用谋略行动欺骗敌方，而且更需要采取信息攻击手段，直接打击敌方的 C^4KISR 系统，破坏敌方的决策程序。

第五章　信息化装备

随着信息技术的崛起并在军事上的应用，各类信息化武器装备不断涌现并装备部队，从而改变了现代作战方式，并从根本上推动了战争形态从机械化向信息化快速转变。高度重视发展信息化装备，已经成为当今世界许多国家的一项重要国策。我们必须把信息化武器装备的发展置于重要的战略地位，为打赢信息化局部战争打下坚实的基础。

第一节　信息化装备概述

20世纪70年代以来，随着以信息技术为核心的高新技术群的出现和迅猛发展，人类社会技术形态逐步从工业时代向信息时代转变。受其影响，以科学技术为重要推动力的武器装备的发展，也逐步开始了由机械化向信息化的跨越。

一、信息化装备的内涵

信息化装备是指采用先进信息技术，具有共享信息能力，能适应信息化战争要求的装备。如精确制导武器、综合电子信息系统、加装了数据链和电子信息系统的飞机、舰船等。信息化装备是信息化战争的物质基础，是赢得信息化战争的重要因素。

传统武器装备主要由物质和能量两大要素构成，杀伤力和机动力是衡量武器装备性能优劣的主要指标，影响和决定武器装备性能的主要是传统的机械技术、材料技术等。在信息时代，各国军队纷纷利用信息采集、信息融合、信息处理、信息传输、信息显示等信息技术，既为提高武器装备的火力、防护力和机动力等机械化性能开辟了新的技术途径和发展方向，也促使武器装备的战场侦察、态势感知、指挥控制、通信联络、精确打击等能力的快速生成与极大提高。信息技术成为决定装备功能和效能的支撑因素，这使得信息化装备具有较高的数字化、智能化、网络化和一体化水平，成为信息化战争中武器装备的主体。鉴于此，世界发达国家的军队广泛运用新的信息技术成果，采取研制、改造、整合等多种手段，一方面加快信息化装备建设，另一方面从整体上统筹规划，力求信息化装备建设通用化、集成化、系统化。

信息化武器装备有多种分类方法。根据武器装备的功能，信息化武器装备可以分为综合电子信息系统、信息化作战平台、信息化杀伤武器等。根据杀伤效应，可分为“硬杀伤”类信息化武器装备和“软杀伤”类信息化武器装备等。根据武器装备的性质，分为进攻类信息化武器装备、防御类信息化武器装备和支援类信息化武器装备等。根据所处或所使用的空间，分为地面信息化武器装备、海上（含水下）信息化武器装备、空中信息化武器装备和太空信息化武器装备等。根据武器与信息的关系，分为信息探测类、信息传输类、信息处理类、信息制导类、信息干扰类和信息攻防类信息化武器装备等。

二、信息化装备对现代作战的影响

最近爆发的几场局部战争证明：谁掌握了制信息权，谁就掌握了现代作战的主动权。信息化装备的发展和应用已经对作战行动产生了巨大影响，可以用“五化”来概括，即：侦察立体化、打击精确化、反应高速化、防护综合化、控制智能化。

（一）侦察立体化

高技术的发展使得侦察从地（水）面侦察到水下侦察、空中侦察、空间侦察，整个侦察立体化。从大洋深处到茫茫太空，布满了天罗地网式的侦察监视系统：水下的声呐，能够偷偷寻找军舰和潜艇的踪迹；地面的传感器，能够警惕地注视人员与车辆的动静；空中的侦察飞机，能够同时监视高空、低空、地面、海上的各种活动目标；太空的侦察卫星，其侦察效果更加显著。比如同样一架视角为20度的照相机，装在3千米高的侦察机上，一张照片可以拍摄1平方千米的地面面积；如果放在300千米高的侦察卫星上，一幅照片囊括的范围可达1万平方千米，二者相差近1万倍。如果把侦察卫星放在地球同步轨道上，一颗卫星就能同时看到太平洋两岸，监视地球表面42%的面积。

（二）打击精确化

衡量武器装备的优劣，打击力是第一要素。传统武器装备片面追求大规模杀伤破坏，其能量的释放缺乏有效的控制。信息化武器装备，则是强调“精巧”。所谓的“精”，就是要能够“攻其一点，不及其余”，尽量避免不必要的附带毁伤。如在伊拉克战争中，首次“斩首行动”中美军发射的40多枚巡航导弹和投掷的多枚2 000磅制导炸弹，全部命中了目标建筑物。精确战已经成为信息化战争的基本作战样式。据统计，海湾战争中，以美军为首的多国部队使用精确制导武器占武器总8%；科索沃战争中，精确制导武器占武器总数的35%；阿富汗战争中，精确制导武器占总数的55%；伊拉克战争中，美军使用的精确制导武器占比提高到81%。随着能量定向控制技术的发展成熟，电磁干扰、微波武器等“软杀伤”武器也在逐渐改变以往“面”杀伤的方式，向“点穴式”式的精确毁伤方向发展。

（三）反应高速化

现代武器装备由于充分运用了信息技术的成果，今天已真正做到了机动快、反应快、打击快、转移快。如，1982年的贝卡谷地之战，以色列在事先进行了周密的电子侦察之后，出去百余架飞机，用电子干扰飞机干扰叙利亚军队导弹制导系统，使其发射出来的导弹不能命中目标，然后以迅雷不及掩耳之势，通过饱和式轰炸，6分钟摧毁叙军19个“萨姆”-6防空导弹连，打了20世纪一场时间最短的高技术战争。现代武器从发现目标到攻击目标的反应时间、也大为缩短。2003年4月7日，伊拉克战争中的第二次“斩首行动”，从发现萨达姆行踪到发起攻击，前后仅45分24秒。在信息化战争中，“被发现就意味着被命中”。从一定的意义上讲，反应的加快等效于距离的缩短，效能的提高。所以，谁的反应速度更快，谁就更易于发扬火力，撤离现场，消灭敌人而不被敌人所消灭。

(四)防护综合化

“保存自己、消灭敌人”是一切战争的共同原则。由于现代侦察、监视和探测手段具有全方位、全频谱、全天候、全时辰的特点，进攻一方如果不能有效地保护自己，就可能出现“发难者先遭难”的结局。现在，当一架战斗机在重要地区300米以上高度飞行时，可能受到800～900部雷达的照射，其中可能有300～400部雷达以600～700个不同频率的波束进行搜索，有30～40部雷达跟踪飞机。如果再加上光电探测设备的威胁，战场电磁环境必将更加复杂。这对飞机、导弹等进攻性武器是一个严峻的挑战。在这种情况下，防护的地位显得特别重要。如，美国M1A2SEP主战坦克，安装了先进的综合防护系统：车身采用新复合材料涂装，能够有效降低可见光侦察效果，并能一定程度上吸收雷达波；炮塔由4层可抗125cm贫铀穿甲弹的复合装甲构成，车身四周装有主动防护装甲；坦克内部安装有泄压、灭火和抑爆装置，能在0.25秒内将火扑灭；“辛克加斯”单信道地面和机载电台通信系统，具备加密和抗干扰功能；烟雾和诱饵释放装置，能够“致盲”或“诱偏”本已锁定坦克的精确制导弹药，等等。通过上述多种技术、手段和措施的综合运用，其防护能力显著提升，战场生存能力大大增强。

(五)控制智能化

随着网络、软件、控制和智能技术的飞速发展，越来越多的信息化装备能够自动搜集、传输、处理信息，并实施自主判别目标、精确攻击目标，控制自动化的特征日益明显。一方面，依托广泛互联的战场信息网络，武器装备能够近实时感知战场态势和接受作战指令；另一方面，预先被写进武器控制系统的敌我识别标准、攻击时机选择、交战规则等程序，赋予了武器装备自主攻击的权力和能力，使得武器装备能够按照人的意志适应战场环境、处理战场情况、实施作战行动。在这两方面因素的推动下，武器装备加快由人工控制作战向自主作战方向发展。如，以色列的“箭-2”反导系统，能够搜索、侦测和识别来袭的弹道导弹，其拦截弹头能自动跟踪、自主攻击目标。

三、信息化装备的发展趋势

(一)研制重点向新空间、新领域发展

信息化装备目前是在陆、海、空、天、电磁、网络空间及心理认知领域中运用，今后装备研制将向新空间发展，这里所说的新空间指的是微型空间，要制造由纳米级的零部件组装成的信息化装备。如“纳米卫星”，这种卫星比麻雀略大，重量不足0.1千克，各种部件全部用纳米材料制造，采用最先进的微机电一体化集成技术整合，成本低，质量好，可靠性强。“蚊子导弹”就是利用纳米技术制造的形如蚊子的微型导弹，可以神不知鬼不觉地潜入目标内部，但威力巨大，足以炸毁敌方的火炮、坦克或飞机。还有如同苍蝇般大小的“袖珍飞机”，可以携带各种探测设备，具有信息处理、导航和通信能力，可以被秘密部署到敌方信息系统和武器系统的内部或附近，监视敌人获取信息。

新领域指的是向新概念武器装备方向发展。一是发展太空信息化装备，主要是使太空武器装备实战化，如太空激光武器、太空微波武器、太空动能武器等；二是发展空间环境武器并使其实战化；三是发展非致命武器，如声波武器、反装备武器（超级黏合剂、超级润滑剂、发动机窒息武器等）、基因武器等。

（二）系统结构向模块化、标准化发展

系统结构的模块化、标准化最主要的目的是为了减少辅助设备、零部件配件及增加互换性。如对精确制导武器来说，它的模块化是就制导技术的结构而言，它不但使导弹能迅速地适应不同目标，而且减少了后勤支援设备，便于维护和技术改进。目前，用于导弹武器系统的模块，已有结构模块、助推模块、惯性制导及其他制导模块、控制模块、导引头模块、有效载荷模块、引信模块等。今后，用于导弹武器系统的模块化将越来越多，越来越广。例如，“爱国者”地对空导弹系统的相控阵雷达的数字、模拟组件，A/D转换器和电源、存储器等，均采用了标准组件，其电子备件仅用了239种标准组件，与“霍克”地对空导弹相比较，仅相当于其十分之一。

（三）作战性能向远程化、精确化发展

由于信息化战争的作战方式越来越向“非接触”方向发展，战斗将在地平线以外打响，这就要求信息化装备要大力增加射（航）程。过去地面火炮的射程为几千米、十几千米或几十千米，今后要求信息化作战平台的射程要在一百千米、几百千米甚至上千千米。

随着探测技术、高速信号处理技术和控制技术等信息技术的发展，未来信息化装备，特别是精确制导武器将广泛采用先进的毫米波、红外成像、全球卫星导航定位系统等单一或复合制导技术，命中精度将进一步提高，并逐步向多功能、自主化、灵巧化、轻小型和智能化方向发展，精确制导武器性能将得到不断地提高。

（四）指挥系统向一体化、智能化发展

一体化是未来军队指挥自动化的重要发展趋势，也是指导军队指挥自动化建设的重要原则。海湾战争的一个重要启示是：现代战场上取胜的关键不仅在于拥有技术先进的武器装备和投送系统，而且还在于是否具有在战场上将这些武器装备有效地加以控制和使用的一体化能力。

所谓智能化，也就是具有分析问题、处理问题的能力。信息化战争中，战场信息瞬息万变，如果仅仅依靠指挥员的大脑来处理这些信息，进而做出正确的决策，几乎是不可能的。必须要借助于“智能化”的指挥信息系统来指挥作战行动。指挥信息系统中有一个辅助决策的“专家系统”，可以帮助指挥员确定战场上出现的目标的重要程度、适合打击重要目标的武器装备及所处的位置和打击能力以及指挥员需要及时处理的情况等,为指挥员做出正确决策提供帮助。

(五)作战平台向隐身化、无人化发展

信息化战争将向“三无”方向发展,即“无人、无形、无声”。为了适应战争需求,信息化装备平台就要向隐身化、智能化方向发展。

一是发展新型隐身技术和隐身材料。在隐身技术方面包括扩展隐身波段,向毫米波、亚毫米波、红外、激光和米波波段扩展,将仿生学应用于隐身技术。在隐身材料方面,发展反雷达和反红外侦察兼容的材料和发展用超细粉末、纳米材料制成的雷达吸波材料以便制作武器平台的涂层。

二是大发展无人化作战平台。如无人侦察机、无人作战飞机、无人飞艇、无人战车、反潜无人舰艇以及无人作战潜航器等等。与有人平台相比,无人化平台具有独特的优势:军事行动中无人员伤亡顾虑,风险小,代价低;在设计与应用过程中无须考虑“人员安全”问题,可实现长时间的无缝侦察和打击能力,并可实现隐身、机动等关键性能的跃升。无人化平台将极大扩展有人平台的作战能力,改变传统战争模式,成为信息化战争的重节点和作战要素。

第二节 信息化作战平台

信息化作战平台,是指安装有多种侦察和信息传感设备,与综合电子信息系统联网,能及时而有效地获得战场目标信息,控制各种武器系统实施快速、精确打击的作战平台。如装有先进电子信息系统的飞机、舰艇、装甲车辆等。信息化作战平台是信息化弹药的依托。根据信息化平台运用地点的不同,信息化作战平台主要包括陆上、海上(水下)、空中和太空信息化作战平台。

一、陆上信息化作战平台

陆上信息化作战平台,是在原有机械化作战平台的基础上,嵌入了指挥控制、通信、侦察监视、敌我识别、导航定位、预警与电子对抗等信息系统,实现了作战效能的大幅提升。

(一)主要陆上平台

陆上信息化作战平台包括:各类坦克、步兵战车、自行火炮、导弹发射装置以及无人地面车辆等陆上作战平台。

1.坦克

坦克具有强大直射火力、高度越野机动性和坚固装甲防护的履带式装甲车辆。是陆军地面作战的主要突击兵器。主要用于与敌方坦克和其他装甲车辆作战,也用于压制反坦克武器,摧毁野战工事,歼灭有生力量。坦克按战斗全重,分为轻型坦克、中型坦克和重型坦克。轻型坦克重10吨左右,主要用于侦察、警戒,也可用于特定条件下作战。中型坦克重40吨左右,用于遂行装甲兵的主要作战任务。重型坦克重50吨左右,主要用于支援中型坦克战斗。坦克通常由武器系统、推进系统、防护系统、通信系统、电气设备、特种设备和装置组成。

图5-1　美军M1A2坦克

2.步兵战车

步兵战车是供步兵机动作战使用的装甲战斗车辆。主要用于协同坦克作战,也可独立遂行任务。有履带式和轮式两种。履带式步兵战车的越野性能好,生存能力强。轮式步兵战车造价低,耗油少,使用维修简便,公路行驶速度高。在火力、防护力和机动性等方面均优于装甲人员输送车,并且车上设有射击孔,步兵能乘车射击。目前,世界上著名的步兵战车有:美国的M2"布雷德利"步兵战车、俄罗斯的BMP-3步兵战车、德国的"美洲狮"步兵战车、英国的"武士"步兵战车、瑞典的CV90步兵战车、中国的ZBL-09轮式步兵战车。

图5-2　俄罗斯BMP-3履带式步兵战车

履带式步兵战车,被称为步兵战车中的"坦克"。依靠车载武器赋予的强大火力,它带有很强的进攻性。

3.自行火炮

自行火炮是同车辆底盘构成一体自身能运动的火炮。自行火炮主要由武器系统、底盘部分和装甲车体组成。自行火炮除按炮种分类外,还可按行动装置的结构形式分为履带式、轮胎式和半履带式;按装甲防护分为全装甲式(封闭式)、半装甲式(半封闭式)和敞开式。现代自行火炮身管长度可以有52~60倍口径,射速8~12发/分,射程20~70千米,行程400~600千米,已发展成为炮种齐全、口径系列较多、可发射多种炮弹的火炮新族系,能遂行多种火力支援和火力战任务。如美国的M109A6式155毫米自行榴弹炮,在20世纪末发生的几场局部战争中发挥了重要的火力支援作用。

图5-3 美国M109A6自行火炮

(二)发展趋势

陆战武器装备的发展重点是提高信息力、火力、生存能力和战场机动能力,实现标准化、通用化和系列化。近年来,世界各国加快对现有装备的改进和提高,信息化陆上作战平台的发展趋势表现在以下几个方面:

1.全面应用信息技术

近年来,美、英、法等发达国家都在先期概念演示验证的基础上开始研究下一代主战武器系统,正将资金从传统平台的研制转移到发展信息化装备平台上。新的主战系统将发展成为以网络为中心的"系统之系统",即由侦察车辆、指挥控制平台、独立的火力压制系统、地面战斗与人员输送车辆以及用于支援作战的无人机等功能平台构成的大系统,集侦察,监视、目标搜索、火力打击、保障等功能于一体。

2.进一步提高机动性能

提高机动性能的重点是提高陆上作战平台的越野机动性、加速性和转向性。这些性能与平台的动力传动装置、操纵与悬挂系统的性能水平、单位功率、履带接地压力以及负重轮行程和发动机的加速性有关。为进一步提高作战平台的战场机动性,在平台上还可以建立战场管理信息系统,安装显示器,供乘员阅读地图信息,配设导航仪,明确敌我配置态势等。

3.进一步提高生存能力

较强的生存能力是保持战斗力必不可少的条件。由于现代探测技术的长足进步和精确制导技术的飞速发展,来自空中的威胁越来越大。因此,未来陆上作战平台将通过多种途径，全面系统地提高平台的防护性能。这包括采用隐身技术来提高防护能力，大量采用复合装甲提高车体的防护能力，改进陆上作战平台的总体结构设计等。

4. 大力发展系列化、通用化作战平台

系列化是根据某类产品或装备的使用需求和发展规律，按一定序列排列其主要性能参数和结构形式，有计划地指导产品的发展，以满足广泛需求的一种标准化方法。如美国陆军的M系列的坦克装甲车，俄罗斯的T系列坦克等都是系列化的地面主战装备。

通用化是将现有的或正在研制的具有互换性特征的通用单元用于新研制武器系统的一种标准化方法。未来将把导弹和火炮综合在同一辆装甲车上，构成弹炮一体化武器系统，使坦克具有直射、间射和对空作战能力。

二、海上信息化作战平台

海上信息化作战平台，主要是指大量采用信息技术的各类水面舰艇和潜艇等海上作战平台。海上信息化作战平台的技术复杂、知识密集，集中反映一个国家的工业水平和科技最新成就。

（一）主要海上平台

海上信息化作战平台包主要括：航空母舰、驱逐舰、护卫舰、登陆舰、导弹快艇、潜艇以及水下无人航行器等。

1. 航空母舰

航空母舰，简称“航母”，是一种以舰载机为主要武器并作为其海上活动基地的大型军舰。广义上包括直升机母舰。满载排水量约2万~10万吨。有机库、升降机、飞行甲板、飞机弹射器等特种设施。可运载飞机数十架至百余架。以母舰为中心，最大作战范围200~1 000千米，能远离海岸机动作战。按排水量大小，分为大型航母（排水量6万吨以上），中型航母（排水量3万~6万吨）和小型航母（排水量3万吨以下）；按动力，分为常规动力航空母舰和核动力航空母舰。

图5-4　美尼米兹级“里根”号航空母舰

2. 驱逐舰

驱逐舰是以导弹、舰炮、鱼雷和舰载直升机等为主要武器，具有多种作战能力，能在中、远海机动作战的中型水面战斗舰艇。排水量在2 000 ~ 12 000吨不等，并且还在逐步发展，航速通常在28 ~ 33节。现代驱逐舰能执行防空、反潜、反舰、对地攻击、护航、侦察、巡逻、警戒、布雷、火力支援以及攻击岸上目标等作战任务，有“海上多面手”称号。目前，世界上较为先进的驱逐舰有：美国的“阿里伯克”级级驱逐舰、“朱姆沃尔特”级驱逐舰，中国的052D型驱逐舰、055型驱逐舰，英国的“果敢”级驱逐舰，日本的“爱宕”级驱逐舰，法国“地平线”导弹驱逐舰。

图5-5　英国“果敢”级（45型）驱逐舰

3. 护卫舰

护卫舰以导弹、鱼雷、舰炮、深水炸弹为主要武器的中型水面战斗舰艇。用于海上舰艇编队护航，执行反舰、反潜、防空任务，还可担负巡逻、警戒、侦察、支援登陆作战等。海军战斗舰艇中数量较多、用途较广的舰种。按任务及武器装备，分反潜型护卫舰和防空型护卫舰；按排水量大小，分为大型护卫舰、中型护卫舰和轻型护卫舰。典型的大型护卫舰有德国F124型护卫舰、法国“拉斐特”级护卫舰。典型的中型护卫舰有英国的“利安德”级护卫舰、意大利的“狼”级护卫舰和韩国的“釜山”级护卫舰。

图5-6　法国海军"拉斐特"级护卫舰

4.潜艇

潜艇，能潜入水下活动和作战的舰艇。包括常规动力潜艇和核动力潜艇。常规潜艇以柴油机或柴油发电机组、蓄电池和主电机为推动力的潜艇。主要用于攻击运输舰船、大中型水面舰艇和潜艇，以及执行布雷、侦察、水下运输、输送特种作战人员等任务。分为大型、中型、小型和袖珍潜艇。核潜艇是以核能为推进力源的潜艇，包括弹道导弹核潜艇和攻击型核潜艇。弹道导弹核潜艇主要用于战略核攻击和核反击。攻击型核潜艇用于反舰、反潜、攻击陆上目标，为航空母舰战斗群和驱逐舰、护卫舰编队以及弹道导弹核潜艇护航，以及执行布雷、破交、侦察、收放无人水下航行器、运送特种作战部队等任务。

图5-7　"弗吉尼亚"级核动力攻击潜艇

(二)发展趋势

1.水面舰艇的发展趋势

随着高新技术的发展和海上作战的需要，水面舰艇向着大吨位、远续航力和提高综合作战能力的方向发展，在现代海战中充分发挥"基本兵种"的作用。根据目前掌握的资料分析，水面舰艇的发展趋势表现在以下几个方面：一是研制新型导弹发射装置，提高水面舰艇的作战能力；二是采用新型动力装置，提高水面舰艇的机动能力；三是采用隐身技术，提高水面舰艇的隐蔽性；四是研制新船型，正在探索、研究的新船型主要有半潜型舰和深V型三体舰。

2.潜艇的发展趋势

随着高技术的广泛运用，潜艇向着进一步提高水下机动能力、水下搜索目标能力、水下攻防作战能力、水下隐身能力、对反潜自导鱼雷的防御能力以及提高综合控制水平等方向发展。主要表现为：一是提高水下机动能力；二是提高水下搜索目标能力；三是提高水下攻击能力；四是增强对反潜自导鱼雷防御的能力；五是实现全面综合自动控制。

三、空中信息化作战平台

空中信息化作战平台，是指大量采用信息技术的各类作战飞机和直升机等空中作战平台。可以装载各种导弹、机炮、航弹、制导炸弹和电子战装备。

（一）主要空中平台

空中信息化作战平台主要有：轰炸机、战斗机（歼击机）、预警机、侦察机、运输机、电子战飞机、空中加油机和军用直升机等。

1.轰炸机

轰炸机是以炸弹、空地导弹、鱼雷等为主要武器，具有轰炸能力的作战飞机。航空部实施空中突击的主要机种，主要用于轰炸地面、水面（下）目标，突击力强、航程远。现在世界上比较先进的轰炸机有俄罗斯的图-160战略轰炸机，美国的B-2隐形战略轰炸机。

图5-8 图-160战略轰炸机

2.战斗机

战斗机是主要用于攻击空中、地面敌机和飞航式导弹，夺取制空权的作战飞机。我国和俄罗斯等国称歼击机。以空空导弹、航空机关炮等为基本装备。特点是飞行性能优良、机动灵活、火力强大；现代的先进战斗机多配备各种搜索、瞄准火控设备，能全天候攻击所有空中目标。按用途,可分为制空战斗机和多用途战斗机两大类;按重量,可分为重型和轻型两种。广义上还包括专门用于国土或地区防空的截击机和对空对地两用的战斗轰炸机。

图5-9 F-22隐身战斗机

3.直升机

直升机是依靠发动机带动旋翼产生升力和推进力的航空器。随着直升机技术的日益成熟,直升机的种类、型号也在不断发展,形成了一个庞大的直升机家族。按照用途可将直升机分为武装直升机、运输直升机和战斗勤务直升机三种类型。

图5-10 AH-64“阿帕奇”武装直升机

(二)发展趋势

随着信息技术的发展,空中作战平台的信息化水平将进一步提高,呈现以下发展趋势。

1.更加注重多用途作战能力

战斗机在设计研制时更加注重多用途化。战斗机在无须改型的情况下,自身就兼有很强的对地攻击能力;若进行专门的改进,则对地攻击能力更强“一机多用”或“一机多型”将成为战斗机发展的标准模式。同时,战斗机与攻击机的界限也将越来越模糊。比如美空军就在未来战斗机发展概念上不断转变。不再强调纯空中优势能力，而是必须兼有对地面打击和电子战的多用途作战能力。

2.更加强调隐身性能

目前，美国、俄罗斯正在研制的新一代作战飞机都十分强调隐身性能。例如，美军的F-22、F-35战斗机、B-2A轰炸机，俄罗斯的苏-57等都具备良好的隐身性能。新一代直升机将采用现代化的传感器、先进的复合材料技术和各种吸波材料涂层，使其雷达反射截面、红外特征值减小，提高其隐身性能。

3.无人作战平台向实用化方向迈进

无人机的造价低，隐蔽性能好，生存能力强，而且不受人的生理条件限制，在现代战争中有广泛的用途。采用高技术研制新型的无人机将是空中作战平台今后发展的一个重要方面。自主式无人机和遥控机器人无人机，除继续执行战场监视、侦察、电子对抗、通信中继、战场运输、气象监测和模拟假目标等任务外，还可执行空战和对地攻击任务，其作用将越来越大。导航和控制系统以及传感器技术的飞速发展，加上无人机在近几场局部战争中的出色表现，推动了无人作战平台的革新和发展。

第三节　综合电子信息系统

综合电子信息系统是指在信息化局部战争环境中，为诸军兵种联合作战提供信息作战能力与优势的系统。信息化局部战争中，信息化为制胜的关键，综合电子信息系统则是信息化的关键，它是双方必争的制高点，是战斗力的倍增器。

一、指挥控制系统

（一）基本概念

指挥控制系统是保障指挥员及其参谋机关对作战人员和武器系统实施指挥和控制的信息系统。由信息处理、显示、传输和监控设施等硬件和软件构成，担负作战指挥控制和部队管理等任务。是军队指挥信息系统的核心部分，直接决定着系统整体性能指标的高低和效能的发挥。其指挥要素提供了人机交互的平台，辅助指挥人员作出决策、下达命令、实施指挥；其技术保障要素可以进行信息综合、分类、存储、检索、计算，进行仿真模拟、比较和优选。完整的指挥控制系统是一个分布式计算机网络，采用三层客户机/服务器结构。最底层是战术层，中间层是战役层和区域汇接层，最高层是战略层和国家汇接层。

（二）主要功能

1.情报接受与处理功能

接受来自上级、下级、友邻指挥所系统的信息，以及直属各种探测、侦察设备采集的信息，并进行归一化处理、过滤、关联分析、综合与融合、质量评估、威胁判断，形成战场态势，并存储、分发、显示等。

2. 辅助决策功能

帮助指挥人员科学决策、定下决心，通过一系列的方案计算，给出辅助决策方案。

3. 作战业务计算功能

根据作战业务的经典计算方法、模型、公式，使用一系列作战业务计算软件工具进行作战业务计算，以满足各种作战业务需要。

4. 作战模拟功能

对拟制的各种作战方案、作战数据、判断决心效果和战斗行动效果等进行作战模拟，通过计算机模拟推演进行验证比较、修正择优。

5. 作战指挥功能

根据指挥员的决心方案，生成作战计划、命令、指示等作战文书，迅速准确地传达到部队和武器系统，并监督执行，跟踪作战进程，掌握打击效果，进行战损评估，调整作战方案，直到作战进程结束。

6. 指挥对抗功能

利用各种手段攻击和破坏敌方的指挥控制系统，使其陷入瘫痪或推迟决策过程，同时保护己方的指挥控制系统。

7. 模拟训练功能

系统提供各种训练手段与案例，包括计算机模拟、模拟加实兵、模拟对抗等，对作战指挥人员熟练系统使用、深化系统功能理解、检验作战预案及训练作战协同等十分有效。

8. 防护功能

不仅防止敌人对系统进行物理破坏与摧毁，还要防止敌人对己方信息的获取、利用和干扰破坏。

（三）发展趋势

信息化战争中，制信息权成为核心内容，指挥控制系统是夺取制信息权的重要手段。为适应信息化战争的需要，指挥控制系统的主要以网络中心战为主线，向一体化、网格化、智能化的方向发展。

1. 指挥控制系统一体化

指挥控制系统一体化主要表现为：战略、战役和战术信息系统一体化，以战役、战术为主；全军指挥自动化系统一体化，建设信息栅格服务；指挥控制系统与武器平台一体化，实现从传感器到射手的快速摧毁或打击。美国空军以空天一体化及信息优势为目标，强调攻防兼备，注重系统集成，重点发展航天航空指挥控制系统和空间武器、精确制导武器及隐身作战平台，逐步形成以卫星为核心，以无人机为主力，空天一体化的指挥控制系统。

2. 指挥控制系统网格化

美军充分利用信息栅格技术、计算机网络技术和数据库技术的最新成果，建设按需信息分发、按需信息服务、强化信息安全和支持即插即用的全球信息栅格，支持一体化指挥控制系统的建设和应用，实现由以武器平台为中心向以网络为中心的转变。美军逐步把所有的武器装备系统、部队和指挥机关整合进入全球信息栅格，使所有的作战单元都集成为一个具有一体化互通能力的网络化有机整体，整合成为一个覆盖全球物理空间的巨型系统，从而建成一体化联合作战指挥控制系统。

3.指挥控制系统智能化

随着新型高性能计算机、专家系统、人工智能技术、智能结构技术、智能材料技术等的出现和广泛应用，指挥控制系统智能化将成为现实。指挥控制系统智能化主要表现在：态势感知快速、透明，增强了对战场态势的感知能力；指挥决策智能化，提高决策的正确性和指挥控制的准确性和灵活性，提高了作战效能；作战协同网络化，实现作战活动自我同步，提高兵力协同和武器装备协同作战能力。

二、预警探测系统

（一）基本概念

预警探测系统是指利用探测、监视和通信技术等手段，对全维空间进行不间断搜索、测量、考察，收集各类情报，对来袭和威胁性目标进行发现、测定、识别、跟踪并及时作出预先警报的电子信息系统的统称。预警探测系统是军事信息系统最重要的实时信息源，直接影响到整个军事行动的全过程。

预警探测系统按系统作用分，有战略预警探测系统、战役/战术预警探测系统；按照探测目标分，有防天、防空、反导、反舰（潜）和陆战等预警探测系统；按照装备位置分，有天基、空基、陆基和海基预警探测系统。

图5-11　雷达示意图

（二）主要功能

预警探测系统的任务是探测、监视敌方各种目标的活动规律和动态情况，掌握敌对双方目标的分布态势，及时、准确地探测到任何威胁目标，迅速判断出目标的特性、种类等重要参数，并做出威胁度判断，为决策者做出正确的判断、进行正确的战略抉择提供依据。

(三)发展趋势

为了适应未来战争大纵深、立体化、变化快、高机动等需要,预警探测系统将进一步向下述方向发展。

1.发展多功能相控阵雷达预警探测系统

多功能的相控阵雷达集搜索、跟踪、武器控制于一体,与升空平台结合,有监视全空域的能力,对来袭的超低空目标提供必要的预警距离、反应时间和引导拦截。

2.发展对抗隐身目标挑战的预警探测系统

隐身技术被认为是对雷达最严重的挑战,它使得传统的单基地、窄频带信号、常规体制的微波雷达的探测距离缩短,使得大部分的防空预警系统失效。因此,预警探测系统须克服隐身技术的威胁,对抗隐身目标的挑战。

3.发展无源探测的预警探测系统

无源探测有很多优点,可以被动地对目标进行探测,隐蔽性强,目前已得到了广泛应用。今后趋势是把有源探测网与无源探测网结合,用以提高预警探测系统的探测功能和适应威胁环境的能力。

4.发展功能综合化的预警探测系统

具有多种功能、能全面掌握空情的预警探测系统将是未来的主要发展方向。在作战过程中,与预警探测系统关系密切的还有通信、导航、电子对抗与指挥控制中心等信息系统。如雷达和电子对抗装备的一体化,可以有效地提高雷达在现代战争中的生存能力。

三、导航定位系统

(一)基本概念

导航是引导飞机、舰船、车辆或人员等运载体沿事先规定的路线准时地到达目的地过程。实现导航功能的系统称为导航系统。定位是在规定的坐标系中确定运载体位置的过程。实现定位功能的系统称为定位系统。现在,导航系统和定位系统逐渐融为一体,变成了具有导航和定位双重功能的导航定位系统。导航定位系统是指通过测定运载体的位置、速度、方向和时间等参数进行导航的系统。

导航定位系统从技术上可以分为无线电导航技术、卫星导航技术、惯性导航技术、天文导航技术、组合导航技术、水下导航技术和相对导航技术等。

(二)主要功能

军事航行过程中,根据任务的需要,军用飞机与舰艇在沿航路或航道行驶时,需要实时导航定位信息,以保障军用交通安全;在航路或航道以外行驶时,同样需要实时导航定位信息,以保障运载体按事先计划的航线及时准确地到达目的地。在敌占区执行任务时,还要选择避开敌方火力范围、敌方所设雷区或设伏区,沿敌方不易发现或有地形隐蔽的航线前进,所以导航定位信息更加重要。

在武器发射平台上,如导弹发射架、火炮及飞机上装备了导航定位系统,用于对导弹、炸弹和炮弹上的导航系统实施初始化，使弹载导航系统在发射后能迅速捕获导航信息并开始制导。导弹在飞行中也需要导航定位系统进行制导，校正由各种因素造成的偏差，使之沿预计的轨迹飞向目标。

导航定位系统也是一种典型的军事信息系统，为各个作战单位提供的导航定位信息本身便是一种情报信息，也是指挥单位制定决策和各作战单位执行命令的依据。系统所提供的位置、航向、姿态信息也是预警探测和情报侦察系统产生情报信息的基础要素。作战过程中，为了感知战场实时态势，形成目标航迹，导航定位系统提供的各种移动目标的准确位置和时间信息尤为重要。此外，系统提供的精确时间基准在实现高效的网络通信中同样发挥着重要作用。

各种战术操作也需要导航定位系统。例如，布雷扫雷、火炮与阵地雷达的快速部署与系统校准、搜索与救援、后勤支持、军事测绘、电子靶场等都需要系统提供的准确位置与时间信息。导航信息精度越高，使用方法越多，战术操作的效能越高。

（三）发展趋势

自20世纪90年代以来，全球卫星导航系统以其速度快、效率高、测量定位精度高等一系列特点，深受各个行业数据采集和资源监测人员的青睐。从近年的情况推断，全球卫星导航系统有如下发展趋势。

1.向多系统组合式导航方向发展

未来将出现多种系统同时并存的局面，这为组合导航技术的发展提供了条件。通过对美国全球定位系统（GPS）、中国“北斗”、俄罗斯“格洛纳斯”、欧盟“伽利略”信号的组合利用，不但可以提高定位精度，还可使用户摆脱对某个特定导航系统的依赖，可用性大大增强，多系统组合接收机预计有很好的发展前景。

2.向差分导航方向发展

使用差分导航技术，既可降低或消除那些影响用户和基准站观测量的系统误差，包括信号传播延迟和导航卫星本身的误差，还可消除人为因素造成的误差。随着全球定位技术的发展，差分导航将得到越来越广泛的应用。

相关链接

北斗卫星导航系统

北斗卫星导航系统（简称BDS）是中国自主建设、独立运行的卫星导航系统，也是继美国GPS、俄罗斯GLONASS之后的第三个成熟的卫星导航系统。北斗卫星导航系统由空间段、地面段和用户段三部分组成，可在全球范围内全天候、全天时为各类用户提供高精度、高可靠定位、导航、授时服务，并且具备短报文通信能力，已经初步具备区域导航、定位和授时能力，定位精度为分米、厘米级别，测速精度0.2米/秒，授时精度10纳秒。2020年7月31日上午，北斗三号全球卫星导航系统正式开通。

第四节　信息化杀伤武器

信息化杀伤武器是以信息技术为核心进行设计、制造或改造的杀伤性武器。信息化杀伤武器是现代作战中摧毁敌方作战实体的“拳头”。为更加高效地实现作战目的,赢得信息化局部战争的胜利,各大强国都在加速发展信息化杀伤武器。

一、新概念武器

高新技术的发展,推动了武器装备的巨大变革。一些以新的科学技术原理为基础,杀伤机理有别于传统武器的所谓新概念武器,是高新技术应用于军事领域的重要表现。新概念武器目前都正在发展之中,下面仅就其中几类新概念武器的发展及应用作一简要介绍。

(一)定向能武器

定向能武器,又叫“束能武器”,是利用各种束能产生的强大杀伤力的武器。它是利用激光束、粒子束、微波束、等离子束、声波束的能量,产生高温、电离、辐射、声波等综合效应,采取束的形式而不是面的形式向一定方向发射,用以摧毁或损伤目标的武器系统。定向能武器,依其被发射能量的载体不同,可以分为激光武器、粒子束武器、微波武器。

激光武器又称辐射武器或死光武器,是直接利用激光的巨大能量,在瞬间危害和摧毁目标的一种武器。它是20世纪60年代以后发展起来的一种新概念武器,目前仍处于研制和试验阶段。激光和普通光不同,它具有极高的亮度,是世界上最亮的一种光,比太阳光还要亮几十乃至上百亿倍,几乎和氢弹爆炸时的瞬间闪光差不多。激光在激光器的激励下,能将光束高度集中,因而具有极强的方向性。激光能产生几百万度的高温和几百万个大气压,因此在高温高压作用下,能穿透和熔化各种坚固的金属或非金属材料。激光武器的主要特点有三个,一是反应时间短、照射速度快、命中精度高。二是辐射强度高,摧毁威力大。三是无污染,不易受电子干扰,属于比较干净的新杀伤机理武器。激光武器主要包括激光致盲武器、战术激光武器和战略激光武器等多种类型。

粒子束武器是利用高能加速器所产生并发射出的高能粒子束杀伤目标的一种定向能武器。主要由粒子束生成装置、能源系统、预警系统、目标跟踪与瞄准系统、指挥与控制系统组成。其工作原理是:用高能强流粒子加速器将注入其中的电子、质子或带电粒子加速到接近光速,用磁场将其聚集成密集的高能束流后射向目标,靠束流的高能及电荷迁移效应摧毁目标或使之失效。这种武器射出的粒子束流具有巨大的能量,在击中目标的瞬间可产生8 000摄氏度的高温,使目标表面顷刻破碎和气化,就连陶瓷、碳等耐热材料也会融化。此外,高能粒子束还会形成附加电场和大电流脉冲,可在瞬间把目标内部的电子器件击穿等。

微波是一种高功率电磁波，波长范围在0.01毫米至1米之间。微波武器是一种利用微波能量对目标进行杀伤和破坏的定向能武器，因而，也被称为微波束武器或射频武器。微波武器的主要原理是把电磁能、化学能等初级能源经过一系列转换，变成高能量、高速度的电子束流。在一些微器件中，电子与电磁场作用，将能量转交给场，对外辐射微波。通常采用定向的发射天线将微波以射束形式发射出去，攻击目标。到达目标后，微波或者通过天线、传感器进入目标内部，或者通过小孔、缝隙等悄然进入，干扰或毁坏对方电子设备。其特点是不需要传热过程，一下子就可让被照射材料中的很多分子运动起来，使之内外同时受热，产生高温烧毁材料。较低功率的轻型微波武器，主要作为电子对抗手段和"非杀伤武器"使用；而高能微波武器则是一种威力极强的大规模毁灭性武器。

图5-12 美国"反电子系统高功率微波先进导弹"(CHAMP)模拟飞行图

CHAMP全称是"反电子系统高功率微波先进导弹"，是一种基于巡航导弹的高功率微波武器。所谓高功率微波，是强电磁脉冲的一种，其峰值功率超过100兆瓦，频率在0.5吉赫到300吉赫之间，具有高频率、短脉冲和高功率等特点。按照能量来源不同，高功率微波包括核电磁脉冲和非核电磁脉冲，"反电子系统高功率微波先进导弹"是非核电磁脉冲武器的一种。

"反电子系统高功率微波先进导弹"是将电磁脉冲武器系统与导弹相结合，借助导弹飞抵目标区域后，释放电磁脉冲能量，对目标区域内的电子设备实施电子干扰，使其失灵或被烧毁。作战对象包括无线电通信、导航、雷达、电子对抗和光电系统等设备。(图片资料来源:《中国国防报》)

(二)动能武器

动能武器是能发射超高速飞行的具有较高动能的弹头，利用弹头的动能直接撞毁目标，可用于战略反导、反卫星和反航天器，也可用于战术防空、反坦克和战术反导作战。动能武器由推进系统、弹头(弹丸)、探测器(传感器)、制导与控制系统等部分组成。动能武器因获得动能来源的不同而形成多种类型，主要有动能拦截弹、电磁炮和群射火箭等。

动能拦截弹分反卫星和反导弹两种，前者指的是用于击毁敌方卫星的机载空对天导弹，后者指的是用于摧毁敌方来袭导弹的反导弹导弹。动能拦截弹很大部分是利用现有的导弹技术。电磁炮是利用电磁发射技术制成的一种先进的动能杀伤武器。电磁炮是利用电磁力代替火药爆炸力来加速弹丸的电磁发射系统，它主要由电源、高速开关、加速装置和炮弹四部分组成。目前，国外所研制的电磁炮，根据结构和原理的不同，可分为线圈炮、轨道炮、电热炮、重接炮等类型。群射火箭是一种用于摧毁洲际弹道导弹弹头，保护地下发射井的无控火箭。群射火箭为子弹式旋转稳定火箭，弹径2.54～7.62厘米，弹长25.4～38.1厘米，犹如60毫米迫击炮，用高氯酸铵作推进剂，其飞行速度达1500米／秒。由于设想中的发射装置为圆筒形发射器，并由几十个发射管构成，故称群射火箭。当群射火箭发射后，可在来袭弹头前方形成多层次密集的火箭弹幕，并通过与来袭弹头相撞将其摧毁，从而达到保护己方地下发射井的目的。

（三）非致命武器

非致命武器是一种利用声、光、电、磁和化学等技术手段，使敌方人员和作战设备暂时或永久地丧失正常机能而不造成人员伤亡的新概念武器。按作用对象，非致命武器可分为反装备和反人员两大类。

1. 反装备型非致命武器

目前，外国发展的用于反装备的非致命武器主要有超级润滑剂、材料脆化剂、超级腐蚀剂、超级粘胶以及动力系统熄火弹等。

（1）超级润滑剂

采用含油聚合物微球、聚合物微球、表面改性技术、无机润滑剂等做原料复配而成的摩擦系数极小的化学物质。主要用于攻击机场跑道、航母甲板、铁轨、高速公路、桥梁等目标，可有效地阻止飞机起降和列车、军车前进。

（2）材料脆化剂

一些能引起金属结构材料、高分子材料、光学视窗材料等迅速解体的特殊化学物质。这类物质可对敌方装备的结构造成严重损伤并使其瘫痪。可以用来破坏敌方的飞机、坦克、车辆、舰艇及铁轨、桥梁等基础设施。

（3）超级腐蚀剂

一些对特定材料具有超强腐蚀作用的化学物质。美国正在研制一种代号为C＋的超级腐蚀剂，其腐蚀性超过了氢氟酸。

（4）超级粘胶

一些具有超级强黏结性能的化学物质。国外正在研究将它们用作破坏装备传感装置和使发动机熄火的武器，以及将它们与材料脆化剂、超级腐蚀剂等复配，以提高这些化学武器的作战效能。

（5）动力系统熄火弹

利用阻燃剂来污染或改变燃料性能，使发动机不能正常工作而熄火的武器，美国在这方面已取得重大进展，研究开发了一批高性能阻燃器，这种新观念武器被视为遏制敌方坦克装甲车集群的有效手段之一。

2. 反人员非致命性武器

这类武器可使敌方战斗减员，使敌方造成沉重的伤员负担。目前国外正在研究的反人员非致命武器主要有化学失能剂、刺激剂、黏性泡沫等。

(1)化学失能剂

分为精神失能剂、躯体失能剂，它能够造成人员的精神障碍、躯体功能失调，从而丧失作战能力。最近，国外又在研究强效镇痛剂与皮肤助渗剂合用，它能迅速渗透皮肤，使人员中毒而失能。

(2)刺激剂

以刺激眼、鼻、喉和皮肤为特征的一类非致命性的暂时失能性药剂。在野外浓度下，人员短时间暴露就会出现中毒症状，脱离接触后几分钟或几小时症状会自动消失，不需要特殊治疗，不留后遗症。若长时间大量吸入可造成肺部损伤，严重的可导致死亡。

(3)黏性泡沫

属于一种化学试剂，喷射在人员身上立刻凝固，束缚人员的行动。美军在索马里行动中使用了一种“太妃糖枪”，可以将人员包裹起来并使其失去抵抗能力。它可以作为军警双用途武器使用，目前美国已开发出了第二代肩挂式黏性泡沫发射器。

(四)气象武器

所谓“气象武器”是指运用现代科技手段，人为地制造地震、海啸、暴雨、山洪、雪崩、热高温、气雾等自然灾害，改造战场环境，以实现军事目的的一系列武器的总称。随着科学和气象科学的飞速发展，利用人造自然灾害的“地球物理环境”武器技术已经得到很大提高，必将在未来战争中发挥巨大的作用。目前，运用于战场的气象武器主要是战术气象武器。

(1)人工降雨及洪水武器

其基本方法是，根据云的性质，分别向云体内播撒制冷剂(如干冰、丙烷等)、结晶剂(如碘化银、碘化铅、间苯三酚、四聚乙醛、硫化亚铁等)、吸湿剂(如食盐、尿素、氯化钙)和水雾等，以改变云滴的大小、分布和性质，改变或加速其生长过程，达到降水或消云的目的。持久降雨可以引发洪水，给敌方带来严重损失。

(2)人工引导飓风

据解密档案显示，20世纪70年代，美国除了在古巴制造干旱外，还在1974年用人工方法将飓风引向洪都拉斯，企图趁该国陷入混乱之际，扶持亲美政权上台。1974年9月，“法夫飓风”的气旋突然转向洪都拉斯。暴雨和时速超过177千米的飓风横扫大地，造成1.1万洪都拉斯人丧生，60万人无家可归。在一个名叫乔洛马的城镇里，由于堤坝决口，全镇6 000人被淹死了一半。洪都拉斯的支柱产业——香蕉种植园几乎完全被摧毁。成千上万的灾民被困在树上、房顶上和堤坝上。公路、铁路和港口遭到了彻底的毁坏。这次飓风造成中美洲各国经济损失数千万美元，数万人伤亡，美国人则顺利达到了目的。后来，美国在大西洋上又成功地进行过3次人工引导飓风实验，其人造飓风技术日臻完善。

(3)温压炸弹

温压炸弹是美国国防部降低防务威胁局在2002年10月组织海军、空军、能源部和工业界专家,利用两个月时间突击研制的,并成功应用于阿富汗战场。温压炸弹爆炸时能产生持续的高温、高压,并大量消耗目标周围空气中的氧,打击洞穴和坑道目标效果显著。除去用温压炸弹打击洞穴、坑道和掩体等狭窄空间目标外,美国海军陆战队还计划利用便携式温压炸弹打击城市设施,包括建筑物和沟道等。

(五)基因武器

基因武器,也称遗传工程武器或DNA武器。它运用先进的遗传工程这一新技术,用类似工程设计的办法,按人们的需要通过基因重组,在一些致病细菌或病毒中接入能对抗普通疫苗或药物的基因,或者在一些本来不会致病的微生物体内接入致病基因而制造成生物武器。它能改变非致病微生物的遗传物质,使其产生具有显著抗药性的致病菌,利用人种生化特征上的差异,使这种致病菌只对特定遗传特征的人们产生致病作用,从而有选择地消灭敌方有生力量。基因武器包括微生物基因武器、毒素基因武器、转基因食物、克隆武器等。

基因武器和一般的常规武器、核武器比较,具有如下特点:一是有精确的敌我分辨能力,只攻击敌方特定人种。二是难以防治,有抗药性,有传染性。秘密施放,难以察觉;若已察觉,也很难破译其遗传密码并进行有效治疗。只在所攻击的同类人种中有传染性。三是杀伤力大,成本低廉,运用遗传工程技术可以大量生产。四是使用方法简单,施放手段多样,既可用人工、火炮、火箭、飞机投放,又可用水面舰艇、水下潜艇投放。所以,它既可以用作战略武器攻击敌方广大后方目标、战略要地,又可以作为战术武器直接杀伤敌方战场人员,对敌方有强烈的心理威慑作用。

二、精确制导武器

精确制导武器,是指采用精确制导技术,直接命中概率较高的武器。一般认为,直接命中概率高于50%的制导武器才称为精确制导武器。精确制导武器通常包括导弹和精确制导弹药两大类。

(一)导弹

导弹是指依靠自身动力装置推进,由制导系统引导、控制飞行路线,将战斗部导向目标的武器。导弹通常由战斗部、弹体结构、动力装置和制导系统组成。下面介绍现代战争中常用的几种导弹。

1.防空导弹

防空导弹包括地对空和舰对空导弹,迄今已发展到第4代,而且还不断有新的型号问世。目前,世界上有防空导弹约100多种,其中地对空导弹70余种,舰对空导弹30余种。世界上使用防空导弹的战例很多。中国的地空导弹部队曾于1959年开创了世界上首次用地对空导弹击落飞机的精彩战例,后来又先后击落5架美制U-2高空侦察机，在国土防空作战中取得了辉煌的战绩。1991年海湾战争的时候，防空导弹的性能已有了很大改善，导弹不仅能打飞机，而且能拦截高速飞行的导弹，比如美国的“爱国者”防空导弹就多次成功拦截伊拉克的“飞毛腿”战术地对地导弹，大出风头。海湾战争之后，美国不断改进其“爱国者”导弹，已研制成功“爱国者-3”型，主要用于导弹防御系统。

图5-13 美国“爱国者-3”防空导弹系统

2.反坦克导弹

反坦克导弹是专门用来对付坦克的，可以从车上、飞机上或者单兵在地面上发射。作为陆战之王的坦克，集机动、打击、防护能力于一身，一般的武器是很难对付它的。战争实践证明，打坦克最有效的有两类武器，一种是坦克本身的火炮，在坦克群混战中，先进的坦克炮是最有效的；第二就是反坦克导弹，而且又以武装直升机从空中发射的反坦克导弹最厉害。因为坦克装甲通常都是正前方最厚、顶部最薄弱。反坦克导弹与传统的反坦克炮相比，射程远，精度高，威力大，而且机动性强，被战争实践证明是反坦克系统的主力军。

3.反辐射导弹

反辐射导弹是现代战争电子战的锐利武器，其主要作用是捕捉敌方雷达发出的波束，然后沿着雷达波直接攻击对方的雷达。在越南战争中，美军就大量使用了“百舌鸟”反辐射导弹。美军每次进行空袭，都把机群混合编组，其中携带反辐射导弹的飞机或者打头阵，或者在空中盘旋，只要对方雷达一开机，就发射导弹，这样对方的高炮和防空导弹就无法瞄准，其他飞机就可以肆无忌惮地攻击地面目标。

图5-14 俄制Kh-31P反辐射导弹

4. 空空导弹

空空导弹是指从空中平台发射攻击空中目标的导弹，是现代空战的“杀手锏”。空空导弹从射程上讲，可以分为近距格斗、中距拦截和远程拦截三种类型。其中近距格斗型比较有代表性的是美国的“响尾蛇”空空导弹，这种导弹是红外被动制导，适用于近距离格斗。在英阿马岛战争中，英国的“鹞”式飞机发射27枚“响尾蛇”，共击落阿根廷飞机24架，命中率是很高的。中距拦截导弹比较有代表性的是美国的“麻雀”，最大射程为100千米，这种导弹的射程就已超过了人的视距，完全靠机载雷达来进行瞄准和空战。远程空空导弹射程可以达到200千米，如美国的“不死鸟”空空导弹。

5. 巡航导弹

巡航导弹又称飞航式导弹。所谓巡航，是指导弹既依靠喷气发动机的推力、又依靠弹翼的气动升力在大气层内以匀速飞行。巡航导弹又分为几种，一是能够实施核打击的战略巡航导弹，二是远程战术巡航导弹，三是飞航式反舰导弹。其中比较有名的是美国的“战斧”式多用途巡航导弹系列。巡航导弹的最大特点是射程远、精度高、低空突防能力强。巡航导弹一般都飞得很低，离地面或海面只有几十米，而且在发射前把如何避开沿途的障碍物、防空火力区等都预先存储在导弹上，这样，遇到山脉、高层建筑、敌人的导弹火炮阵地，导弹都可以绕开。巡航导弹始终保持超低空飞行，所以拦截它是比较困难的。由于巡航导弹能够在敌人防空火力区圈外发射，所以在最近几次战争中，美军首波空袭骨干力量就是巡航导弹。在1991年的海湾战争中，美军共发射了288枚“战斧”，其中第一天就发射了100多枚，命中率达98%。

图5-15 “战斧”巡航导弹

6.弹道导弹

弹道导弹是指在火箭发动机推力作用下按预定程序飞行,关机后按自由抛物体轨迹飞行的导弹。这种导弹的整个弹道分为主动段和被动段。主动段弹道是导弹在火箭发动机推力和制导系统作用下,从发射点起到火箭发动机关机时的飞行轨迹;被动段弹道是导弹从火箭发动机关机点到弹头爆炸点,按照在主动段终点获得的给定速度和弹道倾角作惯性飞行的轨迹。弹道导弹按作战使用分为战略弹道导弹和战术弹道导弹;按发射点与目标位置分为地地弹道导弹和潜地弹道导弹;按射程分为洲际、远程、中程和近程弹道导弹;按使用推进剂分为液体推进剂和固体推进剂弹道导弹;按结构分为单级和多级弹道导弹。自20世纪50年代以来,各国研制的弹道导弹绝大多数采用惯性制导。

(二)精确制导弹药

精确制导弹药,是装有制导装置,具有很高命中精度的弹药。通常由飞行器投放或利用火炮、火箭发射,能根据弹药和目标的相对位置自动修正飞行状态,直至命中目标。精确制导弹药是末制导弹药和末敏弹药的总称。末制导弹药主要包括制导炮弹、制导炸弹、制导水雷、制导鱼雷等;末敏弹药主要由反装甲集群目标子弹药等。

精确制导弹药由战斗部、弹体、助推装置、制导系统等组成。战斗部由壳体(弹体)、战斗部装填物和引信等组成。弹体是精确制导弹药各部分的支承结构。助推装置多采用固体推进剂或冲压喷气发动机为动力源。制导系统由导引和控制两部分组成。导引部分由探测、识别及导引指令形成装置组成,控制部分由弹上控制计算机、敏感装置及执行机构组成。20世纪中叶,美国在朝鲜战争中首次使用无线电遥控制导炸弹,70年代在越南战场上使用了激光制导炸弹。80年代,美国、苏联分别为155毫米火炮和152毫米火炮装备了M712式“铜斑蛇”制导炮弹和“红土地”制导炮弹。90年代末,美国研制出采用卫星定位/惯性制导方式对弹道中段进行制导的“联合直接攻击弹药”(JDAM),以及在此基础上加上红外/电视成像制导和毫米波制导等末制导系统的“防区外联合攻击弹药”(JSOW)。随着高新技术的发展,毫米波技术、视频成像技术、红外制导技术、多模制导技术及智能化与信息化技术将广泛应用到各类制导弹药中。未来精确制导弹药将向自主探测、优化选择攻击目标、防区外打击、多用途等方面发展。

精确制导弹药多数无飞行动力装置,但有的也有动力装置,如制导地雷、制导水雷、制导鱼雷。

相关链接

会“拐弯”的制导武器

一些战争影片里时常会有这样的画面:一枚地空导弹从阵地腾空而起,在空中“拐着弯”扑向敌机。这一画面形象地说明:作为制导武器的一种,地空导弹能够在发射后自主跟踪并摧毁目标。

那么,有人会问:制导武器是如何在“拐弯”后精准命中目标的呢?

其实,制导武器会“拐弯”离不开“制”与“导”的默契配合。执行“制”与“导”命令的系统称为制导系统,该系统又可以分为控制系统和导引系统。

导引系统负责“导”,它可以探测目标相对于制导武器的位置,根据制导武器飞行轨迹形成导引指令,指使控制系统工作。

控制系统负责“制”,它会根据导引指令信号,指示弹翼偏转,控制发动机点火,通过喷口向外产生作用力,促使制导武器修正飞行路线。

在导引和控制系统的有效配合下,制导武器能够紧紧“咬住”目标,直至将其击落。

此外,按照控制信号的来源和信号产生方式的不同,制导方式可以分为自主式制导、寻的制导、遥控制导和复合制导4大类。其中自主式制导武器是按照发射前预先设定的飞行轨道打击目标,其余3种制导方式则是根据目标与制导武器的相对位置,不断改变、修正其自身飞行速度和飞行轨道,直至最后命中目标。

(资料来源:《解放军报》,2022年7月29日第10版)

三、核生化武器

核生化武器,即核武器、生物武器和化学武器。由于这三种武器的杀伤破坏作用比其他武器特别,加之它们的毁伤范围大,在投掷方式上又有近似之处,所以人们习惯上常把它们简称为核生化武器。

(一)核武器

核武器的出现,是20世纪40年代前后科学技术重大发展的结果。1945年7月,世界上第一颗原子弹在美国西部沙漠中爆炸成功,成为人类军事史上进入核时代的开端。

1.概念

核武器系指利用能自持进行的核裂变或核聚变反应瞬间释放的能量，产生爆炸作用，并具有大规模杀伤破坏效应的武器。在通常情况下，核武器还指由核弹头及其投掷、运载及发射系统组成的武器系统。

随着核武器技术的发展，核武器种类日益增多，从不同角度出发，核武器有不同的分类。根据释放能量原理可分为原子弹、氢弹、中子弹、冲击波弹和电磁脉冲弹等；从作战使用上，可将核武器分为战略核武器和战术核武器；从投射系统上，可将核武器分为核导弹、核航空炸弹、核炮弹、核深入炸弹、核鱼雷、核地雷等。

2.杀伤特点

(1)杀伤破坏威力巨大

核武器的杀伤破坏范围比常规武器大数百、数千甚至数万倍。核武器的杀伤破坏范围不仅体现在地(水)面上，还体现在空间、地(水)下一定范围内，它不仅毁伤暴露的人员，还毁伤隐蔽在工事、大型坚固兵器内的人员。

(2)多种效应综合作用

核爆炸主要能产生五种杀伤破坏因素。其一，冲击波是造成战场减员、物体破坏的主要因素，并能造成间接杀伤破坏，对人员的杀伤，具有多处受伤、外轻内重、伤情发展快等特点。其二，光辐射是战场上广泛致伤的因素，主要造成眼、皮肤、呼吸道烧伤，还能引燃各种物体，形成大范围火灾。其三，核辐射是战场潜在的致伤致死因素，主要造成人员严重的放射性损伤。其四，放射性沾染是核爆炸特有的延续杀伤因素，能在较长的时间内无形地对人员形成积累性伤害，影响军队作战行动。其五，核电磁脉冲是破坏各种电子设备的特有因素，使电子元器件、电子设备失灵、失效，使指挥控制系统发生混乱。

(3)使用方式多样

核武器的使用方式多种多样，可根据不同的作战目的来选择。如为杀伤大面积暴露的敌有生力量，摧毁其野战工事、水面舰艇、较集中的技术装备等目标，可使用核航弹、核导弹实施空中爆炸；为摧毁加固的地面目标，造成阻止敌方行动的弹坑或沾染区，可采用地面爆炸；为利用核电磁脉冲迅速破坏敌方的雷达、计算机、指挥通信系统，可在目标上空实施超高空爆炸；为破坏敌地下永备工事、高级指挥机关、地下仓库，可使用钻地核航弹、核导弹实施地下爆炸；为破坏敌方潜艇、水雷网障、港湾设施等，可使用核导弹、核鱼雷、核深水炸弹等实施水下、地下爆炸。

(4)有延缓、无形、积累作用

核武器地爆或低空爆能在爆区及其下风方向造成大范围的放射性沾染。人员在沾染区行动，会不知不觉地受到射线的照射。这种杀伤作用，不仅延续时间长，而且轻度损伤时自身难以察觉，如果照射剂量积累到一定程度，则会造成中度放射性损伤。此外，对人员精神威胁的心理影响也较为持久。

3.核武器的发展趋势

核武器主要发展趋势，一是核武器技术将进一步发展。目前，美、俄的核弹头及其运载工具的技术已相当成熟，但核心技术和关键技术今后仍将不断发展。二是核武器性能将进一步提高。未来核武器的爆炸威力多数仍将保持在数十万吨当量范围，但作战性能将进一步提高，主要表现在：增强灵活使用能力；增强精确打击能力；增强突防能力；增强快速反应能力；增强生存能力。三是第四代核武器将进一步成熟。第四代核武器是以原子武器和核武器的原理为基础，所用的关键研究设施是惯性约束聚变装置，因此，它的发展不受全面禁止试验条约的限制。

(二)生物武器

1.概念

生物武器是指利用生物战剂杀伤作战人员、毁坏植物的各种武器和器材的总称，亦称为细菌武器。生物武器是一种大规模毁伤性武器，是被禁止试制、生产、储存和使用的武器。它由生物战剂和施放工具组成。

生物战剂是指用来伤害人和动、植物的致病微生物及其产生的毒素。根据生物战剂对人的危害程度，可分为致死性战剂和失能性战剂。根据生物战剂的形态和病理可分为：细菌类生物战剂、病毒类生物战剂、立克次体类生物战剂、衣原体类生物战剂、毒素类生物战剂、真菌类生物战剂。根据生物战剂有无传染性可分为两种。随着微生物学和有关科学技术的发展，新的致病微生物不断被发现，可能成为生物战剂的种类也在不断增加。近些年来，人类利用微生物遗传学和遗传工程研究的成果，运用基因重组技术界限遗传物质重组，定向控制和改变微生物的性状，从而有可能产生新的致命力更强的生物战剂。

2.杀伤特点

生物武器具有区别于核武器，化学武器和常规武器的杀伤特点：

(1)污染面积大，危害时间长

直接喷洒的生物气溶胶，可随风飘到较远的地区，杀伤范围达数百至数千平方千米。在适当条件下，有些生物战剂存活的时间很长，不易侦察发现，有持久的危害作用。

(2)传染途径多

生物战剂可通过多种途径使人感染发病如从口食入，经呼吸道吸入，昆虫叮咬，污染伤口，接触皮肤、黏膜感染等等。生物气溶胶无色、无味，又多在黄昏、夜间、清晨、多雾时秘密施放。所投带菌的昆虫、动物也易和当地原有种类相混，不易发现。

(3)有特定的伤害对象

伤害对象只限于有生命的人、畜和农作物，而不破坏无生命的物质财富。因而适用于攻击不易破坏的目标区，这一特点正符合侵略者发动战争的目的。

(4)使用方法简单

生物战剂可通过气溶胶、牲畜、植物、信件等多种不同形式释放传播，只要把100

公斤的炭疽芽孢经飞机、航弹、鼠携带等方式散播在一个大城市，就会危及300万市民的生命。投放带菌的昆虫、动物还易与当地原有种类相混，不易发现。

(5)造价低，技术难度不大

生物武器造价低，技术难度不大，隐秘性强，可以在任何地方研制和生产。据有关资料显示，以1969年联合国化学生物战专家组统计的数据，以当时每平方千米导致50%死亡率的成本，传统武器为2 000美元，核武器为800美元，化学武器为600美元，而生物武器仅为1美元。一些没有雄厚资金来研究高技术杀伤性武器的国家因此更加青睐生物武器。

3.生物武器的发展趋势

生物武器的发展趋势，一是发展生物化学战剂。生物化学战剂是各种高生物活性的生物化学物质，如小分子量的生物毒素，肽类生物调节剂、细菌蛋白质毒素等。这种战剂毒性高、易吸收(中毒)、难于检测，受到各国的高度重视，有可能成为未来的生物战剂。二是改造现有的生物战剂。人们利用蛋白质工程技术，借助精细三维结构的数据和计算机辅助分子设计方法，对致病微生物抗原或毒性蛋白进行结构修饰，用基因合成或突变改造基因，再通过基因工程使其表达，产生更烈性的毒素或使原有的免疫诊治方法失去特异性，使原有效疫苗丧失保护功能。三是研究现有的微生物特别是病毒作为生物战剂。已发现的致病微生物特别是那些病死率高、传染性强、缺乏特异防治方法的病原体有可能作为生物战剂。

(三)化学武器

1.概念

化学武器是以化学战剂杀伤、疲惫敌有生力量，迟滞敌军事行动的各种武器、器材的总称。作为一种大规模杀伤破坏武器，它包括装有毒剂的化学炮弹、航弹、火箭弹、导弹和化学地雷、飞机布洒器、毒烟施放器材，以及装有毒剂前体的二元化学炮弹、航弹等。化学武器在陆海空军及导弹部队中均有装备。使用时，将毒剂分散成蒸气、液滴、气溶胶或粉末等状态，使空气、地面、水源和物体染毒，造成人员伤亡，迟滞敌方军事行动。化学武器大规模使用始于1914—1918年的第一次世界大战。

2.毒剂的种类和伤害特点

毒剂是军事行动中以毒害作用杀伤人畜的化学物质，它是化学武器的基础。

(1)种类

化学毒剂按毒害作用分类可分为：神经性毒剂、糜烂性毒剂、全身中毒性毒剂、失能性毒剂、窒息性毒剂、刺激性毒剂。

神经性毒剂，又称含磷毒剂，破坏神经系统正常传导功能的毒剂。最具代表性的四个神经性毒剂是塔崩、沙林、梭曼和维埃克斯。

糜烂性毒剂的主要代表物是芥子气、氮芥和路易斯气。

失能性毒剂是一类暂时使人的思维和运动机能发生障碍从而丧失战斗力的化学毒剂。其中主要代表物是1962年美国研制的毕兹。

刺激性毒剂是一类刺激眼睛和上呼吸道的毒剂。按毒性作用分为催泪性和喷嚏性毒剂两类。催泪性毒剂主要有氯苯乙酮、西埃斯。喷嚏性毒剂主要有亚当氏气。

全身中毒性毒剂是一类破坏人体组织细胞氧化功能,引起组织急性缺氧的毒剂,主要代表物有氢氰酸、氰气等。

窒息性毒剂是指损害呼吸器官,引起急性中毒性肺气肿而造成窒息的一类毒剂。其代表物有光气、氯气、双光气、氯化氢等。

(2)伤害特点

毒剂的伤害特点有:一是中毒途径多。毒气可呈气、烟、雾、液态使用,通过呼吸道吸入、皮肤渗透、误食染毒食品等多种途径使人员中毒。二是杀伤范围广。染毒空气无孔不入,所经过之处都有杀伤效果。三是作用时间长。液体毒剂污染地面和物品,毒害作用可持续几小时至几天,有的甚至达数周。四是制约因素多。化学武器虽然是大规模杀伤武器,但天气和地形地物对毒剂的杀伤效果都有影响。

3.化学武器的发展趋势

一是研制二元化学武器。二元化学武器由两种无毒或低毒化学组分组成。它们分别装填在弹体中以隔膜分为两室的容器内。在弹药抛掷过程中,装填的无毒或低毒化学组分借助弹体运动迅速混合发生化学反应,生成化学毒剂。二是研制新型毒剂。新化学武器毒剂具有新的中毒机理,使现有毒剂各种侦检、防护和救治手段不起作用。如美、英研制具有穿透防毒面具和破坏防护服,毒性比光气大的全氟异丁烯类化合物。三是改进现有化学战剂的使用技术。一些国家改进化学战剂使用技术,增强杀伤效果。如采用微包衣技术和改进气溶胶分散技术,可减少毒剂使用过程的损耗,增强杀伤效果和范围。

第六章　条令条例教育与训练

中国人民解放军的《内务条令》《纪律条令》和《队列条令》，是中央军委颁发、全军必须执行的共同条令（故上述“三大条令”也称“共同条令”），是全体军人必须共同遵守的法规，也是部队建立正规化训练、工作和生活秩序的基本依据。2018年4月4日，中央军委主席习近平签署命令，发布新修订的《中国人民解放军内务条令（试行）》《中国人民解放军纪律条令（试行）》《中国人民解放军队列条令（试行）》，自2018年5月1日起施行。新条令的颁布施行，对我军在新的历史起点上坚定不移走中国特色强军之路，全面推进国防和军队现代化，实现党在新时代的强军目标、全面建成世界一流军队，具有十分重要的战略意义。

第一节　《内务条令》教育

中国人民解放军的内务建设，是军队进行各项建设的基础，是巩固和提高战斗力的重要保证。《内务条令》是全军建立和维护良好的内外关系以及正规的内部秩序，履行职责，培养优良作风和进行行政管理的依据。新修订的《内务条令（试行）》，共15章325条，另附10个附录。

一、内务建设的基本任务、指导思想和原则

（一）基本任务

中国人民解放军的内务建设，是军队进行各项建设的基础，是巩固和提高战斗力的重要保证。基本任务是，使每个军人明确和认真履行职责，维护军队良好的内外关系，建立正规的战备、训练、工作、生活秩序，培养优良的作风和严格的纪律，保证军队圆满完成任务。

（二）指导思想和原则

建设一支听党指挥、能打胜仗、作风优良的人民军队，是党在新时代的强军目标。中国人民解放军必须高举中国特色社会主义伟大旗帜，坚持党的基本理论、基本路线、基本方略，贯彻毛泽东军事思想、邓小平新时期军队建设思想、江泽民国防和军队建设思想、胡锦涛国防和军队建设思想、习近平强军思想，贯彻新形势下军事战略方针，坚持走中国特色强军之路，坚持政治建军、改革强军、科技兴军、依法治军，更加注

重聚焦实战，更加注重创新驱动，更加注重体系建设，更加注重集约高效，更加注重军民融合，全面加强军队革命化、现代化、正规化建设，构建中国特色现代作战体系，提高有效履行新时代军队使命任务能力，不忘初心，牢记使命，为实现党在新时代的强军目标、全面建成世界一流军队而奋斗。

《内务条令》第六条至第十条逐条规范了我军内务建设应遵循的五条原则：必须贯彻政治建军原则，必须贯彻改革强军战略，必须贯彻科技兴军战略，必须贯彻依法治军方略，必须始终聚焦备战打仗。

二、军人宣誓和军人职责

（一）军人宣誓

军人宣誓，是军人对自己肩负的神圣职责和光荣使命的承诺和保证。公民入伍后，必须进行军人宣誓。宣誓时间不迟于入伍（入校）后90日。军人誓词是：

我是中国人民解放军军人，我宣誓：

服从中国共产党的领导，全心全意为人民服务，服从命令，严守纪律，英勇顽强，不怕牺牲，苦练杀敌本领，时刻准备战斗，绝不叛离军队，誓死保卫祖国。

（二）军人职责

军人职责，是军人在其职位上所应承担的责任，也是军人在战斗、训练和执勤、工作等公务活动中的行为准则。《内务条令》对军人职责的规定分为三类：士兵（包括义务兵和士官）职责、军官职责、主管人员职责。

中国人民解放军义务兵的基本职责包括：努力学习马克思列宁主义、毛泽东思想、邓小平理论、“三个代表”重要思想、科学发展观、习近平新时代中国特色社会主义思想，贯彻党的路线、方针、政策，遵守国家的法律法规，执行军队的法规制度；服从命令，听从指挥，英勇顽强，不怕牺牲，坚决完成任务；刻苦训练，熟练掌握军事技能，努力提高打仗本领；熟练操作使用和认真维护武器装备，使其经常保持良好状态；严守纪律，服从管理，尊重领导，团结同志，爱护集体荣誉，维护良好形象；艰苦奋斗，厉行节约，爱护公物；积极学习科学技术和文化知识，提高科学文化素养；落实安全要求，严格保守国家和军队的秘密。

中国人民解放军士官除履行义务兵的基本职责外，还应当履行以下基本职责：刻苦钻研专业技术，精通本职业务；勇挑重担，以身作则，积极发挥骨干作用；协助军官做好思想政治工作和行政管理工作；尊重领导，团结同志，积极发挥纽带作用。

三、军队内部关系

军队内部关系，主要是军人相互关系、官兵关系、机关相互关系、部（分）队相互关系。

（一）军人相互关系

中国人民解放军军人，不论职位高低，在政治上一律平等，相互间是同志关系。

军官、士兵依行政职务和军衔,构成首长与部属、上级与下级或者同级关系。部属、下级必须服从首长、上级;同级之间应当互相尊重,密切配合,团结协作。首长有权对部属下达命令。命令通常按级下达,情况紧急时,也可以越级下达。部属对命令必须坚决执行,并将执行情况及时报告首长。不同建制的军人共同执行任务时,应当服从上级指定的负责人的领导和指挥。

(二)官兵关系

官兵关系是军队内部关系的基础。中国人民解放军军官(文职干部)和士兵,必须按照官兵一致的原则,互相尊重,互相爱护,互相帮助,构建团结、友爱、和谐、纯洁的内部关系,同心协力地完成任务。

四、军队内部礼节

军人必须有礼节,体现军人的文明素养,促进军队内部的团结友爱和互相尊重。

军人敬礼分为举手礼、注目礼和举枪礼。着军服时,通常行举手礼。携带武器装备或者因伤病残不便行举手礼时,行注目礼。举枪礼仅限于执行阅兵和仪仗任务时使用。

军人之间通常称职务,或者姓加职务,或者职务加同志。首长和上级对部属和下级以及同级间的称呼,可以称姓名或者姓名加同志;下级对上级,可以称首长或者首长加同志。在公共场所和不知道对方职务时,可以称军衔加同志或者同志。军人听到首长和上级呼唤自己时,应当立即答"到"。回答首长问话时,应当自行立正。领受首长口述命令、指示后,应当回答"是"。

五、军人着装和军容风纪

(一)军人着装

军人着装是对军人形象和纪律的要求。《内务条令》规定了军人着装的基本要求、作训服、常服、礼服的穿着场合和穿着要求。

1.着装的基本要求

军人应当配套穿着军服,佩带军衔、级别资历章(勋表)等标志服饰,做到着装整洁庄重、军容严整、规范统一。军人退出现役后,参加国家和军队组织的重大纪念、庆典活动,通常着便服,也可以按照活动组织单位的要求,着服役期间的军服,佩带国家和军队统一颁发的徽章。军队单位和个人不得自制军服,不得购买仿制军服以及标志服饰。军人不得变卖、拆改军服,不得将军服和标志服饰出借或者赠送给地方单位和人员。

2.作训服

军人在作战、战备、训练、执勤、遂行非战争军事行动任务时,应当着作训服。着夏作训服时,通常不扣上衣第一粒钮扣,可以将衣袖上卷(穿着前,先将袖子向外翻卷至腋下缝处,然后将袖口以外部分向外翻卷至与袖口接缝处,再将袖口下翻盖住翻卷部分),扣好钮扣,迷彩图案或者袖口正面外露。着冬作训服时,应当将上衣拉链拉到顶,衣领对折外翻,扣好钮扣。着作训服,通常穿作战靴(裤口扣紧塞入靴内,系带扎紧塞入靴内);课外(业余)活动时,可以穿作训鞋(裤口扣紧)。参加训练、执勤、操课、检(校)阅或者携带武器、战斗装具时,应当扎编织外腰带。体能训练服,通常在体能训练、课外(业余)活动时穿着。

3. 常服

军人在日常工作、学习、集体生活时,通常着常服。春秋常服,通常在春季、秋季穿着。夏常服,通常在夏季穿着。着夏常服时,应当戴夏常服帽,不系领带,不扣领扣,下摆扎于裤(裙)内;着长袖夏常服时,应当扣好上衣袖口、袖衩钮扣。冬常服、制式毛衣(绒衣)、棉大衣、常服大衣,通常在冬季穿着。着冬常服、常服大衣时,通常戴常服大檐帽(卷檐帽)。

(二)军容风纪

军容风纪是军人的仪表和风貌,是军队作风纪律和战斗力的表现。《内务条令》专章规定了"军容风纪",其内容包括:仪容、举止以及军容风纪检查。

1. 仪容

军人应当军容严整,遵守下列规定:着军服在营区外以及在室内携带武器时,应当戴军帽;除军人宣誓仪式、晋升(授予)军衔仪式、授旗仪式等重要集体活动和卫兵执勤外,着军服进入室内通常自行脱帽,按照规定放置,组织其他集体活动时可以统一脱帽;着军服时应当穿军鞋、穿制式袜子;着军服时应当按照规定扣好衣扣,不得挽袖(着夏作训服时除外),不得披衣、敞怀、卷裤腿;军服内着毛衣、绒衣、绒背心、棉衣时,下摆不得外露;着衬衣(内衣)时,下摆扎于裤内;内着非制式衣服的不得外露;不得将军服外衣与便服外衣混穿;不得将摘下标志服饰的军服作便服穿着;不得着印有不文明图案、文字的便服;不得衣冠不整、穿着暴露、袒胸露背进入办公场所;不得着自制、仿制的军服;着军服时不得骑乘非军用摩托车。

《内务条令》还规定:军人非因公外出可以着军服,也可以着便服。军人头发应当整洁,不得蓄留怪异发型。男军人不得蓄胡须,女军人发辫不得过肩。军人服役期间不得文身。着军服时,不得化浓妆,不得留长指甲和染指甲;不得围非制式围巾,不得戴非制式手套,不得在外露的腰带上系挂钥匙和饰物等,不得戴耳环、项链、领饰、戒指、手镯(链、串)、装饰性头饰等首饰;不得在非雨雪天打伞,打伞时应当使用黑色雨伞,通常左手持伞;除工作需要和眼疾外,不得戴有色眼镜。

2. 举止

军人必须举止端正,谈吐文明,军语标准,精神振作,姿态良好。不得袖手、背手和将手插入衣袋,不得边走边吸烟、吃东西、扇扇子,不得搭肩挽臂。军人参加集会、晚会,必须按照规定的时间和顺序入场,按照指定的位置就座,遵守会场秩序,不得迟到早退。散会时,依次退场。军人外出,必须遵守公共秩序和交通规则,遵守社会公德,举止文明,自觉维护军队的声誉。不得猬集街头、嬉笑打闹和喧哗。乘坐公共交通工具时，主动给老人、幼童、孕妇和伤、病、残人员让座。与他人发生纠纷时，应当依法处理。

六、基层单位一日生活

《内务条令》对基层单位一日生活进行了具体明确的规范，包括起床、早操、整理内务和洗漱、开饭、操课、午睡（午休）、课外活动、点名、就寝等内容。

（一）起　床

听到起床号（信号）后，全连人员立即起床（连值班员应当提前十分钟起床），按照规定着装，迅速做好出操准备。

各类值班（值日）人员按照规定认真履行职责；卫生员检查各班、排有无病号；对患病者根据情况处理。

因集体活动超过熄灯时间1小时以上时，部队（分队）首长可以确定推迟次日起床时间。

（二）早　操

除了休息日、节假日之外，连队通常每日出早操，每次时间通常为30分钟，主要进行队列训练和体能训练。除担任公差、勤务的人员和经医务人员建议并经连首长批准休息的伤病人员外，都应当参加早操。

听到出操号（信号）后，各班、排迅速集合，检查着装和携带的武器装备，跑步带到连集合场，向连值班员报告。连值班员整理队伍，清查人数，向连首长报告，由连首长或者连值班员带队出操。

结合早操每周进行一至二次着装、仪容和个人卫生的检查，每次不超过10分钟。

营每月、团（旅）每季组织一次会操。

在城市居民区街道出早操时，应当避免影响居民休息。

（三）整理内务和洗漱

早操后，整理内务、清扫室内外和洗漱，时间不超过30分钟。班值日员协助检查并整理本班的内务卫生。连值班员检查全连的内务卫生。

连首长每周组织一次全连内务卫生检查。

（四）开　饭

按照规定时间准时开饭。开饭时间通常不超过30分钟。

听到开饭号（信号）后，以班、排或者连为单位带到食堂门前，由连值班员整队，按照连值班员宣布的次序依次进入食堂。

就餐时保持肃静，餐毕自行离开。

休息日和节假日坚持三餐制。

（五）操　课

操课前，根据课目内容做好准备。听到操课号（信号）后，连（排、班）迅速集合整队，清查人数，检查着装和装备、器材，带到课堂（训练场、作业场）。

操课中，按照计划严格要求组织，认真听讲，精心操作，遵守课堂（训练场、作业场）纪律，严防事故。

课间休息（操课通常每小时休息10分钟，野外作业和实弹射击时根据情况确定休息时间），由连值班员发出休息信号；休息完毕，发出继续操课信号。

操课结束后，检查装备，清理现场，集合整队，进行讲评。

操课往返途中应当队列整齐，歌声嘹亮。

（六）午　睡（午休）

听到午睡号（信号）后，除执勤人员外均应当卧床休息，保持肃静，不得进行其他活动，连值班员检查全连人员午睡情况。午休时间由个人支配，但不得私自外出，不得影响他人休息。

（七）课外活动

晚饭后的课外活动时间，每周除个人支配二至三次外（人员不得随意外出），其余由连队安排。

（八）点　名

连队通常每日点名，休息日和节假日必须点名。点名由一名连首长实施。每次点名不得超过15分钟。

点名通常以连为单位于就寝前或者其他时间列队进行（也可以排为单位进行）。

点名的内容通常包括清点人员、生活讲评、宣布次日工作或者传达命令、指示等。

点名前，连队首长应当商定内容；由连值班员发出点名信号并迅速集合全连人员，整队，清查人数，整理着装，向连首长报告。

唱名清点人员时，可以清点全体人员，也可以清点部分人员。

如以排为单位点名，连首长和连值班员应当进行督促检查。

（九）就　寝

连值班员在熄灯号（信号）前10分钟，发出准备就寝信号，督促全体人员做好就寝准备。就寝人员应当放置好衣物装具，听到熄灯号（信号）立即熄灯就寝，保持肃静。

休息日的前一天可以推迟就寝，时间通常不超过1小时。

第二节　《纪律条令》教育

中国人民解放军的纪律，是建立在政治自觉基础上的严格的纪律，是军队战斗力的重要因素，是保持人民军队性质、宗旨、本色，团结自己、战胜敌人和完成一切任务的保证。《纪律条令》是为了贯彻全面从严治军方针，加强中国人民解放军纪律建设，维护和巩固铁的纪律，确保军队绝对忠诚、绝对纯洁、绝对可靠，保证军队的高度集中统一，加强革命化、现代化、正规化建设，巩固和提高战斗力，根据有关法律的规定制定的。《纪律条令》是中国人民解放军维护纪律、实施奖惩的基本依据。新修订的《纪律条令（试行）》，共10章262条，另附8个附录。

一、维护和巩固纪律的原则和要求

必须贯彻毛泽东军事思想、邓小平新时期军队建设思想、江泽民国防和军队建设思想、胡锦涛国防和军队建设思想、习近平强军思想，贯彻新形势下军事战略方针，围绕实现党在新时代的强军目标、全面建成世界一流军队，坚持政治建军、改革强军、科技兴军、依法治军，更加注重聚焦实战，更加注重创新驱动，更加注重体系建设，更加注重集约高效，更加注重军民融合，坚持官兵一致、上下一致，严格要求、科学管理，说服教育、启发自觉，实事求是、公平公正，严格程序、赏罚严明，确保部队高度集中统一和有效履行使命任务。

中国人民解放军的纪律，要求每个军人必须把革命的坚定性、政治的自觉性、纪律的严肃性结合起来，统一意志、统一指挥、统一行动，有令必行、有禁必止，严格执行党的路线、方针、政策，遵守国家的宪法、法律、法规，执行军队的法规制度，执行上级的命令和指示，执行三大纪律、八项注意，用铁的纪律凝聚铁的意志、锤炼铁的作风、锻造铁的队伍，任何时候任何情况下都一切行动听指挥、步调一致向前进。

相关链接

“三大纪律、八项注意”的由来

1927年10月，毛泽东在带领秋收起义部队转战井冈山的途中，为了搞好军民关系，创建革命根据地，针对当时官兵中在执行纪律方面存在的问题，向部队宣布了三大纪律：第一、行动听指挥；第二、不拿群众一个红薯；第三、打土豪要归公。1928年1月，毛泽东率部攻占遂川城后，在分兵发动群众时，出现了违反群众纪律、侵犯小商小贩利益的现象。毛泽东及时听取汇报，将群众的反映归纳起来后，向部队提出了六项注意：一、上门板；二、捆禾草；三、说话和气；四、买卖公平；五、借东西要还；六、损坏东西要赔。1928年4月，毛泽东在桂东县沙田圩对工农革命军全体指战员，正式颁布了“三大纪律、六项注意”。三大纪律：第一条，一切行动听指挥；第二条，不拿工农一点东西；第三条，一切缴获要归公。六项注意：一、上门板；二、捆铺草；三、说话和气；四、买卖公平；五、借东西要还；六、损坏东西要赔。1929年部队到达赣南、闽西后，根据在新区出现的新情况，毛泽东在六项注意中，又增加了“洗澡避女人”和“不搜俘虏腰包”两项，成为八项注意。以后，随着斗争形势的变化，对三大纪律八项注意的内容进行过几次修改。1947年10月，才以中国人民解放军总部的名义重新颁布了“三大纪律、八项注意”。

二、纪律的主要内容

(一)政治纪律

遵守政治纪律，对党忠诚，立场坚定。坚定不移贯彻执行党的路线、方针、政策，坚持党对军队绝对领导的根本原则和制度，牢固树立政治意识、大局意识、核心意识、看齐意识，坚决维护权威、维护核心、维护和贯彻军委主席负责制，自觉在思想上政治上行动上同党中央、中央军委保持高度一致，在重大政治斗争中立场坚定，在重大原则问题上旗帜鲜明。

（二）组织纪律

遵守组织纪律，民主集中，服从组织。坚决维护党委统一的集体领导下的首长分工负责制，坚持民主集中制根本组织制度和领导制度，坚决服从组织。

（三）作战纪律

遵守作战纪律，服从命令，听从指挥，英勇善战。有令必行，有禁必止，坚决执行命令，严格遵守战场纪律，勇敢顽强完成各种作战任务。

（四）训练纪律

遵守训练纪律，按纲施训，从难从严。按实战标准，坚持仗怎么打兵就怎么练，科学组训，真训实训，严格军事训练人员、内容、时间、质量落实，端正训风演风考风，克服以牺牲战斗力为代价消极保安全，坚决完成军事训练任务，不断提高部队战斗力。

（五）工作纪律

遵守工作纪律，爱岗敬业，忠于职守。严守岗位，尽职尽责，勤奋工作，遵守工作章程和制度规定，圆满完成各项任务。

（六）保密纪律

遵守保密纪律，严守规定，保守秘密。严格遵守国家和军队的保密法规，军事秘密制作、存储、收发、传递、使用、复制、保管、移交、销毁全过程必须严格执行保密规定，加强涉密载体使用管理，防止出现失密、泄密、窃密、卖密问题。

（七）廉洁纪律

遵守廉洁纪律，干净做事，清白做人。筑牢拒腐防变的思想防线，带头践行当代革命军人核心价值观，讲修养、讲道德、讲诚信、讲廉耻，带头执行廉洁自律准则，自觉同特权思想和特权现象作斗争。

（八）财经纪律

遵守财经纪律，依法管财，科学理财，节俭用财。严格执行财经法规制度，依法决策财经事项，精准管理经费资产，强化收支管控，提高使用绩效，确保财务安全，防止出现财经违规问题。

（九）群众纪律

遵守群众纪律，拥政爱民，军民一致。坚持全心全意为人民服务的宗旨，自觉维护人民群众利益，不与民争利，不侵占和损害人民群众合法权益。

（十）生活纪律

遵守生活纪律，志趣高尚，行为规范。培养良好生活习惯，情趣高雅，追求高尚，生活俭朴，遵守社会公德、家庭美德，遵守社会公序良俗，自觉维护公共场所秩序和良好社会风尚。

三、奖励

奖励的目的在于鼓励先进，维护纪律，调动官兵的积极性、创造性，发扬爱国主义、共产主义和革命英雄主义精神，保证作战、训练和其他各项任务的完成。

奖励分个人奖励和单位奖励，其中对个人的奖励项目，从低到高依次为：①嘉奖；②三等功；③二等功；④一等功；⑤荣誉称号；⑥八一勋章。

《纪律条令》对个人奖励的条件作了明确而具体的规定。

四、处分

处分的目的在于严明纪律，教育违纪者和部队，强化纪律观念，维护集中统一，巩固和提高部队战斗力。

处分项目分义务兵、士官、军官（含文职干部），其中义务兵的处分项目从轻到重依次为：①警告；②严重警告；③记过；④记大过；⑤降职或者撤职；⑥降衔；⑦除名；⑧开除军籍。

《纪律条令》列出了具体的处分条件。

第三节　《队列条令》教育训练

《队列条令》是规范中国人民解放军的队列动作、队列队形和队列指挥，保持整齐划一和严格正规的队列生活的条令。是中国人民解放军队列生活的准则和队列训练的基本依据。严格执行《队列条令》，对加强队列训练，培养良好的军姿、严整的军容、过硬的作风、严格的纪律性和协调一致的动作，落实全面从严治军要求，促进军队正规化建设，巩固和提高战斗力，具有十分重要的作用。新修订的《队列条令（试行）》，共10章89条，另附4个附录。

一、单个军人队列动作

（一）立正、跨立、稍息

1. 立　正

立正是军人的基本姿势，是队列动作的基础。军人在宣誓、接受命令、进见首长和向首长报告、回答首长问话、升降国旗和军旗、奏国歌和军歌等严肃庄重的时机和场合，均应按口令或自行立正。

动作要领是：听到“立正”的口令，两脚跟靠拢并齐，两脚尖向外分开约60°；两腿挺直，小腹微收，自然挺胸；上体正直，微向前倾；两肩要平，稍向后张；两臂自然下垂，手指并拢自然微屈，拇指尖贴于食指的第二节，中指贴于裤缝；头要正，颈要直，口要闭，下颌微收，两眼向前平视。

2. 跨　立(即跨步站立)

跨立主要用于军体操、执勤和舰艇上分区列队等场合，可以与立正互换。听到“跨立”的口令，左脚向左跨出约一脚之长，两腿挺直，上体保持立正姿势，身体重心落于两脚之间，两手后背，左手握右手腕，拇指根部与外腰带下沿(内腰带上沿)同高；右手手指并拢自然弯曲，手心向后(图6–1)。

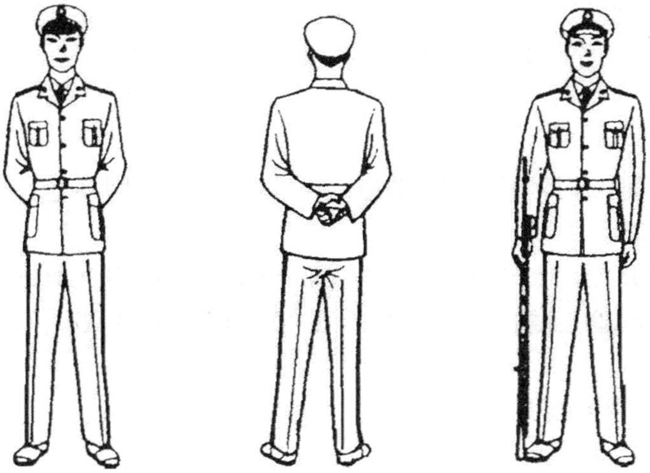

图6–1　跨立

3. 稍　息

稍息是队列动作中一种休息和调整姿势的动作，可以与立正互换。听到“稍息”的口令，左脚顺脚尖方向伸出约全脚的三分之二，两腿自然伸直，上体保持立正姿势，身体重心大部分落于右脚。稍息过久，可以自行换脚。

(二)停止间转法

停止间转法是停止间(原地)变换方向的方法。分向右转、向左转、向后转，需要时也可半面向右(左)转。

1. 向右(左)转

听到“向右(左)——转”的口令，以右(左)脚跟为轴，右(左)脚跟和左(右)脚掌前部同时用力，使身体协调一致向右(左)转90°，体重落在右(左)脚，左(右)脚取捷径迅速靠拢右(左)脚，成立正姿势。转动和靠脚时，两腿挺直，上体保持立正姿势。半面向右(左)转，按照向右(左)转的要领转45°。

2. 向后转

听到“向后——转”的口令，按照向右转的要领向后转180°。

(三)行进与停止

行进的基本步法分为齐步、正步和跑步。辅助步法为踏步、便步和移步。

1. 齐步与立定

齐步是军人行进的常用步法，一般用于队列的整齐行进。

当听到“齐步——走”的口令后，左脚向正前方迈出约75厘米，按照先脚跟后脚掌的顺序着地，同时，身体重心前移。右脚照此法动作；上体正直，微向前倾；手指轻轻握拢，拇指贴于食指第二节；两臂前后自然摆动，向前摆臂时，肘部弯曲，小臂自然向里合，手心向内稍向下，拇指根部对正衣扣线，并与最下方衣扣同高（着夏季作训服时，与第四衣扣同高；着冬季作训服时，与第五衣扣同高；着水兵服时，与腰带同高），离身体约25厘米；向后摆臂时，手臂自然伸直，手腕前侧距裤缝线约30厘米。行进速度每分钟116～122步。行进中听到“立定”的口令后，左脚再向前大半步着地，两腿挺直，右脚取捷径迅速靠拢左脚，成立正姿势。

2. 正步与立定

正步主要用于分列式和其他礼节性场合。

听到“正步——走”的口令后，左脚向正前方踢出约75厘米（腿要绷直，脚尖下压，脚掌与地面平行，离地面约25厘米），适当用力使全脚掌着地，同时身体重心前移，右脚照此法动作；上体正直，微向前倾；手指轻轻握拢，拇指伸直贴于食指第二节；向前摆臂时，肘部弯曲，小臂略成水平，手心向内稍向下，手腕下沿摆到高于最下方衣扣约10厘米处（着夏季作训服时，约与第三衣扣同高；着冬季作训服时，约与第四衣扣同高），离身体约10厘米；向后摆臂时（左手心向右，右手心向左），手腕前侧距裤缝线约30厘米。行进速度每分钟110～116步。

行进中听到“立定”的口令后，左脚再向前大半步着地（脚尖向外约30°），两脚挺直，右脚取捷径迅速靠拢左脚，成立正姿势。

3. 跑步与立定

跑步主要用于快速行进。

听到“跑步”的预令时，两手迅速握拳（四指蜷握，拇指贴于食指第一关节和中指第二节），提到腰际，约与腰带同高，拳心向内，肘部稍向里合。听到动令，上体微向前倾，两腿微弯，同时左脚利用右脚掌的蹬力跃出约85厘米，前脚掌先着地，身体重心前移，右脚照此法动作；两臂前后自然摆动，向前摆臂时，大臂略直，肘部贴于腰际，小臂略平，稍向里合，两拳内侧各距衣扣线5厘米；向后摆臂时，拳贴于腰际。行进速度每分钟170～180步。

图6-2　跑步预备姿势

图6-3　跑步前进

听到“立定”的口令后，再跑两步，然后左脚向前大半步（两拳收于腰际，停止摆动）着地，右脚靠拢左脚，同时将手放下，成立正姿势。

4. 踏步与立定

踏步用于调整步伐和整齐。

听到“踏步”的口令后，两脚在原地上下起落（抬起时，脚尖自然下垂，离地面约15厘米；落下时，前脚掌先着地），上体保持正直，两臂按照齐步或者跑步摆臂的要领摆动。

听到“立定”的口令后，左脚踏一步，右脚靠拢左脚，原地成立正姿势。（跑步的踏步，听到口令，继续踏两步，再按照上述要领进行。）

5. 便　步

便步用于行军、操练后恢复体力及其他场合。

听到“便步——走”的口令后，用适当的步速、步幅行进，两臂自然摆动，上体保持良好姿态。

6. 步法变换

步法变换，均从左脚开始。

齐步、正步互换。听到口令，右脚继续走一步，即换正步或者齐步行进。

齐步换跑步。听到预令，两手迅速握拳提到腰际，两臂前后自然摆动；听到动令，即换跑步行进。

齐步换踏步。听到口令，即换踏步。

跑步换齐步。听到口令，继续跑两步，然后，换齐步行进。

跑步换踏步。听到口令，继续跑两步，然后换踏步。

踏步换齐步或者跑步。听到“前进”的口令，继续踏两步，再换齐步或者跑步行进。

(四)行进间转法

1. 齐步、跑步向右(左)转

听到“向右(左)转——走”的口令后,左(右)脚向前半步(跑步时,继续跑两步,再向前半步),脚尖向右(左)约45°。身体向右(左)转90°时,左(右)脚不转动,同时出右(左)脚按照原步法向新方向行进。半面向右(左)转走,按照向右(左)转的要领转45°。

2. 齐步、跑步向后转

听到“向后转——走”的口令后,左脚向右脚前迈出约半步(跑步时,继续跑两步,再向前半步),脚尖向右约45°,以两脚的前脚掌为轴,向后转180°,出左脚按照原步法向新方向行进。

转动时,保持行进时的节奏,两臂自然摆动,不得外张;两腿自然挺直,上体保持正直。

(五)坐下、蹲下、起立

1. 坐　下

口令:坐下。

要领:左小腿在右小腿后交叉,迅速坐下(坐凳子时,听到口令,左脚向左分开约一脚之长),手指自然并拢放在两膝上,上体保持正直。

背背包时,听到“放背包”的口令,两手握背包带,取下背包,转体向右,右手将背包横放在脚后,背包口向左,按照口令坐在背包上。携枪(筒)放背包时,先置枪(架枪、筒)或两腿夹枪,然后放背包。

2. 蹲　下

口令:蹲下。

要领:右脚后退半步,前脚掌着地,臀部坐在右脚跟上(膝盖不着地),两腿分开大约60°,手指自然并拢放在两膝上,上体保持正直(图6-4)。蹲下过久,可以自行换脚。

图6-4　蹲下

3. 起　立

口令:起立。

要领：全身协力迅速起立，成立正姿势或成持枪（炮）、肩枪（筒）立正姿势。

（六）脱帽、戴帽

1. 脱　帽

口令：脱帽。

要领：双手捏帽檐或者帽前端两侧，将帽取下，取捷径置于左小臂，帽徽向前，掌心向上，四指扶帽檐或者帽墙前端中央处，小臂略成水平，右手放下。

2. 戴　帽

口令：戴帽。

要领：双手捏帽檐或者帽前端两侧，取捷径将帽迅速戴正。

需夹帽时，将帽夹于左腋下，左手握帽墙，帽徽向前，帽顶向左。

（七）整理着装

整理着装，通常在立正的基础上进行。

口令：整理着装。

要领：双手（持81式自动步枪、60式迫击炮时，将枪、炮夹于两腿间）从帽子开始，自上而下，将着装整理好。必要时，也可以相互整理。整理完毕，自行稍息。听到"停"的口令，恢复立正姿势。

（八）敬　礼

敬礼分为举手礼、注目礼和举枪礼。

1. 举手礼

口令：敬礼。

要领：上体正直，右手取捷径迅速抬起，五指并拢自然伸直，中指微接帽檐右角前约2厘米处（戴无檐帽或者不戴军帽时微接太阳穴，与眉同高），手心向下，微向外张（约20°），手腕不得弯曲，右大臂略平，与两肩略成一线，同时注视受礼者（图6–5）。

图6–5　举手礼

听到"礼毕"口令或对方还礼后，将手放下。

2. 注目礼

要领：面向受礼者成立正姿势，同时注视受礼者，并目迎目送（右、左转头角度不超过45°）。听到“礼毕”口令，将头转正。

3. 举枪礼（用于阅兵式或执行仪仗任务）

要领：右手将枪提到胸前，枪身垂直并对正衣扣线，枪面向后，离身体约10厘米，枪口（半自动步枪准星护圈）与眼同高，大臂轻贴右肋；同时，左手接握表尺上方（持半自动步枪时虎口对准枪面并与表尺上沿取齐），小臂略平，大臂轻贴左肋；同时转头向右注视受礼者，并目迎目送（右、左转头角度不超过45°）。

4. 徒手行进间敬礼

行进间敬礼时（跑步时换齐步），转头向受礼者行举手礼（手不随头转动），并继续行进，左臂仍自然摆动，待受礼者还礼后礼毕。

单个军人敬礼时，通常是在距受礼者5～7步处行举手礼或注目礼。

二、分队队列动作

（一）分队的队形

1. 班的队形

班的基本队形，分为横队和纵队。需要时，可以成二列横队或者二路纵队。队列人员之间的间隔（两肘之间）通常约10厘米，距离（前一名的脚跟至后一名的脚尖）约75厘米。需要时，可以调整队列人员之间的间隔和距离。

步兵班通常按照指挥员、机枪射手、机枪副射手、步枪手或者冲锋枪手、火箭筒射手、火箭筒副射手、副指挥员的顺序列队，必要时也可以按照身高列队。

2. 步兵排的队形

排的基本队形，分为横队和纵队。

排横队，由各班的班横队依次向后排列组成。排纵队，由各班的班纵队依次向右并列组成。

排长的队列位置，横队时，在第一列基准兵右侧；纵队时，在队列中央前。

3. 步兵连的队形

步兵连的基本队形，分为横队、纵队和并列纵队。

连横队，由各排的排横队依次向左并列组成。

连纵队，由各排纵队依次向后排列组成。

连并列纵队，由各排的排纵队依次向左并列组成。

连指挥员的位置：横队、并列纵队时，位于一排长右侧，前列为连长、副连长，后列为政治指导员；纵队时，位于一排长前，前列为连长、政治指导员，后列中央为副连长。

（二）集合、离散

1. 集　合

集合是使单个军人、分队、部队按照规范队形聚集起来的一种队列动作。集合时，指挥员应当先发出预告或者信号，如“全班注意”，全班人员听到预告或者信号，原地面向指挥员成立正姿势；听到口令，跑步到指定位置面向指挥员集合（在指挥员后侧的人员，应当从指挥员右侧绕过），自行对正、看齐，成立正姿势。

听到“成班横队（二列横队）——集合”的口令，基准兵迅速到指挥员左前方适当位置，成立正姿势；其他士兵以基准兵为准，依次向左排列，自行看齐。成班二列横队时，单数士兵在前，双数士兵在后。

听到“成班纵队（二路纵队）——集合”的口令，基准兵迅速到指挥员前方适当位置，成立正姿势；其他士兵以基准兵为准，依次向后排列，自行对正。

成班二路纵队时，单数士兵在左，双数士兵在右。

2. 离　散

离散，是使列队的单个军人、分队、部队各自离开原队列位置的一种队列动作。离散分离开和解散，班通常只进行解散。

队列人员听到“解散”的口令，应迅速离开原列队位置。

（三）整齐、报数

1. 整　齐

整齐，是使列队人员按照规定的间隔、距离，保持行、列齐整的一种队列动作。整齐分为向右（左）看齐和向中看齐。

口令：向右（左）看——齐；向前——看。

要领：基准兵不动，其他士兵向右（左）转头（持枪、炮时，听到预令，迅速将枪、炮稍提起，看齐后自行放下），眼睛看右（左）邻士兵肋部，前四名能通视基准兵，自第五名起，以能通视到本人以右（左）第三人为度。后列人员，先向前对正，后向右（左）看齐。听到“向前——看”的口令，迅速将头转正，恢复立正姿势。

口令：以×××为准，向中看——齐；向前——看。

要领：当指挥员指定“以×××为准（或者以第×名为准）”时，基准兵答“到”，同时左手握拳高举，大臂前伸与肩略平，小臂垂直举起，拳心向右。听到“向中看——齐”的口令后，其他士兵按照向左（右）看齐的要领实施。听到“向前——看”的口令后，基准兵迅速将手放下，其他士兵迅速将头转正，恢复立正姿势。

一路纵队看齐时，可以下达“向前——对正”的口令。

2. 报　数

口令：报数。

要领：横队从右至左（纵队由前向后）依次以短促洪亮的声音转头（纵队向左转头）报数，最后一名不转头。数列横队时，后列最后一名报“满伍”或者“缺×名”。

（四）出列、入列

单个军人和分队出、入列通常用跑步（五步以内用齐步，一步用正步），或者按照指挥员指定的步法执行；然后，进到指挥员右前侧适当位置或者指定位置，面向指挥员成立正姿势。

1. 出　列

口令：×××（或者第×名），出列。

要领：出列军人听到呼点自己姓名或者序号后应当答“到”，听到“出列”的口令后，应当答“是”，并取捷径出列。

2. 入　列

口令：入列。

要领：听到“入列”口令后，应当答“是”，然后，按照出列的相反程序入列。

（五）行进、停止

横队和并列纵队行进以右翼为基准，纵队行进以左翼为基准（一路纵队行进以先头为基准）。

1. 行　进

指挥员应当下达“×步——走”的口令。听到口令，基准兵向正前方前进，其他士兵向基准兵标齐，保持规定的间隔、距离行进。纵队行进时，排、连通常成三路纵队，也可以成一、二路纵队。行进中，需要时，用“一二一”（调整步伐的口令）、“一二三四”（呼号）或者唱队列歌曲，以保持步伐的整齐和振奋士气。

2. 停　止

指挥员应当下达“立——定”的口令。听到口令，按照立定的要领实施，分队的动作要整齐一致。停止后，听到“稍息”的口令，先自行对正、看齐，再稍息。

（六）队形变换

队形变换，是由一种队形变为另一种队形的队列动作。

1. 横队和纵队的互换

（1）横队变纵队

停止间口令：向右——转。

行进间口令：向右转——走。

（2）纵队变横队

停止间口令：向左——转。

行进间口令：向左转——走。

要领：停止间，按照单个军人向右（左）转的要领实施。行进间，按照单个军人向右（左）转走的要领实施。分队动作要整齐一致。队形变换后，排以上指挥员应当进到规定的列队位置。

2. 停止间班横队和班二列横队、班纵队和班二路纵队互换

（1）班横队变班二列横队

口令：成班二列横队——走。

要领：变换前，先报数。听到口令，双数士兵左脚后退一步，右脚（不靠拢左脚）向右跨一步，左脚向右脚靠拢，站到单数士兵之后，自行对正、看齐。

(2)班二列横队变班横队

口令:间隔一步,向左离开。

成班横队——走。

要领:听到“间隔一步,向左离开”的口令,取好间隔;听到“成班横队——走”的口令,双数士兵左脚左跨一步,右脚(不靠拢左脚)向前一步,左脚向右脚靠拢,站到单数士兵左侧,自行看齐。

(3)班纵队变班二路纵队

口令:成班二路纵队——走。

要领:变换前,先报数。听到口令,双数士兵右脚右跨一步,左脚(不靠拢右脚)向前一步,右脚向左脚靠拢,站到单数士兵右侧,自行对正、看齐。

(4)班二路纵队变班纵队

口令:距离两步,向后离开。

成班纵队——走。

要领:听到“距离两步,向后离开”的口令,取好距离;听到“成班纵队——走”的口令,双数士兵右脚后退一步,左脚(不靠拢右脚)站到单数士兵之后,自行对正。

(七)方向变换

方向变换,是改变队列面对的方向的一种队列动作。

1. 横队方向变换

停止间,通常是左(右)转弯或者左(右)后转弯,必要时可以向后转。

口令:左(右)转弯,齐(跑)步——走,或者左(右)后转弯,齐(跑)步——走。向后——转,齐(跑)步——走(当需要向后转走时,应当先下“向后——转”的口令,待方向变换后,再下“齐(跑)步——走”的口令)。

行进间口令:左(右)转弯——走,或者左(右)后转——走。

要领:轴翼士兵踏步,并逐渐向左(右)转动;外翼第一名士兵用大步行进并同相邻士兵动作协调,逐步变换方向(愈接近轴翼者,其步幅愈小),士兵用眼睛的余光向外翼取齐,并保持规定的间隔和排面整齐,转到90°或者180°时踏步并取齐,听口令前进或者停止。

2. 纵队方向变换

停止间,通常是左(右)转弯,或者左(右)后转,必要时可以向后转。

口令:左(右)转弯,齐(跑)步——走,或者左(右)后转弯,齐(跑)步——走。向后——转,齐(跑)步——走(按照横队和并列纵队向后转走的方法实施)。

行进间口令:左(右)转——走,或者左(右)后转弯——走。

要领:基准兵在左(右)转弯时,按照单个军人行进间转法(停止间,左转弯走时,左脚先向前一步)的要领实施,在左(右)后转弯时,用小步边行进边变换方向,转到90°或者180°后,照直前进;其他士兵逐次进到基准兵的转弯处,转向新方向跟进。

第七章　轻武器射击

轻武器是枪械和其他各种由单兵或班组携行使用的武器的统称，是当今军事武器库中数量最多、装备最早、用途最广的武器装备。轻武器是战争的主要工具之一，它伴随着战争和社会的进步，不断完善和发展，至今已形成了一个设计完善、结构新颖、自动化程度高的轻武器大家族。

第一节　轻武器常识

轻武器通常指枪械及其他各种由单兵或班组携行战斗的武器。又称"轻兵器"。主要装备对象是步兵，也广泛装备于其他军种和兵种。其主要作战用途是杀伤有生力量，毁伤轻型装甲车辆，破坏其他武器装备和军事设施。主要包括各种枪械、点毁伤武器和面毁伤武器、便携式反坦克武器和单兵防空导弹等。轻武器按口径分类，可分为大口径（12毫米以上）和小口径（6毫米以下）武器；按自动方式分，可分为半自动和全自动武器；按用途分，可分为手枪、冲锋枪、步枪、轻机枪、重机枪和火箭筒等。许多中外军事专家和评论家认为，轻武器在未来战争中仍发挥重要作用。

轻武器的主要特点是重量轻、体积小，可由单兵或战斗班组携行作战；能单独使用，配套设备少，后勤保障简单；使用方便，开火迅速，火力密度大；环境适应性强，可以在恶劣的自然条件下作战，携带方便，人能到的地方轻武器就能到，特别适于在近战和敌后斗争中使用；品种较多，能适应多种作战任务：杀伤人员、毁伤装甲、打击低空目标、引火焚烧、施放烟幕、镇压暴乱等；轻武器结构简单，易于制造，便于维护保养，成本低廉，适于大量生产、大量装备，是军队中装备数量最多的武器。

本章主要介绍我军目前常见的56式半自动步枪和冲锋枪、81式自动步枪的性能、构造等。

一、轻武器战斗性能

56式半自动步枪、81式自动步枪、56式冲锋枪、81式班用轻机枪是步兵在近战中歼敌有生力量的主要武器。400米内对单个目标射击效果最好，集中火力可射击500米内飞机、伞兵和杀伤800米内的集团目标。弹头飞到1 500米仍有杀伤力。

射击方法：半自动步枪实施单发射；自动步枪、冲锋枪、班用轻机枪主要实施短点射（2～5发），还可以实施长点射（6～10发）和单发射。

战斗射速：半自动步枪35～40发/分；自动步枪、冲锋枪单发射40发/分，点射90～110发/分；班用轻机枪单发射不少于50发/分、2～5发短点射150发/分。

二、56式半自动步枪

（一）主要机件的名称和用途

半自动步枪由枪刺（刺刀）、枪管、瞄准具、活塞及推杆、机匣、枪机、复进机、击发机、弹仓、枪托十大部分组成。另有一套附品。

1. 枪　刺（刺刀）

用以刺杀敌人。枪刺上有枪刺管、枪刺管簧和连接环，根据需要，枪刺可打开或折叠。

2. 枪　管

用以赋予弹头的飞行方向。管内是枪膛。枪膛分为弹膛和线膛。弹膛用以容纳子弹，线膛能使弹头在前进时旋转运动，以保持飞行的稳定性。线膛有四条右旋膛线（阴膛线），两条相对的阳膛线间的凸起部分叫阳膛线，两条相对的阳膛线间的距离是枪的口径。

枪管外有导气箍，用以引导火药气体冲击活塞。枪管外还有枪座、通条头槽。

3. 瞄准具

由表尺和准星组成，用以瞄准。表尺板上有缺口和游标。并刻有1～10条分划，每一分划相应为100米。缺口，用以通视准星向目标瞄准。游标，用以装定需要的表尺分划。表尺座上有固定栓和固定栓扳手，用以固定活塞筒和推杆。准星可拧高、拧低，准星移动座可左右移动。准星座上还有准星护圈。

4. 活塞及推杆

活塞装在活塞筒内以传导火药气体压力，推压推杆向后。活塞筒上有上护木。推杆和推杆簧装在表尺座内，推杆能将活塞的推力传送到机栓上。推杆簧能使推杆和活塞回到前方位置。

5. 机　匣

机匣用以容纳枪机、复进机、固定击发机和弹仓。

机匣外有机匣盖和连接销，用以保护机匣盖，使之固定在机匣上。机匣内有机枪阻铁，当弹仓内无子弹时，能使枪机停在后位置。闭锁卡槽，能保证枪机闭锁枪膛；拔壳凸笋，用以拔出弹壳（子弹）。

6. 枪　机

由机栓和机体组成。用以送弹、闭锁、击发和退壳，并能使击锤向后成待发状态。机栓上有挂钩，用以与机体挂钩相连接并带动机体运动；闭锁凸出部，能使机体后部进入闭锁卡槽。机栓上还有机柄、复进机巢和弹夹槽。机体上有击针，用以撞击子弹底火；抓弹钩，用以从膛内抓出弹壳（子弹）；挂钩，用以连接机栓。机体上还有弹底巢和闭锁斜面。

7. 复进机

由复机簧、导管和支撑环组成，用以使枪机回到前方位置。

8. 击发机

用以与枪机相互作用，形成待发和击发。击发机上有击发控制杆，能在枪机闭锁枪膛前，防止击锤松回。保险机，可限制扳机向后，保险机扳到前方为保险。击发机上还有击锤、击锤簧、击发阻铁、弹仓盖卡笋和扳机等。

9. 弹　仓

由弹仓体、弹仓盖、托弹板和托弹杆等组成。用以容纳和托送子弹，可装10发子弹。

10. 木　托

木托上有下护木、枪颈、枪托、托底板和附品筒巢，便于操作。擦拭杆、鬃刷、铳子、附品筒、通条、油壶、背带和子弹袋。

（二）半自动原理

扣扳机后，击锤打击击针，撞击子弹底火，点燃发射药，产生火药气体，推送弹头沿膛线向前运动，弹头经过导气孔，部分火药气体就通过导气孔，涌入导气箍，冲击活塞，推动推杆，使枪机向后，压缩复进簧，完成开锁，抛壳，并使击锤成待发状态；枪机退到后方时，由于复进簧的伸张，使枪机向前运动，推送下一发子弹入膛，闭锁；此时，由于击锤已被击发阻铁卡住，不能向前打击击针。若要再次射击，必须松开扳机再扣动扳机。

（三）分解结合

1. 分解结合的目的和要求

分解结合是为了擦拭、上油、检查和排除故障。分解前必须验枪，分解结合时按顺序和要领进行，严禁强敲硬卸。分解下来的机件，应按次序放在干净的物体上。除所讲的分解内容外，未经许可，不准分解其他机件。结合后，应拉送枪机数次，检查机件结合是否正确。

2. 拔出通条和取出附品筒

左手握护木，右手向下向外拉开枪刺约成45°，拔出通条，折回枪刺。然后，用食指顶开附品筒巢盖，取出附品筒，并从附品筒取出附品。卸下机匣盖：左手握枪颈，拇指抵住机匣盖后端，右手扳连接销扳手向上成垂直状态，再向右拉到定位，向后卸下机匣盖。抽出复进机。取下枪机：左手握下护木，使枪面稍向后，右手拉枪机向后取出。然后，将机栓和机体分开。卸下活塞筒：左手握下护木，右手扳固定栓扳手向上，使固定栓平面垂直，向上卸下活塞筒（将固定栓扳手扳回或保持不动，以防推杆弹出）。然后，从筒内取出活塞。

3. 结合的要领

装上活塞筒：将活塞插入活塞筒内，左手托握下护木，右手将活塞筒前端套在导气箍上，使活塞筒后部对正固定栓垂直面按下，再将固定栓扳手向下扳到定位。

装上枪机:左手握下护木,使枪面稍向右,右手将机栓和机体结合好,从机匣后部放进机匣内,向下按压托弹板,前推枪机到定位。装上复进机:右手装复进机(弯曲部向前)插入机栓上的复进机巢内。装上机匣盖:左手握枪颈,右手将机匣盖放在机匣上,左手拇指将其推到尽头,右手将连接销推入后向前扳到定位。装上附品筒和通条:将附品装入附品筒并盖好,左手握下护木,右手将附品筒(筒盖向外)装入附品筒巢内。然后,拉开枪刺,插入通条并使其头部进入通条头槽内折回枪刺。结合后,打开弹仓盖,拉送枪机数次,检查机件结合是否正确。关上弹仓盖,打开保险,扣扳机,关保险。

三、81式自动步枪、56式冲锋枪

(一)主要机件的名称和用途

81式自动步枪、56式冲锋枪由枪刺(刺刀)、枪管、瞄准具、活塞、机匣、枪机、复进机、击发机、弹匣和枪托十大部分组成(图7-1)。另有一套附品。

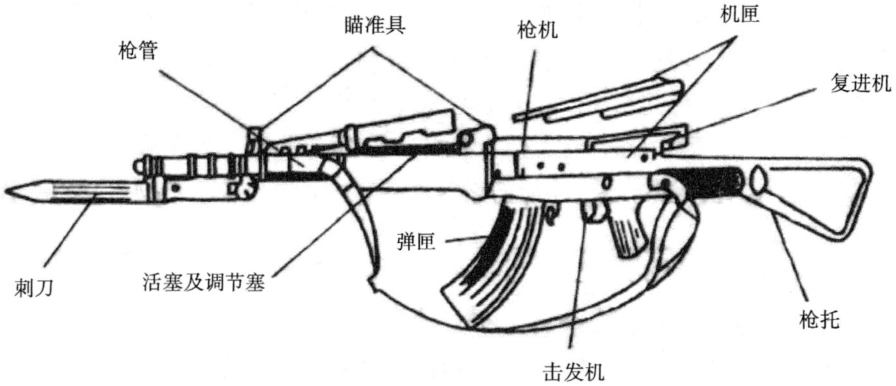

图7-1 冲锋枪的大部分机件

1. 枪　刺

上有枪刺管、枪刺管簧和连接环,根据需要,枪刺可打开或折叠。

2. 枪　管

用以赋予弹头的飞行方向。管内是枪膛,枪膛分为弹膛和线膛。弹膛用以容纳子弹,线膛能使弹头在前进时旋转运动,以保持飞行的稳定性。线膛有四条右旋膛线(阴膛线),两条膛线间的凸起部分叫阳膛线,两条相对的阳膛线间的距离是枪的口径。

枪管外有导气箍,用以引导火药气体冲击活塞。枪管外还有枪座、通条头槽。

3. 瞄准具

由表尺和准星组成,用以瞄准。表尺板上有缺口和游标。并刻有1~10条分划,每一分划相应为100米;缺口,用以通视准星向目标瞄准。游标,用以装定需要的表尺分划。表尺座上有固定栓和固定栓扳手,用以固定活塞筒和推杆。准星可拧高、拧低,准星移动座可左右移动。准星座上还有准星护圈。

4. 活　塞

用以传导火药气体压力，推压枪机向后。活塞外套有活塞筒，活塞筒上有护木。

5. 机　匣

用以容纳枪机、复进机、固定击发机和弹匣。机匣外有机匣盖，用以保护机匣内部免沾污垢。机匣外还有握把、扳机护圈和弹匣卡笋。机匣内有闭锁卡槽，能保证枪机闭锁枪膛；凹槽，用以容纳复进机导管座；拨壳凸笋，用以拨出弹壳（子弹）。机匣下方还有弹匣结合口，用以结合弹匣。

6. 枪　机

枪机由机栓和机体组成，用以送弹、闭锁、击发和退壳，并能使击锤向后成等发状态。机栓上有圆孔和导笋槽，用以容纳机体，并引导机体旋转形成闭锁和开锁。机栓上还有解脱凸笋、机柄和复进机笋。机体上有击针，用以撞击子弹底火；抓弹钩，用以从膛内抓出弹壳（子弹）。机体上还有导笋、闭锁凸笋和弹底巢。

7. 复进机

由导管、导杆、导管座、复进簧和支撑环组成，用以使枪机回到前方位置。导管座上有机匣盖卡笋。

8. 击发机

用以与枪机相互作用，形成待发和击发。击发机上有击发控制机，能在枪机闭锁枪膛前防止击发。保险机，用以保险和控制单发射、连发射（下单、中连、上保险）。击发机上还有击发阻铁、击锤和扳机。

9. 弹　匣

用以容纳和托送子弹。自动步枪可装20发，冲锋枪可装30发。弹匣有弹匣体、托弹板、托弹板簧、固定板、弹匣盖组成。弹匣体上有凹槽和挂耳，用以将弹匣固定在枪上；检查孔，当看到子弹时，则表明已装满子弹。

10. 枪　托

木枪托有枪颈、托底板和附品筒巢。铁枪托由架杆、肩托和枪托卡笋组成，可打开或折叠。

附品：除扳子、弹匣袋外，其余同半自动步枪。

（二）自动原理

扣扳机后，击锤打击击针，撞击子弹底火，点燃发射药，产生火药气体，推送弹头沿膛线向前运动；弹头一经过导气孔，部分火药气体就通过导气孔，涌入导气箍，冲击活塞推动枪机向后，压缩复进簧，完成开锁、抛壳，并使击锤成待发状态；枪机退到最后方时，由于复进簧的伸张，使枪机向前运动，推下一发子弹入膛，闭锁。此时，如保险机定在连发位置，扳机未松开，击发阻铁不能卡住击锤，击锤再次打击击针，形成连发；如保险机定在单发位置，击锤被单发阻铁卡住不能向前，若再次发射，必须松开扳机再扣。

(三)分解结合

1. 分解结合的目的和要求(同半自动步枪)

2. 分解的要领

卸下弹匣:左手握护木,枪面稍向左,右手握弹匣,拇指按压弹卡(也可右手掌心向上握弹匣,以手掌的肉厚部分推压弹匣卡笋),前推取下(铁枪托应先打开枪托)。拔出通条取出附品筒:(同半自动步枪)。卸下机匣盖:左手握枪颈,以拇指按压机匣盖卡笋,右手将机匣盖提取下。抽出复进机:左手握枪颈,右手抽前推导管座,使其脱离凹槽,向后抽出复进机。取出枪机:左手握枪颈,右手打开保险,拉枪机向后到定位,向上向后取出。左手转压机体向后,使导笋脱离笋槽,再向前取出机体。卸下活塞筒:左手握下护木,右手扳固定栓扳手向上,使固定栓平面垂直,移握上护木后端,向上卸下活塞筒。

3. 结合的要领

装上活塞筒:左手握下护木,右手将活塞筒前端套在导气箍上,使活塞筒后部对正固定栓平面按下,将固定栓扳手向下扳到定位。装上枪机:右手握机栓使导笋向上,左手将机体结合在机栓上,使导笋进入导笋槽并转到定位。左手握枪颈,右手握枪机将活塞插入活塞筒,再将枪机后部装入机匣,前推到定位。装上复进机:左手握枪颈,右手将复进机插入复进机巢内,抽前推压,使导管座进入凹槽内。装上机匣盖:左手握枪颈,右手将机匣盖前端抵入半槽内,使后部的方孔对正机匣盖卡笋,向前下方推压机匣盖,使卡笋进入方孔内。装上通条和附品筒(同半自动步枪)。装上弹匣:左手握护木,枪面稍向左,右手握弹匣,将弹匣口前端插入结合口内,扳弹匣向后,听到响声为止。结合后,拉送枪机数次,检查机件结合是否正确。扣扳机,关保险。

四、子　弹

(一)子弹的各部名称和用途

子弹由弹头、弹壳、底火和发射药组成。弹头,用以杀伤敌人的有生力量;弹壳,用以容纳发射药,安装弹头和底火;底火,以点燃发射药;发射药,用以燃烧后产生火药气体,推送弹头前进(见图7–2)。

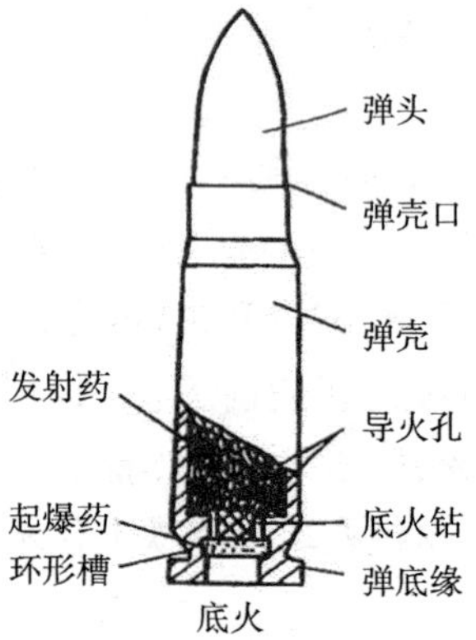

图7–2　子弹

(二)子弹的种类、用途和标志

1. 普通弹

用以杀伤敌人的有生力量。

2. 曳光弹(弹头头部绿色)

用以试射、指示目标和作信号。命中干草能起火,曳光距离可达800米。

3. 燃烧弹(弹头头部红色)

主要用以引燃易燃物体。

4. 穿甲燃烧弹(弹头头部黑色并有一道红圈)

主要用以射击飞机和装甲目标(在200米距离内穿甲厚度为7毫米),并能在穿透装甲后引燃汽油。

另外,还有空包弹、教练弹等辅助弹。

第二节 简易射击学理

一、发射与后坐

(一)发射及其过程

火药气体压力将弹头从膛内推送出去的现象,叫“发射”。发射过程是,扣压扳机后,击针撞击子弹底火,使起爆药发火。火焰通过导火孔引燃发射药,产生大量的火药气体,在膛内形成很大的压力,迫使弹头脱离弹壳,沿膛线旋转加速前进,直至推出枪口。

发射的整个过程可分为四个阶段。

第一阶段(准备阶段)。由发射药开始燃烧起至弹头开始运动时止,在此阶段中,发射药在密闭的固定容积内(弹壳内)燃烧并产生气体,气体逐渐增加,从而使压力逐渐增大,当气体压力足以克服弹头运动阻力(弹壳口对弹头的摩擦力及阻止弹头嵌入膛线的抗力)时,弹头即从静到动,脱离弹壳,嵌入膛线。弹头完全嵌入膛线所需要的气体压力,称为“起动压力”。各种枪的起动压力为250~500千克/厘米。

第二阶段(基本阶段)。自弹头开始运动到发射药燃烧完为止。在此阶段中,发射药在迅速变化的容积内燃烧,膛内压力随气体的增加迅速加大,弹头运动速度随之加快。当弹头在膛内前进6~8厘米时,膛内的压力最大,此压力称为“最大膛压”。各种枪的最大膛压力为2 500~4 000千克/厘米。由于弹头加速前进,使弹头后面的空间迅速扩大,扩大的速度超过气体增加的速度,因此,压力开始下降。但当发射药燃烧完时,火药气体仍保持一定的压力,使弹头继续加速前进。

第三阶段(气体膨胀阶段)。自发射药燃烧完到弹头底部脱离枪口前切面时止。在此阶段内,弹头是在高压灼热气体膨胀作用下运动的,虽然没有新的火药气体产生,但原有的气体仍储有大量的能量,继续做功使弹头加速运动,直至脱离枪口。弹头脱离枪口瞬间的气体压力，称为“枪口压力”。各种枪的枪口压力为200～600千克/厘米。

第四阶段（火药气体作用的最后阶段）。自弹头底部脱离枪口前切面时起至火药气体对弹头停止作用时止。弹头飞出枪口时，火药气体从膛内喷出的速度为1 275～1 300米／秒，比弹头速度快得多。因此，在距枪口一定距离内（各种枪为5～50厘米），火药气体仍继续对弹头底部施加压力，使弹头加速运动。直到对弹头失去直接作用时为止。此时，弹头飞行的速度最大。

（二）枪管的堪抗力和寿命

1. 枪管的堪抗力

膛壁承受膛内一定火药气体压力而不变形的能力，称为枪管的堪抗力。枪管的堪抗力取决于膛壁厚度和枪管所用材料的质量。

射击时，枪管内如有杂物（布条、沙子、泥土、弹头等），弹头沿枪膛运动时遇到这些物体，就会突然降低运动速度，而膛内的火药气体还在迅速增加，使压力骤然上升，当压力超过堪抗力时，就会使枪管膨胀或炸裂。

2. 枪管的寿命

枪管能正常发射一定数量子弹的能力，称为枪管寿命。超过此数量，枪膛就会磨大而使初速减小，散布增大，弹头飞行不稳定。各种枪的枪管寿命约为：56式半自动步枪6 000发，56式冲锋枪15 000发。

为了延长枪管的寿命，使用前必须认真检查枪膛内有无杂物，射击后应及时将枪膛擦拭干净。

（三）后　坐

发射时，武器向后运动的现象，叫“后坐”。

1. 后坐的形成

发射药燃烧时，产生的火药气体压力同时作用于各个方向，作用于枪膛壁周围的压力被膛壁所抵消，向前的压力推送弹头前进，向后的压力挤压弹壳底部经过枪机传给整个武器，使武器向后运动形成后坐。武器的后坐和弹头的运动是同时开始的，在弹头脱离枪口瞬间，大量的火药气体随弹头后部从膛内向外喷出，形成了反作用力，使武器后坐更加明显。

2. 后坐对命中的影响

后坐对单发（包括连发的首发）射击的命中影响极小。因为弹头在膛内的运动时间极短（冲锋枪约为1‰秒，半自动步枪约为1.3‰秒），并且枪比弹头重得多（冲锋枪、半自动步枪在400倍以上），所以弹头在脱离枪口以前，枪的后坐距离只有1毫米多，而且是正直向后运动的，加之衣服和肌肉的缓冲，射手是感觉不出来的。射手感觉到的后坐主要是弹头在脱离枪口的瞬间，火药气体猛烈向枪口外喷出形成的反作用力造成的。此时，弹头已脱离枪口。因此，后坐对单发（包括连发的首发）射击的命中影响极小。

后坐对连发射击的命中有一定的影响。因为连发射击时，第一发子弹发射后，由于枪的明显后坐变动了原来的瞄准线，所以对第二发以后的射弹命中有一定的影响。但只要射手握枪要领正确，适应连发武器射击时的后坐规律，就能减少后坐对连发命中的影响，提高射击精度。

二、弹道形状及其实用意义

（一）弹　道

弹头脱离枪口后，一方面受到地心吸引力的作用，逐渐下降，另一方面受到空气阻力的作用越飞越慢。因此形成一条不均等的弧线，升弧较直，降弧较短、较弯曲（图7-3）。

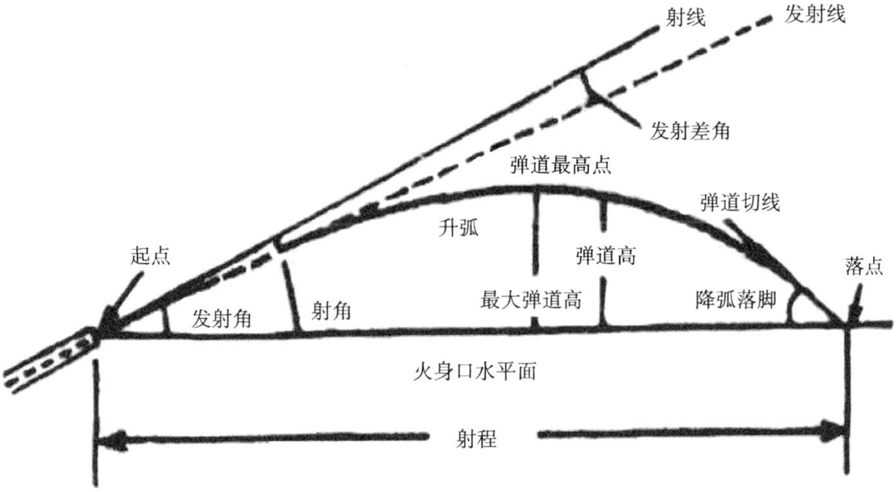

图7-3　弹道的形成和弹道要素

（二）直　射

1. 直射和直射距离

由于弹道是弧线，而瞄准线是直线，所以它们不在一条水平线上。瞄准线上的弹道高在整个表尺距离上不超过目标高的射击叫“直射”。其表尺距离叫“直射距离”。用同一武器射击时，目标高度不同，直射距离也不同。直射距离的大小，决定于目标高低和弹道的低伸程度。目标越高，弹道越低伸，直射距离就越大；目标越低，弹道越弯曲，直射距离就越小（见表7-1）。

表7-1　各种枪对主要目标射击的直射距离（概略值）

直射距离（米）／目标／枪种	人头目标高（30厘米）	人胸目标高（50厘米）	半身目标高（100厘米）	跃进目标高（150厘米）
冲锋枪、半自动步枪、班用轻机枪	200	300	400	500
重机枪	300	400	500	600
附　注	40火箭筒对坦克射击的直射距离为300米			

2. 直射的实用意义

其一，对在直射距离内的目标射击时，瞄准目标下沿，可以不变更表尺分划即可连续射击，以增大战斗射速，提高射击效果。其二，可以弥补测量距离的误差对命中的影响。如距离人胸目标250米，而射手误测为300米，装表尺“3”射击，在250米处的弹道高为0.21米，弹道高没有超过目标高，目标仍能被杀伤。

（三）危险界、遮蔽界和死角

1. 危险界

瞄准线上的弹道高没有超过目标高的部分，称为“表尺危险界”。在实际地形上，弹道高没有超过目标高的一段距离，称为“实地危险界”。实地危险界的大小决定于弹道低伸程度、目标高低和目标所在位置的地貌。

2. 遮蔽界和死角

从弹头不能射穿的遮蔽物顶端到弹着点的一段距离，叫“遮蔽界”。目标在遮蔽界内不会被杀伤的一段距离，叫“死角”。遮蔽界内包括死角和危险界。遮蔽界和死角的大小是由遮蔽物的高低和落角的大小决定的。死角的大小还决定于目标的高低。

了解危险界、遮蔽界和死角的实用意义，是为了在战斗中更好地隐蔽身体，发扬火力，灵活地利用地形地物，隐蔽地运动、集结和转移，以避开或尽量减少敌火力的杀伤。在组织火力配系时，就能正确地选择射击位置和组织火力，力求增大危险界和减少射击地带内的遮蔽界及死角，并善于运用弯曲弹道和各种武器的侧射、斜射火力，消灭隐蔽在遮蔽界和死角内的敌人。

三、选定表尺分划和瞄准点

（一）瞄准具的作用

弹道是弧线，而不是直线，如果用枪管直接瞄向目标射击，射击的子弹就会打低打近。为使射弹命中目标，必须抬高枪口，使枪身轴线与瞄准线之间形成一定的角度，即瞄准角（见图7–4）。

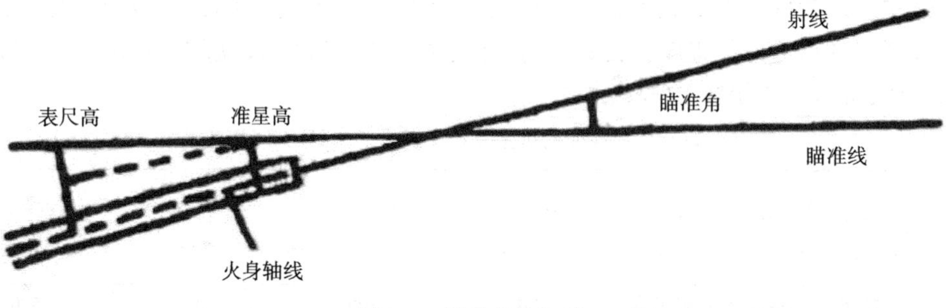

图7–4　瞄准角的构成

瞄准角的大小，是根据弹头在不同距离上的降落量来确定的。距离越远，降落量就越大，所需要的瞄准角也就越大；距离越近，降落量就越小，所需要的瞄准角也就越小。因此,射击某一距离上的目标时,必须选取一定的瞄准角(见图7-5)。

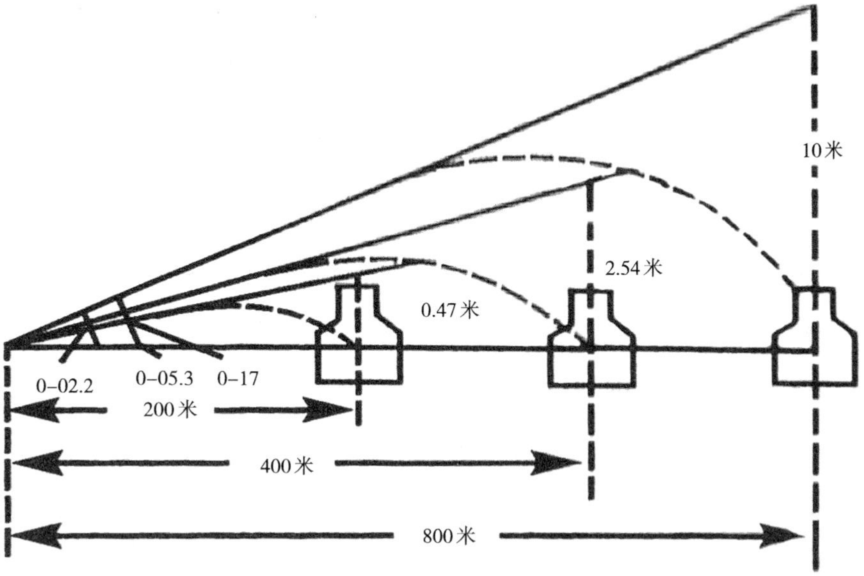

图7-5 射击距离与瞄准角的关系

瞄准具就是根据上述原理设计的。由于缺口上沿到火身轴线的高大于准星尖到火身轴线的高度,射击时,是通过缺口上沿中央和准星尖的平正关系来对目标进行瞄准的。因此,用瞄准具瞄准时,就抬高了枪口,使火身轴线与瞄准线之间构成了一定的瞄准角。表尺位置高,瞄准角就大,相应的射击距离就远;表尺位置低,瞄准角就小,相应的射击距离就近。各种枪的表尺上都刻有不同的表尺(距离)分划,装定表尺(距离)分划,就是改变表尺的高低位置,实际上也就是装定瞄准角。

由此可见,瞄准具的作用,就是对一定距离上的目标射击时赋予武器相应的瞄准角和射向。射击时,只要按照目标的距离装(选)定相应的表尺分划瞄准射击,就能命中目标。

(二)瞄准要素(见图7-6)

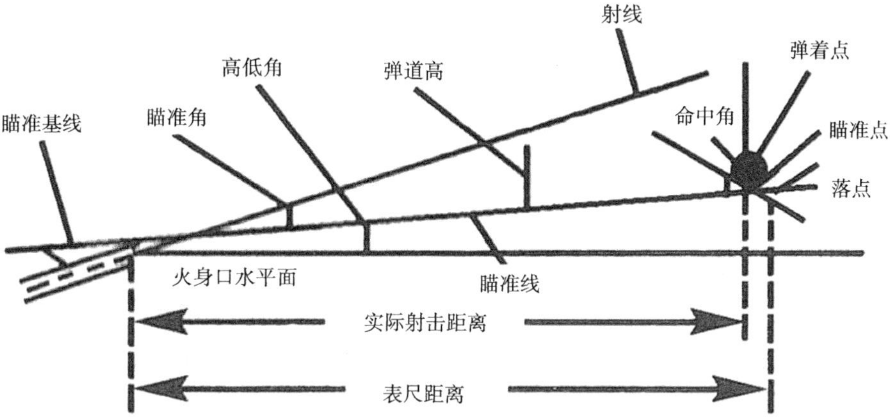

图7-6 瞄准要素

瞄准基线——缺口上沿中央到准星尖的直线。

瞄准线——视线通过缺口上沿中央和准星尖的延长线。

瞄准点——瞄准线所指向的一点。

瞄准角——射线与瞄准线的夹角。

弹道高——弹道上任何一点到瞄准线的垂直距离。

弹着点——弹道与目标(障碍物)表面或地面的交点。

高低角——瞄准线与火身口水平面的夹角。目标高于火身口水平面时高低角为正;目标低于火身口水平面时高低角为负。

命中角——弹着点的弹道切线与目标表面或地面的夹角。

实际射击距离——起点到弹着点的距离。

表尺距离——起点到落点的距离。

(三)选定表尺分划和瞄准点

为使射弹准确地命中目标,射击时,射手应根据目标的距离、武器的弹道高和外界条件对射击的影响,正确地选定表尺分划和瞄准点(见表7–2)。

表7–2　弹道高表

枪种 \ 表尺 \ 弹道高(厘米) \ 距离(米)	表尺	50	100	150	200
半自动步枪、自动步枪	1	1	0	–7	
	2	6	11	9	0
	3	13	25	29	28
冲锋枪	1	1	0	–8	
	2	6	12	9	0
	3	14	28	33	31

其方法是:

1. 定实距离表尺分划,瞄准目标中央

这是最基本的选定方法。当目标距离为百米整数时,可根据目标的距离装定相应的表尺分划,瞄准点选在目标中央。如冲锋枪对100米距离上人胸目标射击时,定表尺“1”,瞄准目标中央射击,即可命中目标中央。

2. 定大于或小于实距离表尺分划,适当降低或提高瞄准点

在实际射击和训练中,特别是在实战中很难遇到百米整数的目标。当目标距离不是百米整数时,通常选定大于实距离的表尺分划。根据武器在该距离上的弹道高,相应降低瞄准点射击。如自动步枪在250米距离上对人胸目标射击时,定表尺“3”,在250米处的弹道高为21厘米,只要瞄准目标下沿中央,即可命中目标中央。也可选定小于实距离的表尺分划。根据武器在该距离上的负弹道高,相应提高瞄准点射击。如自动步枪对250米距离上的人头目标(高30厘米)射击时,定表尺“2”,在250米处的

弹道高为-16厘米，只要瞄准目标头顶中央，即可命中。

3. 定常用表尺分划，小目标瞄下沿，大目标瞄中央

战斗中，由于时间紧迫，而目标的距离也在不断地变化，有时来不及选定表尺。因此，对300米内的目标射击时，通常定常用表尺（表尺3）分划，小目标瞄下沿中央，大目标瞄下部中央射击，即可命中。如冲锋枪定常用表尺对300米内人胸目标（高50厘米）射击时，瞄目标下沿中央，则整个瞄准线上最大弹道高为35厘米，没有超过目标高，目标在300米内都会被杀伤。

四、外界条件对射击的影响及修正

射击通常在自然环境中进行，风、阳光、温度等自然条件都会使射弹产生偏差。射手在观察时，应根据射弹击起的尘土、水化的位置，曳光迹和目标状况的变化等情况，判断射弹是否命中目标或偏差量的大小，并进行正确的修正。

修正方向偏差时，可用改变瞄准点的方法进行修正，射弹偏右，瞄准点向左修正；射弹偏左，瞄准点向右修正。修正高低偏差时，可用提高、降低瞄准点或减小表尺分划；射弹偏低时，提高瞄准点或增大表尺分划。

（一）风的影响及修正

在各种外界条件中，风对射弹的飞行影响最大。因此，必须准确地判定风向和风力，并正确地进行修正，以保证射弹命中目标。

1. 风向和风力的判定

（1）风向的判定。按风吹的方向和射击方向所形成的角度可分为，横风，即从左或右与射向成90°角吹的风；斜风，即与射向成锐角（小于90°）的风；纵风，即从后或前与射向平行吹的风，顺射向吹的风为顺风，逆射向吹的风为逆风。

（2）风力的判定。风力按其大小分为强风、和风和弱风。风力的大小，可用测风仪等器材测出，也可根据人的感觉和常见物体被风吹动的情况来判定（见表7-3）。

表7-3 风力（风速）判定表

风力			人的感觉	常见物体现象				
区分	级别	速度		草	树	旗帜	烟	海面、渔船
弱风	二级	2～3米/秒	面部和手稍感到有风	微动	灌木丛、树叶微动，并沙沙作响	微动并稍离开旗杆	微被吹动	有小波、船身摇动明显，风帆倾向一侧
和风	三至四级	4～7米/秒	明显地感到有风，吹过耳边时呜呜响，面对风可睁开眼	被吹弯	灌木摆动，树上的细枝被吹弯，树叶剧烈地动	展开飘动	被吹斜约45°	有轻浪，船身摇动明显，风帆倾向一侧
强风	五至六级	8～12米/秒	迎面站立或行走，明显地感到有阻力，尘土飞扬，面对风感到睁眼困难	倒在地面	树干摆动，粗枝被吹弯	飘成水平状态，并哗哗作响	被吹成水平状态，并被吹散	有大浪，浪顶的白色泡沫很多，常被风吹离浪顶

为了便于记忆和运用，将风力判定归纳成如下口诀：风力有大小，和风作比较，迎风能睁眼，耳听呼声响，炊烟成斜角，草弯树枝摇，海面起轻浪，满帆倾一方，强风比它大，弱风比它小。

2. 风对射弹的影响及修正

(1)横(斜)风对射弹的影响及修正

横(斜)风能对弹头的侧面施以压力，使射弹偏向一侧，产生方向偏差。风力越大距离越远，偏差就越大。风从左吹来，射弹偏右；风从右吹来，射弹偏左。因此，横风对射弹的影响最大，必须修正。

各种枪射击时，为使射弹准确地命中目标，必须根据射弹受风影响的偏差量，将瞄准点或横表尺向风吹来的方向修正。修正时以横方向的人体修正量(见表7–4)为准，强风加一倍，弱风减一半。斜方向的强(或弱)风，应按横方向的强(或弱)风的修正量减一半。修正量从预期命中点算起，偏差多少，就修正多少。

表7–4　横风(4米／秒)人体修正量表

距离(米)	修正量		
	米	人体	横表尺分划
200	0.14	1/4	1/2
300	0.36	1/2	1/2
400	0.72	3/2	1

(2)纵风对射弹的影响及修正

纵风能影响射弹的飞行距离。顺风时，空气阻力减小，使射弹打远(高)；逆风时，空气阻力增大，使射弹打近(低)。但在近距离内，当风速为10米／秒时，纵风对射弹的影响很小。如半自动步枪和冲锋枪在400米距离上的距离修正量为3米、高低修正量为2厘米。因此，在400米内，当风速小于10米／秒时，可不修正。如对远距离目标射击时，应适当降低或提高瞄准点。

(二)阳光的影响及克服方法

1. 阳光对瞄准的影响

在阳光下瞄准时，由于受到阳光的照射，缺口部分会产生虚光。形成三层缺口：虚光部分、真实部分、黑实部分(见图7–7)，如不注意辨清缺口的真实位置，就容易产生误差，使射弹产生偏差。

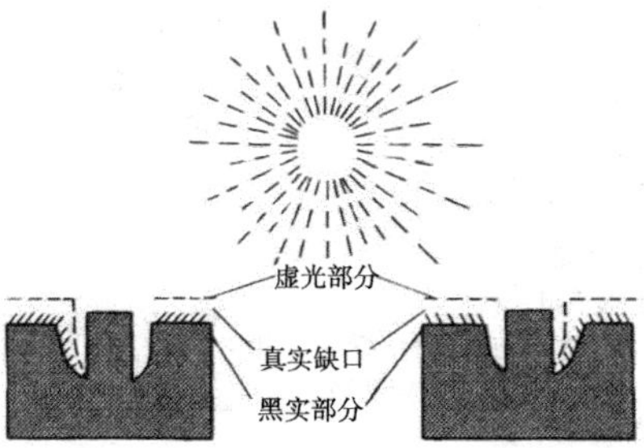

图7–7　缺口部分产生虚光，形成三缺口

第一,若用虚光瞄准,射弹就偏向阳光照来的方向。阳光从右上方照来时,缺口左边和上沿产生虚光,用虚光部分瞄准,准星实际上偏右高,射弹就偏右上。

第二,若用黑实部分瞄准,射弹就偏向阳光照来的相反方向。如阳光从右上方照来时,用黑实部分瞄准,准星实际上偏左低,而射弹就偏左下。

第三,在阳光照射下,缺口和准星尖同时产生虚光时,射手若用虚光部分瞄准,射弹偏低;若用黑实部分瞄准,射弹则偏高。

2. 克服的方法

其一,在不同方向的阳光照射下练习瞄准,采取遮光瞄准不遮光检查,或不遮光瞄准遮光检查的方法。反复练习,确实辨清真实缺口的位置和正确瞄准的状况。

其二,辨别真实缺口的简易方法是,不用黑,不用白,真实缺口是灰白。

其三,在平正准星与缺口的关系时要细致,但瞄准时间不宜过长,以免眼花而产生误差。

其四,平时要注意保护好瞄准具,不使其磨亮而反光。

(三)气温的影响及修正

气温变化时,空气密度也随之改变,同时会影响弹头的飞行速度。气温高,空气密度小(稀薄),射弹在飞行中受到的空气阻力就小,射弹就打得远(高);气温低,空气密度增大(稠密),射弹在飞行中受到的空气阻力就大,射弹就打得近(低)。

使用武器时,射手应根据当时当地的气温条件来矫正武器的射效,并以矫正时的气温条件为准。射击时,若气温差别不大,在400米内对射弹命中的影响较小,不必修正。若气温差别很大或对远距离目标射击时,应适当提高或降低瞄准点。

第三节　射击动作与方法

一、操　枪

操枪,是指士兵(或武器携带者)携带枪支的动作和方法。就自动步枪、冲锋枪和半自动步枪而言,通常分为持枪、肩枪、挂枪和背枪。

(一)持　枪

持枪时,右臂自然下垂,左手将背带挑起、拉直,由右手拇指在内压住,余指并拢在外将枪握住(半自动步枪握上护木),同时左手放下,托底板在右脚外侧全部着地,托后踵同脚尖齐。

(二)肩　枪

肩枪一般由持枪换成。听到"肩枪"的口令,右手握护木将枪向前送出,左手反方向(掌心向外)接握护木,并将枪倒置于胸前,弹匣向右(半自动步枪肩枪时,右手将枪提起置于胸前，左手接握下护木）；右手移握背带（拇指由内顶住），以两手的合力将枪送于右肩上，右大臂轻贴右肋，成肩枪立正姿势。

（三）挂　枪

挂枪通常由肩枪换成。听到“挂枪”的口令，右手移握护木将枪口转向前，左手掌心向下在右肩前握背带；两手协力将背带从头上套过，落在左肩，使枪身在胸前成45°；右手移握枪颈（枪把折叠时，握复进机盖后端），左手放下（也可握护木），成挂枪立正姿势。

半自动步枪通常不挂枪。

挂枪恢复成肩枪时，右手移握护木，左手移握背带，两手协力将背带从头上套过，落在右肩，枪口向下，枪身垂直；右手移握背带（拇指由内顶住），左手放下，成肩枪立正姿势。

（四）背　枪

1. 挂枪换背枪

听到“背枪”的口令，右手握准星座，稍向上提；左手在左肩前握背带；两手协力将枪转到背后；两手放下，成背枪立正姿势。

背枪恢复成挂枪时，右手掌心向前移握准星座，稍向上提；左手在右肋前握背带；两手协力将枪转到胸前；右手移握枪颈（枪把折叠时，握复进机盖后端），左手放下或握护木，成挂枪立正姿势。

2. 肩枪换背枪

听到“背枪”的口令，左手在右手上方握背带，右手掌心向后移握准星座（半自动步枪，右手提下背带环）；两手协力将枪上提，左手将背带从头上套过，落在左肩；两手放下成背枪立正姿势。

背枪恢复成肩枪时，右手掌心向后握准星座（半自动步枪，右手握下背带环），左手在左后前握背带，两手协力将背带从头上套过，落在右肩；右手握背带（拇指由内顶住），左手放下，成肩枪立正姿势。

二、半自动步枪验枪、退子弹及定复表尺

（一）半自动步枪验枪

验枪是一项保证安全的重要措施。使用武器前后，均应验枪，认真检查弹膛和教练弹中有无实弹。

听到“验枪”口令后，右手将枪提起，以右脚掌为轴，身体半面向右转，左脚顺势向前迈出一步（两脚约与肩同宽），同时右手将枪向前送出，左手接握下护木，左大臂紧靠左肋，枪托贴于右胯，准星约与肩同高；右手打开保险，卸下弹匣（半自动步枪打开弹仓），交给左手握于护木右侧，弹匣口向后、挂耳向下，枪刺尖略与眼同高，右手打开弹仓盖，移握机柄。验枪时，严禁枪口对人。

当指挥员检查时，拉枪机向后，验过后，自行送回枪机，关上弹仓盖，扣扳机，关保

险，移握枪颈。

听到“验枪完毕”口令后，左手反握护木，将枪倒置于胸前，上背带环约与肩同高；右手挑起背带，身体半面向左转；在右脚靠拢左脚的同时，两手协力将枪送上右肩，右手握上护木，成持枪立正姿势。

(二)半自动步枪卧姿装退子弹及定复表尺

听到“卧姿——装子弹”口令后，右手移握护木，使枪口向前(背带从肩上脱下)，左脚向右脚尖前迈出一大步(也可右脚顺脚尖方向迈出一大步)；左臂伸出，稍向内弯，掌心向下(手指稍向右)撑地顺势卧倒，以身体左侧、左肘支持全身。右手将枪向目标方向送出。左手接握下护木，枪面稍向左，枪托着地；右手卸下空弹匣(弹匣口朝后，挂耳向下)，右手拉枪机到定位。解开弹袋扣，取出子弹，插入弹夹槽，以食指或拇指将子弹压入弹仓(单发装填时，不应将第一发子弹压在右侧)，取出弹夹，送弹上膛，将弹夹装入弹袋并扣好。右手拇指和食指捏压游标卡笋，移动游标，使游标前切面对正所需的表尺分划。然后，右手移握枪颈，全身伏地，两脚分开约与肩同宽，身体与射向约成30°角，枪刺离地，目视前方，准备射击。

射击完毕，听到“退子弹——起立”口令后，稍向左侧身，右手解开弹袋扣，打开弹仓盖，食指和中指夹住从膛内退出的子弹，送出枪机，将子弹装入弹袋并扣好，关上弹仓盖，扣扳机，关保险，复表尺，右手移握上护木，将枪收回，同时左小臂向里合，屈左腿于右腿下。以左手和两脚撑起身体，右脚向前一大步，左脚再向前一步，在右脚靠拢左脚的同时，恢复持枪姿势。

三、81式自动步枪与56式冲锋枪验枪、装退子弹及定复表尺

(一)81式自动步枪、56式冲锋枪验枪

验枪的目的和要求同半自动步枪。

有时是在肩枪的情况下验枪的，在迈步的同时右手需移握上护木；另外，81式自动步枪、56式冲锋枪验枪需卸下弹匣，指挥员检查后需装上弹匣，其他动作均与半自动步枪相同。

(二)81式自动步枪、56式冲锋枪装退子弹及定复表尺

由于81式自动步枪、56式冲锋枪验枪是弹匣，因此，在装退子弹及定复表尺时，一是实弹匣与空弹匣互换；二是肩枪与卧姿据枪互换，三是保险根据需要打向单发或连发，其他动作均与半自动步枪相同。

四、据枪、瞄准、击发

据枪、瞄准、击发是相互联系和相互影响的动作。稳固持久的持枪、正确一致的瞄准、均匀正直的击发，三者正确地结合，是准确射击的关键。因此，必须刻苦练习，熟练掌握。

(一)卧姿有依托据枪、瞄准、击发

为了获得更好的射击效果,依托物的高度应按射手的身体而定,一般为25~30厘米,依托物内侧应陡些。在紧急情况下,还应善于利用不同高度的依托物进行射击。

1. 据　枪

下护木放在依托物上,枪身要正,身体右侧与枪身略成一线。右手将保险机扳到所需的位置,虎口向前紧握枪颈;食指第一节靠左扳机上,右大臂略成垂直,右肘着地外撑,左手握护木(也可握弹匣),左肘着地外撑,两肘保持稳固,胸部挺起,身体稍前跟(右肘不离地),上体自然下塌,两手保持不变,将枪托确实抵于肩窝,头稍前倾,自然贴腮。

按要领据好枪后,应该有"一正两紧三确实"的感觉。一正,枪身要正;两紧,两肘要撑紧,握把要握紧;三确实,抵肩要确实,上体下塌要确实,腹部着地要确实。

2. 瞄　准

正确的瞄准,是整个射击过程的重要环节。其方法是:右眼通视缺口和准星,使准星位于缺口中央,准星尖与缺口上沿平齐,指向瞄准点。此时,正确瞄准情况是,准星与缺口的平正关系看得清楚,而目标看得较模糊。

3. 击　发

击发是完成射击的最后一个环节。击发时用右手食指第一节均匀正直地向后扣压扳机(食指内侧与枪应有不大的空隙),余指力量不变。当瞄准线接近瞄准点时,开始预压扳机,并减缓呼吸。当瞄准线指向瞄准点时,应停止呼吸,继续增加对扳机的压力,若瞄准线偏离瞄准点或不能继续停止呼吸时,应既不增加也不放松对扳机的压力,待修正或换气后,再继续扣压扳机,完成击发。

(二)据枪、瞄准、击发常犯的毛病及克服的方法

初学者在射击中常犯有抵肩位置不正确、两手用力不当、击发时机掌握不好、停止呼吸过早、耸肩、眨眼和猛扣扳机、枪面倾斜等毛病。克服的方法是掌握要领,反复体会,刻苦训练。

第八章　战术基础知识

战术基础理论是对战斗实践具有普遍指导意义的理论，是每个军人在战斗中必须掌握的基本理论知识，是组织与实施战斗的共同指导规律。它随着战术的发展而发展，随着战术的演进而演进，并随着人们实践和认识水平的提高而不断地完善和升华。

第一节　战斗类型和战斗样式

战斗就是敌对双方所进行的武装冲突，是达到战争目的的主要手段。根据目前各国军事理论界对战斗形式分类的一般惯例，战斗形式通常可划分为两个层次，即战斗类型和战斗样式。

战斗类型是战斗的基本分类。战斗样式是对战斗类型的进一步划分。

一、战斗类型

战斗按照战斗行动的性质一直被分为进攻和防御两种基本类型。

(一)进攻战斗

进攻战斗，是军队战术兵团(部队)主动攻击敌人的战斗，是消灭敌人的主要手段，是战斗的基本类型之一。其目的是歼灭敌人，攻占重要的地区或目标。与防御战斗相比，其主要具有以下特征：

一是进攻战斗在战斗谋划上具有主动性。进攻战斗中，进攻的一方，能够根据战场的客观情况，按照自己的意志，主动地选择有利于己方的攻击方向、攻击目标、攻击时间和攻击方式。

二是进攻战斗在战斗准备上具有周密性。由于进攻一方在确定进攻发起时间上具有主动性，因此，在战斗实施之前，进攻方往往有较为充裕的时间进行周密的计划和部署，为实现战斗意图创造必要的条件。

三是进攻战斗在力量对比上具有优势性。因为进攻战斗的直接目的是消灭敌人、占领某一地区或目标，因此进攻一方通常要具有足够的力量优势作为进攻战斗的物质基础，来抵消战斗中敌方对己方造成的力量消耗，推迟己方进攻顶点的过早到来。

四是进攻战斗在战斗行动上具有突然性。由于进攻者在战斗谋划上具有主动性，所以，进攻方有更大的可能在敌方意想不到的时间和地点，采取敌方意想不到的战法，给敌方以出其不意的攻击。

进攻战斗的基本任务，可能为下列各项之一：第一，突破敌人阵地，消灭防御之敌，夺占重要地域或目标；第二，攻歼驻止、运动之敌；第三，破袭敌人的交通运输线或重要目标；第四，夺占敌纵深要点，割裂敌部署，断敌退路，阻敌增援，配合主力围歼敌人。

（二）防御战斗

防御战斗是军队战术兵团（部队）抗击敌人进攻的战斗，是保存自己的主要手段，是战斗的基本类型之一。其目的是杀伤、消耗敌人，守住某一地区或目标，迟滞或挫败敌人进攻，争取时间，节约兵力，为保障其他方向的进攻或准备直接转入进攻创造有利条件。与进攻战斗相比，其主要具有以下特征：

一是防御战斗在战斗谋划上具有被动性。防御战斗中，防御一方受防御性质的限制，往往无法按照自己的意志，自主地选择有利于己方防守的地区、时间和方式与敌交战，其防守的地区、时间和方式通常是根据进攻一方的战斗意图，结合战场的客观条件来进行确定的。

二是合同防御战斗在战斗准备上具有随机性。由于防御者受进攻一方的制约较大，不得不经常处于高度戒备的状态，随时准备抗击敌人来自任何方向实施的攻击。因此，防御战斗通常不可能像进攻战斗那样有充足的时间进行周密的战斗准备。

三是防御战斗在力量对比上具有劣势性。由于防御战斗是以坚守某一地区、大量杀伤和消耗敌人为目的的战斗类型，因此，防御方在力量对比上一般事先不可能具有比进攻者更强的力量优势，而必须通过一系列积极的防守行动来实现由弱到强的转化。

四是防御战斗在战斗行动上具有隐蔽性。防御战斗中，防御方为弥补自身力量的不足，通常会利用地形之利，构筑工事、设置障碍和进行伪装来隐蔽己方的战斗行动，减少暴露的机会，从而降低敌方攻击行动对己方造成的损伤。

防御战斗的基本任务，可能为下列各项之一：第一，保卫重要地区或目标；第二，迟滞、消耗、钳制、吸引敌人，创造歼敌的有利战机或掩护主力进攻；第三，阻敌增援、突围或退却；第四，巩固占领的地区，抗击敌人反冲击或保障主力翼侧安全；第五，掩护主力集中、机动或休整。

二、战斗样式

战斗样式就是按照战斗的某种属性或特征，对战斗类型进行的进一步区分。它不仅具有攻、防战斗类型的一般属性和特征，而且还具有一般特殊性，从某种意义上讲，是微观、具体化了的战斗类型。这里主要对基本战斗样式进行介绍，具体如下：

（一）进攻战斗的基本样式

进攻战斗的基本样式划分为，对防御之敌的进攻战斗、对立足未稳之敌的进攻战斗和对运动之敌的进攻战斗。

1. 对阵地防御之敌进攻战斗

对阵地防御之敌进攻战斗，是指对已依托阵地、在相对固定的地区、准备比较充分的防御之敌实施的进攻战斗。阵地防御是敌基本防御样式之一，有多种表现形式，有的是坚固阵地防御或野战阵地防御；有的是支撑点防御、战斗阵地防御或地段内防御。其特点是，准备比较充分，防御体系比较完善，有的还构筑有坚固的工事。对阵地防御之敌实施攻歼，是最常见的一种进攻样式，它既有个性，又有共性特征。其战斗过程和行动较为复杂，组织实施战斗的基本方式、方法，对其他样式的进攻战斗具有一定的指导作用。分队对阵地防御之敌进攻战斗，应当周密组织，充分准备，集中优势兵力火力，采取强攻或强攻与袭击相结合的战法，对与敌要害相关的薄弱部位实施重点突击，迅猛冲击，穿插分割，近战歼敌。

2. 对机动防御之敌进攻战斗

对机动防御之敌进攻战斗，是指对以迟滞作战与机动反击相结合的方式实施攻击防御之敌的进攻战斗。它是现代合同进攻战斗的重要战斗样式。由于敌实施机动防御的兵力比较大，所以，对敌进攻通常是由师以上战术兵团具体组织实施。团以下部(分)队要参加此种进攻行动，只遂行其中的某一项具体任务。针对敌军机动防御战斗的特点，对机动防御之敌进攻战斗，应采取“正面攻击钳制，纵深阻割制反”的战法，坚持以制止、削弱、粉碎敌攻势行动特别是决定性反冲击为目标，避敌之长，击敌之短，把主要攻击力量投入纵深，割裂敌防御体系和阻隔敌前后联系；以部分力量实施正面小群多路攻击，钳制和突击围歼前方阻滞之敌，一举打乱敌人的反冲击计划，迫使敌预备队在不利态势下与我交战；而后采取正面抗击、翼侧突击的战法，挫败敌人决定性反冲击，歼灭敌预备队大部或一部，为全歼敌人创造有利条件。

3. 伏击战斗

伏击战斗，是预先将兵力隐蔽配置在敌必经之地，待敌进入设伏地区时，突然攻歼敌人的战斗。通常分为待伏、诱伏和迫伏。待伏，是在摸清敌人活动规律和掌握可靠情报的基础上，将兵力埋伏在敌人运动道路(航线)或空降场附近，待敌人进入伏击地区而袭击的战斗行动；诱伏，是通过设置假阵地、假目标、兵力佯动、虚留生路等计谋，诱骗敌人进入伏击地区而袭击的战斗行动；迫伏，是采取炸桥断路、火力拦阻、障碍阻隔、攻势行动或防御战斗中顽强的坚守，迫敌分散兵力，使其一部进入伏击地区而袭击的战斗行动。现代伏击战斗，敌人的战场侦察和机动能力空前提高，伏击战斗隐蔽企图、捕捉战机更加困难。但由于敌强调广泛实施地面和空中机动作战，又为伏击歼敌提供了机会。伏击战斗，具有以逸待劳、利用有利地形攻敌不备等优势，便于以己之长击敌之短。因此，组织和实施伏击战斗，要采取各种侦察手段，及时查明敌人的活动情况和行动规律，选择良好的伏击地区；隐蔽疏散地配置兵力，采取有效的反侦察和伪装措施，隐蔽伏击企图；实施统一指挥，适时、突然、勇猛地发起攻击，迅速分割包围，各个歼灭敌人。

4. 遭遇战斗

遭遇战斗，是敌对双方部队在运动中相遇发生的战斗。分预期遭遇战斗和不预期遭遇战斗。在高技术条件下，部队机动的速度、规模、方式、时机等都发生了很大变化，敌我双方必将广泛实施机动，创造和捕捉战机。因此，遭遇战斗将更加频繁。遭遇战斗触发突然，情况不甚明了且变化快，组织战斗时间短促，双方都有暴露的翼侧，战斗行动急促，样式转换快，争取和保持主动权的斗争激烈。为此，部(分)队必须力争主动，先机制敌。做到预先准备，及早发现敌人，先敌开火，先敌抢占有利地形，先敌展开，先敌发起冲击，力求乘敌尚未展开，迅速分割包围，各个歼灭。

5. 追击战斗

追击战斗，是指追歼退逃之敌的战斗，是进攻战斗的继续。目的在于彻底歼灭退逃之敌。追击方式通常有沿敌退逃方向的平行追击，有紧随退逃敌人之后的跟踪追击。而两者紧密结合的追击，则是更有效的战斗行动。追击战斗具有敌情变化急剧，战斗触发时间、地点不固定，指挥、协同和保障困难等特点。因此，部(分)队必须坚决、主动、迅速、勇猛，务必使兵力追击与火力追击相结合，坚决歼敌于运动之中。追击时，要全力以赴，不畏艰苦，不怕疲劳，大胆突进，不怕孤立突出，不给敌以喘息之机。同时，加紧侦察、警戒，防敌伏击，并有防空、防炮、防核和防化学武器袭击的措施。

6. 对立足未稳之敌进攻战斗

对立足未稳之敌的进攻战斗，是对刚由运动状态转为驻止状态且战斗准备尚不完善之敌实施的进攻战斗。立足未稳之敌包括临时驻止、仓猝防御、空降刚着陆和登陆刚上岸之敌。其特点是，未占领或者刚占领阵地，地形不熟，兵力未展开或部署不周密，火力配系不完善，没有工事、障碍物或工事、障碍物不完备，但可在较短时间内改变立足未稳态势。对立足未稳之敌进攻，通常应建立多路而有重点的攻击部署，采取急袭战法，同时准备强攻。力求迅速隐蔽准备，快速开进接敌，从行进间突然发起攻击，大胆穿插分割，各个歼灭敌人。

7. 纵深袭击战斗

纵深袭击战斗，是对敌纵深内的指挥所、炮兵(导弹)和雷达阵地、机场(直升机起降场)、港口、后勤设施等重要目标和设施进行袭击和破坏的战斗。目的是破坏敌人的指挥、协同和补给，削弱其整体战斗能力，配合主力作战。纵深袭击战斗是我军在高技术条件下战斗中实施全纵深打击，以小的代价换取大的胜利的重要战斗行动之一。其特点是，运动距离远，隐蔽行动企图困难，敌情变化快，受敌威胁大，战斗持续时间短暂，组织支援和保障困难。为此，部(分)队必须精心组织准备，快速隐蔽地渗入敌后，选择要害目标，突然迅猛袭击，摧毁或破坏预定目标，迅速撤离袭击地区。

8. 夜间进攻战斗

夜间进攻战斗，是在夜暗条件下实施的进攻战斗。夜暗，可降低火力效力，便于达成战斗的突然性，便于出奇制胜，近战歼敌。但观察、射击、指挥和通信联络均受限制，协同困难，且易迷失方向，产生紧张情绪和恐惧心理。现代夜视器材的广泛使用，提高了夜间观察、射击和运动的能力，但其视场、视距和工作时间有限，分辨率低，且受照度、天候和地形的影响大，不能完全改变夜暗对战斗的影响。因此，部（分）队必须善于利用夜暗的隐蔽条件，大胆灵活地在夜间进攻中歼灭敌人。同时，要注意研究现代夜视器材对夜战的影响，善于适应其特点，以争取现代夜战的胜利。

9. 登陆战斗

登陆战斗，是对据守海岸或海岛之敌的渡海进攻战斗。通常由陆海空三军协同进行。包括集结上船、海上航渡、突击上陆和扩大巩固登陆场四个阶段。目的是突破敌海岸防御，夺占登陆场，保障主力上陆和发展进攻。登陆战斗，受海洋地理条件影响大；航渡中易遭敌袭击；敌前上陆，背水攻坚，情况复杂，任务艰巨。部（分）队必须精心组织，周密准备，在上级统一指挥和海空军直接支援下，利用有利的登陆时机，以勇敢、坚决、顽强的战斗精神，迅猛突击，在上级指定的登陆地点一举上陆，迅速夺占和巩固滩头要点。

10. 城市进攻战斗

城市进攻战斗，是对利用城市进行防御之敌实施的进攻战斗。包括外围战斗和市区战斗。城市内多高大、密集、坚固建筑物和地下工程设施，街道纵横交错，利于敌人设防坚守，观察、射击、指挥、协同和机动较困难，战斗队形易被分割，战斗将在地面、地下、各楼层和楼顶平台上同时进行，具有特殊的立体性。因此，城市进攻通常是攻坚战斗。部（分）队必须集中力量，合理区分兵力，有针对性地进行战斗编组，实施重点强击，充分发挥分队的近战特长和独立战斗、连续攻击的精神，善于利用建筑物和地下通道实施机动，大胆穿插分割，夺控结合，各个歼敌。

11. 特殊条件下进攻战斗

特殊条件下进攻战斗，是在特殊地形和气象条件下的进攻战斗行动。它要求部（分）队了解特殊地区地形、气象特点及对部（分）队行动的影响，认真解决特殊地形、气象条件给进攻战斗行动带来的困难，充分利用有利条件，力争主动，力避被动。特殊条件下进攻战斗有多种形式，主要包括山地进攻战斗、特殊高原地进攻战斗、热带山岳丛林地进攻战斗、严寒地区进攻战斗、岛屿进攻战斗、荒漠草原地进攻战斗、渡江河战斗、水网稻田地进攻战斗等。

12. 担负特定任务时的进攻战斗行动

担负特定任务时的进攻战斗行动包括担负机降任务时的战斗行动、担负穿插迂回任务时的战斗行动、担负先遣任务时的战斗行动等。

（二）防御战斗样式

在长期的防御战斗时间中，中国人民解放军曾一直把“以依托阵地顽强抗击的坚守作战”和“利用空间进行节节抗击，与以积极的进攻行动相结合的阻滞作战”作为防御战斗的两种基本战法。海湾战争以后，在借鉴外军机动防御理论的同时，又提出了以“阵内大量杀伤、消耗敌人为主的机动攻歼作战”的防御方法。至此，目前我军防御战斗的基本战法已由最初的两种,发展成为包括机动攻歼为主要内容在内的三种防御基本战法。

1. 阵地防御战斗

阵地防御战斗,是在相对固定的地区内,依托阵地抗击敌人进攻的坚守性防御战斗。有时依托野战阵地进行,有时依托以坑(地)道为骨干的坚固阵地实施。目的是扼守重要地区或目标,挫败敌人的进攻,为转入进攻或保障其他方向上的进攻创造条件。其实质是以依托阵地发扬火力的顽强坚守为主,并与积极的反冲击、反击、伏击、反机降、破袭等攻势行动紧密结合,大量杀伤、消耗敌人,挫败敌人的进攻。阵地防御战斗是防御战斗的基本样式之一。其特点是,防御准备的时间比较充分,便于依托地形周密地部署兵力、构筑阵地、组织火力、设置障碍,抗击敌人进攻。进行阵地防御,部(分)队必须在规定的时间内,周密组织,充分准备;利用有利地形,建立以营支撑点阵地为基础,以点制面和纵深、立体、环形的防御体系。依托阵地,严密防护,顽强抗击,与积极灵活的反冲击、反击、袭击相结合,近战歼敌。

2. 机动防御战斗

机动防御战斗,是以攻势行动为主要手段粉碎敌人进攻的防御战斗。它是高技术条件下实施防御战斗的基本样式之一,通常由师以上战术兵团组织,团以下部(分)队担负或防或攻的某一具体任务。其目的是通过大量杀伤、消耗敌人,剥夺其继续进攻的能力。根据敌军进攻战斗特点和我军机动防御战斗的目的、任务及战斗能力,机动防御战斗应采取"控点阻隔耗敌,阵内机动歼击"的基本战法,充分利用有利的地形和阵地条件,建立全纵深、区域式攻防结合的防御体系;在战斗全纵深和全过程,以部分兵力采取坚守要点及其他手段,强逼和消耗敌人,阻隔其战斗队形;抓住有利时机,以强大机动部队在重点坚守分队配合下,以坚决的反冲击、反击、伏击等方法机动歼击敌人,粉碎敌人的进攻。

3. 城市防御战斗

城市防御战斗,是战术兵团、部队和分队依托城市及其外围有利地形抗击敌人进攻的战斗。目的是直接保守城市或利用城市阻止、钳制、分散、消耗敌人,制止敌人长驱直入,稳定战局,为主力寻歼敌人创造条件。在高技术局部战争中,保守或利用城市具有十分重要的意义。城市防御战斗,通常分外围战斗和市区(城区)战斗。其特点是,建筑物坚固稠密,街道及地下设施纵横交错,人力、物力资源丰富,便于凭坚固守,但观察、射击、指挥和协同比较困难,易遭敌核、化学、燃烧武器以及精确制导武器的袭击,易于发生火灾。部(分)队在当地群众的支援下,必须树立顽强坚守、独立战斗的思想,集中主要兵力扼守高大坚固建筑物,严密控制便于敌进攻的街道、交叉路口(立交桥),善于利用地形和建筑物组织抗击和防护。

4. 运动防御战斗

运动防御战斗,是指部队在指定的地区和时间内,逐次转换阵地,抗击敌人进攻的防御战斗。具有半阵地防御的性质。目的是钳制、消耗敌人,迟滞其行动,利用空间，争取时间，为歼灭敌人创造条件。其特点是，依托多道阵地，节节抗敌；防御正面宽、纵深大，坚守与机动转换频繁，指挥协同复杂；任务紧迫，准备仓促，对防御的应变能力要求高。部（分）队应确立全纵深、全方位、节节抗击的防御战法，充分发挥各种力量及条件的整体作用，通过科学编组和部署，形成较好的防护力、高强度的抗击力、灵活的打击力和有效的机动力，使其在防御的全纵深能全方位同时抗击敌人的进攻，并能适时转换阵地，以抗击、阻滞、打击、转移等行动，有效地迟滞敌人，挫败敌之进攻企图。

5. 仓猝防御战斗

仓猝防御战斗，是在受敌人直接威胁，预先没有准备或准备时间极为短促的情况下实施的防御战斗。目的是争取时间，掩护主力开进、展开、转移、集结、调整部署、改善战场态势，为转入进攻或形成新的防御创造有利条件。其特点是，任务紧迫，准备时间短促，边打边组织准备；受敌威胁大，指挥协同困难；防护条件差，易遭敌火力毁伤；防御体系不完备，整体防御能力弱；战斗持续时间短。因此，部（分）队必须果断定下防御决心，迅速抢占有利地形，快速展开兵力、组织火力、设置障碍和构筑工事，全力抗击敌首次攻击，力求以最快的速度形成较完善的防御体系，将顽强抗击与积极的攻势行动有机结合，大量杀伤、消耗敌人。

6. 夜间防御战斗

夜间防御战斗，是利用夜暗条件实施的防御战斗。可由昼间转入，也可在夜间组织。随着夜视、照明器材的发展和广泛运用，夜间防御战斗将成为常见的战斗样式，并由诸军兵种联合组织实施。其特点是，便于隐蔽企图，近战歼敌；便于对敌实施迟滞袭扰。但警戒任务加重，易遭敌突然袭击和分割包围，观察、射击、指挥、协同难度增大，独立战斗的时机增多。部（分）队在组织夜间防御时，除应贯彻基本防御样式确立的战法和原则要求外，还应加强侦察警戒，严防敌人的穿插渗透和突然袭击；发扬独立战斗的精神，充分利用夜暗和阵地条件，积极与敌近战，坚决挫败敌夜间进攻。

7. 特殊条件下防御战斗

特殊条件下防御战斗，是在特殊地形、气象条件下实施的防御战斗。部（分）队应了解特殊地区地形、气象特点及对防御行动的影响，认真解决相关问题，充分利用有利条件，力争主动，力避被动。其具体战斗形式主要包括山地防御战斗、特殊高原地防御战斗、海岸防御战斗、岛屿防御战斗、热带山岳丛林地防御战斗、严寒地区防御战斗、荒漠草原地防御战斗、江河防御战斗、水网稻田地防御战斗等。

8. 遂行特定任务时的防御行动

遂行特定任务时的防御行动包括在掩护地区的战斗行动、退却战斗行动、反合围和突围战斗行动等。

第二节　战斗基本原则

战斗基本原则，是组织与实施战斗的根本法则，是一切战斗行动的基本依据和指南。同时，战斗基本原则又随着武器装备、作战对象、战场环境的变化而不断发展，因而又具有时代特征。在新的历史时期，军队着眼于高技术条件下战斗的特点，在合理继承传统战斗原则的基础上，从不同层面提出并确立了相应的战斗基本原则，为各级在高技术条件下遂行战斗任务指明了行动的方向和路线。

一、坚决消灭敌人，力求减少损失

坚决消灭敌人，力求减少损失，是一切战斗的基本目的，是一切战斗行动的着眼点，也是贯彻战斗始终的指导原则。其基本精神是，我军战斗以消灭敌人为主，减少损失是第二位的。因此，无论是进攻或防御，都应当树立积极消灭敌人的思想，发扬勇敢战斗、不怕牺牲的精神，灵活运用战法，主动、积极、坚决地消灭敌人，绝不允许借口减少损失而消极避战；在积极消灭敌人的同时，注重保存自己，树立严密防护、注重生存的思想，加强对敌高技术武器装备的袭击、干扰的防护，并积极与之作斗争，使自己不受或少受损失，力求以尽可能小的代价，消灭尽可能多的敌人，也不允许借口消灭敌人而忽视技术和战术，盲目蛮干，增大不必要的牺牲和损耗。高技术条件下的战斗，消灭敌人与减少损失的矛盾更加突出。针对这些新问题，部(分)队贯彻运用这一原则时，应着重把握：辩证地认识和把握消灭敌人与减少损失的相互关系；消灭敌人应坚持以打击敌关节点为主；切实加强自身防护。

二、集中兵力火力，各个击破敌人

集中兵力火力，各个击破敌人，是克敌制胜的根本法则和基本战法之一。其基本精神是，无论进攻或防御，每战都必须集中兵力、火力、电子对抗力量及其他物质的和精神的战斗力要素，并充分发挥其综合效能和整体威力，在同一时间内重点打击一个主要目标。进攻时，应实施重点突击，力求首先歼灭当面之敌一部，再转移力量，歼敌之另一部，直至夺取战斗全胜。防御时，应依托阵地，抗反结合，以顽强抗击和积极的攻势行动，不断消耗、歼灭敌人，挫败敌人进攻，以保持防御稳定。分队贯彻运用这一原则时，应重点把握以下问题：一要正确把握集中的内容；二要正确把握集中的方式与方法；三要采取有效措施破坏敌人的集中。

三、随时查明情况，因情正确指挥

随时查明情况，因情正确指挥，是夺取战斗胜利的基本条件。在战斗的全过程，指挥员应当随时熟识敌我情况，研究和掌握敌我行动规律，并应用这些规律于部(分)队的行动，不断使战斗指挥与战场实际情况相符合。任何一次战斗，都是敌我双方在一定的时间和空间内进行的，只有熟悉敌我双方及战场环境等各方面的情况，通过周密、科学的分析判断，找出优劣，权衡利弊，才能在准确认识和把握敌势、我势、时势、地势等基础上，因势利导，作出正确的决策，实施正确的指挥，使主观指导符合客观实际，在战斗中立于不败之地。高技术条件下战斗，情况信息需求高于查明情况难度的矛盾格外突出。为此，部(分)队指挥员在贯彻运用这一原则时，必须着重把握以下问题：一要正确把握情报需求的重点和情报获取的方法；二要科学判断求真情；三要依据真情求对策。

四、时刻准备战斗，临战快速反应

预先准备和快速反应，是夺取战斗胜利的基本条件。现代战斗准备时间短促，组织工作复杂，必须从精神、物质和组织上随时做好进入战斗的准备。上级一旦下达战斗号令或发生意外情况时，要做到一声令下，立即行动，不失时机地对变化的情况作出反应。战斗经验证明，有无准备制约着战斗效能的发挥，影响并改变着敌对双方优势的对比，而准备的程度则直接影响战斗的进程和结局。为此，部(分)队必须时刻保持戒备，准备战斗，及时做出快速反应。同时贯彻运用这一原则时，应把握以下主要问题：一要在思想上强化战斗准备意识；二要在方法上注重先期准备和快速准备；三要在反应上突出快速灵敏。

五、勇敢顽强战斗，近战夜战歼敌

勇敢顽强的战斗精神，是战斗胜利的基本条件。高技术条件下，战斗激烈、残酷，人员精神压力和体力消耗明显增大。尤其是战斗分队，与敌短兵相接，长时间处于敌密集火力的直接威胁下，战斗环境险恶，因而更需要发扬勇敢顽强的战斗精神。

近战、夜战是在高技术条件下扬长避短的有效战法。虽然敌人强调远战，但敌我地面部队特别是步兵最终还是会直接接触，因而近战仍客观存在；虽然夜视器材有良好的夜视效能，但它并不能使整个战场、夜间完全白昼化，因而夜战歼敌，仍然具有重要意义。近战、夜战不仅能限制敌现代化装备优势的发挥，还易于发挥我之特长。只有力求与敌近战，敢于和善于与敌夜战，结合实际实行有效的行动方法，才能克敌制胜。

六、迅速隐蔽突然，出其不意击敌

迅速隐蔽突然，出其不意击敌，是指战斗中要采取各种有效措施，切实隐蔽自己的行动企图，灵活迅速地机动兵力、火力，在敌意想不到的时间和地点，运用敌意想不到的战法和手段，向敌突然发起攻击，克敌制胜。部(分)队在贯彻运用这一原则时应着重把握：一要掌握敌人规律，发现和利用敌之弱点；二要多种方法手段并用，造成敌之错觉和失误；三要切实隐蔽行动企图，突然勇猛攻击；四要严密防范，防敌突然袭击。

七、机动兵力火力，主动灵活制敌

机动兵力火力，主动灵活制敌，是指战斗中为争取主动，必须灵活地实施兵力和火力机动，及时、迅速占领有利位置，巧妙地变换战术，不失时机地向重要的目标实施坚决突击，陷敌于被动地位。其核心是“灵活机动”。在战斗中，这是造成优势、夺取和保持主动的重要条件。由于高技术武器装备的发展和运用，使战斗行动涉及陆、海、空、天、电磁等多维空间，制空权、制电磁权、制信息权等斗争更加激烈，并对部(分)队产生不可低估的影响，从而使灵活机动的推动力和制约力同步增长，对实施正确指导的要求更高。为此，部(分)队贯彻这一原则时必须把握：一要正确选择兵力、火力机动的方式、方法和时机；二要善于果断行事。

八、准确紧密协同，主动相互配合

准确紧密协同，主动相互配合，是指战斗中必须严格遵守协同动作原则，认真执行上级协同动作的计划和指示，为完成同一任务，按照战斗目的(目标)、时间，地点准确行动，步兵分队与各兵种分队之间、步兵分队之间、分队内部之间相互主动支援和配合，协调一致地打击敌人。协同动作的原则是：诸兵种之间的协同，通常以步兵为主，有时以上级明确的其他兵种为主；步兵各分队之间的协同，以执行主要任务的分队为主。进攻时要积极支援最前出的分队，防御时要积极支援处于要害部位或处境最困难的分队。高技术条件下的战斗，使协同作战也面临一些新问题。因此，分队贯彻运用这一原则时，应着重把握以下问题：一要强化整体意识；二要实施统一指挥；三要坚持全程协调。

九、全面组织保障，严格战场管理

全面组织保障，严格战场管理，是指在战斗或行军、宿营中，除上级采取的保障和管理措施外，分队还应当周密组织自身的侦察、警戒、防护、通信联络、工程、伪装等战斗保障，物资补给、卫生勤务、战场维修等后勤、技术保障，以及维护战场纪律和加强以武器装备、阵地、民工、战俘等为主要内容的各项战场管理。这是发挥武器装备效能和顺利实施战斗的重要条件。高技术条件下战斗的各项保障和战场管理，受高技术武器装备的制约和影响，也面临一些新情况。因此，分队必须做到：一要强化战斗效益意识；二要谋求战斗力与保障力的最佳组合；三要准确把握保障和管理重点。

十、及时调整补充，恢复保持战斗力

及时调整补充，恢复保持战斗力，是指必须善于利用战斗间隙和其他一切可以利用的时间，及时调整组织，补充弹药、给养、油料、武器、器材、药品和兵员，抢救伤员，组织休息，以恢复和保持分队的战斗力，保证能连续执行战斗任务。情况允许时还应当总结战斗经验，改进战术技术，以利再战。

高技术条件下，战斗的连续性增强、破坏力增大，人员易遭受伤亡和产生疲劳，武器装备和物资器材损耗量剧增，因而，及时调整补充，对于恢复和保持战斗力意义十分重大。但由于战斗节奏加快，战斗进程的转换迅速，分队往往难以得到阶段性休整、补充的机会。为此，分队要立足于边战斗边调整补充。应充分利用击退敌冲击、我攻占既定目标后待机、机动途中临时休息等间隙和其他可以利用的时间，不失时机地组织分队进行调整、补充与休整。在有限时间内调整补充，要分清轻重缓急，抓住重点，快速实施。为不失时机，在战斗过程中，指挥员应全面掌握情况，预先计划调整补充的对象、内容、方法及可能利用的时机，以待条件成熟，立即组织调整补充。组织调整补充时，应采取警戒、疏散、隐蔽等必要的防护措施，并随时准备投入战斗。

第三节　单兵战术动作

单兵在攻防战斗中，通常在班(组)内行动，以手中武器和爆破器材，打、炸敌坦克、步战车(装甲输送车)和火力点，消灭敌有生力量。

一、持　枪

持枪，是指士兵在战斗中携带枪支动作和方法(特指战斗行动中的持枪)。持枪时要做到：便于运动、便于卧倒、便于观察、便于射击。在不同的地形和距离条件下，士兵根据敌情和任务可灵活采用不同的持枪动作。

(一)单手持枪

右臂微屈，右手虎口正对护木握枪(背带上挑压于拇指下)，用五指的握力将枪身固定，枪身轴线与地面略成45°，枪身距身体约10厘米。左臂自然下垂，运动时自然摆动。

(二)单手擎枪

右手正握握把，食指微接扳机，将枪置于身体的右侧，枪口向上，机匣盖末端贴于肩窝，枪身微向前倾，枪面向后，右大臂里合，枪托贴于右肋(枪托折叠时除外)，背带自然下垂，目视前方，左手自然下垂或攀扶，运动时自然摆动。

(三)双手持枪

左手托握下护木或握弹匣弯曲部，右手握握把，食指微接扳机，将枪身置于胸前，枪口向前，枪身略成水平，背带自然下垂或挂在后颈上。

(四)双手擎枪

在单手擎枪基础上，左手托握下护木或弹匣弯曲部，枪身略低，枪口对向前上方，背带自然下垂或压于左手下，身体与射向略成30°。

二、卧倒、起立

(一)卧　倒

在战场上,士兵如突遭敌火力袭(射)击,应迅速卧倒、防止火力杀伤。卧倒分三种基本动作:双手持枪卧倒、单手持枪卧倒和徒手卧倒。

双手持枪卧倒时,左脚向前一步,上体前倾,重心前移,按左膝、左肘、左小臂的顺序着地,然后转体,在全身伏地的同时两手协力将枪向目标方向送出。地面松软时也可按双膝、双肘、腹部、手顺序扑地卧倒。

单手持枪卧倒时,左脚(也可右脚)向前迈出一大步,同时身体前倾,按手、膝、肘的顺序侧卧,右手同时将枪向目标方向送出,左手接握下护木或弹匣弯曲部,全身伏地据枪射击。

徒手卧倒时的动作与单手持枪卧倒动作基本相同,只是卧倒后,两手掌心向下放置于头部的两侧或交叉于胸前,两腿自然伸直和分开。

(二)起　立

双手持枪起立时,首先观察前方情况,而后迅速收腹、提臀,用肘、膝支起身体,左脚先上步,右脚顺势跟进,双手持枪继续前进。

单手持枪时,右手移握上护木收枪,同时左小臂屈回并侧身,而后用臂、腿的协力撑起身体,右脚向前一大步,左脚顺势跟进,继续携枪前进。

徒手起立时,按单手持枪的动作进行。也可双手撑起身体,同时左(右)脚向前迈步起立,而后继续前进。

三、敌火下运动

战士在敌火下运动,就是在敌火力威胁下向敌前进或实施机动的行动。应根据敌情、任务、地形情况,采取不同的运动姿势和方法,正确处置各种情况,迅速隐蔽地实施机动。

(一)运动的时机和要求

1. 时　机

运动时,应按班(组)长的口令、信(记)号,充分利用我火力掩护和烟幕迷茫的效果,乘敌火力减弱、中断、转移和坦克炮塔转向等有利时机,迅速隐蔽地前进。运动时,还应充分利用浓雾、风雨等自然条件,有时还可采取欺骗、迷惑敌人的手段,创造条件,突然前进。

2. 要　求

运动前,战士应根据敌情、任务、地形的不同形态和遮蔽程度,选择好运动的路线和暂停位置。运动中,要不断地观察敌情、地形、班(组)长的指挥和邻兵的行动,灵活地变换运动姿势和方法,准确果断地处置情况,始终保持前进的方向和与友邻战士及支援火器的协同动作。发现目标后,应按班(组)长的口令实施或自行射击,将其消灭。要做到运动、火力、防护三者紧密结合,尽量避免横向运动。必须横向运动时,应采用间续短距跃进或匍匐前进的方法,以减少伤亡。

(二)敌火下运动的姿势与方法

1. 直身前进

直身前进是指在距敌较远,地形隐蔽,敌观察、射击不到时采用的运动方法。其要领是,目视前方,右手持枪(筒),大步或快步前进。

2. 屈身前进

屈身前进是指在遮蔽物略低于人体时采用的运动方法。其要领是,目视前方,右手持枪(筒),上体前倾,头部不要高出遮蔽物,两腿弯曲(屈身程度视遮蔽物高低而定),大步或快步前进。

3. 匍匐前进

匍匐前进是指在通过敌步、机枪火力封锁的较短地段或利用较低的遮蔽物前进时采用的运动方法。根据遮蔽物的高低,匍匐可分为四种。

(1)低姿匍匐。在遮蔽物高约40厘米时采用。其要领是,腹部贴于地面,屈回右腿,伸出左手,用右脚内侧的蹬力和左手的扒力使身体前移。在移动的同时,屈回左腿,伸出右手,用左脚内侧的蹬力和右手的扒力使身体继续前移,依次交替前进。

(2)高姿匍匐。在遮蔽物高约60厘米时采用。其要领是,用两小臂和两膝支撑身体前进。

(3)侧身匍匐。在遮蔽物高约60厘米时采用。其要领是,以身体左侧及左臂着地,左大臂向前倾斜支撑上体,左腿弯曲,右腿收回,右脚靠近臀部着地,用左臂的支撑力和右脚跟的蹬力使身体前移。

(4)高姿侧身匍匐。在遮蔽物高约80~100厘米时采用。其要领是,将左手和左小腿外侧着地,右手提枪(筒),以左手的支撑力和右脚的蹬力使身体前移。

4. 滚　进

在卧倒后为避开敌人观察、射击而左右移动或通过棱线时采用的运动方法。其要领是,将枪关上保险,左手握枪表尺上方,右手握枪颈附近或两手握上护木,枪面向右,顺置于胸、腹前抱紧,两臂尽量向里合,两脚腕交叉或紧紧并拢,全身用力向移动方向滚进。跃进中,也可在卧倒的同时向移动方向滚进。其要领是,左(右)脚向前一大步,左手在左(右)脚前着地,身体尽量下塌,右手将枪置于小臂内,身体向右(左)侧,枪面向右,在右(左)臂、肩着地同时,向右(左)滚进。滚进时,右(左)腿伸直,左(右)腿微曲,滚进距离长时可两腿夹紧。

5. 壕内运动

在壕内运动时,应根据堑壕的深浅、宽窄采取适当姿势,以直身或曲身快速前进,并注意不断地观察敌情。需要向后转时,如左脚在前,应由右向后转,迈左脚继续前进;如右脚在前,应由左向后转,迈右脚继续前进。接近拐弯处时,应减慢速度,接近后隐蔽观察,迅速拐弯,向新的方向前进。

6. 跃进、卧倒、起立

跃进是在敌火下迅速通过开阔地时采用的运动方法。跃进前,应先观察前方地形,选择好前进路线和暂停位置,而后迅速突然地前进;跃进时要做到跃起快、前进快、卧倒快。跃起时,右手提枪,以左手、左膝、左脚的支撑力将身体支起,同时出右脚前进。前进时,右手持枪(筒),目视敌方,屈身快跑。跃进的距离、速度应根据敌火威胁程度、地形特点和战士身体素质而定。敌火越猛烈、地形越开阔,跃进距离应越短、速度应越快。战士体质较好时,跃进距离可适当增加。通常每次跃进速度5米/秒跃进距离不超过30米。当跃进到暂停位置或遭敌猛烈射击时,应迅速隐蔽或卧倒。卧倒时,左脚向右脚前迈出一大步,左脚弯曲,上体前倾,身体下塌,两眼注视前方,左手顺左脚前伸,掌心向下,稍向右,按左膝、左手、左肘的顺序着地卧倒。也可右脚向前迈出一大步,左手撑地迅速卧倒。起立时,动作要领同持枪(筒)与端枪(筒)卧姿跃起动作要领相同。起立后,继续持枪(筒)或端枪(筒)前进。

四、利用地形地物

(一)利用地形地物的目的和要求

利用地形地物的目的,在于灵活恰当地运动,发扬火力,隐蔽和掩蔽自己。只有充分发扬火力,消灭敌人,才能有效地保存自己。

利用地形地物时应做到:便于观察、射击和隐蔽身体;便于接近、占领和离开;便于防敌地面和空中火力的杀伤;不妨碍班(组)长的指挥、邻兵的动作和火器射击;避免拥挤和在一地停留过久,视情况灵活变换位置,以免增大伤亡;尽量避开独立、明显的物体和难以通行的地段。

(二)利用地形地物的方法

利用地形地物时,应根据敌情、任务和遮蔽物的高低、大小及形状取适当姿势,迅速隐蔽地接近,由下而上地占领,周密细致地观察,不失时机地出枪。对不便于射击的位置,应加以改造。战士在一地不要停留过久,视情况灵活地变换位置。

(三)利用地形防核武器的动作

当听到袭击警报时,应立即利用附近地形进行防护。如在开阔地,应背向爆点方向,就地卧倒,面向地面,闭眼闭嘴,暂停呼吸,两手交叉置于胸下,两腿伸直并拢紧贴地面,尽量不使皮肤暴露在外,待冲击波一过,根据烟云飘移方向迅速穿戴防毒面具。利用地形防核武器,应尽量避开电线杆、树木和其他一些易燃、易倒塌的物体,避免间接杀伤。

第九章　军事地形学

军事地形学，是指从军事上研究和利用地形的一门学科。它主要研究各类地形对战斗行动影响的规律、军用地图和遥感图像的判断和使用、战场简易测量方法和调制要图、制作地形模型，以及判定方位和指示目标等。

第一节　地形对军队战斗行动的影响

一、地形的概念和分类

地形是地貌和地物的总称。地貌是指地球表面高低起伏的自然状态，如平原、丘陵、山地等。地物是指分布在地面上人工或自然形成的固定物体，如居民地、道路、江河、森林以及各种管线等。地形是战场的自然结构，它影响作战全过程，是构成作战活动的基本要素。地形制约着兵力的投入、装备的使用，并影响作战方式与作战规模。作战的成败，在一定程度上取决于利用地形的正确与否。

不同的地貌与地物的错综结合，便形成了不同类型的地形。依照地貌的形态，可分为平原、丘陵地、山地、高原；依照地物的分布和土壤性质，可分为居民地、水网稻田地、江河与湖泊、山林地、沙漠与戈壁、草原、沼泽地等；依照对战斗行动的影响，可分为开阔地、隐蔽地和断绝地等。

二、地形的作用

军队的一切活动，都是在一定的地形条件下实施的，都要受地形条件的影响和制约。如军队的运动、观察、射击、工事构筑、隐蔽伪装、技术兵器的运用，对核、化学、生物武器的防护，以及后勤保障等，都与地形有着密切的关系。战争经验表明，无论进攻或防御，善于利用地形者，就可以减少损失，取得战斗的胜利；反之，就会给战斗带来困难，甚至遭受挫折或失败。所以，古今中外的军事家，无不重视了解地形，研究地形对军队战斗行动的影响，趋利避害，使自己立于不败之地。孙子说："知敌之可击，知吾卒之可以击，而不知地形之不可以战，胜之半也。"可见地形在战斗中的作用。这也决定了地形在军事上的重要地位。

地形在战斗中具有防护和障碍作用。地形断绝，悬崖峭壁，江河水网，对防御来说，可以凭险扼守，以逸待劳。所谓"一夫当关，万夫莫开"，就是说这种地形可以用来保护自己，疲劳敌人，节省兵力。反之，山高坡陡，不便部队通行，消耗部队体力，影响行军速度；横渡江河，需要克服水的障碍；沙漠行军，后勤保障复杂。这对进攻的军队来说，具有一定的障碍作用。障碍作用越大，防护作用越好。军事上研究地形，目的在于趋利避害，即利用地形的有利条件，避开地形的不利条件。必要时，还要根据战场需要改造对己不利的地形，使不利转化为有利。

三、几种主要地形的特点及其对作战行动的影响

（一）山　地

地面起伏显著，群山连绵交错，高差一般在200米以上，坡度在6°以上的地区叫山地。山地地形复杂，山高坡陡谷深，居民地和道路稀少，交通不便，经济条件较差。军队在山地作战，不但人员体力消耗大，判定方位困难，容易迷失方向，而且观察、射击死角多，不便于通信联络和指挥协同等。山地防御时，便于凭险固守，利于构筑以坑道为骨干与野战工事相结合的环形阵地，并可利用较长的斜面多层配置兵力兵器。山地进攻时，便于部队隐蔽集合和接敌，突然发起攻击；便于实施穿插、迂回和包围，出其不意地从敌侧翼或后方实施突击。山地还能有效地减少核武器的杀伤效能。

（二）丘陵地

地面起伏较缓，岗丘错综连绵，高差一般在200米以下，坡度大部分在2～6°的地区叫丘陵地。丘陵地高差不大，山顶和山背较为圆浑，谷宽岭低，坡度较缓，人烟稠密，物产丰富。丘陵地对军队的运动、观察、射击、隐蔽和指挥联络等比较方便，不论攻防都便于部署兵力兵器。攻者便于隐蔽突然地接近敌人，实施迂回包围；防者可以利用纵深高地组织多层次、支撑点式的环形防御，便于隐蔽地实施机动。丘陵地由于地形的起伏，对原子武器袭击具有较好的天然防护作用，但山谷和凹地容易滞留毒剂。而较深的峡谷和冲沟，是天然的防坦克障碍。

（三）平　原

地面平坦宽广，高差在50米以下，大部分坡度在2°以下，海拔一般在200米以下的地区叫平原。平原地区地势平坦、交通发达、人烟稠密、物产丰富，大部分为耕种地。平原地区展望良好，视界、射界广阔，便于观察射击，能较好地发挥各种火器的效能。交通方便，便于军队机动，尤其是北方平原，更能发挥坦克、机械化部队的机动性能，便于指挥联络和组织协同。也给部队宿营和补给提供了较好的条件。但不利防御，隐蔽伪装困难，容易暴露企图，遭敌核武器、化学武器袭击时，危害范围大。

（四）岛屿和海岸

岛屿是散布于海洋、江河或湖泊中的陆地。通常大的叫岛，小的称屿。岛屿四面环水，面积狭小。一般岛上多山，坡度陡峻，地形复杂；海岸弯曲，岸陡滩狭；居民少，物产有限，淡水缺乏。有些岛屿之间水浅礁多，航道狭窄。岛屿是国防的前哨，是捍卫大陆的天然屏障，是海军作战的重要依托，也是战略反攻和追击敌人的前进基地。一般来说，岛屿利于防御而不利于进攻。但岛屿四面环水，军队机动和补给受限制，

岛与岛之间的通讯联络不便，协同和指挥困难，因此，战斗独立性较大。

海的水面与陆地相接的濒海地带叫海岸。海岸依其性质可分为泥岸、岩岸和沙岸。泥岸多与平原连接，岸滩多淤泥，不便于大部队登陆，不利于发挥技术兵器的效能。岩岸岸高且陡，岸线曲折，起伏较大，登陆地段小，不便于展开与靠岸，但便于组织防御。沙岸港湾较多，岸坡短平，地形隐蔽，登陆地段较多，便于展开、上岸和向纵深发展。

第二节　地形图基本知识

一、地形图的概念和分类

（一）地形图的概念

地形图是按照一定的法则，用特定的符号、颜色和文字注记，将现地地形测绘于平面图纸上的图。地形图是地图的一种，其比例尺大于或等于1:100万。地形图上，地物用图式符号加注记表示，地貌用等高线显示，能反映地表面的高低起伏状态和高程。图上还绘有等角投影构成的经纬网和平面直角坐标网。内容要素详细，定位精确，有规定的比例尺、统一的地图分幅和图示符号等。

地形图是军事上研究、分析地形、指挥作战的重要工具，也是国家经济建设、国防建设不可缺少的主要地形资料。

（二）地形图的分类

1. 按比例尺分类

我国军用地形图比例尺系列为：1:1万、1:2.5万、1:5万、1:10万、1:25万、1:50万和1:100万七种。比例尺大于等于1:5万的地形图为大比例尺地形图；比例尺为1:10万和1:25万的地形图为中比例尺地形图；比例尺为1:50万和1:100万的地形图为小比例尺地形图。

2. 按测制方法分类

按测制方法可分为实测图和编绘图。实测图是直接在实地施测的地形图，它内容详细，精度高，比例尺通常大于1:10万；编绘图是根据实测图和有关资料，于室内经制图综合而制成的中、小比例尺地形图，其内容较概略。

3. 按用途分类

按用途有战术用图、战役用图和战略用图之分。战术用图是指1:1万～1:10万的地形图，供战术兵团、部队（分队）作用；战役用图是指1:10万～1:50万的地形图，通常供战役军团使用；战略用图指小比例尺地图，供陆、海、空三军高级指挥机关和最高统帅部使用。

二、地图比例尺

地图比例尺是说明该图所表示的地表被缩小的尺度。它不仅是测图、编图的依据，也是用图时进行点的坐标、点间距离量读的依据。

(一)比例尺的概念

图上某线段的长与相应实地水平距离之比，叫地图的比例尺。如果某幅地图的图上两点间的长为1厘米，实地该两点间的距离为10 000厘米，则此幅地图的比例尺为1∶1万。

地图比例尺是在地图上量算长度和面积的依据。比例尺的大小是按照其比值的大小来衡量的，比值越大比例尺越大。比例尺的大小，决定着图上显示地形的详略。一幅地图，当图幅面积一定时，地图比例尺越大，显示的地形越详细，精度越高，但所含实地地形的范围就越小；地图比例尺越小，显示的地形越简略，精度越低，但所含实地地形的范围就越大。

(二)地图比例尺的表示形式

地图比例尺通常绘注在图廓的下方，其表示形式有：

1. 数字式

用比例式或分数式表示的。如1∶10 000、1∶50 000或1/10 000、1/500 000等。

2. 文字式

用文字叙述的形式予以说明的。如“百万分之一”或“图上1厘米相当于实地500米”等。

3. 图解式(直线比例尺)

将图上长与实地长的比例关系用线段、图形表示的。如图9–1所示。

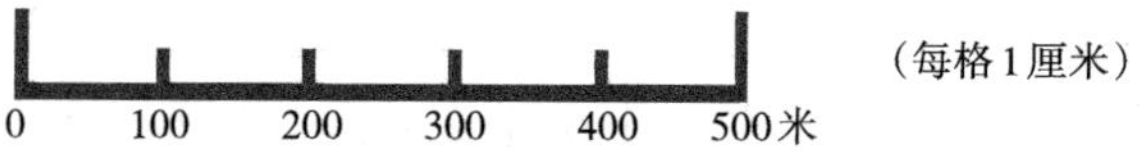

图9–1　1∶1万的图解比例尺

(三)图上距离的量算

1. 用直尺量读

要先从图上量取所求两点间的长度，然后乘以该图比例尺分母，即得出相应的实地水平距离(需将结果换算为米或千米)。如图上量得某两点间的距离为20厘米，该图比例尺为1∶5万，则实地两点水平距离为10千米。

当量算某两点间的弯曲(如公路)距离时，可将曲线切分成若干短直线，然后分段量算并相加。

2. 依直线比例尺比量

先用两角规在图上量出两点间的长度，并保持其张度，再到直线比例尺上比量。比量时，先使两角规的一角落在尺身整千米数上，再使另一角落在尺头上，即可直接读出两点间的实地水平距离。

3. 用里程表量读

在地形图上量取弯曲路段或曲线距离时，使用指北针上的里程表比较方便。里程表由表盘、指针和滚轮三部分组成，表盘的外分划圈上有1∶100 000、1∶50 000、1∶25 000

比例尺注记和千米数注记，每个数字均表示相应实地水平距离的千米数。量读时，先使指北针归0(即指针对准盘内的0处)，然后手持里程表，将滚轮放在起点上(使指针按顺时针方向转动)，沿所量线段滚至终点，指针在相应比例尺分划圈上所指的千米数，即为所求的实地距离。

4. 图上量算距离应注意的问题

从地形图上量得的距离，不论是直线还是曲线距离，都是两点间的水平距离。如果实地的地形平坦，图上所量距离接近于实地水平距离；如果实地两点间的地形起伏，则两点间的实际距离大于图上量得的水平距离。因此，在计算行进里程时，必须根据地形的起伏情况进行具体分析，将图上量得的距离加上适当改正数。表9-1是根据在不同坡度的道路上经实验得出的改正数。在有些地区(如深切割的山地)，实际改正数可能会大于该表中所列的数据。

表9-1 坡度与弯曲改正率表

坡 度	改正率%	坡 度	改正率%
0° ~5°	3	20° ~25°	40
5° ~10°	10	25° ~30°	50
10° ~15°	20	30° ~35°	65
15° ~20°	30	35° ~40°	80

三、地物符号

地面上的各种地物，在地图上用统一规定的符号结合注记来表示的，这些符号称地物符号。地物符号由图形和颜色组成。

(一)符号的图形特点

地物符号的图形，依其形状，主要有以下三个特点：

1. 图形与地物的平面形状相似

地物符号的图形是按实地地物平面轮廓绘制的，一般用以表示实地较大的地物，如居民地、森林、河流等。

2. 图形与地物的侧面形状相近

地物符号的图形是按地物的侧面形状绘制的，一般用以表示实地较小的独立地物，如突出树、烟囱、水塔等。

3. 图形与地物的有关意义相应

地物符号的图形是按地物的有关意义绘制的，具有形象和富有联想的特点，如变电所、矿井、气象站等。

(二)符号的分类

1. 依比例尺表示的符号

实地面积较大的地物，如居民地、森林、湖泊、江河等，其符号图形的外部轮廓是按比例尺缩绘的，在地图上可以了解其分布、形状和性质，依比例尺量取相应实地的长和宽，计算出其面积来。

2. 半依比例尺表示的符号

实地的窄长线状地物，如道路、沟渠、电线、围墙等，其转折点、交叉点位置是按实地精确测定的，其长度是按比例尺缩绘的，而宽度则不是。在地图上只能量取其相应的实地长度，而不能量取其宽度和面积。其真实位置在符号的中心线或底线上。

3. 不依比例尺表示的符号

实地面积很小而对部队行动有影响或有方位意义的独立地物，如窑、独立坟、独立树、亭、塔等，在地图上，长与宽都不能依比例尺表示，只能用规定的符号表示。在图上可了解实地地物的性质和位置，但不能量取大小。

4. 说明与配置符号

主要是用来说明、补充上述三种符号还不能表示的内容。说明符号是用来说明某种情况的，如表示街区性质的晕线，江河流向的箭头等。配置符号是用来表示某些地区的植被及土质分布特征的，如草地、果园、森林、石块地等。说明和配置符号只表示实地地物的分布情况，并不表示地物的真实位置和数量。

（三）符号的有关规定

1. 注记的规定

地物符号只能表示地物的形状、位置、大小和种类，但不能表示其质量、数量和名称。因此，还需用文字和数字予以注记，作为符号的补充和说明。注记有三种形式：名称注记、说明注记、数字注记。名称注记，是用不同的字体来注明居民地名称、山和山脉名称、水系名称以及地理单元名称。说明注记，是用来说明地物性质和特征的，如水的咸、淡。数字注记，是用来说明地物的数量特征的，它又分为分数式和单个数字式两种形式。分数式注记中，分子一般表示地物的长度、宽度和高度，分母表示地物的深度、粗度和载重量。单个数字注记，一般表示地物的高度、深度、比高、流速、里程和界碑编号等。

2. 颜色的规定

为使地图内容层次分明、清晰易读，地物符号采用不同颜色来区分地形性质和类别。我国现行出版的地形图均为四色，其规定见表9–2。

表9–2 颜色的规定

颜色		使用范围
四色图	黑 色	人工物体——居民地、独立地物、管线、垣栅、道路、境界及其名称与数量注记等
	绿 色	植被要素——森林、果园等普染；1978年后出版图的植被符号及注记等
	棕 色	地貌要素——等高线及其高程注记、地貌符号（变形地）及其比高注记、土质特征、公路普染等
	蓝 色	水系要素——河岸线、单线河及其注记和普染、雪山地貌等

3. 不依比例尺表示的符号定位点的规定

符号的定位点即实地地物在地图上的真实位置。地物符号中，不依比例尺和半依比例尺的符号，实际上都是夸大了的符号，因此，它们在地形图上就有个定位的问题，制图时都有明确的规定。

不依比例尺符号的定位点规定为：图形中有一点在该点。几何图形，在图形的中心。底部宽大的，在底部中点上。底部为直角的，在直角的顶点。组合图形，在主体图形的中心。其他图形，在图形的中心。

半依比例尺符号，其定位线的规定为：成轴对称的符号，在心线上。不成轴对称的符号，在底线或缘线上。

四、地貌判读

（一）等高线显示地貌的原理和特点

1. 等高线显示地貌的原理

等高线是由地面上高程相等的各点连接而成的曲线。等高线的构成原理是，假想把一座山从底到顶按相等的高度一层一层水平切开，山的表面就出现许多大小不同的截口线，然后把这些截口线垂直投影到同一平面上，便形成一圈套一圈的曲线图形。地形图就是根据这个原理来显示地貌的（如图9–2）。

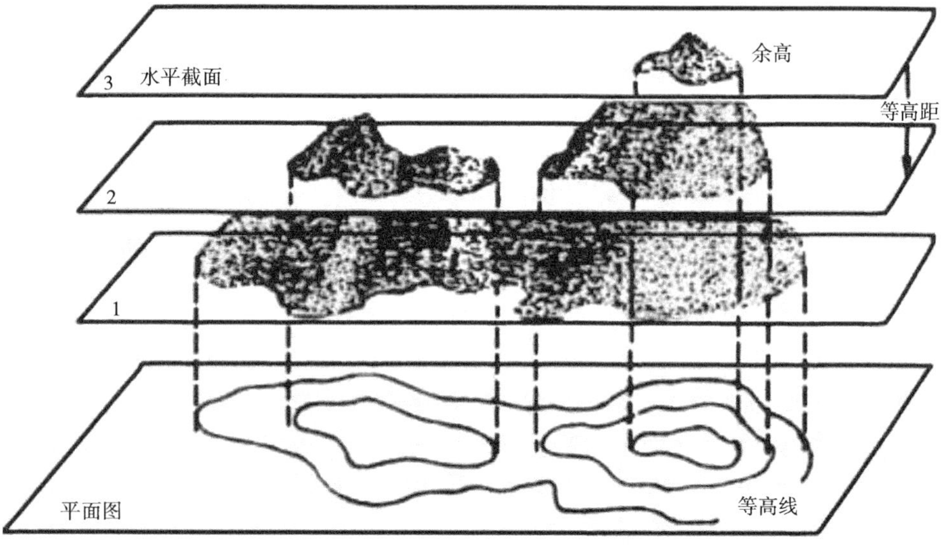

图9–2　等高线显示地貌的原理

2. 等高线显示地貌的特点

①在同一条等高线上各点的高度相等，并各自闭合。

②在同一幅地图上或同一等高距的条件下，等高线多，山就高；等高线少，山就低；凹地相反。

③在同一幅地图上或同一等高距的条件下，等高线间隔密，实地坡度陡；等高线间隔稀，实地坡度缓。

④等高线的弯曲形状与相应实地地貌形态相似。

3. 等高距的规定

等高距就是相邻两条等高线间的实地垂直距离。等高距越小,等高线所表示的地貌就越详细;等高距越大,则等高线所表示的地貌就越概略。根据地区的地貌特征、地图比例尺和地图的用途等状况,我国规定了基本比例尺地形图等高距的相关标准(见表9–3)。

表9–3　我国基本比例尺地形图等高距规定表

地形图比例尺	1∶2.5万	1∶5万	1∶10万	1∶25万
等高距(一般地区用)	5米	10米	20米	50米
特殊地形等高距	地形复杂等高线过密的地区,经批准,可将基本等高距放大一倍			

4. 等高线的种类

等高线按其作用不同,分为四种(见图9–3)。首曲线是用以显示地貌的基本形态;间曲线是用以显示首曲线所不能显示的局部地貌;助曲线是用以显示间曲线还不能显示的局部地貌;计曲线是便于在图上计算高程,从高程面算起,每逢等高距五倍处的首曲线描绘成粗实线。

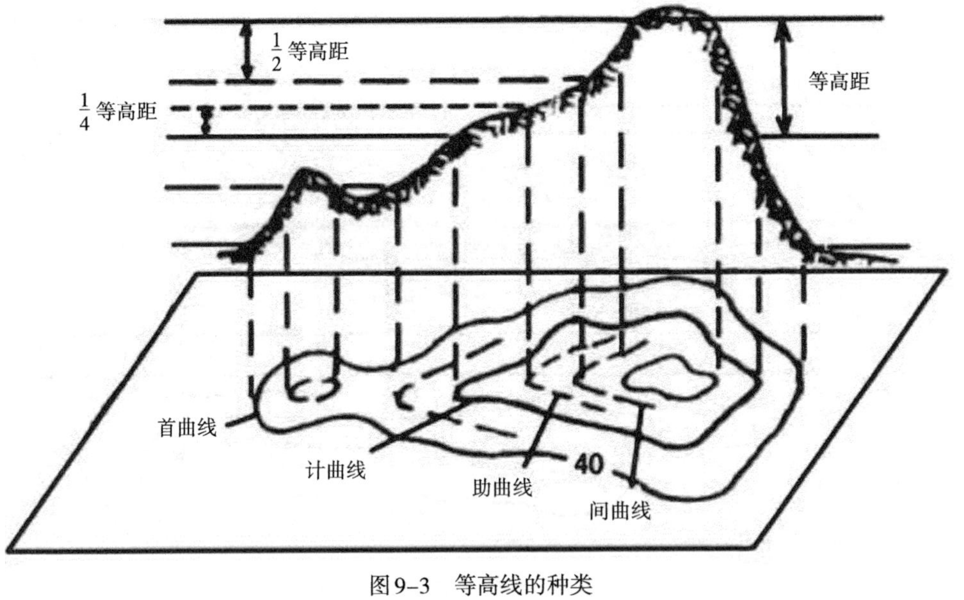

图9–3　等高线的种类

5. 高程起算和注记

我国规定:把“1956年黄海平均海水面”作为全国统一的高程起算面,高于该面为正,低于该面为负。从黄海平均海水面起算的高程,叫真高,也叫海拔或绝对高程。从假定水平面起算的高程,叫假定高程或相对高程。地貌、地物由所在地面起算的高度,叫比高。起算面相同的两点间高程之差,叫高差。

地形图上的高程注记有三种,即控制点高程、等高线高程和比高。控制点(包括三角点、埋石点、水准点等）的高程注记，用黑色，字头朝向北图廓；等高线的高程注记，用棕色，字头朝向上坡方向；比高注记与其所属要素的颜色一致，字头朝向北图廓。

（二）地貌识别

在地形图上，通过等高线和地貌符号，可以识别地貌的各种形态。

1. 山的各部形态

地貌的外表形态尽管千差万别，多种多样，但它们都是由某些基本形态组成的，这些基本形态是：山顶、凹地、山背、山谷、鞍部、山脊和斜面等。

（1）山顶、凹地

山的最高部位叫山顶。山顶依其形状可分为尖顶、圆顶和平顶。圆顶山等高线环圈较大，由顶部向下，等高线由稀逐渐变密；尖顶山等高线环圈小，由顶部向下，等高线由密逐渐变稀；平顶山等高线环圈大，呈现较宽阔的空白，由顶部向下等高线骤然变密。图9–4中表示山顶的等高线是一个小环圈，环圈外通常绘有示坡线。

比周围地面低下，且经常无水的低地，叫凹地。大面积的低地称盆地，小面积的低地称凹（洼）地。图9–4中表示凹地的等高线是用一个或数个小环圈，并在环圈内绘有示坡线。

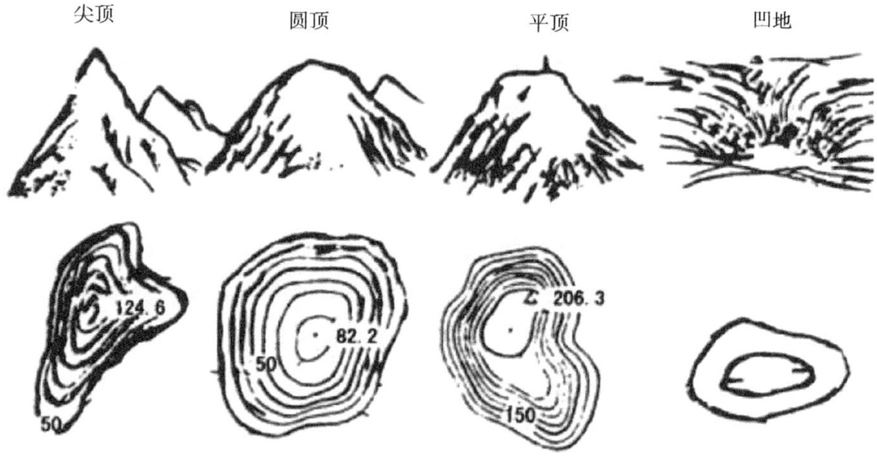

图9–4　山顶和凹地

（2）山背、山谷

山背，是从山顶到山脚的凸起部分。图9–5中表示山背的等高线以山顶为准，等高线向外凸出，各等高线凸出部分顶点的连线，就是分水线。

山谷，是相邻山背、山脊之间的低凹部分。表示山谷的等高线向高处凸出。按横断面形状，山谷分V形、U形和槽形三种。V形谷的横断面是上宽底窄，等高线图形呈“V”形；U形谷的横断面上宽、底接近于圆弧状，等高线图形呈“U”形；槽形谷的横断面如同水槽，上宽下窄的梯形，等高线图形呈“⏢”形。图9–5中表示山谷的等高线以山顶或鞍部为准，等高线向里凹入（或向高处凸出），各等高线凹入部分顶点的连线，就是合水线。

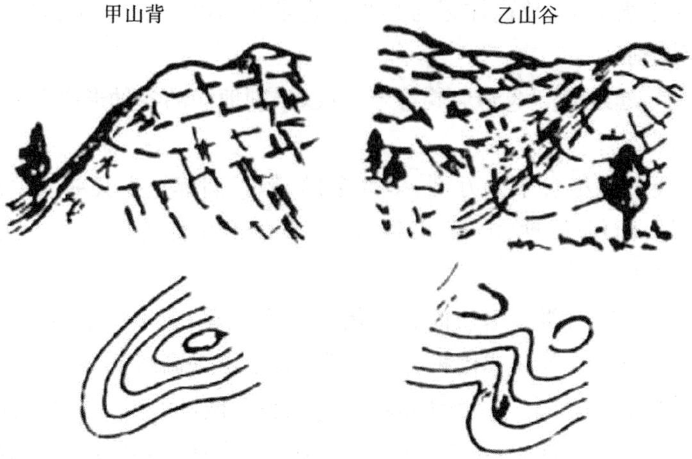

图9-5　山背和山谷

(3)鞍部、山脊

鞍部,是相连两山顶间的凹下部分,其形如马鞍状,故称鞍部。图9-6是用一对表示山背的等高线和一对表示山谷的等高线显示的。

山脊,是由数个山顶、山背、鞍部相连所形成凸棱部分。山脊的最高棱线叫山脊线。表示山脊的等高线,由山顶向低处凸出,各等高线凸出部分顶点的连线,就是分水线。

图9-6　鞍部和山脊

(4)斜面

从山顶到山脚的倾斜面叫斜面，也叫斜坡或山坡。山脊的两个侧面就是坡面。在地图上明确斜面的具体形状，对部队行动有一定价值。斜面按其形状可分为(见图9-7)：

等齐斜面。实地坡度基本一致的斜面叫等齐斜面，全部斜面均可通视。地图上，从山顶到山脚，间隔基本相等的一组等高线，表示为等齐斜面。

凸形斜面。实地坡度为上缓下陡的斜面叫凸形斜面，部分地段不能通视。地图上，从山顶到山脚，间隔为上面稀、下面密的一组等高线，表示为凸形斜面。

凹形斜面。实地坡度为上陡下缓的斜面叫凹形斜面，全部斜面均可通视。地图上，从山顶到山脚，间隔为上面密、下面稀的一组等高线，表示为凹形斜面。

波状斜面。实地坡度交叉变换、陡缓不一、成波状形的不规则斜面叫波状斜面，若干地段不能通视。地图上，表示该状斜面的等高线间隔稀密不均，没有规律。

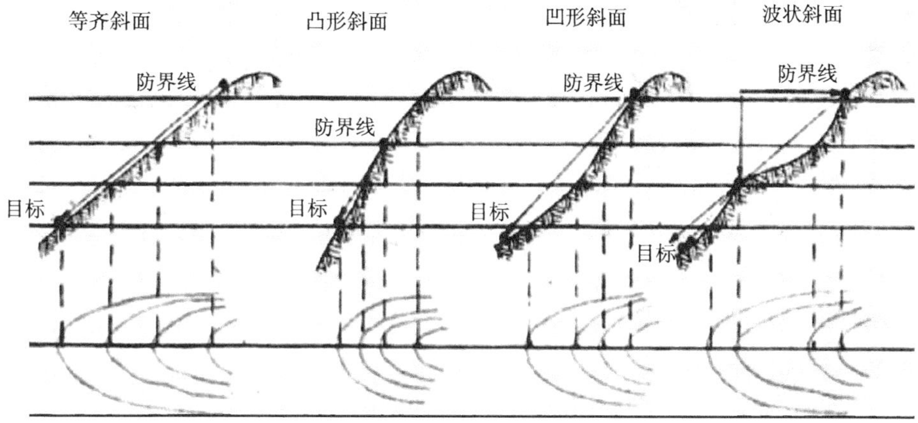

图9-7　斜面

2. 特殊地貌形态

特殊地貌，是指等高线无法显示的地貌。如变形地、露岩地等，这类地貌的形态在地形图上用特殊地貌符号表示(见图9-8)。

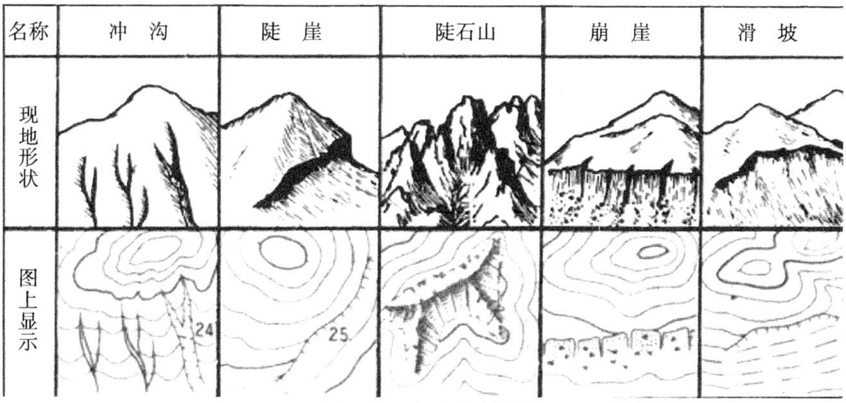

图9-8　变形地符号

(三)高程、高差、起伏、坡度和通视的判定

在地形图上判定高程、高差、起伏、坡度和通视,是根据等高线和高程注记进行的。

1. 高程的判定

判定某点的高程主要是根据山顶及等高线上的高程注记和等高距进行推算。图上判定高程,先从南图廓外查明本图的等高距,并在判定点附近找出控制点或等高线的高程注记;根据判定点与已知高程注记的关系位置,向下(下坡)或向上(上坡)数等高线,并加(减)等高距;再根据判定点所在位置,判定其高程。当点在等高线上时,判明该等高线的高程,就是该点的高程。当点在两条等高线之间时,应先判明其上、下相邻两等高线的高程,再按该点所在等高线间的比例进行估计。当点在无名高地顶点或鞍部时,先判定该点下方一等高线的高程,再加半个等高距的米数(如下方一条等高线为间曲线,应加四分之一等高距米数)。

2. 高差的判定

判定两点的高差时,可先判定两点的高程,然后相减即得高差。

3. 图上起伏的判定

判定起伏就是在地图上判定哪是上坡,哪是下坡,哪是平地。判定起伏时,首先要对判定区域进行总的地势分析,在该区域内,找出明显的山顶,分析山顶间的联系,找出山脊以及主要分水线、合水线的走向,然后结合河流、溪沟的具体位置,判定出总的升降方向。总的地势分析之后,进行具体分析时要注意基本一点,即在地图上,凡属运动路线与某条等高线近似平行是平路外,其他现象(与某条等高线越来越近或越来越远或相交)则不是上坡就是下坡。

4. 图上坡度的判定

坡度,即斜面对水平面的倾斜程度,常以角度或倾斜百分率表示。判定坡度,即判定运动路线的某一局部或山体某一斜面的坡度为多少度,或是百分之几的坡度。判定坡度的方法是根据等高线的间隔来进行的,也可以利用坡度尺来进行量测。

5. 通视的判定

在图上判定两点间的通视情况,主要是根据观察点、遮蔽点、目标点三者的关系位置和高程而定。

五、坐　标

确定地面、空间和平面上某点相对位置的角度值和长度值叫该点的坐标。利用坐标能迅速而准确地确定点位,指示目标。军事上常用的有地理坐标和平面直角坐标。在不同比例尺地形图上分别绘有地理坐标网和平面直角坐标网。

(一)地理坐标

用经纬度表示地面点位置的球面坐标,叫该点的地理坐标。用度、分、秒来表示。

1. 地理坐标网的构成

地理坐标网是由一组经线和纬线构成的。按照国际规定,经度从英国格林尼治天文台子午仪中心为零点起算，向东、西各180°；纬度，从赤道算起，向南、向北各90°。这样，地球表面任意一点，都有一条经线和一条纬线通过。因此，用一组经纬度数值，就可以指示或确定地球表面上任意一点的位置。地理坐标通常用以指示舰艇、飞机和某一目标的位置。

2. 地理坐标网在地形图上的表示

因地图是按照经纬度分幅的，故在军事地图上均有地理坐标的表示。即在小于1:20万比例尺的地图上均绘有地理坐标网，并有经纬度数值；在大于10万比例尺的地图上，图廓间绘有分度带，南北内图廓线即是纬线，东西内图廓线即是经线。将它们对应相同的分度线连接起来，即可构成地理坐标网。

3. 地理坐标的量读

在使用地理坐标时，一般按先纬度后经度的顺序进行。在1:25万～1:100万图上，可用两脚规比量目标点的地理坐标，在图廓的分划线上读数。在1:2.5万～1:10万地形图上量读点的坐标，可通过该点分别向分度带作垂线，直接在分度带上读取垂足的坐标值。

（二）平面直角坐标

用平面上的长度值，表示地面点位置的直角坐标，叫该点的平面直角坐标。军事地图上的平面直角坐标，不同于数学中笛卡尔坐标系：其经线为坐标纵轴X，赤道为坐标横轴Y。

1. 平面直角坐标的构成

由于经纬线在图上多是弧线，不便于图上作业，更不便于距离和角度的换算，因此，在大比例尺图上都绘有平面直角坐标网。确定平面上某点位置的长度数值，就是该点的平面直角坐标。平面直角坐标全值是用千米和米表示的。

我国地形图上的平面直角坐标网，是按高斯投影构成的。高斯投影是从格林尼治零度经线起，以6°为一带，每个投影带的中央经线是直线，与中央经线相垂直的另一条直线是赤道。地形图上的平面直角坐标，就是以中央经线为纵轴（X），以赤道为横轴（Y），其交点为坐标原点（0），这样，每个投影带便构成一个独立的坐标系。我国领土位于赤道以北，所以纵坐标（X）值均为正值；横坐标（Y）值，位于中央经线以东的为正，位于中央经线以西的为负。为了计算方便，消除负数，又将横坐标（Y）值均加上五百千米常数（即等于将纵轴西移500千米），横坐标以此纵轴起算，Y值也就全是正数了。

2. 坐标的起算和注记

纵坐标以赤道为零起算，向北为正，向南为负。横坐标以中央经线为500千米起算，向东增大，向西减小。坐标值均以千米数为单位注记在内外图廓线之间。在东西图廓间横线上，由下向上增大的为纵坐标值；在南北图廓间纵线上，由左向右增大的为横坐标值；在图廓四角，注记坐标的全部数值，在图廓间只注记末两位数，横坐标值均为三位数，即百千米数，三位数前面的为投影带号。

因为一个投影带的范围很大，分的图幅也很多，为能迅速确定点的坐标，制图时，就用平行线的办法，以一千米（或两千米）为单位，分别作中央经线和赤道的平行线，构成正方形方格网，叫做平面直角坐标网，在1:5万地形图上，每个方格的面积是一平方千米，所以又叫“方里网”。

第三节　现地使用地图

正确、熟练地使用地图，必须掌握好判定方位、实地对照地图和按地图行进等技能和要领。

一、判定方位

判定方位，就是在现地辨明东、西、南、北方向。它是现地用图和执行作战任务的前提。判定方位的方法很多，主要有以下几种：

(一)利用指北针判定

这是一种最简便、最基本的方法。判定时，把指北针放平，待磁针稳定后，磁针红色一端所指的方向，即为实地磁北方向。如果测定方位的人面向北方，则他的背后是南，右边是东，左边是西。

(二)利用太阳和手表判定

一般情况下，当地时间早上6时太阳在东方，12时太阳在南方，18时在西方。根据这一规律，便可以利用太阳和手表判定概略方位。口诀是：“时针折半对太阳，12所指是北方。”判定时，先将手表放平，以表盘中心和时针所指的时数(每日24小时计算)，折半位置的延长线对向太阳，此时，表的中心通过“12”的方向即为北方。如在下午14时40分，应以7时20分对准太阳，12字头所指的方向就是北方。

图9-9　利用太阳和手表判定

(三)夜间利用星体判定

北极星是正北天空一颗较亮的恒星，夜间找到北极星，就找到了正北方向。北极星位于小熊星座的尾端，因小熊星座比较暗淡，所以通常根据大熊星座(即北斗星，俗称勺子星)和仙后星座来寻找。

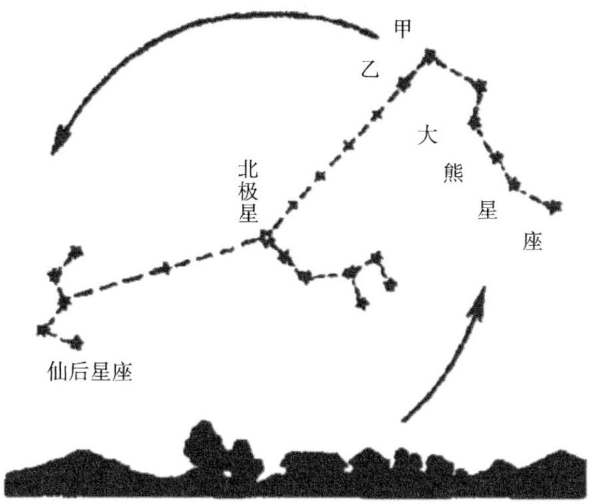

图9-10 夜间利用北极星判定

(四)利用地物特征来判定

有些地物、地貌由于受阳光、气候等自然条件的影响,形成了某种特征,可以利用这些特征来概略地判定方位。

1. 独立大树

通常是南面枝叶茂密,树皮较光滑;北面枝叶较稀少,树皮粗糙,有时还长青苔。砍伐后,树桩上的年轮,北面间隔小,南面间隔大。

2. 突出地面的物体

如土堆、土堤、田埂、独立岩石和建筑物等,南面干燥,青草茂密,冬季积雪融化较快;北面潮湿,易生青苔,积雪融化较慢。土坑、沟渠和林中空地则相反。

3. 建筑物正门

我国大部地区,尤其是北方,庙宇、宝塔的正门多朝南方;广大农村住房的正门一般也多朝南开。

二、地图与现地对照

现地使用地图,要能随时确定站立点在图上的位置,了解周围地形情况,保持正确方向。

(一)标定地图

标定地图,就是使地图的方位与现地方位相一致。标定的方法有:

1. 指北针标定

先将指北针的准星朝向地图上方,直尺边与图上的磁子午线重合,然后转动地图,使磁针北端(通常为红色)对正磁北方向,图即已标定。

2. 依直长地物标定

直长地物是指较直且长的线状地物,如道路、沟渠、电线、围墙等。在地图上找到这段直长地物符号，然后转动地图，使地图上的直长地物与现地的直长地物方向一致，检查对照两侧地形，如果现地各地形点的位置关系与图上相符，则地图已经标定。

3. 依明显地形点标定

明显的地物点，如烟囱、小桥、独立树等；明显的地貌点，如山顶、鞍部、分水线与合水线的转弯点、明显的山背倾斜变换点（即由陡变缓或由缓变陡的明显位置）等。利用这些明显的点标定地图，前提是已知站立点的图上位置。依据明显地形点标定地图，先确定站立点在图上位置，再选定远方的一明显地形点，并将直尺切于图上的站立点和该地形点上，然后转动地图，通过直尺边照准现地明显的地形点，地图即已标定。

（二）确定站立点

标定地图后，就应随即确定站立点在图上的位置，这是现地用图的关键。确定站立点的方法有以下几种：

1. 综合分析法

用这种方法确定站立点时，先进行控制对照，即对站立点附近明显地形特征进行综合分析。这时的控制对照是在站立点不明确的情况下进行的，但站立点所在地图上的范围是清楚的，控制对照时，应根据各明显地形点的特征及其相互关系位置，通过综合分析，即可判定站立点的图上位置。

2. 截线法

当站立点在直长物地上时，可用截线法确定站立点的图上位置。先标定地图，在直长地物的翼侧选择图上和现地都有的明显地形点，将直尺边切于图上该地形点上，然后转动直尺，照准现地该地形点，并描画方向线，方向线和直长地物符号的交点，即为站立点的图上位置。

3. 后方交会法

这种方法通常是在地形较平坦、通视较好的地段上采用。先标定地图，选择图上和现地都有的两个明显地形点，在图上一个地形点上插一细针，将直尺边靠针转动，照准现地相应的地形点，并描画方向线；再用同样的方法照准另一地点，并描画方向线，图上两方向线的交点，就是站立点的图上位置。

4. 磁方位角交会法

当在植被密集、通视不良的地段上运动时，由于地图与实地对照不便，加之看不到目标实地位置，不能从图上照准目标，可采用磁方位角交会法确定。先攀登到便于通视远方的树上，在远处选定两个地图上也有的明显地形点，作为目标定位点。并分别测出站立点到这两个定位目标点的磁方位角，在树下近旁标定地图，将指北针长尺边依次切于图上两个目标定位点上，分别以这两点为轴摆动指北针，并使磁针北端指向所测相应的磁方位角分划，然后沿长尺边画出方向线，两方向线的交点即为站立点的图上位置。

(三)现地对照地形

1. 现地对照地形的概念

现地对照地形,就是将地图上的地物、地貌符号和现地的地物、地貌一一对应找到。现地有而图上没有的目标,要能确定图上的位置,图上有而现地没有,应找出原来现地位置。现地对照地形,通常是在标定地图和确定站立点的基础上进行。

2. 对照地形的顺序

对照地形的顺序,应先主要方向,后次要方向;先对照大而明显的地形,后对照一般地形;由近及远,由右及左(或由左及右);先从图上找到现地,再从现地到图上,由点到面,逐段分片地进行对照。

3. 对照地形的方法

对照地形的方法,主要根据站立点与目标点的方向、距离、特征、高程及目标与其附近地形的关系位置,分析比较,反复验证。对照通常采用目估法,必要时可利用观测器材。在地形重叠复杂不便观测时,视情况变换位置或登高观察。

三、利用地图行进

按地图行进,就是利用地图选定行进路线,并在行进中不断与现地对照,以保证沿选定的路线到达预定地点的行进方法。

(一)按图行进

无论是沿道路行进或越野行进,是徒步行进还是乘车行进,都必须利用地图对现地进行对照,做到随时随地都能准确地认定现地位置(站立点)在图上的位置,确保行进方向的准确无误。

1. 图上准备

行进前必须认真做好图上准备。图上准备要认真、细致、具体,做到以下五条:一定:确定行进路线;二选:选择方位物;三量取:量算行进路线上各方位物(转弯点)间的里程,计算出行进所需的时间,量取的里程;四标:即将行进的路线、沿途各方位物(岔路口、转弯点、居民地的进出口等),都标绘在地图上,或绘制成略图;五熟记:熟记行进的路线。按照行进的顺序,把每一段道路的里程,特别是对转弯处、岔路口、居民地的进出口附近的方位物及地形特征,熟记在脑子里。

2. 行进中的要领

行进时做到方向明、路线明和位置明。

方向明:在出发点要标定地图,对照地形,明确行进的方向,防止一开脚就走错路。路线明:对行进的路线和里程,心中明确。位置明:行进中,在每一个岔路口、转弯点时,都要随时对照现地的地形,明确站立点在地图上的位置,做到人在实地走,心在图上移。

(二)按方位角行进

按方位角行进,就是按照指北针在地图上预测的方位角行进,这是按图行进的辅助方法。通常是在沙漠、草原、山林地等地形上,或夜间、浓雾等不良天候条件下采用。

1. 行进前的准备

行进前,应根据敌情、任务等具体情况,先选择距离近、敌情顾虑小、地形隐蔽、各转弯点有明显地形点和便于通行的地形,然后量出各段的磁方位角(测量磁方位角的要领可归纳为:标定地图,准星向前,尺切两点,密位直看)和距离,最后将磁方位角和距离标绘在选定的路线上。

2. 行进中的要领

在出发时,首先要找准出发点。在行进中,要随时根据地图或记忆,对照地形,用指北针检查行进方向,记清走过的复步数或行进时间。到辅助方位物后,如仍看不到第二点的方位物时,则按原磁方位角再选一辅助方位物,继续前进,直到到达下一个转弯点为止。当快到达下一个转弯点时,应特别注意附近地形特征。当走完预定距离,未见到下一个转弯点方位物时,可在这段距离十分之一为半径的范围内寻找。到达下一个转弯点后,仍按出发点的要领,继续前进,依此要领逐段前进,直到终点。

行进中遇到障碍时,应根据不同情况采取不同的办法通过。对能通视的障碍,可沿行进方向在障碍地段的对面选一辅助方位物,然后找一迂回路线绕过障碍地段。遇到不能通视的障碍地段时,可采用走直角四边形(或平行四边形)的方法绕过,然后按原方向继续前进。

夜间行进视度不良,观察不便,地形重叠,远近不分,高低难辨,地图与现地对照困难,行进容易迷失方向。山林地行进,地形起伏,山脊重叠,纵横交错,树木丛生,道路少,障碍多,通视不良,缺少明显方位物,通行极为困难。因此,行进时,应采用按地图和方位角相结合的方法行进。在沙漠、戈壁地区行进,地形开阔,道路缺乏,方位物甚少,不易确定站立点的图上位置,容易迷失方向,应采用按方位角行进的方法,在图上周密地选择行进路线并随时确定正确的站立点位置。

第四节　定向运动

定向运动是一项非常健康的智慧型体育项目,是智力与体力及国防教育并重的运动。它不仅能强健体魄,而且能培养人独立思考、独立解决所遇到困难的能力及在体力和智力受到压力下做出迅速反应、果断决定的能力。

一、定向运动概述

(一) 什么是定向运动

"定向运动"一词是英语Orienteering的汉译名词。定向运动是指利用一张详细精确的地图和一个指北针按顺序到访地图上所指示的各个点标,以最短时间到达所有点标者为胜。定向运动通常设在森林、郊外或城市公园里进行,也可在校园里进行。

定向运动起源于瑞典,最初只是一项军事体育活动。1918年,在瑞典担任童子军领袖的吉兰特，组织了一次叫做“寻宝游戏”的活动，引起了人们的广泛兴趣，这就是“定向运动”变成体育活动的雏形。1919年，在斯堪的纳维亚举行了第一次正式的定向运动比赛。之后，定向运动在北欧得到了迅速发展，并很快普及到世界各地。1961年5月，在丹麦首都哥本哈根，成立了国际定向运动联合会，简称国际定联(IOF)，确定了正式比赛的项目，并制定了一系列的比赛规则与技术规范，并决定从1975年起每年举行一次世界性比赛。1977年，定向运动获得国际奥委会的承认，被列入奥林匹克体育项目。2001年，世界体育运动大会将定向运动列为正式比赛的项目。

(二)定向运动的分类

自从1919年第一次正式的定向运动比赛在斯堪的纳维亚举行之后，这个项目在北欧得到了迅速发展，并很快地普及到世界各地。定向运动也由初期单一的一种比赛形式逐步演变为包括各种各样的比赛或娱乐项目在内的综合性群众体育活动。常见的定向运动形式有下列几种。

1. 徒步定向(俗称定向越野)

这是各种定向运动比赛中组织方法比较简便，开展最为广泛的一种。由于其比赛的成败全在于个人的识图用图、野外定向和奔跑能力的强弱，因此适于各种年龄、性别的人参加。据国外有关资料记载，运动员最小的只有八岁，而最长者有八十岁，真可谓老少皆宜。为增加比赛的乐趣，也可以在判定比赛成绩的方法上有所区别，如：可以个人跑计个人成绩；个人跑计团体成绩或个人跑计个人与团体成绩等。

2. 接力定向

接力定向是团体之间的定向越野比赛项目之一，其成绩好坏有赖于每个队员个人能力的发挥。在接力比赛中，比赛的路线分成若干段(国际比赛通常为四段)，每名选手完成其中的一段，各段参赛选手的成绩相加为该队团体总成绩。为便于观众欣赏各选手之间的激烈竞争，接力定向的场地必须设置一个“中心”站，各段选手的交接(即“换段”)均在这里以触手方式进行(不使用接力棒)，因此，接力定向的观赏性较好，被国际定联纳入了正式比赛项目。

3. 百米定向

百米定向是定向运动的一个新兴项目，经全国定向冠军赛的检验证明百米定向具有观赏性强、技术性高、易参与、易组织等特点，能够锻炼运动员的反应敏捷能力和奔跑速度。健身的同时充满了乐趣，还能够学会识图用图。因此百米定向受到定向运动界的广泛推崇。

4. 滑雪定向

滑雪定向也可以按个人、团体或接力比赛等形式进行。它与个人徒步定向越野赛的区别是选手需要使用滑雪装具(非机动的)。供比赛用的滑道，则需要使用摩托雪橇来开辟。同一比赛路线上的滑道通常不止一条，以便于选手自行选择。

5. 夜间定向

这是定向运动的一种高难度的比赛形式。由于是在视度不良的夜间进行的，不仅增加了比赛的难度，同时对观众和选手自己增加了吸引力和刺激性。

6. 记分定向

记分定向通常以个人方式进行。它是在比赛区域内预先设置好许多检查点，并根据地形的难易程度、距离远近、点的位置的相互关系不同而赋予每个检查点以不同分值。选手必须在规定时间内自行寻找若干或全部检查点，以积分最高者为优胜。

（三）开展定向运动的意义

定向运动是集体能和技能、体力和智力相结合的一项体育运动，由于它独特的比赛形式和条件要求，因此它具有独特练习价值和积极作用。

①有助于学习掌握识图、用图的技能和自然、地理常识，启发智力，培养思维。人生活于自然与社会之中，就要有正确的方位感，而识图已成人们识方位的重要工具，因此，为做好社会活动，须掌握正确和快速的识图、用图的知识与能力。

②定向运动比赛的参加者是在野外奔跑较长的距离，既有上坡下坡，又要钻林越沟，攀岩跨坎，因此对速度、耐力、力量、灵敏、协调等素质，均有很好的发展作用。

③定向运动是独自一人在生疏的野外环境中进行，不仅能培养独立思考、快速反应、果断处事的能力和勇于克服困难、坚忍不拔的精神，而且可以陶冶情操、丰富精神文化，有助于形成良好的心理素质。

④定向运动不仅有独特比赛方法，同时还有其趣味性和游戏性，人们在旅游之时，就可开展定向活动，因此丰富了人们的娱乐活动。

二、定向运动的物质条件

开展不同等级、不同项目的定向运动，所需的物质条件也不尽相同。下面介绍的是个人徒步定向越野所需的基本物质条件。

（一）比赛器材

1. 号码布

号码布一般不超过24厘米×24厘米，号码数字的高不小于12厘米，字迹要清晰，字体要端正。正规比赛要求号码布佩带于前胸及后背两处。

2. 指北针

指北针的作用主要是辨别方向，标定地图，是定向运动中不可缺少的工具。目前使用的指北针主要有简单式、液晶式、透明式、照明式、电子式等多种，国际上的定向运动比赛常使用由透明有机玻璃材料制造的指北针。

3. 电子打卡计时系统

现在的正规比赛中主要使用电子打卡计时系统，包括指卡、点签器、成绩输出系统。指卡：主要用于判断运动员的成绩。点签器：为了证实运动员通过了比赛中各个检查点，运动员必须在到达每一个检查点时，使用指卡在点签器上打卡，以此证实其确实到达此点，并同时记录通过检查点的时间。成绩输出系统：运动员到达终点后即可知道自己的比赛成绩。

(二)比赛地图

定向越野地图是为定向运动专门绘制的地图,它的质量好坏直接影响到运动员比赛的成绩。

地图幅面的大小,根据比赛区域的大小确定,赛区以外的情况不必表示。

定向运动地图比例尺通常为1∶1.5万或1∶2万,有时也采用1∶1万或1∶2.5万,等高距通常为5米,需要时也可采用2米到10米,但在一幅图上不得使用两种等高距。

精度要高,使以正常速度奔跑的运动员没有任何不准确的感觉。

内容表示重点,包括地貌、水系、建筑物、道路、植被和境界等六项内容,要利用颜色、符号等。

(三)定向运动的场地

对比赛区域地形的要求是:一是要有与比赛的等级相适应的难度,并保证它能够使运动员充分发挥自己的定向运动的技能。二是比赛区域必须是所有选手不熟悉或不大熟悉的。为保证这点,有的国家规定:三年内不得在同一块场地举行第二次比赛。三是比赛区域的选择与确定在赛前必须严格保密。

通常情况下,合格的定向越野比赛地域应具备下列特点:中等起伏的森林地,植被适度;地形变化多样的有限通视地域,生疏的人烟稀少地区。当然,组织一般的定向越野活动时,城市公园、近郊区以及未耕种田地也是可供选择的地点。

三、定向越野的技能

(一)出发点动作

定向越野比赛,参赛者在出发区领到比赛地图以后,很短时间内就要出发。在这有限的时间里,要做的工作很多。主要步骤是:

1. 浏览全图明走向

得到比赛地图以后,首先要浏览全图,根据图上标绘的比赛路线,弄清其基本走向,做到心中有数,同时还要明确出发点与终点的关系。

2. 图上分析选准线

①充分利用道路,坚持“有路不越野”的原则。

②起伏不大,坚持“选近不选远”。

③起伏较大,坚持“统观全局提前绕”。

3. 标定地图定好向

为准确、迅速起见,在出发区一般利用指北针标定地图。地图标定后,通过地图上出发点与第1号检查点的延伸方向就是实地运动方向。

4. 对照地形选准路

根据确定的运动方向,迅速进行地图与实地对照,依据实地的地形条件,在能通视的地段内选择好具体的运动路线,与此同时在通视地段的尽头适当位置选好辅助目标,并确定该目标的图上位置。

通过上述四个步骤,要达到以下目的:

图上明,要明确图上整条线路的具体走向,要明确图上出发点与终点的具体实体位置(两点在一地或相距很近时),要明确出发点至第1号检查点的图上最佳运动路线。

方向明,要明确实地的出发方向。

路线明,要明确出发时的实地具体运动路线。

如果还有剩余时间,可在地图上分析,确定一下各检查点之间的最佳运动路线。

(二)运动中的动作

运动中因参赛者的水平不一,所采用的方法也不尽相同,但都必须注意两个基本动作。

一是随时标定地图。这里所说的随时标定地图,并不是指任何时候都要将地图的方位与实地方位一致,而是指只要看图,就能快速而准确地保证地图方位与实地方位的一致。为了节约时间,便于奔跑过程中标定地图,最理想的方法,是采用依明显的地物地貌点标定。

二是随时明确站立点在地图上的位置。这里所说的"随时"也不是随时都用眼睛盯在地图上,而是指奔跑过程中,任何时候都要在心中明确自己站立点在图上的位置,即常说的"人在实地走,心在图中移"。同时,只要看图,就能准确地明确站立点的图上位置。

通过长期实践请运动员注意:有路不越野,走脊不走坡,走背不走沟,无路快回头。

(三)检查点动作

1. 检查点的捕捉

(1)定点攻击法

当检查点设在较明显、高大的地物、地貌点上或一侧时,可采用这种方法。选择最佳路线时,以这些明显地物地貌为攻击点(目标点)。运动时先找到这些明显点的实地位置,然后根据检查点与明显地物、地貌点的相对方位、距离寻找检查点。

(2)有意偏离法

当检查点设在线状地物上或一侧时,并且运动方向与线状地物的交角较适宜时,可采用这种方法寻找检查点,即根据地形条件,选择最佳路线时,有意向左(或向右)偏离检查点,运动时以该线状地物为攻击目标。当运动到该物时再向右(或向左)沿线状地物寻找检查点。

(3)地貌分析法

在地貌有一定起伏的地域内,检查点设在低小地物附近时,采用"地貌分析法"寻找检查点比较理想。采用这种方法时主要是根据地图上检查点与地貌的关系位置,分析出实地两者相对应的关系位置,并根据这种关系位置来寻找检查点。

(4)距离定点法

在地势较平坦、无道路、植被较多、观察不便的地域内找检查点，一般采用“距离定点法”。具体方法用“指北针定向法”。

2. 注意事项

第一，接近检查点之前，要在地图上分析、确定下一段最佳运动路线和路线两侧的主要地形。目的是减少在检查点的停留时间，保证自己能做连续运动，避免为他人指示目标。

第二，当发现一个检查点后，不要盲目作记，而要看清该点标上的代号是否与检查点说明卡上注明的代号相符。因为在一定范围内，可能设置多个检查点，参赛时必须注意，只有在相符时才能作记。

第三，一次“捕捉”检查点不成功时，应选择合适的位置确定站立点，分析自己是否偏离了运动方向。确认偏离了运动方向，离检查点有一定距离时，应按运动中迷失方向后的方法处理；确认自己只是局部上误判，应在明确站立之后再次“捕捉”检查点。

第四，在运动速度上应注意，接近检查点之前速度要慢，便于在慢跑中校对检查点的实地位置，力争一次成功；找到检查点之后，作记要快，离开要快，避免为他人指示目标。

整个检查点动作应该是：快接近检查点之前，要地图上分析、确定下一段最佳运动路线，熟悉路线两侧地形；减慢速度，校对检查点的实地具体位置，并“捕捉”检查点，找到检查点之后，迅速作记，迅速离开。

（四）终点的动作

当找到最后一个检查点后，应依据已选择的最佳运动路线并结合自己的体力情况向终点加速度，接近终点时要做最后冲刺。通过终点线后，运动员应主动交出比赛地图，使用电子计时器材的要及时到成绩统计裁判处打主站卡，读取指卡中的所有数据，并将成绩输出。通过终点线后，运动员应主动交出比赛地图，使用电子计时器材的要及时到成绩统计裁判处打主站卡，读取指卡中的所有数据，并打成绩输出。通过终点的运动员，不得再进入竞赛区。

第十章 综合训练

综合训练是对部(分)队人员进行的战术、技术、战斗勤务等内容的全面训练,使部队在走、打、吃、住、藏等方面得到适应战争环境的锻炼。对大学生来说,综合训练通常在各项基础知识教育和技能训练完成后进行,主要检查他们对前一阶段军事知识和技能的掌握程度,提高其综合运用所学知识和技能的能力。

第一节 行 军

行军是军队沿指定路线进行的有组织的移动。其目的是转移兵力,争取主动,形成有利态势。行军按方式分摩托化行军、徒步行军;按时间分为昼间行军和夜间行军;按强度分为常行军和强行军;按行进方向分为向敌行军、背敌行军和侧敌行军。行军时,必须保持充分的战斗准备,迅速、隐蔽地按时到达指定地域。

一、行军的组织准备

(一)传达行军任务,确定行军方案

指挥员应根据受领的行军命令,在规定的时间内,迅速向部属传达任务。时间充足时应召开支委会或骨干会,传达上级的行军命令,分析研究敌情、任务、地形、道路、气象等情况,拟定行军方案,做好行军准备工作。时间仓促时,指挥员可直接向分队传达、明确行军方案。方案主要内容:行军路线、行军序列;各分队和配属分队的任务;前卫及搜索分队的编成和任务及警戒、搜索的方法;行军途中可能遇到的情况及处置方案和各种保障措施等。

行军方案确定后,应明确军官分工,分头组织和负责各项准备工作,充分发挥专业技术军官的作用。军事主官要掌握全面情况,行军部署、各种保障的组织和行军中可能出现的情况及处置方案;副职军官通常负责提前设营,重点抓好车辆和通信器材的准备;政工军官主要了解和掌握人员思想情况,并做好后勤物资的准备。各项准备,指挥员要亲临现场组织、检查、落实,并要互通情况,及时协调。

(二)做好思想动员,下达行军命令

行军前,指挥员应根据实际情况和本分队所担负的任务,结合分队的思想情况,进行深入的思想动员。要教育战士遵守行军纪律,服从命令听指挥,不得擅自离队,不得丢失装备和食物，不喝生水，不违反群众纪律等，保障分队顺利完成行军任务。

行军命令通常在行军前向所属和配属分队下达。下达行军命令时应着重明确：本分队的任务、敌情、行军路线、里程、着装规定以及起床、开饭、完成行军准备的时间与集合的时间，到达指定地区的时间以及行军序列、休息的地点等。

二、行军的保障

行军保障流动性强、时效性高、物资器材消耗大、保障困难。指挥员必须根据受领任务、敌情、地形、道路等情况，周密计划和全面组织行军的各种保障工作，保障行军的顺利实施，按计划投入战斗(集结)。

(一)组织侦察

分队组织行军时，应组织对行军方向的前方和两侧不间断地实施侦察，及时发现敌人，察明敌人的兵力和编成，重兵器情况；查明行军道路的质量、通行和隐蔽情况，沿途城镇、居民点、交叉路口、隘路、渡口复杂地形的可通行程度，沿途可能遭敌火力封锁地段，受沾染地区的地形和迂回路线情况。分队指挥员应对侦察中发现的情况，及时研究和采取措施，以力争主动。分队行军中的侦察，通常由尖兵分队担任。

(二)做好物资器材保障

物资器材主要包括武器、弹药、装具、给养、饮水和药品等。摩托化行军时，应根据敌情、任务和行程确定给养物资的携行量和保障方法，并明确随车携行规定的油料基数和加油的方法。徒步行军时，应根据行程、道路和天候情况而定，以既保证战斗、生活，又不过多增加士兵的负荷量为原则，携带必要的饮水和必备的药品。

(三)组织通信联络

分队行军中的通信联络，通常以无线电通信、简易通信和运动通信结合，以简易和运动通信为主。允许实施无线电通信时，应组织行军中的通信联络。摩托化行军(徒步)时，分队通常在尖兵分队、指挥所、所属(配属)各分队、收容组之间建立无线电通信联络网。上级要求行军中保持无线电静默时，分队应以旗语、灯光、音响信号等简易方法实施通信联络，通常由所属各分队(车辆)的观察员通信联络任务。

(四)组织警戒

行军警戒的主要任务是：防止敌人实施突然袭击，保障主力顺利行动；排除运动途中的障碍或迂回路线；在与敌人遭遇时，保障主力展开并投入战斗。当分队单独组织行军时，应向前、后、侧方派出尖兵担任警戒。组织警戒时应明确，派出兵力、时机、地点、距离，并给担任警戒的分队明确任务、规定联络信号，注意事项及完成任务的时间、归队的地点。

(五)组织对空防护

行军时的对空防护，一要组织对空观察报知勤务，通常指定1～2人担任对空观察员，充分利用观察器材实施观察，指挥员应给各观察哨明确观察区域，组成环形、多层、实时的对空观察网，并规定简易的报知信号；二要组织对空射击火力，组织编成内的便携带式地空导弹、高射机枪、步机枪形成一定密度对空火网,掩护分队顺利行军。

(六)组织技术保障

摩托化行军必须组织技术保障。分队通常选择3~5名技术骨干组成技术保障组,负责对车辆的检查、修理和行军中车辆故障的排除。出发前,技术保障组应对车辆进行全面仔细的检查,及时消除机械故障隐患,使车辆处于完好状态。各类技术指标必须达到。督促驾驶员备好维修器材和备用零件,补充油料和冷却液,寒冷天气还应携带防冻液和防滑器材。行军中,技术保障组应位于末尾车辆上,随时排除车辆故障和抢修战损车辆。

(七)组织设营组、收容组

在无敌情的情况下,可组织设营组。设营组应提前出发,在预定大休息及宿营(集结)地筹备食物、燃料和饮水;调查社情、瘟情;选择和区分各分队大休息地点;宿营时住房或露营时划分所属分队(车辆)的位置,派出人员在宿营地的路口接引分队;并向指挥员报告设营情况。徒步行军应成立收容组。由一名军官、卫生员率领数名体质好的士兵组成,在队后负责收容伤病员和掉队人员,并组织其跟进,根据情况消除路标。

三、正确实施行军指挥

行军途中指挥员应加强观察,掌握行军路线、方向、队形和速度。及时了解敌情、沿途地形和道路情况,灵活果断克服各种困难,组织分队迅速隐蔽前进。

(一)接受命令按时出发

出发时,应按上级命令,分队指挥员应率所属人员准时集合。分队在上级编成内行军时,应按上级规定的出发时间准时出发。通过出发线,加入上级行军序列。单独组织行军时,按指挥员预定的出发时间出发。

(二)严格遵守行军纪律

行进中,应注意保持行进速度和规定的距离,听从调整哨的指挥。应严格遵守行军纪律,维护行军秩序。未经上级允许,不得超越前面的分队。经过桥梁、渡口、隘路等难以通行的地点时,应严密组织迅速通过,不准停留;通过交叉路口时,要看清路标,防止走错路。摩托化行军,应保持规定的车距、车速,不得随意超车和停车,主动给指挥车和特种车让路。如车辆发生故障,应靠道路右侧,必要时离开道路停车抢修,修好后根据上级指示归队。徒步行军的分队应主动给车辆、执行特别任务的分队和人员让路。夜间行军,要严格灯火管制。

(三)遵照指示组织休息

正确规定行军中大、小休息的时间和地点,是缓解行军疲劳、检查保养车辆、人员就餐,以保持分队持续行军能力,顺利地实施行军的重要条件。小休息应靠路边,并保持原来队形。在第一次小休息时,应督促战士整理鞋袜、装具等。大休息应离开道路,进入指定地区。休息时,应派出警戒。必要时,可占据附近有利地形,加强对空观察,并保持战斗准备,以防止地面和空中敌人的突然袭击。组织野炊,安排好伤病员,督促驾驶员检查车辆,组织分队在规定地区休息。夜间休息时,人员不准随便离队,武器、装具要随身携带。出发前,应清点人数,检查装备,补充饮用水。

(四)对各种情况的处置

1. 改变行军路线时

在行军中,接到上级指示或社会性情况需要改变行军路线时,指挥员应迅速命令分队停车,向分队简要明确新的行军路线。当前方有迂回路线能进入新的行军路线时,分队应仍按行军序列从迂回路线进入新的行军路线;当行军纵队已经超过了插向新的路线路口,前方又没有新的迂回路线,或迂回路线较远时,分队应选择宽阔的路段或空地作为调头点,组织依次调头进行新的行军路线。调头时,干部应亲临指挥,防止交通堵塞。

2. 遭敌空袭时

行军中,当收到空袭警报或防空命令时,应迅速指挥车辆就近离开道路,利用地形地物隐蔽伪装,人员下车疏散隐蔽。夜间行军时应立即关闭灯光和禁止灯火。根据上级的命令,指挥对空值班火器或组织分队集中射击低飞敌机。空袭后应查明损失情况并报告上级。抢救伤员,抢修车辆,恢复行军队形继续前进。

3. 通过敌炮火封锁区时

指挥员应掌握敌炮火射击的规律,如时间、地点(段)间隔等,规定分队行军队形和通过顺序、车距和间隔时间、通过后的停车地点、中途发生情况的处置方法;准备好拖车缆绳,人员戴好钢盔,军官进行分工,指挥车辆和人员快速通过。分队通过后检查人员维修车辆,恢复正常行军队形,报告上级,继续前进。

4. 遭敌核、化学武器袭击时

指挥员应迅速下达命令,指挥车辆就近利用地形防护,人员迅速穿戴防护衣罩,下车就近隐蔽防护。袭击警报解除后,应迅速查明人员伤亡和车辆损坏情况并报告上级,抢救伤员,抢修车辆,恢复行军序列。通过受污染地段时,应派防化侦察分队查明受污染程度并报告上级,如附近有迂回路线时,尽量绕过受污染区。当时间紧又无法迂回时,应提高车速快速通过。人员、装具通过应做好防护。通过后,及时检查人员、车辆,洗消服药。

5. 通过敌地雷区时

应指挥尖兵分队占领附近有利地形,指挥工兵分队迅速查明雷区的范围和性质,并报告上级,根据上级指示选择迂回路线绕过或开辟通路通过。

6. 与敌遭遇时

指挥员应视情况,指挥分队快速展开。抢占有利地形,果断下决心,按照遭遇战斗原则灵活处置,并迅速查明情况,报告上级,然后根据上级的指示行动。

7. 发现敌机降时

指挥员应迅速报告上级,指挥分队立即抢占有利地形,打击机降之敌;当敌人在我行进道路前方机降时,应快速靠近敌人,先打机降着陆之敌,然后乘敌立足未稳发起冲击,歼灭敌人;当敌机降在行军翼侧或后方时,应就近抢占有利地形,先以火力打击敌人,并向机降之敌实施迂回包围,协同友邻或上级主力歼灭敌人。

第二节 宿 营

宿营是指军队在行军或战斗后的住宿。目的是使部队得到休息和调整,以便继续行军或做好战斗准备。部队通常采取露营、舍营或两者结合的方法宿营。部队通常在上级编成内宿营,有时单独组织宿营。部队在组织宿营前,要与当地政府武装部门取得联系,认真做好宿营前的准备工作。

一、宿营地的选择与部署

部队行军或战斗后的住宿,往往条件简陋,环境复杂;居住分散,指挥不便;威胁增大,防护困难。因此,宿营地的选择要慎重考虑、周密部署。

(一)选 择

宿营地的选择,应根据敌情、地形、任务和行军编成而定。既要能保证部队的安全休息,又要便于迅速投入战斗。分队宿营地域通常由上级确定。单独宿营时,自行选定。

1. 要 求

选择宿营地区时,通常要考虑以下因素:一是要符合战术要求,从具体位置到配置方式都应以预想的战术背景为基本前提;二是要着眼于训练课目需要,有利于达到训练目的;三是要方便生活,尽量靠近水源,并有进出道路;四是要选择在群众基础好,或影响群众利益较小的地区。露营地域,夏季要尽量选在高处,比较干燥、通风良好、蚊虫较少的地方;避开谷地、低地、洪水道和易于坍塌的地方。冬季应选在避风向阳处,土质较黏,便于搭设简易遮棚或便于挖掘的地方。

2. 方 法

选定有两种方法,采取预先选定或临时选定。预先选定,通常由指挥员先在图上确定宿营位置,然后派出设营队(组)预先进入宿营地域,查明宿营地域的敌情、地形、社情和居住条件,并区分各分队的宿营位置,选择停车场和进出道路,准备给养、组织警卫,迎接分队进入宿营地。临时选定,一般是在敌情顾虑不大,地形有利或分队战斗后急需休整的情况下实施。

(二)部 署

宿营部署是部(分)队宿营时兵力所作的区分和配置。分队的宿营部署,通常根据敌情、地形、宿营时间、宿营方式等因素在行军命令中确定,也可能临时确定。当敌情威胁较小或集结地域有良好的地形时可采取集团部署,适当缩小宿营地域内各分队之间的间隔距离,以便于指挥和管理。当敌情威胁较大时,应尽量采取分散部署。

1. 区　分

住宿地域的部署主要包括分队宿营地的区分和紧急集合、紧急疏散的区分。部署应根据敌情、地形和宿营方式而定。

2. 配　置

露营时，通常以连为单位，沿道路一侧或两侧，利用地形疏散配置。人员架设帐篷、搭棚子、利用汽车或挖掩体宿营；车辆应离开道路，隐蔽在便于进出的地点。人员车辆应构筑掩体，并采取严密的伪装措施。

宿营时，应以连、排为单位，尽量在居民地边缘区配置，并离开重要交叉路口、桥梁和有明显方位的街区。人员配置在房屋内，车辆配置在建筑物外面便于隐蔽的地点，并严密伪装。露营和舍营相结合时，应当将救护所配置在房屋内。

不管采取何种方式，指挥员都应根据情况灵活地实施部署。步兵分队通常部署在受敌威胁较大的外侧，火器分队通常部署在营地内侧便于发扬火力的地域，指挥所通常位于宿营地域中央附近便于指挥的地点。紧急集合场应选在宿营地内或附近便于集中的地点。紧急疏散场应选在便于疏散隐蔽的地点。宿营警戒部署主要包括观察报知勤务的派遣、班哨、步哨、流动哨、潜伏哨和警卫哨的部署等。

宿营部署确定后，指挥员应迅速明确各分队的宿营地，确定次日任务及准备，宿营的通信（记）号及口令、指挥员的位置；制定隐蔽伪装、灯火管制措施。根据具体情况划分防空疏散区，组织构筑必要的工事，消除车迹、足迹；明确遭敌核、化武器及空袭等突然袭击时的行动。

二、宿营要求及情况处置

进入宿营地前，指挥员应了解宿营地域情况。到达宿营地域后，必须做好各项工作及处理各种情况。

（一）基本要求

到达宿营地域后，必须做好以下工作：

①派出岗哨和观察员（有时观察员可由岗哨兼任），指定对空射击的火器和昼夜值班人员，必要时，派出游动哨。

②应立即组织所属指挥员勘察地形，划分隐蔽配置位置，规定紧急集合场和敌空袭的疏散隐蔽地域。明确遭敌袭击时各分队的行动。

③组织分队构筑必要的工事并进行伪装，建立通信联络，侦察水源。对河流要区分饮用水和洗刷的地段。

④组织构筑厕所，教育战士不得随地大小便。

⑤督促战士用热水洗脚，整理装具，烤晒衣服，抓紧休息。

⑥注意卫生常识教育，如教育战士冻伤切记烤火或用热水烫洗；教育炊事员注意饮食卫生和调剂生活，检查食物是否清洁，防止中毒。

⑦了解当地民情，教育分队遵守群众的风俗习惯和三大纪律八项注意；做好群众

工作,密切军民关系;同驻地民兵协同做好防空及防奸保密工作。

⑧及时向上级呈送宿营报告。

(二)情况处置

①接到空袭警报时,应立即发出防空警报,指挥人员疏散隐蔽;当敌机轰炸、扫射宿营地域时,应指挥对空值班火器射击低空敌机。

②驻地附近发现敌空降时,应与民兵配合,乘敌尚未着陆或混乱之际,将其歼灭。

③当遭地面之敌突然袭击时,应指挥分队迅速抢占有利地形,边战斗边查明情况。根据上级指示,将敌歼灭或撤出宿营地域。

宿营结束,要认真清理文件和武器装备,避免丢失,消除宿营时所留痕迹,并会同政治部门进行群众纪律检查和做好善后工作。

(三)宿营警戒

宿营警戒是保障军队宿营安全的警戒。宿营警戒的组织应根据敌情、地形和宿营部署而定。通常团(营)向敌威胁较大的方向上派出连(排)哨,向次要方向派出排(班)哨;连(排)派出班哨、步哨、潜伏哨、游动哨。警戒派出的距离以保障主力不受突然袭击和有时间组织部队投入战斗为宜,一般连(排)哨为4~6千米。警戒地带的宽度:连哨为2~3千米,排哨为1~1.5千米。必要时,应组织有重点的环形、方形警戒。

三、特殊条件下的宿营要求

特殊条件下的宿营是指在地形特殊、气候恶劣的情况下实施的宿营。通常以露天为主。分队针对特殊条件下宿营的特点,应采取相应措施,周密组织宿营。

(一)山地宿营的要求

在山地宿营时,分队应当配置在道路、山谷的两侧和森林中有水源的地区,避免直接沿道路、林缘和可能发生山洪、坍塌、雪崩的地区配置,加强警戒,控制交叉路口、桥梁、制高点、山垭口和重要道路,并采取防火措施。

(二)高寒地区宿营的要求

在高寒地区宿营,应做好武器装备、车辆和器材在低温条件下工作、战斗的准备。车辆如无防冷液,应根据情况,停车后立即放水或定时发动保温,以免损坏水箱。为防止敌人滑雪分队突然袭击,宿营地要缩小各分队配置距离,周密组织警戒。警戒分队要配置冰雪地上运动输送工具和滑雪器材。

(三)热带山岳丛林宿营的要求

在热带山岳丛林地宿营时,通常以露营为主。地点通常选在干燥、通风、靠近水源、有良好进出道路的山腰、山坡或平台上,要避开沟谷、洼地,以防山洪塌方的威胁;避开道路、林缘和明显方位物,以免阻塞道路和被敌发现;避开高大树木和茂密高草,以防雷击、失火。车上住宿时,车辆一般尽量离开公路,选择在便于进出的较宽沟谷,傍山旷地、山脚等既便于疏散隐蔽、停放车辆,又便于迅速登车的地域。加强警戒力量,增加警戒点,缩小警戒距离。

(四)荒漠、草原宿营的要求

荒漠、草原地宿营应尽量选择在居民地、绿洲或具有水源的地区,在荒漠地露营应避开风口,搭帐篷时应避开沙丘的迎风面。多设固定钢钎和拦索以防被风吹拔。同时应注意节约用水,并采取防暴风沙措施。根据不同情况加强伪装和对空防护,严格管理,控制人员活动范围。加强警戒,特别应加强水源的警戒。

(五)水网稻田地区宿营的要求

在水网稻田地宿营时,应当尽量利用村落、居民地舍营,也可选择水网稻田间的旱地组织露营,避开明显目标。也应避开环形水域,做到既能有效隐蔽,又能适时机动和集中,以便分队迅速进入战斗或转移兵力。在宿营时,车辆应当选择在便于机动的道路两侧靠营地的地点停放,并加强伪装和对空防护。宿营时,应向有敌情顾虑的地点和方向派出警戒。

(六)城镇地区宿营的要求

在城镇宿营时,应按上级指定范围选坚固较高的房屋宿营,力求避免在同一建筑物多层内同时宿营,避开易倒塌和造成火灾的建筑物。车辆通常沿道路一侧靠近较坚固的建筑物配置,避免集中停放。分队应在地方政府和人民群众配合下,加强观察和警戒勤务。

第三节　野外生存

野外生存是指在没有正常供应、食宿无着的条件下求得生存。战争的残酷性、复杂性和参战人员所处的作战环境多样性的特点,决定着每一个士兵必须学会在复杂条件下进行露营、野炊、识别和食用野生食物的方法,以保证在恶劣的环境中生存、隐藏,安全、有效地恢复体力,保持持久的战斗能力。作为个人来说,身体越强健、知识越丰富,生存的机会就越多。对于每一个人,熟知各种危急情况下的求生技能,学会如何寻求解决突发事件的思维方式,都是非常重要的。

一、野外生存的物质准备

野外生存主要发生在以下几种情况:一是和平时期较长时间远离基本生活区的野外作业和训练;二是战争时期的野外行军作战;三是意外情况受困荒野。第一种情况是在预有准备的情况下进行的;第二种情况则是预有准备和遭遇意想不到的困境的综合,这是战争的特殊环境决定的;第三种情况是在毫无准备的情况下,遭遇意外的灾难。不管遇到哪一种情况,要适应野外生存的环境,就必须有充分的准备。

(一)有计划行动的行装准备

1. 基本用品

鞋子。挑选合适的鞋子,出发前进行试穿,以避免或减少脚起泡。

衣服。根据预定的野外生活时间的长短,挑选合适的衣服,必须有一套换洗的衣服和一套休息时能添加保暖性的衣服；在严寒天气应多带几件御寒衣服。

雨衣。雨季外出必须带上雨衣。

被装。根据季节选择合适的被装，最好选择柔软、轻便、保暖性能好的被装。

帐篷。在野外生活的时间较长时，应备有帐篷，以作为日常活动的场所。帐篷最好选择轻质材料做成的，以便于携带。

背包、行囊。要有一个背着舒适而且结实的背包或者行囊，以便携带衣物和必要装备。

食品。应带易熟的食品，盐要放在适宜的容器里。遇到严寒天气，要多带一些高脂食品和糖类。食品一定要适合自己的口味，也一定要保证各类营养物之间的良好平衡。

通讯设备。现代信息社会，通信手段已经非常先进，个人或小团体行动，只要带上手提电话就可以解决通信问题。如果是组织的远程探险等集体行动，最好备有无线电通讯设备，并有熟练操作的工作人员。所有电子设备应充足电能，并带有备用电源。

2. 医疗卫生盒

镇痛类药。常用的有去痛片、强痛定、罗通定等。

肠道镇静剂。常用的有神奇止泻丸、黄连素、654–ll片、保济丸等。

抗生素。常用的有阿莫西林、氟哌酸、乙酰螺旋霉素等。

抗感冒药。常用的有感冒清、感冒速效胶囊、银翘片等。

防中暑和抗过敏药类。如藿香正气水、仁丹、扑尔敏等。

防毒蛇咬(蚊虫叮)伤药。常用的有蛇药片、百花油、风油精等。

抗疟疾类药品。常用的有防疟疾1号片等。

跌打损伤药。如扶他林、三七片、云南白药等。

膏药类。常用的有创可贴、风湿止痛膏、正骨水、红药水、冻疮膏、蓝烃油膏等。

急救包、绷带等，用来固定受伤部位，促使伤口愈合。

3. 百宝盒

生火用的火柴、蜡烛、打火石和放大镜。

针和线。针要有大小几种型号，线要选择坚韧耐磨的，并将其绕在针上。

鱼钩和鱼线。鱼钩应挑选小号钩，鱼线尽可能多带一些。

4. 工具包

指南针。最好是刻度清晰、纽扣大小的指南针。

绳索。最好带细而结实的尼龙索。

手电筒。

饭盒。最好是铝制的，既轻便耐用，又是很好的炊具，还能盛放各类救生物品。

救生袋。严寒季节外出，带一只长200厘米、宽60厘米的聚乙烯薄膜大袋子。意外情况下钻到里面，可以减少热量散发，达到保暖救命的效果。

刀具。刀既是工具,也是武器,是无价之宝,也是危险品,要集中保管。

(二)携　装

携装也叫着装或装载。行装的装载程序应根据先用后装,后用先装,常用的物品装在最上面(或边袋)的顺序进行。为了方便,最好把所有东西分门别类地放在各种聚乙烯透明袋里。每件物品应有相对固定的存放位置,每次使用完后都必须放回原来的位置。

(三)意外情况下搜集和制造装备

受困于荒野之中,面临恶劣的气候和时常出没的野兽,没有必要的工具和武器是非常危险的。因此,要设法制作工具和武器,求得生存。

1. 搜集出事地点的可用之物

当乘坐舰船、飞机、汽车等各种交通工具远行,不幸发生意外事故受困荒野、孤岛时,不要匆忙离开出事地点,在确实判明不会发生进一步的危险时,应该留在出事地点及其附近地区,一方面采取自救互救措施,一方面等待救援;当出事地点远离人烟,短时间内难以得到救援时,应搜集可用之物制造求生工具和武器,装备自己。然后决定下一步的求生行动。

2. 制作工具和武器

石头是大自然中最容易获取的材料,可以利用石头制作石器;如果身处竹、木林地,可以利用竹、木制作竹、木器具;身处海岛可利用海螺和贝壳制作刀具;身处草原、林区,可以利用动物的骨头、犄角制作武器。

二、生存的基本需要及其获取

生存的基本需要是水、火、食物和庇护所,它们各自的重要程度取决于你所处的环境。在求生的一切努力中,第一个行动是要确定自己当前的首要需求是什么。然后,按照需求的轻重缓急,逐一想办法解决。

(一)饮用水

获取饮用水的途径通常有两条:一条是挖掘地下水,另一种是净化地面水。

通常雨水可以直接饮用。下雨时,可用雨布、塑料布大量收集雨水,也可用空罐头盒、杯子、钢盔等容器收接雨水。

当没有可靠的饮用水又无检验设备时,可以根据水的色、味、温度、水迹,概略鉴别水质的好坏。纯净的水在水层浅时无色透明,深时呈浅蓝色。可以用玻璃杯或白瓷杯盛水观察。通常水越清水质越好,水越浑则说明杂质多。一般清洁的水是无味的,而被污染的水则时常带有一些异味。地面水的水温,因气温变化而变化,浅层地下水受气温影响较小,深层地下水水温低而恒定。如果所取样的水不符合这些规律,则水质一般都有问题。此外还可以用一张白纸,将水滴在上面晾干后观察水迹。清洁的水无斑迹,如有斑迹则说明水中有杂质,水质差。

在野外最好不要饮用从杂草中流出的水,而以从断崖或岩石中流出的清水为佳。

饮用河流或湖泊中的水时，可在离水边1～2米的沙地上挖个小坑，坑里渗出的水较之直接从河湖中提取的水清洁。

在野外，可以用饮水消毒片、漂白粉精片以及明矾等药品净化水。在专家指导下，还可用一些含有黏液质野生植物净化水。切记，不论多么口渴，都不要饮用不洁净的水，万不得已时，也要把水煮开再喝。

（二）食　物

野外生存获取食物的途径主要有两种。一种是猎捕野生动物，另一种是采集野生植物。

猎捕野生动物首先要知道动物的栖息地，掌握动物的生活规律，然后再采取压捕、套猎、捕兽卡以及射杀等方法进行猎捕。这需要在专家指导下经过较长时间的训练和实践后才能真正掌握。下面仅简单介绍一下可食用昆虫和可食野生植物的种类、食用方法。

目前，世界上人们在食用的昆虫有蜗牛、蚯蚓、蚂蚁、蝉、蟋蟀、蝴蝶、蝗虫、蚱蜢、湖蝇、蜘蛛、螳螂等。人们对吃昆虫虽然不习惯，甚至感到厌恶，但在万不得已的情况下，为维持生命，保持战斗力，继而完成任务，不妨一试。但是应注意，一定要煮熟或烤透，以免昆虫体内的寄生虫进入人体，导致中毒或得病。

常见的可食昆虫有，蝗虫：浸酱油烤着吃，煮或炒也可以；螳螂：去翅后烤或炒，煮也可以；蜻蜓：干炸后可食；蝉：生吃或干炸，幼虫也可食；蜈蚣：干炸，但味道不佳；天牛：幼虫可生食或烤；蚂蚁：炒食，味道好；蜘蛛：除去脚烤食；白蚁：可生食或炒食；松毛虫：烤食。

可食野生植物包括可食的野果、野菜、藻类、地衣、蘑菇等。对可食野生植物的识别是野外生存知识的主要内容。我国地域广大，适合各种植物生长，其中能食用的就有2 000种左右。我国常见的可食野果有：山葡萄、笃斯、黑瞎子果、茅莓、沙棘、火把果、桃金娘、胡颓子、乌饭树、余甘子等，特别是野栗子、椰子、木瓜更容易识别，是应急求生的上好食物。常见的野菜有苦菜、蒲公英、鱼腥草、马齿苋、刺儿草、荠菜、野苋菜、扫帚菜、菱、莲、芦苇、青苔等。野菜可生食、炒食、煮食或通过煮浸食用。

但是，一般人需要在专家指导下经过一定时间的训练才能掌握这些知识，这里介绍一种最简单的鉴别野生植物有毒无毒的方法，供紧急情况下使用。通常将采集到植物割开一个小口子，放进一小撮盐，然后仔细观察这个小口子是否改变原来的颜色，通常变色的植物不能食用。

（三）取　火

1. 摩擦取火

这种原始取火方法，在野战生存条件下仍然适用。在取火前要准备好引火媒，引火媒可选用干燥的棉絮、纱线、草屑或撕成薄片的干树皮、干木屑等。

弓钻取火。用强韧的树枝或竹片绑上绳子或鞋带做成一个弓，将弓弦在一根20厘米长的干木棍上缠绕2圈，来回拉动弓使木棍迅速转动，钻出的黑粉末冒烟生出火花，点燃引火媒。

藤条取火。找一段干燥树干，将一头劈开，并用东西将裂缝撑开，塞上引火媒，用一根长约2尺的藤条穿在引火媒的后面，双藤夹紧树干，迅速地左右抽动藤条，使之摩擦发热而将引火媒点燃。

2. 击石取火

找两块质地坚硬的石头，互相击打，将其迸发出的火花落到引火媒上，当引火媒开始冒烟时，缓缓地吹或扇，使其燃起明火。

3. 凸透镜利用太阳能取火

用凸透镜将太阳光聚焦成一点，光点上的温度可以将棉絮、纸张、干树叶、受潮的火柴等物引燃，夏季雾气较大或者冬季阳光较弱时，可以等到正午阳光强烈时取火，然后保存火种以备使用。

三、野外宿营注意要点

近水。营地要选择离水源近的地方，这样既能保证做饭饮用的用水，又能提供洗漱用水。但在深山密林中，近靠水源会遇到野生动物，要格外小心注意。

背风。最好是在小山丘的背风处，林间或林边空地、山洞、山脊的侧面和岩石下面等等。

避险。营地上方不要有滚石、滚木，不要在泥石流多发地建营，雷雨天不要在山顶或空旷地上安营，以免遭到雷击。

防兽。建营地时要仔细观察营地周围是否有野兽的足迹、粪便和巢穴，不要建在多蛇多鼠地带，以防伤人或损坏装备设施。要有驱蚊、虫、蝎药品和防护措施。在营地周围遍撒些草木灰，会非常有效地防止蛇、蝎、毒虫的侵扰。

日照。营地要尽可能选在日照时间较长的地方，这样会使营地比较温暖、干燥、清洁，便于晾晒衣服、物品和装备。

平整。营地的地面要平整，不要存有树根草根和尖石碎物，也不要有凹凸或斜坡，这样会损坏装备或刺伤人员，同时也会影响人员的休息质量。

环保。在野外要保护自然环境，撤营时必须将燃火彻底熄灭。垃圾废物要尽可能带出，丢放在指定的地方，特殊情况无法带走时可将垃圾挖坑掩埋。

四、野外生存常见伤病的救护与预防

（一）中　暑

其症状是突然头晕、恶心、昏迷、无汗或湿冷，瞳孔放大，发高烧。发病前，常感口渴头晕，浑身无力，眼前阵阵发黑。此时，应把病人抬到通风阴凉地方，解开衣扣，使其平卧，用冷毛巾敷头部，喂饮淡盐水或凉茶（饮料）补液降渴；轻症者可服仁丹或十滴水，也可针刺大椎、人中、合谷、曲池等穴位，或施以刮痧疗法。较重者可服用藿香正气水。对出现高热、昏迷、休克的重症者要及时送医院采取急救措施。

（二）冻　伤

寒冷的冬季，长时间户外活动，耳、鼻、手、脚、脸都容易冻伤。当发现皮肤有发红、发白、发凉、发硬等现象，应用手或干燥的线、布摩擦伤处，促进血液循环，减轻冻伤。轻度冻伤用辣椒泡酒，涂擦便可见效。如身体冻僵，不宜将伤者立即抬到温暖的室内，应先摩擦肢体，做人工呼吸，待伤者恢复知觉后，再到较温暖的地方抢救。也可将冻伤部位放在28度的温水中缓缓解冻。

（三）昆虫叮咬

野外昆虫较多，有毒的也不少。野外活动要尽量着长衣长裤，扎紧袖口、领口。不宜在潮湿的树阴和草垛旁坐卧，皮肤暴露部位可涂擦防虫药。宿营时，可点燃艾叶、香蒿等驱赶昆虫。被昆虫叮咬后，可视情用氨水、肥皂水、盐水、小苏打水、氧化锌软膏涂抹患处，以止痒消毒。

（四）蜇　伤

野外一旦被蝎子、蜈蚣、黄蜂等毒虫蜇伤，伤口出现红肿、疼痒，并伴有恶心、呕吐、头晕等症状。要先挤出毒液，然后用肥皂水、氨水、烟油、醋等涂擦伤口，或用马齿苋捣碎，汁冲服，渣可外敷。也可将蜗牛洗净后捣碎涂在伤口上。此外，蒜汁对蜈蚣咬伤有疗效。

（五）毒蛇咬伤

野外求生者身处山野草林地带，在捕猎和采摘食物，以及一切野外活动中，都可能遭到毒蛇攻击，发生被蛇咬伤事故。因此应备有蛇药。当被蛇咬伤时，应尽快采取急救措施。首先，马上缚住伤处靠近心脏一端，以减少毒液上流。也可用口吸出毒液，随吸随吐，以免中毒。伤口上可用1%～3%的高锰酸钾溶液湿敷，或用大蒜汁、雄黄、甘草等配合涂敷。为确保安全，进行上述处理后，在可能的情况下，还需马上注射抗毒血清或用蛇药外敷和口服。

（六）昏　厥

野外昏厥多是由于摔伤、疲劳过度、饥饿过度等原因造成的。主要表现为脸色突然苍白，脉搏微弱而缓慢，失去知觉。遇到这种情况，不必惊慌，一般过一会儿便会苏醒。醒来后，应喝些热水，并注意休息。

五、野外求救的方法

放烟火：燃放烟火是最常见的求救方法。白天用烟，即在烟火上放一些橡胶片、生树叶、苔藓、蕨类植物等，可以生成燃烟，以便通知外界。夜晚用火应在开阔地上，向可能的居民区方向点三堆明火，用火光传达求救信号。

光信号：白天用镜子借助阳光，向可能的居民区或空中的救援飞机反射间断的光信号，光信号可传16千米之远。方法是将一只手指瞄准应传达的地方，另一只手持反光镜调整反射的阳光，并逐渐将反射光射向瞄准的指向即可。夜晚用手电筒，向求救方向间断地发射求救信号。

国际通用的求救信号是SOS,即三长两短,不断地循环。

现代求救方法:随着时代的发展,各种现代求救设备逐渐普及,如信标机、无线电通讯机、卫星电话等设备,如果有条件可以逐步配备这些现代设备。

第四节　军事急救常识

军事急救对于及早挽救指战员的生命、保证部队的战斗力、赢得战斗胜利,具有重要意义。掌握一些基本的军事急救常识,在平时的救灾中也会发挥重要作用。因此,学习和掌握军事急救的基本知识是非常必要的。

一、军事急救的基本技术要点

(一)止　血

人体内血液大体有5 000～6 000毫升,如果受伤后流血不止,失血超过800～1000毫升,就会引起休克或死亡。外伤出血常用的急救方法主要有指压止血法、加压包扎止血法和止血带止血法等。

1. 指压止血法

指压止血法是在伤口的上方,即近心端,找到跳动的血管,用手指紧紧压住,从而阻断血流而达到临时止血的目的。此法多用于头、颈部及四肢的动脉出血。

采用指压止血,救护人员必须熟悉各部位血管出血的压迫点。

头顶部出血:在耳前对准下颌关节上方,指压颈浅动脉(图10–1)。

颜面部出血:用食指(或拇指)压迫同侧下颌骨下缘、下颌角前方约3厘米处的面动脉(图10–2)。

头面部出血:一侧头面部出血,可用拇指或其他四指在颈总动脉搏动处,压向颈椎方向。颈部动脉在气管与胸锁乳突肌之间(图10–3)。

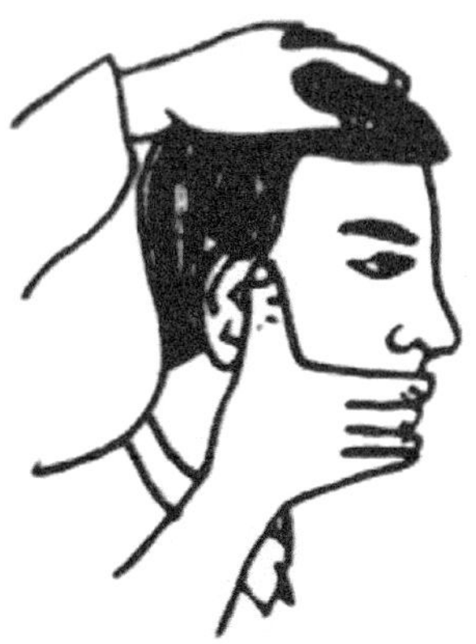

图10–1　头顶部止血压迫法

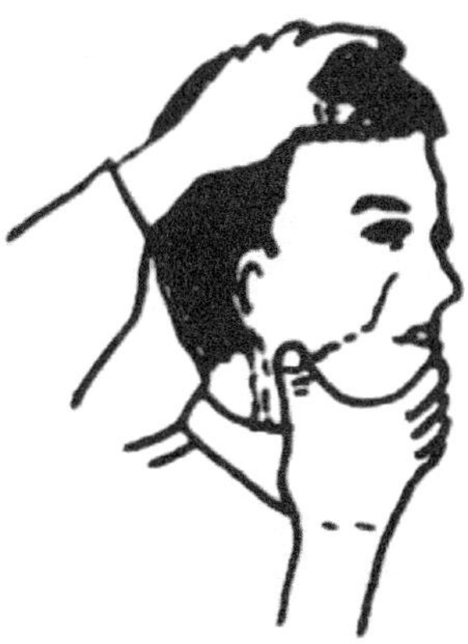

图10–2　颜面部止血方法

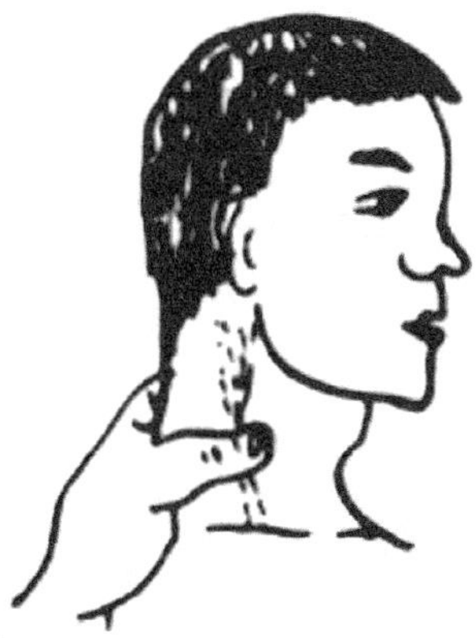

图10–3　头面部止血压迫法

肩腋部出血:用食指压迫同侧锁骨窝中部的锁骨下动脉搏动处,将其压向深处的第一肋骨(图10–4)。

前臂出血:用拇指或其余四指压迫上臂内侧肱二头肌内侧沟处的搏动点(图10–5)。

手部出血:两手拇指分别压迫手胸襟横纹稍上处,内外侧(尺、桡动脉)各有一搏动点(图10–6)。

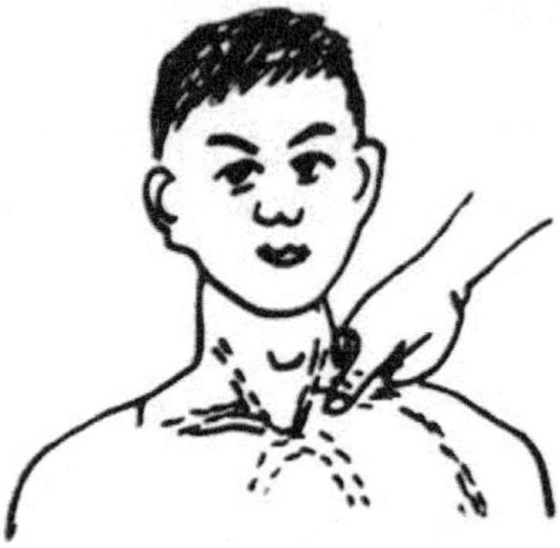

图10–4 肩腋部止血压迫法

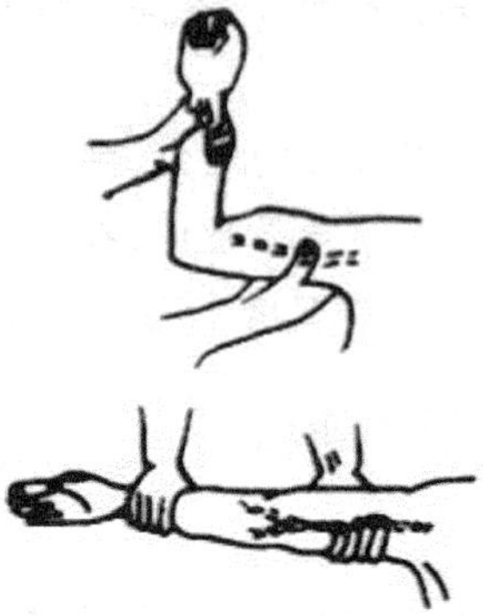

图10–5 前臂出血止血压迫法

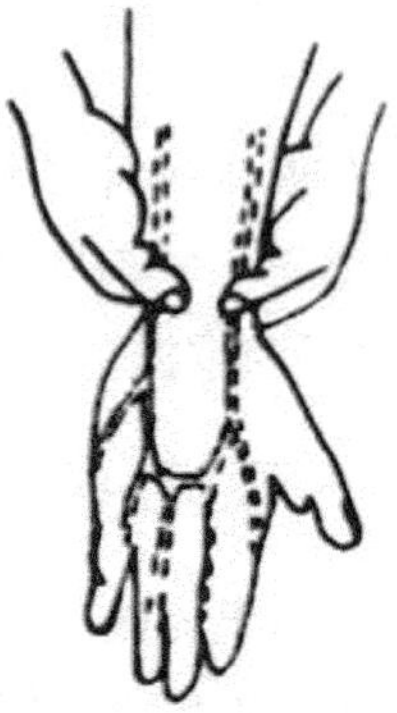

图10–6 手部出血止血压迫法

大腿及其以下出血:屈起大腿,使肌肉放松,用大拇指压住大腿根部腹股沟中点的股动脉。为增加压力,另一手的拇指可重叠压住(图10–7)。

足部出血:用两手食指或拇指压迫足背中部近脚腕处的足背动脉和足跟内侧与内踝之间的腔后动脉(图10–8)。

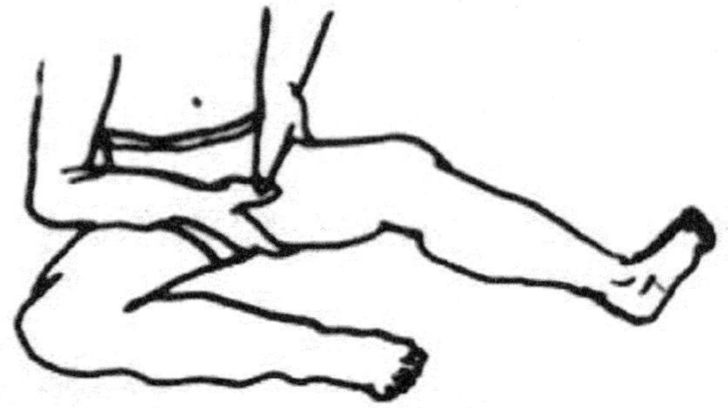

图10–7 腿部出血止血法

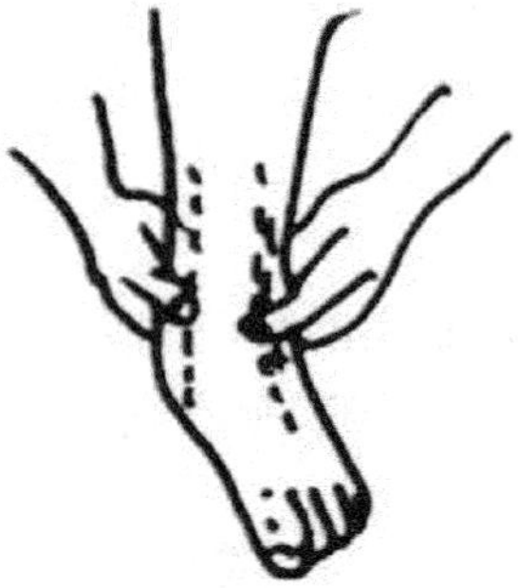

图10–8 足部出血止血法

2. 加压包扎止血法

加压包扎止血法是用消过毒的纱布块或急救包填塞伤口,再用纱布卷或毛巾拆成垫子,放在出血部位的外面,用三角巾或绷带加压包扎。多用于静脉、毛细血管或小动脉出血。

3. 止血带止血法

止血带止血法用于四肢大出血,主要采用勒紧止血法。止血时,先在出血伤口近心端动脉上放一块布料或纸卷垫子,然后用三角巾叠成带状,或用手帕等就便材料绕肢体1～2圈勒紧打成一活结。使用此法止血时要注意,止血带每隔1小时(冬季30分钟)松开一次,时间2～3分钟,以改善血液循环。

(二)包　扎

伤口是细菌侵入人体的门户,如果伤口被细菌感染,就可能引起化脓甚至并发败血症、破伤风等,严重影响并损害健康,以至危及生命。所以在救护现场,如果没有条件清洗伤口,一定要先进行包扎,这样可以达到压迫止血、减少感染、保护伤口和减轻疼痛的目的。

常用的包扎方法有绷带包扎和三角巾包扎。

1. 绷带包扎

绷带包扎是用途最广,使用最方便的包扎方法。根据绷带的缠绕方式,可分为环形包扎、蛇形包扎、螺形包扎、螺旋反折包扎等。这里介绍一下环形包扎。

环形包扎:绷带做环形重叠缠绕。用在胸部、腹部、手腕等粗细大致相等的部位。为了便于固定绷带,使之不滑脱,第一圈可以稍斜,第二、三圈环行,并把斜出圈外的绷带尾部平均剪开,先打半结,绕一圈后,再将两尾用活结结扎。

2. 三角巾包扎

三角巾包扎是广泛应用于较大面积创面的一种包扎方法。所谓三角巾,就是把一块方布对角剪开,形成两块三角巾,可以适用于各种部位的包扎。三角巾包扎时要做到:边要固定、角要拉紧、中心伸展、消毒纱布要贴实,否则会影响包扎的质量。三角巾包扎分为头部包扎、面部包扎、胸背部包扎、手(足)包扎几种。这里只介绍头部包扎和手(足)包扎两种。

头部包扎:先沿三角巾的长边折叠两层(约二指宽),从前额包起,把顶角和左右两角拉到脑后,先做一个半结,将顶角塞到结里;然后再将左右角包到前额做结。

手(足)包扎:把手指、足趾放在三角巾的顶角部位,把顶角向上折,包在手背或足背部上面;然后把左右两角交叉,向上拉到手腕或足踝的左右两面缠绕做结。

(三)固　定

1. 上臂骨折固定法

在上臂外侧放一块木板,用两条布带分别固定骨折上下端,然后用三角巾或腰带将上臂吊于胸前。如无木板,用胶鞋代替也可。无材料时,可用背包带将上臂固定于本人胸部。

2. 前臂骨折固定法

用两块木板(或木棒、竹片等)分别放于手掌、背两侧(只有木板时,放于手背侧),用手帕或毛巾叠成带状绑扎固定,然后用三角巾或腰带吊于胸前。

3. 大腿骨折固定法

将一块长度相当于伤员从腋下到脚跟的木板用布带分别固定于伤肢外侧。

4. 小腿骨折固定法

取长度超过上下两个关节的木板按大腿骨折固定法固定。

对骨折处进行固定时应注意以下几点:伤口有出血时,应先止血、后包扎、再固定;四肢骨折时,应由上而下固定,固定时要露出指(趾),以便观察血液循环情况;固定材料不应直接接触皮肤，应垫以棉、布等物；离体断肢应包好随伤员一起送往后方医院，以便再植；固定松紧要适宜。

（四）搬运伤员

搬运伤员，要根据敌情、伤情、地形条件，灵活选用搬运方法（见图10–9、图10–10、图10–11）。

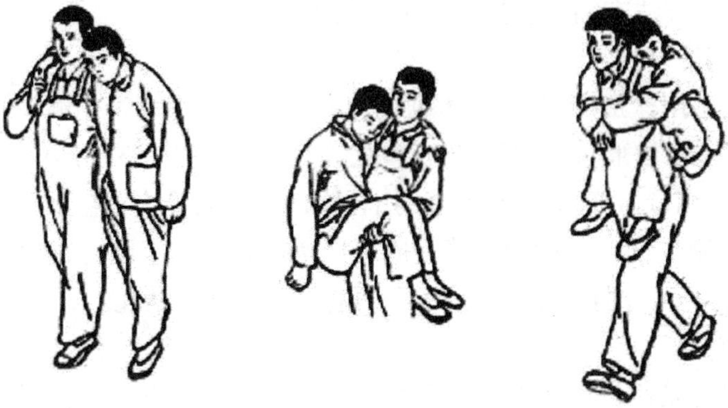

图10–9　单人搀扶、背、抱搬运法

图10–10　双人跨式、平托式搬运法

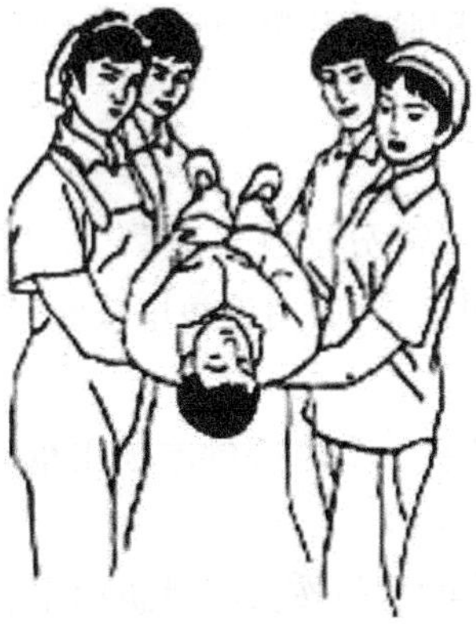

图10–11　多人平卧托运法

①单人徒手搬运法。背式，抱式。

②双人徒手搬运法。椅式，拉车式。

③脊椎骨折搬运法。两人用手将伤员平托于硬板担架上。严禁抱头、脚和使身体弯曲，以免加剧损伤。

④侧身式匍匐搬运法。根据伤员受伤部位确定采用左或右的侧身匍匐前进，搬运者侧身紧靠伤员，将伤员腰部放到搬运者的大腿上，注意使受伤部位朝上，伤员头部和下肢不要着地。

二、特殊伤的救护

（一）颅脑损伤

颅脑损伤的急救，首先要注意呼吸道是否通畅，对伤部包扎要严密，如有脑脱出者，须用纱布棉圈作为支持物，围住脱出的脑组织；或者在脱出的脑组织两侧各放一敷料卷，再盖上敷料包扎，以保护脑组织不受压迫和损伤。伤部包扎后，将伤员安置在侧卧位或俯卧位，以利于呼吸道畅通，后送时应采用同样体位，并将伤员头部用衣物垫好，防止震荡。

（二）开放性气胸

胸部受伤，空气由伤口出入，压迫肺脏，引起呼吸困难，叫开放性气胸。遇到此类伤员，应迅速严密包扎，封闭伤口，不使空气继续从伤口进出。

封闭方法：撕开急救包，用其外皮带胶的一面，紧贴于伤口，然后盖上敷料进行包扎。包扎时，将三角巾放于胸部，顶角放于伤侧的肩部，折叠底边两次，每次6~8厘米宽，固定盖伤部的敷料，拉近两底角和顶角到背后打结。

（三）腹部内脏脱出

腹部严重受到损伤，腹腔脏器可以从伤口脱出，此类伤员需要正确地包扎伤口和保护脱出的内脏，保护方法：使伤员双腿屈曲，腹部肌肉放松，防止内脏继续脱出，但脱出的内脏不要送回腹腔，以免加重污染；对于脱出的内脏，先盖上敷料，再取伤员的腰带做成略大于脱出内脏的环，围住脱出的内脏器官。无腰带时，可用大小相当的碗扣上保护内脏，不要压迫脏器。而后用三角巾固定。包扎后取仰卧位，屈曲下肢，腹部保温，防止肠管过度胀气，迅速后送。

（四）脊柱、骨盆损伤

脊柱、骨盆损伤后应及时包扎，防止继发脊髓和盆腔脏器损伤。骨盆损伤应将骨盆用三角巾或大块材料做成环形包扎。后送时，让伤员仰卧于门板或硬担架上，膝微曲，下部加垫。

（五）烧　伤

一般烧伤的急救时，迅速卧倒，缓慢地滚动，压灭火焰，或者脱去着火的衣服，切勿奔跑以防助长燃烧。急救者可用棉被、毯子、雨衣、大衣等，迅速压灭伤员身上的火焰。跳入附近水中或用水扑灭。包扎前不要撕掉水泡表皮或揭掉粘在伤部皮肤的布片。大面积烧伤，可用清洁的被单包裹，迅速后送。

主要参考文献

1.中国军事百科全书编审委员会.中国军事百科全书(第二版)[M].北京:中国大百科全书出版社,2014.

2.袁德金.毛泽东军事思想教程[M].北京:军事科学出版社,2000.

3.刘继贤,王益民.邓小平军事理论教程[M].北京:军事科学出版社,2000.

4.于化民,胡哲峰.当代中国军事思想史[M].开封:河南大学出版社,1999.

5.中共中央宣传部.习近平新时代中国特色社会主义思想三十讲[M].北京:学习出版社,2018.

6.中华人民共和国国务院新闻办公室.中国的军事战略[M].北京:人民出版社,2015.

7.中华人民共和国国务院新闻办公室.新时代的中国国防[M].北京:人民出版社,2019.

8.许江瑞,方宁.国防法概论[M].北京:军事科学出版社,1999.

9.顾伟.军事科技与新军事变革[M].上海:复旦大学出版社,2004.

10.张召忠.打赢信息化战争[M].北京:世界知识出版社,2004.

11.李有祥.军事高技术与信息化战争[M].南京:东南大学出版社,2010.

12.解放军总参谋部.军事地形学[M].北京:解放军出版社,2000.

13.杨新.大学军事教程[M].南京:东南大学出版社,2014.

14.贾云生,廖树宝,潘文生.大学国防教育教程[M].国防大学出版社,2014.

15.陈波,赵汝亮.军事理论[M].北京:人民出版社,2019.

16.易文安,赵云.新编普通高等学校军事课教程[M].长沙:国防科技大学出版社,2019.

17.问鸿滨.军事理论课教程(第5版)[M].西安:西安交通大学出版社,2019.

18.刘晓才,谭雪平.新编普通高等学校军事教程[M].长沙:国防科技大学出版社,2019.

19.董晓军,杨斌.新编普通高等学校军事课教程[M].北京:航空工业出版社,2019.

20.彭呈仓,郑义臣,宿强.筑梦新时代,强军新征程:大学军事教程[M].北京:中共中央党校出版社,2020.